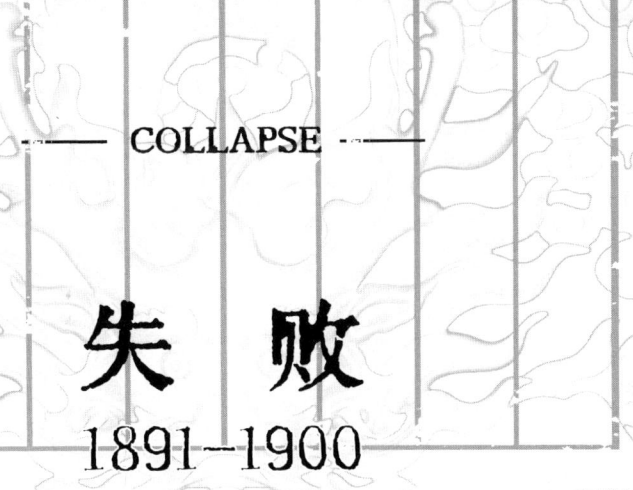

失败
1891—1900

清王朝的变革、战争与排外

李礼 著

上海译文出版社

好吧,让我们来试着转动
这笨重的吱呀作响的巨轮……

——曼德尔施塔姆《自由的霞光》

推荐序

时代的肖像和蒙太奇

许知远

1893年9月13日,光绪帝批准了薛福成的《请申明新章豁出海禁折》。在奏折中,这位洋务名臣建议,朝廷应准许驻外使臣或领事,发给海外华人护照,让他们自由出入中国,并获官方保护。

尽管保护常只是名义上的,它仍意义非凡。在漫长的时间里,私下出国都是一桩罪行,即使朝廷对此睁一只眼闭一只眼,侨民也仍是"海外弃民",独自承受所有的困厄。

上谕激发出一种新能量。领事馆在世界各地建立起来,一些侨领加入其中,槟榔屿的张弼士成为该地首任副领事。他祖籍广东,在南洋积累最初的财富,还是位实业救国的主张者,在烟台创办一家名为张裕的酿酒公司,这是中国第一次用工业化方式生产葡萄酒。

在《失败:1891—1900 清王朝的战争、改革和排外》中,这个片段尤令我印象深刻,槟榔屿记忆跳入脑海。那是2020年2月初,一场意外的灾难正在故国蔓延,让我的旅行第一次生出某种风雨飘摇感,一种身份意识和历史情绪,陡然清晰、尖锐起来。我意外地发现,伍连德——伍氏口罩的发明人、百年前的鼠疫抗击者——正出生于此。他那本迷人自传中，记述了一个海外华人与北京权力系统间短暂的相遇，其真挚与荒诞并存。一个夜晚，我路过蓝屋，它散发出一种古怪又高雅的气息。是的，这就是张弼士的故居，其娘惹风格[1]是镜头钟爱的南洋景观，《摘金奇缘》(*Crazy Rich Asians*)更把它推到全球观众的面前，在楼中穿梭时，杨紫琼的骄傲、凛冽之气似仍飘荡其中。我想象着穿戴官服的张弼士，他游走于两个世界间时的自得与焦灼。

李礼写作这些片段时可能正在维多利亚，心中或亦会萦绕某种复杂情绪。这个加拿大的港口城市，见证了海外华人世界的兴衰。在张弼士出任槟榔屿副领事六年后，康有为在维多利亚创办了保皇会，在长达十年的时间里，它是一个规模惊人的跨国政治、商业组织，不停地试图参与中国的内部变革。与张弼士的帝国边缘人身份不同，康有为从中心来到边缘，一个面见过皇帝的士大夫变成了流亡者。令人惊异的是，帝国将被这种新的边缘人改变。

从夏威夷的孙文、维多利亚的康有为，再到东京的中国留学生，其异端思想与行动，最终摧毁了中心。那些常年的海外弃民，成了改变故国的力量，是孙文口中的"革命之母"。

尽管"失败"是这本书的主题，但甲午之战与义和团是1891—1900年最令人瞩目的定义性事件，各种新生事物也层出不穷，特别是1898年的百日维新，仓促、短暂且最终失败，却展现出一种意外的能量。比起一条直线，历史更似一张不断延伸之网——人物、观念、行动，构成一个个网结。在李礼的笔下，这十年充满了各种生动、出其不意的网结，精彩纷呈之间，展示了一种新的历史叙事。

在这本书中，李礼的笔触日益练达、镇定，他找到了自己处理历史的方式。它是一大幅迷你的时代群像，一组蒙太奇快闪镜头，令你对时代的多样、冲突、争论、游离，有了更亲密的感受。我期盼这个系列写作的下一卷，那是1901—1912年的中国，李礼的洞察与控制力，必将有更娴熟和精彩的展现。

注释

1   一种融合了中国、马来西亚和欧洲文化元素的独特文化和设计风格，"娘惹"是指中国移民和马来西亚人通婚的女性后代。传统的娘惹建筑通常是窄长形的联排屋，拥有精美的瓷砖装饰、雕花木门和华丽的窗格，内部设计常包含马赛克瓷砖地板、雕刻细致的木质家具以及混合中式和欧式的装饰元素。

自序

如何叙事：中国近代史的熟悉和陌生

"复仇女神"号（Nemesis）是世界上第一艘铁壳战船，它驶入南半球、绕过好望角、到达东亚海域，在第一次鸦片战争中担任主角。当英国学者安德里安·G. 马歇尔（Adrian G. Marshall）打算为这艘战船写一本书时，他发现，仅伦敦大英图书馆的印度官方记录文件，在书架上排开就有 14 公里长，他要的那些资料就在其中。

某种程度上，每一个现代历史写作者都面临类似困境，浩如烟海的史料令人兴奋，也令人窒息。比如被"复仇女神"号撞开大门的清王朝，典籍多达 8 万—10 万种，仅大陆地区的档案就超过 2000 余万件（册），这还不包括浩如烟海的报刊文字。从这个意义上说，后来的研究者面对的虽是一片沃土，却充满了陷阱。在这片浩大的地基之上构造一座大厦也常令人生疑。

不过，按照自己的眼光搭起一座新的历史瞭望塔倒是可行的，本书正是这样一种尝试。它被一股强烈的动力推动完成：三年疫情封闭，目睹社会巨变和无数个体命运之沉浮，重新思考这个国家和外部世界的关系。这种思考立足于现实，也必须转向过去。历史在这片土地上远没有成为前尘往事，它一直深刻地塑造着当下，并且常常压着相似的韵脚一再重现,正如斯维特兰娜·阿列克谢耶维奇(Svetlana Alexievich)笔下的"二手时间":"一百年过去了,未来又一次没有到位。出现了一个二手时代。"

我之所以把目光放在19世纪最后十年(本书)和辛亥革命前十年(待出版)。一方面是因为难以展开更长时段的历史研究。更重要的,是因为这段历史无比深刻地体现了古老中国面对现代世界的挫折和转变。19世纪末十年,中华帝国被刻骨铭心的战败震惊,第一次弥散出全国性的危机感(1894—1895),仿效海外的政治改革(1898)随后而至,不幸的是,连续的失败至世纪末演化成巨大的灾难,一场国家参与动员的全民排外运动震惊了世界,并引发了新的国际战争(1900);20世纪前十年,人们目睹了现代化意义上的"新政"和它巨大的后果:立宪政治引入议会制度并实施了有限民主选举,伴之以"废科举"这样的惊人之举。然而改革的犹疑难以满足被激发起来的社会期待,革命者最后胜出,帝制中国骤然终结,亚洲第一个共和国意外诞生。

这一段历史人们似乎相当熟悉,它时常出现在教科书和大众传媒上。不过它可能又是陌生的,其中充满了固化的故事框架和意识形态仲裁,其中一些人和事被淡化或遮蔽了,另一些则与此相反。在很长时间里,革命史学是20世纪的正统叙事,它并非始于1949年,但新中国用一套新的理论强化了它,这种叙事伴有一种怨恨的民族主义,最终,"被侮辱和被伤害"者成功战胜了帝国主义和"封建主义",中国近代史的一种基本面貌如此呈现出来。1980年代之后,"现代化"历史叙事重新兴起,它某种程度上是对1930年代精英史学"现代化"叙事的回归,后者以蒋廷黻《中国近代史》为代表。新的现代化理论这时被引进，人们对中国重启"现代化"抱有一种相当乐观的期待；2000年后历史研究开始向社会史、文化史、经济史转向，出现了一些令人印象深刻的佳作。不过总体而言，中文世界里这方面的作品仍然较少。与此同时，宏观史学叙事也并没有获得真正释放，它受制于诸多制约。

贝内德托·克罗齐（Benedetto Croce）说："没有叙事，就没有历史"，从这个角度说，每一次新的叙事都将"创造"出新的历史。本书很难说属于哪一种叙事类型，从时间上看，它带有编年体的线性时间属性，涉及人物多属精英。并非作者多么热衷于"精英史观"，而是承认一个事实：就本书所涉历史，推动中国改变的力量仍主要是自上而下，即使在1895年后，一些相对边缘的人物，如康梁等人，发挥了力量，但他们或进入核心权力圈，或借助其力量，而且这些人（包括革命领袖如孙文等人）本属知识精英，远非普通民众。如果我们要描述这段历史概貌，必须首先看到少数人的核心作用，而非普罗大众。事实上，我并不觉得关注精英人物的叙事是过去式，在中国尤其如此。这方面它和新的社会史、文化史、地方史和微观史学一样，需要重建叙事的努力之处还有很多。

本书把相当多的笔墨用于扫描社会变迁，我很赞成法国史学家吕西安·费弗尔（Lucien Febvre）所言："历史就是整个社会的历史。"（《为历史而战》）年鉴学派所谓的整体史（total history），并非无所不包，而是强调一种整体视野，即关注历史进程中诸多因素的互动和合力。那么，究竟哪些人和事会出现在这本书里呢？瑞士学者雅各布·布克哈特（Jacob Burckhardt）那句话也许就是我的答案："报道一个时代在另一个时代里认为值得注意的事实。"而且它还应该包括那些"思想史"上的事实。近代知识人和舆论史是我进入历史研究领域后的所谓专业方向，因此常能感知观念的威力，有时它们只是一本书、一篇文章甚至只言片语，却力量巨大，而且可以把更大的历史图景拼接起来。用弗里德里希·哈耶克（Friedrich Hayek）的话说："长远而言，是观念，因而也正是传播新观念的人，主宰着历史发展的进程。"从某种意义上说，击败最后一个帝制中国的也正是观念。"中国还完全固守着古代对待危机的态度，尽管19世纪发生了那么多让人警醒的事件，他们仍然没有认识到新时代的本质。"德国人奥托·福兰阁（Otto Franke）写道。这位1888—1901年供职于驻华使领馆的翻译后来成了德国境内第一位汉学家，他的五卷本《中华帝国史》迄今仍没有在中国大陆翻译出版。

　　国际政治、中外交涉是贯穿本书的一条主要线索，分量较其他近代史著作要重。今天，20世纪50年代颇受重视的"冲击—回应"模式早已风光不再，自从《在中国发现历史》（柯文）推出中文版，"在中国发现历史"一时风起。尽管一些学者提出诸多商榷或质疑，"中国中心观"迄今仍颇得社会心理。或许强调外部世界的巨大影响并不符合正在崛起的经济大国和它与众不同的发展道路。不过只要我们从历史本身出发，就会看到这并非事实。和西方接触之前的清帝国已经落伍，社会结构却相当稳定，这种秩序正是自1840—1850年代开始松散、瓦解的。19世纪下半叶之后的自强运动、对外战争、变法、排外运动和立宪新政，直接原因几乎都源于外部而非内部。可以说，北京应对外部世界时的被动和滞后，最终导致了王朝的覆亡。当然，它实际是一种"合力"，事实上，"冲击—回应"模式的提出者费正清并没有忽略内部因素，他在同期另一本著作里指出：

"所有研究中国近代对西方的调适都必须着手于研究中国的特殊性，正是那些特殊性才使中国对西方的一切表现得极不适应。"（《中国沿海的贸易与外交》）今天，人们仍需冷静地承认，外部世界对清帝国的巨大影响并非一种落伍的陈词滥调，而是保持了相当久的生命力。当中国与外部世界的关系当下重新走到一个十字路口，这种历史视角值得格外关注。

如果非要说有落伍的"史学"，可能是那些罔顾事实，预设特定"中心思想"的研究和写作。中国近代史连接着现当代史，某种程度上可以说仍未完成，它将在何处终结也无法预料。因此我很赞同李怀印教授所言，需要用一种"在时和开放"（within-time and open-ended）的方法重写中国近现代史，这"不仅仅意味着在中国发现过去曾被目的论史学所遗弃的一面，更重要的是，要抛却形塑现存叙事的结果驱动之视角，而将近代中国不同时期的各种暂时'结果'解释为一系列发展迹象，代表着引导中国迈向其'近现代史'（modern history）之终极目标的多种可能性"。（《重构近代中国》）

最后需要说明的是，本书注释较多，但并非出于学术意义考量。除了作者认为必要呈现的一些重要文献，其他多为引申阅读之意，以备有兴趣的读者进一步参考。如此一来，正文可以保持相对简洁，得以快节奏推进。不可避免地，注释中涉及少量有争议的学术问题，它们相当芜杂，本书无法列出足够多或足够新的文献，这种情况下往往只做了典型选取，即作者较为认可或值得重视的那些说法。初稿完成后作者原来有计划做一次大范围文献检索用于注释，不过最终作罢，因为本书无力承担过多诉求。它虽是一种严肃写作，却并非学术作品，而是面对一般公众，而且可以说是一部要言不烦的"简史"，立意并非提供细节或学术辩驳。本书最大的愿望，是提供一种新的近代史叙事"文本"，激发新的兴趣和思考，从而有助于人们更好地理解中国，包括它的过去、现在和未来。

人们常说，史无定法，不过这种写作对我来说仍是一次新挑战，作者无法确定它是否会受到欢迎，也许唯一能保证的，就是下笔时的诚意和良知。

目 录

引 子 　　　　　　　　　　　　　　　　　　　　　　　001

第一章　1891 年　　　　　　　　　　　　　　　　　　009
　　　南方传来的消息让北京的西方外交官坐立不安，他们看到了一份又一份令人触目惊心的"排外"报道 // 张之洞关闭了几个印刷据点，并责令湖南巡抚抓了长沙宝善堂的三个刻字商，但因证据不足释放了 // 尼古拉提前终止了访问，5 月 19 日前往符拉迪沃斯托克（海参崴），头戴纱布出席了西伯利亚铁路开工典礼 // 1891 年 6 月，刚结束阅兵的北洋海军编队受邀访问日本。7 月 16 日，日本贵族、众议两院议员 156 人登上"定远"舰 // 康有为的行动绝非个人之力，一个围绕他的师门集团在 1891 年后开始形成，这批年轻学生数量日益壮大

第二章　1892 年　　　　　　　　　　　　　　　　　　037
　　　学英文的决定很可能来自皇帝本人，"他看起来甚至比他实际年龄还小，不会大于十六七岁的样子" // 很多参与社会骚乱的人其实并非哥老会成员，却被官方以此对待。这"相当程度上建构了哥老会作为反清势力的形象。这股势力愈来愈为清

政府和在中国的西方人所恐惧"//孙逸仙对当医生很快彻底失去了兴趣。慢慢有人注意到，此人偶尔在村子里实验炸弹，而他的诊所却入不敷出//伊藤内阁转而支持一度搁置的海军扩建计划，同意追加建造10万吨规模的军舰。此时，日本已提前完成了十年扩军计划

第三章　1893年 065

　　中、日两国的差异在1893年被放大了，芝加哥世博会上，日本筹集到比任何国家都要多的资金，展位居于黄金地段//当汉阳炼铁厂1893年9、10月完工时，焦炭供应却没有解决，计划中的大冶、马鞍山配套工程也没有完成//招商局总办郑观应抛出了一个题目：如果中国采纳西方议会制，有何利弊？结果获奖的前三名都认为，中国如要富强非设立议院不可//1893年的新规意义非凡，它给了华侨自由出入祖国的官方保护。从这一年开始，总理衙门转而采取主动行动，保护海外华人出现了新气象

第四章　1894年 093

　　清国第一套纪念邮票被赶制出来，计划农历十月初十发行，为太后六十大寿助兴，它包括9枚"万寿邮票"，总面值6钱6分，寓意"六六大顺"//众多新闻记者在东京、大阪等地集会，主张强硬外交，对华开战。实际上，自甲申政变这些年来，很多日本人一直愤愤不平//李鸿章上报北京，将大东沟海战描述成一场以少敌多的胜利，称若不是"济远""广甲"逃跑，必可大获全胜//"督办军务处"不仅来得太迟了，而且从这时起恭亲王已把重心转到请外国公使调停上//"在我面前，正演着一幕最惨痛的悲剧"，美国货轮"哥伦布"号海员艾伦

此时正因于旅顺口，他目睹了杀戮//皇太后"九五之尊"如旧，朝鲜使臣受赏、朝鲜王妃被赐缎匹，北京似乎与连续失败的战场暂时失去了联系

第五章　1895年

《降服规约书》最终签字调印，日本联合舰队驶入刘公岛港湾接收炮台和军舰，"镇远""平远""济远""广丙"和6艘炮舰相继升起日本军旗//李鸿章仍花了5个小时在春帆楼里"斤斤计较"，希望凭借中国式谈判手段把2亿两减去5000万两或2000万两//战场上的节节胜利，却把日本的"文明"扭向一条奇特道路//《马关条约》最终支付超过了纸面数字，达3.9亿日元。如果算上从中国得到的现金及财物，总计合库平银3.4亿两，折合日金5.1亿元//《马关条约》签订这一年，几乎很少有中国人注意到无线电传输、X光诊断仪、电影放映机这些东西已经发明出来//7月19日，光绪要求北京和各地官员提交改革建议，把9个折子下发参考讨论，其中包括康有为、胡燏棻和陈炽的三份西化方案//这是革命者漫长失败中的第一次，这次行动夭折的很大原因来自内部

第六章　1896年

一位御史1月21日参劾强学会"私立会党"，几天后上海《新闻报》发布了查封北京强学会的消息//《时务报》诞生后，体制内外的众多改革者和同情者找到了一个共同平台，这里似乎结成了一个更大规模的"新党"或广义上的"维新党"人//"密约"传回北京时奕䜣坚决反对，李鸿章认为俄方并无特别过分之处，拒绝可能导致对方危害中国//到1895年下半年，赫德终于向总理衙门提交了44款邮政章程，"创邮政以删驿递"

变成了当年改革讨论中的一个争议点

第七章　1897年

就在南洋公学开学前一个月，安徽巡抚邓华熙向北京奏请各省在省会另设新式学堂，获得批准//梁启超等人到长沙后把新政推向一个新高潮，此时第一批学生已经到位，时务学堂的选拔异常激烈，参加乡试的考生传出招生消息后，大约4000人报考了第一场考试//《马关条约》之后中国知识精英焦虑不安，翻译《天演论》可以说是这种焦虑的产物之一//"远东历史新的一章已经开始了"，莫理循写道。11月底，他到达烟台后英国领事告诉他，德国人已占领胶州湾

第八章　1898年

1898年，"恐怕在19世纪历史上是最值得记忆的一年"，日本人高山樗牛写道，他得出这种感受的原因之一就是目睹"中国被分割"//一批远离权力中枢的改革者即将集中到皇帝身边，加入这场前途未卜的改革//废除八股的提议表面上来自御史宋伯鲁，实为康有为师徒及其联盟者推动。之后"中国经历了一场爆炸式的推崇新式教育的浪潮"//《时务报》改官报的提议很快摧毁了这张报纸的公共形象，而且迅速引发一场产权之争//真正点燃火药桶的是9月18日的一些事//"这一次她大权独揽，发誓要废止皇帝所做的一切。发动机被逆转了，火车开始沿着铁轨倒退。"//康有为搭乘日本邮船"河内"号10月25日来到神户，跟随他的包括三名弟子和一名随从，一场不知尽头的流亡生涯就此开始//光绪遭到软禁后，9月25日传出重病消息，中国皇帝的命运开始为外界高度关注

第九章　1899 年　　　　　　　　　　　　　　253

　　大隈重信内阁（1898 年 6 月 30 日—1898 年 11 月 8 日）下野后，新内阁外务大臣青木周藏选择务实路线，不愿支持清廷政治犯 // 1899 年 9 月 6 日至 11 月 17 日，美国正式提出在中国实行"门户开放"，照会被分别送交英、德、俄、法、意、日各国 // "一个秘密社团已在山东兴起，它存在的唯一理由是仇视洋人和基督教。因为某种神秘的原因，这个组织用拳民为名" // 新任巡抚发出一份全省通告，称传教士和教会为中外条约许可，中国不能失约 // 保皇会做的第一件大事是为光绪祈福。8 月 4 日这一天，康有为乘船在维多利亚以北的文岛附近为皇帝祝"圣寿"

第十章　1900 年　　　　　　　　　　　　　　279

　　经元善大胆领衔发出一份上海"通电"，呼吁光绪亲政。共有 1231 位绅商在通电上署名 // 6 月 13 日，大批拳民从崇文门进入内城。从这一天起，北京、天津大规模骚乱开始了 // 收到总理衙门的照会后，外交官们炸开了锅 // 援军迟迟未到，8 月初却传来了一个惊人的坏消息，它显示慈禧消灭洋人的决心非但没有变弱，反而更强了 // 英国记者乔治·林奇绕城转了一周，发现俄军占领区最野蛮，"看起来一切都随着这个北方游牧部落的到来而毁灭瘫痪了" // 这批传教士留下了一份"忻州日记"，记录 1900 年的逃亡经历 // 混乱之中，杨衢云和孙中山、谢缵泰一起去信鼓动李鸿章独立 // 自立军起义号称"勤王"，诉求却相当复杂。它可以追溯到戊戌政变前湖南成立的自立会

第十一章　尾声

为了显示对流亡中央政府的不满，联军几支小股远征军从北京开拔分赴周边地区 // 这笔赔款（《辛丑条约》）实际执行到 1938 年，中国最后实际支付了 576032750 两 // 李鸿章死于《辛丑条约》缔结不久或许具有某种象征意味，这场外交悲剧显示，几十年来中外接触并没有让清廷真正接受新的外部世界 // 由于刘坤一的谨慎，会奏内容里没有涉及张之洞想加入的"议院"，实际上没有涉及政治制度变革

引 子

1891年12月，译成中文的幻想小说《回顾》（*Looking Backward*）[1]抓住了不少中国人眼球，[2]它连载于《万国公报》，写得脑洞大开：一位波士顿年轻人1887年被催眠睡去，公元2000年9月10日醒来发现美国变成了一个社会主义国家。此书风行美利坚，"自《汤姆叔叔的小屋》发表以来，还没有哪一本书赢得过如此多的读者"。[3]政治理想可以通过小说来倾诉，过不了多久，这种手段中国人也学会了。[4]

翻译它的人是李提摩太，[5]这一年10月，他刚被赫德推荐出任"同文书会"总干事，[6]大清海关总税务司是该组织39个发起人之一，[7]它旨在传播基督教及一般常识。这些发起者认定士绅而非皇帝，才是中国的实际统治者，这个古老国家之所以反对西方的一切，"几乎完全是因为无知"。[8]上任后，李提摩太把目标瞄准读书人，赠书是老办法，却并不容易。他们有时也派送《万国公报》，[9]这是第一份提供新闻报道和背景文章（background essays）的中文杂志。[10]它别开生面，备受好评，但长期入不敷出，中国人也不习惯出钱购买西方人的出版物。[11]尽管如此，外来者批评的声音还是可以通过新式报纸放大，被越来越多的中国精英关注，包括一些高级官员。这方面李提摩太很在行，1890年7月他受李鸿章邀请到天津主持《时报》，坚持每天撰写一则评论，一共写了200多篇，其中很多内容旨在讨论如何让中国进步。

李提摩太出生于威尔士的一个村庄，1870年由英国浸礼会差遣来华，之后很长时间待在华北。在太原，他和妻子住在一个中国人的房子里，穿中式衣服，吃中国饭菜。山西的风很大，他突发奇想，拿出一笔奖金，说要发给第一个发明飞行机器的中国人，可惜没有结果。[12]
到1891年，他踏上这片土地已过去了20年，这位英国传教士成了一位著名的中国通。他发现，比起官员，士绅群体更保守，而且常常煽动排外。在1890年上海召开的基督教全国代表大会上（Missionary Conference），李提摩太提到新出版的一本《经世文》如何大肆攻击基督徒，[13] 警告说："我们处在一个随时都可能爆发的火山口的边缘。"[14]

另一位传教士，英国人秀耀春在大会宣读了一篇论文：《中国的秘密会社》（"Secret Sects of China"）。这位中国文学研究先驱者没想到，10年后他会死于一场很像秘密会社的骚乱（义和团）。[15]

这次大会结束没多久，一场迄今为止最猛烈的排外运动爆发了。

注释

1. *Looking Backward: 2000-1887* 写于1888年，作者为美国作家爱德华·贝拉米（Edward Bellamy, 1850—1898）。"这篇著作在19世纪90年代曾风行一时，引出一批书来讨论它陈述的种种制度和原则。它是从社会主义的观点出发、经过认真的经济分析的产物，对当代经济进退两难的窘境进行了独创性的、全面的论述。"（美）乔·奥·赫茨勒著，张兆麟等译：《乌托邦思想史》，商务印书馆，1990年，第221页。

2. 1891年12月刊发于《万国公报》（第三十五期），题为《回头看纪略》（署名为"析津来稿"），该文一直连载到1892年4月（第三十九期）。见《万国公报期刊目录》，上海图书馆编：《中国近代期刊篇目汇录》（第一卷），上海人民出版社，1981年，第299—303页。

3. （美）沃浓·路易·帕灵顿著，陈永国等译：《美国思想史：1620—1920》，吉林人民出版社，2002年，第1037页。该书认为，爱德华·贝拉米很可能在德国学习期间接触了马克思的社会主义。

4. 立于"新小说"潮头的代表人物是严复和梁启超。（可参阅张汉良译：《新小说的提倡者：严复与梁启超》，夏志清：《中国文学纵横》，上海人民出版社，2019年，第209—231页）值得一提的是，马丁·贝尔纳（Martin

Bernal）在《1907年以前中国的社会主义思潮》（*Chinese Socialism to 1907*）中提到，康有为《大同书》和贝拉米的 *Looking Bachard: 2000-1887* 有许多显而易见的相似之处。尽管康有为从未提及贝著，但谭嗣同、梁启超都曾是该书1896年版的读者。康可能读过该书，不过真正激发他的是收录于十三经《礼记》中的《大同》。见（瑞典）马悦然著，唐海东译:《反思古代史，想象现代乌托邦》，李怡、毛迅主编:《现代中国文化与文学》（31），巴蜀书社，2020年，第6页。

5 （英）李提摩太（Timothy Richard, 1845—1919），英国传教士，近代来华最著名传教士之一。李提摩太1870年到华，先后在山东、山西传教、赈灾，1891年到上海主持同文书会（后改名广学会），翻译书籍，他主持的报纸和翻译的图书对晚清知识精英和开明官员影响很大。

6 1887年11月由英国传教士韦廉臣（Alexander Williamson, 1829—1890）发起在上海成立，"同文书会"（The Society for the Diffusion of Christian and General Knowledge Among the Chinese）意为"在中国人当中广泛传播基督教及一般知识的会社"。1888年成立时赫德被推举为董事会总理，慕维廉（William Muirhead, 1822—1900）、林乐知（Young John Allen, 1836—1907）等人任协理。总干事韦廉臣1890年去世后由慕维廉代理了一年后由李提摩太担任。在1891—1892同文书会董事会名单上，李为名誉总干事和7名执行委员会成员之一。1891年10月，李提摩太正式上任，一直到1916年卸任。

7 （英）罗伯特·赫德（Robert Hart, 1835—1911），生于北爱尔兰，1853年毕业于贝尔法斯特王后学院。1854年来华，曾任英国驻宁波领事馆翻译，1859年任广州粤海关副税务司，1863年11月正式担任海关总税务司。总税务署1865年从上海迁到北京，从此赫德居住北京四十多年。1896年清政府开办国家邮政，他兼任总邮政司，1908年告假归国，1911年9月病逝于英国。

8 1887年同文书会计划书称:"我们对于中国的开放永远不会感到满意，直到我们能将中国人的头脑也开放起来。他们反对西方的观点、计划以及商业、政治、宗教等各方面的活动，几乎完全是由于无知。……因此，消除这种无知，在人民各阶层中推广学识，就具有极端的重要性。但是，我们发现往往是北京的大员和开明的官员们已准备接受外国人的建议，而地方上的文人士绅却进行阻挠，并且能有效地阻塞一切进程。这般文人士绅们遍于帝国各地并且受到高度的尊敬，事实上他们乃是这个帝国的真正的灵魂和实际的统治者，所以很显然，如果要影响中国整个国家，我们就必须从这些人开始。"《同文书会章程职员名单计划书和司库报告》，该计划书相关分析见卢汉超:《中国第一客卿：鹭宾·赫德传》，上海社会科学院出版社，

2009年，第187—188页。

9　比如1889年发放了1004本《格物探源》和1200份《万国公报》到北京和几个省会城市。

10　（美）贝奈特著，金莹译：《传教士新闻工作者在中国：林乐知和他的杂志（1860—1883）》，广西师范大学出版社，2014年，第1页。该刊特色之一是刊发一些介绍西方国家社会、教育和政治发展背景信息的文章。《万国公报》原名《中国教会新报》，1868年9月在上海创刊，主办人为美国基督教监理会传教士林乐知。报纸1872年8月改名为《教会新报》，1874年9月改名为《万国公报》。1883年停刊。1889年2月《万国公报》复刊后改周刊为月刊。1907年7月报纸因林乐知当年去世而终止。1895年，维新人士曾短暂使用《万国公报》的名字，后改为《中外纪闻》。

11　1876年2月，主编林乐知曾发表唯一一份《万国公报》财务声明，他列举了经济困难的几个原因：其中之一是"中国人买不起杂志"。其他理由还包括"以前传教士都是免费分发书籍和小册子，以致中国人不太习惯出钱购买西方人的出版物"，"负责发行的中国代理商也没有努力拓展渠道。这些代理商有时通过出租杂志来吸引读者的注意而不是努力去扩大订阅者的人群"。《教会新报》改名《万国公报》出版次年（1875年），报纸的订阅收入和广告总收入不超过2000美元。除了传教士团董事会500美元拨款，林乐知自己支付200美元。《传教士新闻工作者在中国：林乐知和他的杂志（1860—1883）》，第141页。

12　（英）苏慧廉著，关志远、关志英、何玉译：《李提摩太在中国》，广西师范大学出版社，2007年，第111页。尽管并没有人发明飞行器，"然而，山西省的人们都记住了李提摩太的这笔奖金"。（同上）苏慧廉（William Edward Soothill, 1861—1935），英国偕我公会教士，1882年来华，在温州、宁波传教。1907年任山西大学西斋总教习，1920年任牛津大学第三任汉学讲座教授。

13　传教士将之视为一种中国文件汇编书，李提摩太在《1890年传教士大会的记录》里称，1889年出版的"这些书列入了天津的官书局的售书目录，可能各省官书局目录中也有。这本书的性质和它的恶劣影响是不容置疑的"，它断言"基督徒死后，他们的眼睛被牧师挖出来，这些眼睛用来与铅熔化在一起，这样就有百分之八的铅变成了银子，做成丸子用来蛊惑皈依者"。上述内容来自英国伦敦会鲍克思牧师所作的一篇评述（原载《字林西报》1898年7月23日），方富荫译：《广学会年报》（第十一次）1898年12月22日，宋原放、赵家璧主编：《出版史料》1992年第1期。

14　（英）李提摩太著，李宪堂、侯林莉译：《亲历晚清四十五年：李提摩太在华回忆录》，天津人民出版社，2005年，第222页。

15　（英）秀耀春（F. Huberty James, 1856—1900），英国浸礼会教士，1883年

来华,在山东青州传教,1892年回国,1897年再次来华,担任江南制造局翻译馆专职翻译,1898年被京师大学堂总教习丁韪良选为教习,1900年义和团运动时失踪遇害。秀耀春是一位中国文学研究专家,1898年曾在亚洲文会上宣读一篇题为《中国文学》的长文,"这篇文章的重要性就在于它是最早以西方的视角来概述中国文学的一篇专文"。(沈弘:《新文化运动的启蒙者和先行者——记三位京师大学堂的西教习》,《中国科学报》,2015年9月25日)

第一章

1891 年

南方传来的消息让北京的西方外交官坐立不安，他们看到了一份又一份令人触目惊心的"排外"报道 // 张之洞关闭了几个印刷据点，并责令湖南巡抚抓了长沙宝善堂的三个刻字商，但因证据不足释放了 // 尼古拉提前终止了访问，5月19日前往符拉迪沃斯托克（海参崴），头戴纱布出席了西伯利亚铁路开工典礼 // 1891年6月，刚结束阅兵的北洋海军编队受邀访问日本。7月16日，日本贵族、众议两院议员156人登上"定远"舰 // 康有为的行动绝非个人之力，一个围绕他的师门集团在1891年后开始形成，这批年轻学生数量日益壮大

第一章 1891年

一

1891年春天,南方传来的消息让北京的西方外交官坐立不安,他们看到了一份又一份令人触目惊心的报道,比如以下这份,一位目击芜湖骚乱的法国传教士描述说:

5月10日傍晚,"正当教会雇用的两位女教民走出教堂,穿过离道台衙门不远的运河南区的一条街道时,突然遭人殴打,并被粗暴地揪住,拖到保甲局。她们被指控曾用迷药诱拐过两个幼孩;作为人证,两个幼孩,一个5岁,一个7岁,被带了进来,据说他们是这两位女人的受害者"。一天后天主堂被一群中国居民包围,道台拒绝援助,知县却挺身而出,帮助几个传教士逃到长江上的太古公司轮船,"他们亲眼看到他们教堂的所有房子正燃起熊熊火光",不久有消息说,"有两位教士的坟墓已被撬开"。[1]

芜湖是安徽省教务管理中心,此前中外双方相安无事,从未发生冲突。几乎与此同时,九江、宜昌、丹阳、无锡等几个相邻省的城市也爆发了针对西方教会及社区的骚乱。湖南被深入调查的传教士指责为"排外"中心,当地民众对教会的敌意确实由来已久,[2]《湖南合省公檄》这样的反洋教小册子在1860年代之后广为印刷。[3] 据说直到1886年,还没有一个外国人进入湖南省会长沙。[4]

新的排外怒火和一位湖南宁乡籍官员周汉大有关系,1891年他编写、印制了一批小册子，发行量最大的名为《鬼教该死》。[5] 它自称由 8 个人捐印，每人 10 万册，赞助者用的是万里城、师孔、齐心战这些明显的假名字。即使没有宣传的那么多，这本书的印量也相当惊人，它大约 3700 字，用白话文撰写，[6] 长江沿岸很多老百姓读过，多数人觉得痛快，因为"鬼"字很符合他们的口味。1891 年各地流传的谣言里，集中指控了传教士拐带孩子和用他们的眼睛制药，这些显然都不是人干的事。

《北京条约》(1860 年) 让传教士得以深入长江腹地，[7] 这一影响深远的权利是充当翻译的法国传教士艾嘉略私自增加的（这件事直到此时还没有被中国发现）。[8] 自那之后，一座座新教堂拔地而起，它和出入其中的本地教民让很多人深感不安。就儒家精英而言，禁止祭祖却祈祷上帝（以及个人与上帝直接沟通）令人气愤，"这是在不停顿地切割中国传统的家族和谐与血缘纽带延续的夷化行为，这无疑是一种异文化的挑战"。[9]

周汉经常用一只鬼子或一群羊代替"洋人"。教士、教民被叫作"鬼""鬼夫人"，后来叫的最多的是"中国猪叫"。[10] 在一张名为"鬼拜猪精图"的印刷画里，两个洋人狼狈地跪在一头猪面前，猪的身体上写着"耶稣"。类似风格的小册子还有很多，据不同统计，出自周汉的印刷品至少有 30—50 种，里面画了很多洋人干的坏事，比如偷挖人眼和内脏，"猪叫取胎图""小儿失肾图"出现在众多小册子里。这些指控其实毫不新鲜，很多地区都流行过类似谣言。它"是一种刻板印象式的对食人诱拐行为的恐惧"，实则来自根深蒂固的中国传统，"传教士不过是传统观念上那些需为诱拐事件负责的外来群体的一个新例子而已"。[11]

让两湖地区最高长官张之洞感到棘手的，是周汉的身份和文化立场。此人自诩"周孔徒"，并非等闲之辈，曾跟随左宗棠出征西北，后官居陕西候补道，1884年因病返湘住在省城。周汉对西方人的排斥很大程度上来自绞杀太平军的经历，他认为后者是一支基督教军队，既然湘军击败了它，那么眼下"也应该组织起来打击基督教经文的新散播者——传教士和因他们而皈依的基督徒"。[12]不过周汉的武器如今变成了印刷品，西方人称之为"湖南出版物"，这些免费的小册子图文并茂，生动活泼，而且经常是彩色的。

这年9月，伦敦会传教士杨格非得到了一本《鬼教该死》，那是另外一个传教士从黄陂县带回来的，他向汉口领事馆举报此事，当地几家发放小册子的当铺被罚款4000两，[13]但无法查出源头。杨格非听说过周汉，但一直无法确定，不过他不久得到了一份周汉给湖北巡抚谭继洵函件的副本，周在其中承认印刷品出自他。作为最早深入内陆的几名传教士，杨格非1867年就创办了汉口"书报部"，几年内向华中几个省发放了35万部福音书。[14]他相信这些书一旦流行便能改变中国老百姓。没料到印刷品反过来被用来对付教会。"在湖南流传的诸多书籍，都无一例外对基督教大肆污蔑，说耶稣信徒放荡不羁，纵欲无度；上帝被丑化为钉死在十字架上的一只猪，周围满是男女信众，他们或跪着，或在交媾。"他给上海《每日新闻报》去信说。美国传教士明恩溥在援引这封信时注意到，随着小册子一起出现的是对中国人的警告，比如一个告示称，庇护洋人的家族一经发现，将被冠以"猪羊鬼子家族"。[15]明恩溥当时刚出版了《中国人的气质》一书，他用"面子"概括中国人的性格。[16]

二

1891年7月18日，74岁的郭嵩焘在湖南落寞去世，直到此时，他撰写的《使西纪程》也没能得到北京原谅。这本书因亲西方备受指责，周汉对郭嵩焘一直非常不满，把他和另外三个湖南人称为"四鬼"。[17]1876年，郭嵩焘因"马嘉理案"受命赴英国道歉，[18]意外成为清廷首位驻外公使。[19]他视野开阔，很早就看出西方人志在贸易而非领土，第二次鸦片战争时十几次给主战将领僧格林沁写信反对和英法联军开战。[20]欧洲见闻进一步提高了他的眼光，[21]不过对西方的欣赏让郭嵩焘沦为很多人眼里的败类，他写的《使西纪程》1878年被毁版，同僚指责他的罪名无不夸张，比如观游炮台时披了一下洋人衣服，以及在白金汉宫听音乐会时拿音乐单看。当他回国从上海前往长沙时，长沙、善化的士绅不许用小火轮拖他的船靠岸。[22]

郭嵩焘去世前后，湖广当局对排外活动采取了一些措施，但无法遏制其势头。1891年11月，汉口外交使团联合通过了一份抗议书，指责张之洞未能认真查处，导致成千上万的小册子仍在公开发售。在英国驻汉口领事要求下，张之洞关闭了几个印刷据点，并责令湖南巡抚抓了长沙宝善堂的三个刻字商，但因证据不足把他们释放了。事实上，张之洞没打算重责周汉，而且害怕长沙因此发生骚乱，攻击本地教徒。他想把周汉调往甘肃或新疆任职，没有成功。此后，德国公使巴兰德附上湖南小册子向总理衙门告状，后者只得继续向武汉施压。

让张之洞头疼的远不止周汉，1891年6月至9月，湖北爆发了武穴、宜昌教案。武穴距离芜湖不远，因怀疑一位天主教教民用箩筐挑的4名幼儿要送到对岸九江天主堂"挖眼蒸食",千余人捣毁了当地福音堂,打死了一名海关英国检查员和传教士;在宜昌,人们围堵圣母堂,烧毁了几座教堂,4名来自法国、比利时、意大利的传教士被殴伤,修建中的英国领事馆被破坏。[23]面对9国公使联名抗议和开来20多艘军舰的威胁,张之洞只能妥协,最后笞杖或充军了12人,赔偿白银175700余两。

"当外国领事调来炮舰为传教活动撑腰的时候,那些在他们的领事馆干活的中国苦力们却知道,传教士作为一个整体,并不被那些层次较高的外国人当成道德教师。"张之洞的幕僚辜鸿铭为此愤愤不平。这位爱丁堡大学文学硕士出生于马来西亚,是华人中罕见的语言天才。[24]他为排外事件投书上海《字林西报》,用英文发表了《为吾国吾民争辩:现代传教士与最近骚乱关系论》(7月24日),认为外国公众只听到传教士的一面之词,中国人的声音却听不到。辜鸿铭批驳传教士蛮横,四处惹事。"在中国人受到外国公众舆论的道德谴责之前,请拿出证据来说明这些骚乱不是日积月累的侮辱和伤害所激起的愤慨的爆发。至于那些关于婴儿及其眼珠的传闻,其实不过是点燃这场随时可燃的烈焰的导火索罢了。"[25]

辜鸿铭的言论被《泰晤士报》部分转载,遭到很多人批评,很多人奇怪他为何在英国受到教会熏陶,却"公开敌视把基督教传入中国"。[26]也不明白他解释传教士祸害中国的各种理由,比如太平天国运动,辜鸿铭称之为基督教引发的"中国弃民的叛乱",正是这场内战改变了中国,如同把一个如花似玉的少女变成形容枯槁的老妇人。[27]

有一个西方人眼下正打算模仿太平军时代轰轰烈烈的西方前辈,他就是镇江海关帮办税务、英国人梅生(Charles Welsh Mason)。他打算加入湖北哥老会的一次暴动，后者计划这一年11月16日行动，从沙市发起一场长江"起义"。梅生参加了哥老会6月在南京附近的一次会议，决定帮暴动者走私军火。随后他以去日本度假为名前往香港购买武器，后来由"济云"号经上海运往镇江，不过上海海关税务司裴式楷（Robert E. Bredon）拒绝配合。9月12日，梅生刚到镇江即遭查捕，冒险家之梦就此破灭。凭借治外法权，他只被判9个月监禁，罪行是身上搜出的5磅炸药。

"梅生事件"成了总理衙门反击西方人的一个把柄，不过总税务司赫德深谙官场之道，以袖手旁观的姿态尽量淡化此事，几个月后，果然就没多少人再关注它了。当1892年夏天梅生被释放时，舆论几乎忘记了他。此人回到伦敦却再次兴奋起来，声称自己参加哥老会的行动，"完全是基于为被压迫的人民争取自由的激情"。[28]

三

长江两岸动荡不断的这一年，武汉迎来了俄国皇太子尼古拉·亚历山德罗维奇，上一年11月他启动了文明古国之旅，前往希腊、埃及、印度以及中国和日本。这次旅行让尼古拉后来成为唯一到过亚洲的俄国皇帝。[29]

1891年4月19日，俄国人结束广州访问后从海路转至长江，不久来到汉口。"前来拜访殿下（乘坐装饰华美的快艇，随从身着盛装）的是湖广总督，中国著名的文人张之洞。"一位随行俄国人写道，"他在李瀚章之前执政于广州，明显表露出不喜欢欧洲人，同时也非常尊重西方所达到的物质进步。"[30] 4月20日，2艘俄国军舰和50艘中国炮艇护送尼古拉一行前往汉阳晴川阁，他们没有感觉到传说中的敌意，两岸士兵齐射鸣枪致意，总督则在宴会上为沙皇、皇后举杯，尼古拉还吃惊地注意到了说一口流利俄语的辜鸿铭。

除了出席当地东正教教堂的一次宗教仪式，尼古拉花了相当多的时间参观"莫尔恰诺夫与彼恰特诺夫公司"，它属于"新泰洋行"，以制作茶叶闻名。这一年正值公司成立25周年。茶是中俄贸易最重要的商品之一，1860年代后俄商不仅从汉口收购，而且深入鄂南茶区，陆续在附近开办了8个茶厂，其中3家砖茶厂陆续搬到了汉口，在英租界、俄租界滨江地带建造起高大的茶叶厂房，它们成为武汉最早的一批外资机器工厂。当英国商人把购茶重点转向印度、锡兰，俄商1890年后垄断了汉口茶市。[31] 1891年，这里茶叶出口总量的大约七成被送往俄国。为了欢迎贵宾到来，俄国茶厂特意出了一款欢迎尼古拉的定制茶砖，茶厂主人恳请"以殿下的名义在皇家圣彼得堡大学东方系中文—蒙古文—满文部设立奖学金"。[32]

逗留数日后，俄国皇室旅行团离开湖北驶向日本。很快，尼古拉被岛国异域风情迷住了，在长崎和鹿儿岛，他变成了一位热情的观光客，谁知当这些人抵达京都，迎接他们的却是一场刺杀。

事情发生在距离京都8公里的大津。5月11日，坐在人力车上的尼古拉忽然遭到一名护卫警察佩刀袭击，他头部受伤，从人力车上跳到路上躲开了第二刀，尼古拉想躲到当地人群中，但他们已吓得四散奔逃。不过随行的希腊皇子用拐杖击倒了行凶者，车夫和巡警随后一起制服了他。此人名叫津田三藏，很可能是愤怒于割让库页岛或不满俄国人先去消遣而没先去见天皇，他觉得尼古拉的访问实为考察"地理形势"，为将来的侵略做准备。[33] 这种想法并非胡思乱想，当时很多日本人怀疑俄国人是来刺探情报的。

刺杀震动全国，明治维新此时早已开花结果，刺杀外国皇室成员无疑破坏了"文明国家"形象。2天后，明治天皇亲往京都慰问。尼古拉对他印象不佳，觉得天皇举止奇怪，神情恍惚，尽管日记里他声称此事不影响自己喜欢日本，对天皇却相当反感。[34] 这种轻视一直持续影响着尼古拉，他继承皇位后也挥之不去。

成千上万的慰问信、礼物飞向贵宾，在重办凶手的汹汹舆论中，日本大审院院长儿岛惟谦却拒绝了总理大臣等人的警告，[35] 坚持不应处死刺客，因为刑法第一百一十六条对加害皇室（天皇、皇后或皇太子）者处以死刑之规并不适用于外国皇太子。他顶住压力，指示并说服了主审法官，5月25日以"谋杀普通人未遂罪"判处刺杀者无期徒刑（最高刑罚）。司法独立取得了某种胜利，而且此举为努力废除治外法权的明治政府带来了积极影响。不过监禁于北海道的凶手几个月后可疑地病死。

尼古拉提前终止了访问，5月19日前往符拉迪沃斯托克（海参崴），头戴纱布出席了西伯利亚铁路开工典礼，在那里立下了一块奠基石（5月31日）。以殖民创造国家历史的俄罗斯人对广袤空间似乎有一种格外的偏爱，开疆拓土一直是俄国历史中的主要事情。[36] 1830年代发明的火车快速改变了世界，"19世纪第三个25年是第一个真正的铁路时代"。[37] 输掉克里米亚战争（1853—1856）后，俄国被迫大幅转向亚洲。[38] 西伯利亚铁路1887年后被确定为国家战略，1891年3月17日，俄国正式向世界宣布：修筑一条莫斯科直达符拉迪沃斯托克的铁路。6月1日，这项19世纪最巨大的工程东段开工了。如果说过去"俄罗斯帝国在近东、中东和远东连绵不断的大陆上蠢笨地爬行"，如今它即将飞起来了。[39]

欧洲列强与东亚的交通当时仍依赖由英国控制的地中海、印度洋通道，尽管1873年后的"大萧条"（Great Depression）动摇了大英帝国的世界霸权。[40]不过维多利亚时代光辉犹存，1890年，"世界上63%的混合船只出航时，都悬挂着英国国旗"。[41]

德国和法国程度不同地支持俄国重心东移，[42]特别是1891年8月，俄国驻法大使和法国外长达成一项政治协定：法、俄两国一方受到侵略威胁时，双方应立即同时采取措施。此举经过不断细化，实际形成了法、俄军事同盟，[43]它不断延续，直到第一次世界大战。俄国因此得以确保西部欧洲边境，他们可以更有信心地把手伸到远东。

日本对这种变化非常警觉。此前俄国在远东只有大约10000名士兵，西伯利亚铁路意味着他们可以把整个帝国的军队快速运来，这让新兴的东方强国相当不安。

四

"我们日本人非常担心俄国建设西比利亚铁路。"1891年6月，稻垣满次郎在《东方策》一书里写道。这位剑桥大学高才生8月出版了《西比利亚铁路论》，这本书很快畅销全国。不过作者认为俄国的对手很可能是英国，日本不必过分担心。[44]这一年，前外务卿副岛种臣设立了"东邦协会",稻垣满次郎是其中骨干。"东邦协会"旨在提倡一种亚细亚主义,即日本带领东方对抗西方。

在政界,最担心西伯利亚铁路的人是山县有朋。上一年,时任内阁总理的山县在自己起草的《外交政略论》里提到了对这条铁路的担心。当年12月,他在首届帝国议会发表的施政方针,再次强调朝鲜是日本"利益线"焦点所在。山县有朋认为,西伯利亚铁路完工之时,将是朝鲜多事之秋。

朝鲜"是指向日本心脏的匕首",因此必须保持在第三国尤其是俄国的控制之外。1885年后到日本陆军大学执教的德国陆军少校克莱门斯·麦克尔(Klemens Meckel)创造的这个比喻,"在日本军民脑中留下根深蒂固且难以磨灭的印象"。[45] 此人按普鲁士方式重组了日本军队。[46] 尽管俄国很长一段时间看上去对朝鲜兴趣不大。[47] 进入19世纪最后10年情况却为之一变。尼古拉遇刺后,日、俄之间气氛骤然紧张,支持西伯利亚铁路的维特不久出任财政大臣,[48] 让外界看到了俄国把手伸到亚洲的决心。日本精英虽然盯着大清,却意识到未来的对抗迟早会从中日转向日俄,暗地里已经把击败俄国作为一个奋斗目标。俄国是欧洲最"骛悍"的国家和危险的根源,外务大臣青木周藏1891年5月15日在《东亚细亚列国之权衡》意见书里写道,他觉得为了对抗俄国,可以先联合中国,但赶走俄国人之后,朝鲜要划入日本版图。[49]

这时日本精英头脑里"一度风行的自由民权论为国家主义、日本主义所代替",[50] 军人影响政局的能力正与日俱增,[51] 快速成长的海军足以支撑新的野心。梦想成为"东方不列颠"的日本把赌注押在大海之上,除了购买更快的军舰和速射炮,他们还把美国海军战略学家马汉

（A. T. Mahan）刚出版的《海军战略论》（*Naval Strategy Theory*）译成日文，"配发给每一艘兵舰上的舰长，人手一册，作为必读的材料"。[52]正是美国军舰1853年的闯入，让岛国"意识到世界的存在，同时也意识到了日本作为一个国家的存在"。[53]

不过直接刺激日本海洋战略的却是北洋舰队。直到此时，后者仍堪称亚洲第一，装备上居于优势。

1891年6月，刚结束阅兵的北洋海军编队受邀访问日本。[54]7月16日，日本贵族、众议两院议员156人登上"定远"舰。他们发现，日方首屈一指的"高千穗"号无论大小还是坚固程度都难与"定远"匹敌。中国海军看起来唯一比日本差的，只有水兵看起来不太强壮。"参观之前觉得也没有什么了不起，可是参观以后，正所谓百闻不如一见，实在是吃了一惊呢。"枢密院顾问官胜海舟此前已经参加了一次"定远"舰招待会，日本《国民新闻》以"敬畏"来描述这位海军元老的感受。[55]

自北洋舰队第一次访问日本（1886年），"定远"便成为岛国扩张海军的动力，"长崎事件"更直接刺激了1887年《征讨清国策案》浮出水面。[56]中国海军1891年再度来访，双方均感到了某种不安。岛国新气象令北洋海军提督丁汝昌印象深刻，[57]几次参观让他感受到了日军直追欧美的劲头。实际上，就在天皇接见丁汝昌和各舰管带（7月9日）的前一天，日本内阁收到了海军方面一项提案：9年内建造1万吨级铁甲舰4艘、巡洋舰6艘。很快，总耗资约5860万日元的海军发展议案被批准了。[58]当年，日方向阿姆斯特朗船厂订造了一艘4000吨级快速巡洋舰，命名为"吉野"号，1893年交付后它成为世界上速度最快的巡洋舰。

英国人原想把这艘军舰卖给中国,主持海军衙门的北洋大臣李鸿章却苦于没有资金。实际上,正式成军于1888年的北洋海军这几年正在走下坡路。[59] 1891年春天,户部以财政紧张为由,宣布2年内停止向海外购买枪炮、船只和器械。这让李鸿章相当忧虑,此时他还不得不为颐和园造小轮船,比如9月验收的天津机器局建造的"恒春"号,它的工料运费共花去库平银9038两。[60]

不过北洋海军更大的危机并非装备,李鸿章对此并非不知,而且难辞其咎,上一年发生的"升旗事件"他没有支持受辱的"副提督"琅威理,后者因此愤然离职。[61] 这位负责训练的英国军官以严格著称,可谓海军将领们最敬畏的人物,他的离去导致英国撤回担任教习的其他人员,北洋的管理和训练水准因此大幅倒退,舰队基地刘公岛上的那些忌惮琅威理的赌馆、妓院,生意又重新活跃起来。

五

糟糕的海防和俄国的东方野心被广东秀才康有为注意到了,他判定朝鲜会成为一个火药桶。[62] 康1890年写下《保朝鲜策》,准确预测了中国未来将要面临的尴尬局面。[63]

与1880年代先后提出朝鲜战略的黄遵宪、张謇相比,康有为还没有一官半职,但过去几年干过几件大事,在广东士大夫圈子里颇有名气,包括1888年12月给皇帝上书呼吁变法。[64] 康没有上奏资格,文字却相当勇敢,开头便要皇帝"下诏罪己"。[65] 此举或许是为了引起即将亲政（1889年）的皇帝注意，尽管这不大可能，帝师翁同龢倒注意到了此人，觉得他的话有些价值，尽管很容易惹麻烦。[66]那几年康有为科考运气不佳，1882年和1888年的乡试均告失败。实际上，若非祖父康赞修死前在任上帮他获得"监生"身份，康有为可能连秀才都很难拿下。[67]

科举考试要求符合儒学经典，不能离经叛道，这一点对康有为越来越难。不过到1891年，他却自信地办起一个新学堂，而且吸引了一批年轻俊才，比如梁启超，他只有17岁，已是举人，上一年北京会试名落孙山，见过康有为之后大为拜服。引荐梁的陈千秋同样才华横溢，他们均就学于著名的学海堂，现在转而支持康在广州长兴里创办一所"万木草堂"，自己甘为弟子。

学堂吸引年轻人的一个重要原因是"新学"。课程表上西方历史、西方哲学这些东西很多和考试毫无关系，甚至背道而驰。33岁的康有为比不少学生大10岁以上，头脑却比他们更新，比如他把西方富强的原因解释为"君民平等"。[68]1879年香港之行改变了康有为对世界的看法，[69]1882年考试失利后目睹上海租界的繁华，他更加确信这一切绝非坚船利炮所致。[70]随后康有为变成上海西方出版物的热心读者，[71]其中不少内容转化为万木草堂的讨论。毫不夸张地说，《万国公报》和江南制造总局翻译的图书第一次拼接出他头脑里的"西方世界"。[72]满足这种探索除了兴趣和敏感，还需要手头宽裕。[73]

1891年6月，《万国公报》开始连载《变法自强》，[74]它是王韬流亡香港时的旧文，声称只要改变制度，就可以迅速扭转国运，日本正是好榜样。[75]康有为的很多早期观念来自王韬，[76]不过他头脑中的"变法"现在却自有一套，这一年他完成了30万字的《新学伪经考》，康门弟子中的杰出分子参与了这本书的编纂。1891年8月,《新学伪经考》十四卷由万木草堂第一次发行,在康有为笔下,儒家经典"古文经"都是假的,他以这种方式否定了所谓祖宗之法。

从汉代开始,今、古文之争历时超过2000年,总的来说前者更尊重考据,后者更看重诠释,特别是与当下生活结合的"微言大义"。[77] 挑战17世纪以来的考证学派汉学,康绝非第一人,但他却让这个古老学术问题迸发惊人的能量。他认定"古文"经典为西汉末年刘歆伪造,后者伪造《左传》《周礼》是为了帮助王莽建立新朝。此前,一些典籍如《周礼》曾为人怀疑,但像康有为这样论述详细、言之凿凿的还几乎没有。很多人怀疑他的见解来自四川人廖平,[78] 不过康只承认学问承接前辈学者刘逢禄、魏源和龚自珍,[79] 他们均为公羊学派重要代表人物,公羊学派堪称今文经学最重要流派,鸦片战争后它与国家变革联系起来,重新释放力量。

很多人讥笑《新学伪经考》,但它很快流传于知识圈。各地当年就出现了几个翻刻及石印本。[80] 这本书释放的能量不在学术,而是转化为行动。康有为对汉学的排斥不仅因为它对社会道德的冷淡态度,更重要的,"他要重新肯定关心政治和政制改革是儒家的主要宗旨"[81],并认为这才是孔子的本意。因此人们可以理解,康有为何要马不停蹄地投入到下一部著作《孔子改制考》的写作之中。不过完成它要等到五六年之后。这本书大力劝导清廷改制,[82] 1898年,《孔子改制考》和要求禁止它的奏章一起被递到皇帝面前。[83]

康有为的行动很好说明了知识精英中的一部分人,"正在滋长一种想做某些自晚周轴心时代以来也许从未做过的事的要求,即重新考察中国社会政治秩序的制度基础"。[84] 他的深谋远虑之处在于,并没有因为推行西政、西学而忘了在新的制度设计中为儒家寻找新的生长点。[85] 不过未来该如何安顿"传统"并非易事，它和把孔子发明为"改制教主"一样困难，日后康被支持者称为中国的"马丁·路德"，反对者则指责他自视为耶稣。

值得注意的是，康有为的行动绝非个人之力，一个围绕他的师门集团1891年后开始形成。这批年轻学生数量日益壮大。[86] 2年后，正当康有为大力鼓吹废除八股文时，忽然以乡试第八名考中"举人"，[87] 弟子麦孟华同时及第。[88] 他们的社会地位因此越来越高，在不太严格的考场上，很多人会悄悄偷听草堂的弟子在谈些什么。[89] 当下一场国家危机不期而至，康有为和这些勇敢的年轻人不无冒失地投身其中，中国政局竟为之一变。

注释

1　美国驻华公使田贝（Charles Denby，1830—1904）1891年5月发给美国国务卿布莱恩函，附上了《字林西报》当月18日报道芜湖骚乱的两则剪报。《"芜湖闹事"——法国教士叙述》，郭舜平等译：《清末教案（第5册）：美国对外关系文件选译》，中华书局，2000年，第260—263页。
2　1856年，湖南从南京教区分离出来成为独立的天主教教区。1879年，罗马教廷将湖南分为南北两个教区，南部教区以衡州（今衡阳）为中心，1855年、1861年曾爆发过两次著名的衡州反教会运动。
3　湖南省地方志编纂委员会编：《湖南省志·文物志》，湖南出版社，1995年，第779—780页。
4　（美）周锡瑞著，杨慎之译：《改良与革命：辛亥革命在两湖》，江苏人民出版社，2007年，第41页。
5　这本小册子也有版本称为《鬼叫该死》。
6　文本分析参见吕实强：《周汉反教案》，(台)《"中央研究院"近代史所集刊》第二期，1971年，第446—448页。
7　《北京条约》是第二次鸦片战争后清政府1860年10—11月与英国、法国、俄国签署的三个《续增条约》，也被称为《中英北京条约》《中法北京条约》《中俄北京条约》。其中《中法北京条约》第六款规定"任各处军民人等传习天主教、会合讲道、建堂礼拜，且将滥行查拏者，予以应得处分。又将前谋害奉天主教者之时所充之天主堂、学堂、茔坟、田土、房廊等件应赔还，交法国驻扎京师之钦差大臣，转交该处奉教之人，并任法国传教士在各省租买田地，建造自便"。《中法续增条约》（1860年10月25日），王铁崖编：《中外旧约章汇编》（第一册），生活·读书·新知三联书店，1957年，第147页。

8　《中法北京条约》法文版并无"并任法国传教士在各省租买田地，建造自便"。美国教会历史学家赖德烈和耶稣会历史学家史式徽认为，充当翻译的法国传教士艾嘉略（Louis Charles Delamarre，1810—1877）作弊增加此条。1865年法国公使柏尔德密与总理衙门补充了《柏尔德密协定》（内有传教士购买田产房屋相关条款）。当张之洞1895年组织翻译美国国会文件发现法文本《中法北京条约》并无传教士内地"租买田地，建堂自便"之句后报告给总理衙门，法国公使则以《柏尔德密协定》为由不了了之。（参见顾卫民：《基督教与近代中国社会》，上海人民出版社，2010年，第105页）另，1860年11月18日，艾嘉略自北京寄给教廷传信部枢机们的一份随军远征报告称："我非常幸运地应召作为法国使团的翻译。该使团刚刚在中国取得了令人永远难忘的成功，并为我圣教谋取了重大利益。我从一开始就被视为不仅是中国所有基督徒们的代表，而且也是教廷传信部的代表。"（《传教士与远征军——法国传教士艾嘉略第二次鸦片战争亲历记》，耿昇：《中法文化交流史》，云南人民出版社，2013年，第157页）

9　庄孔韶：《银翅：中国的地方社会与文化变迁》（增订本），生活·读书·新知三联书店，2016年，第362页。此外，儒家追求人性的完满而无须借外力、人人皆可以成尧舜。"这与基督教之人性观相比，是相当不同的文化逻辑，这成为历史上佛教理念完成中国化过程和后来一些基督教派寻找在中国的适应性传道理论的共同原因之一。"（同上）

10　到1898年，湖南南学会会长皮锡瑞在日记中称："又见周孔徒所贴'齐心协力'，所云'猪羊杂种''中国猪叫'最多，既不雅驯，又甚费解。"皮锡瑞：《师伏堂未刊日记》，1898年5月14日，政协长沙市委员会文史资料研究委员会、政协浏阳县委员会文史资料研究委员会等合编：《谭嗣同研究资料汇编》，1988年，第123页。

11　（荷）田海著，赵凌云、周努鲁、黄菲、李疃译：《讲故事：中国历史上的巫术与替罪》，中西书局，2017年，第172页。

12　（美）裴士锋著，黄中宪译：《湖南人与现代中国》，社会科学文献出版社，2015年，第65页。

13 （英）杨格非（Griffith John, 1831—1912），英国传教士。被伦敦传道会任命为赴华传教士，1855年9月到达上海。1861年9月，他迁居汉口开办了一家传教站。（英）伟烈亚力著，赵康英译：《基督教新教传教士在华名录》，天津人民出版社，2013年，第288页。

14 顾长生：《从马礼逊到司徒雷登——来华新教传教士评传》，上海人民出版社，1985年，第197页。

15 不过他也注意到告示最后规定不准焚烧洋人教堂。据明恩溥分析，原因可能有二：其一，焚烧可能会殃及周边民房；其二，这些应该上交官府变卖，以增加税收。（美）阿瑟·亨德森·史密斯（明恩溥）著，桑紫林译：《动乱中的中国：十九世纪末二十世纪初的晚清时局》，上海社会科学院出版社，2019年，第37页。阿瑟·亨德森·史密斯（Arthur Henderson Smith, 1845—1932），中文名明恩溥，1872年美国公理会派遣来华，1877年在山东赈灾传教，建立了著名的庞庄教会，后参与美国退还庚子赔款，1926年返美。

16 这本书第一章开头写道："初看上去，用'面子'这个全人类都有的身体部位来概括中国人的'性格'，没有比这更为荒谬的事情了。但是在中国，'面子'一词可不是单指脑袋上朝前的那一部分，而是一个语义甚多的复合词，其内涵之丰富，超出了我们的描述能力，或许还超出了我们的理解能力。"（美）明恩溥著，刘文飞，刘晓旸译：《中国人的气质》，东方出版社，2014年，第7页。《中国人的气质》(*The Chinese Characteristics*)，又译《中国人的特性》《中国人的性格》等，文稿最初在《字林西报》刊发，1890年结集在上海出版，1894年在美国修订再版。"鲁迅对中国传统文化的全面批评，其灵感正出自明恩溥《中国人的特性》一书的有关论述。""有关中国国民性的论述还有其他声音，比如辜鸿铭的英文专著《中国人的精神》，其实就是对汉学界的有关论述，尤其是明恩溥一书的回应。对于这些文本及其争论，林语堂当然明了，而《吾国与吾民》以其独特的视角与风格介入了这一话语传统。"钱锁桥：《林语堂传：中国文化重生之道》，广西师范大学出版社，2019年，第172页。

17 1892年下半年，一份《湖南通省公议》指责郭嵩焘、曾纪泽、朱克敬和张自牧为"四鬼"。据称它出自周汉之手。朱克敬（1792—1887），甘肃人，1871年后客居长沙，曾撰文《公法十一篇》诠释丁韪良翻译的《万国公法》。张自牧（1833—1886），湖南湘阴人，以洋务著称，为"西学中源"说最早提出者之一，著有《瀛海论》《蠡测卮言》（可参阅潘光哲：《张自牧论著考释札记——附论深化晚清思想史研究的一点思考》，郑大华、邹小站主编：《传统思想的近代转换》，社会科学文献出版社，2007年）。

18 英国侵占缅甸后寻找一条通往云南的路线，1874年英印政府组织了陆军上

19　校柏朗（Horace Browne）率领的一个"探路队"，探测曼德勒到云南的通道。英国驻华外交译员马嘉理（August Raymond Margary，1846—1875）前往迎接，双方汇合后1875年马嘉理代员先行侦察时在云南被人袭杀。英国认为马嘉理持有特别护照旅行内地，且总理衙门已通知云南地方当局，为此胁迫1876年签订中英《烟台条约》，获得新的贸易特权。

19　清廷派驻外国的出使大臣国际头衔为公使，清廷也以"公使"称呼西方外交官。为使用方便，本书统一使用公使指称出使大臣。1875年清政府开始遣使时规定出使大臣分为三等：头等以一、二品官员充任（不常设）；二等以二、三品官员充任；三等以三、四品官员充任。1890年经总理衙门奏定，出使大臣均定为二等，主要由二、三品官员充任。民国后开始以"公使"称呼代之。1912年11月民国政府公布的《驻外使领各馆暂行组织章程》规定，旧时二等出使大臣改称公使。参阅张兆敏：《晚清驻日公使的对日认识及外交实践1877—1894》，新华出版社，2018年，第11页。

20　郭嵩焘同样反对和俄国、法国作战，那时高级官员里恭亲王、文祥、李鸿章等均为赞成和平的改革派。（美）费正清、刘广京编，中国社会科学院历史研究所编译室译：《剑桥中国晚清史（1800—1911年）》（下），中国社会科学出版社，2006年，第161页。僧格林沁（1811—1865），清军将领，1855年因为镇压太平军北伐有功晋升亲王，1858年5月，英法联军攻陷大沽后，授钦差大臣，督办军务，1860年指挥满蒙军队在北京通州八里桥和联军交战失败，后北京失陷。

21　其中也包含了传教士施加的影响，比如力促郭和"文明世界"接触的李提摩太。1878年在山西赈灾的李提摩太目睹和听闻一幕幕人间惨剧，人们卖掉妻女甚至吃掉孩子。他写信给教会秘书贝内斯，"指出当中国的第一批高级官员访问英国和美国时，他们被带去参观剧院和博物馆，却从来没有被带着去参观过教堂或听过布道。因此，我请他采取措施，让英国最优秀的基督教士绅对中国新任驻英公使郭（嵩焘）给予特别的关注。他是第一次去英国，应该让他了解西方文明的精华"。《亲历晚清四十五年：李提摩太在华回忆录》，第116页。

22　《郭嵩焘日记》光绪五年（1879年）闰三月十五日记载："正以轮船为士绅所惊讶。""二点钟抵省，泊舟草潮门。接意城书，则两县以轮船不宜至省河，属书阻之。"郭嵩焘：《郭嵩焘日记》（第3卷），湖南人民出版社，1982年，第853页。

23　叛乱过程可参见罗福惠：《湖北通史·晚清卷》，华中师范大学出版社，2018年，第179—180页；戚其章、王如绘编著：《晚清教案纪事》，东方出版社，1990年，第223页。

24　辜鸿铭（1857—1928），祖籍福建厦门，生于马来亚槟榔屿，曾获英国爱丁堡大学文学硕士、德国莱比锡大学工科文凭，1880年后曾就职于新加坡政府，1885年进入时任两广总督的张之洞幕府。

25 《为吾国吾民争辩书——有关目前外国传教士与近年教案之关系的结论》，辜鸿铭著，黄兴涛等译：《辜鸿铭文集》（上），海南出版社，1996年，第47—48页。英文名 Defensio Populi ad Populos: or the Modern Missionaries in Relation to the Recent Riots，刊于1891年7月24日《字林西报》。

26 3年后到汉口旅行的莫理循如此评价辜鸿铭："奇怪的矛盾之处在于，尽管他大有机会在英国最为虔诚和热心的教会接受教育，受到联合长老会、自由教会、圣公会、苏格兰教会的熏陶，不用说还有来自不同程度怀疑正统教义的庞杂的非正统教派的影响，然而他公开敌视把基督教传入中国。"他承认"在中国没有什么地方比长江流域更反对基督教输入。(澳)乔治·厄内斯特·莫理循著，李磊译：《1894，中国纪行》，中国旅游出版社、商务印书馆，2017年，第13页。

27 《为吾国吾民争辩书——有关目前外国传教士与近年教案之关系的结论》，《辜鸿铭文集》（上），第48—49页。

28 "当他回到伦敦时，他无法抵制公众的注意力吸引到他自己和他的脱身之事上的诱惑，便给《帕麦公报》和《纪事日报》写了一封长信，声称他曾经'采取的行动完全是基于为被压迫的人民争取自由的激情'，并风马牛不相及地悲叹道：'在希腊被视为荣耀的诗人的献身精神，在中国职员身上却是犯罪的！'"（英）魏尔特：《赫德与中国海关》（下），厦门大学出版社，1993年，第256页。

29 1891年4月，尼古拉在广州、武汉分别会见了两广总督李瀚章、湖广总督张之洞。1894年，尼古拉即位，成为罗曼诺夫王朝（1613—1917）末代皇帝。

30 （俄）埃·埃·乌赫托姆斯基：《俄储中国行》，伍宇星编译：《19世纪俄国人笔下的广州》，大象出版社，2001年，第245—246页。该文提到湖广总督时称，湖广意为"广阔的湖泊"，"是对拥有6000万—7000万人口的湖北和湖南两省的称谓"。（同上）李瀚章为李鸿章之兄，1889—1895年任两广总督。

31 以上见张笃勤：《清代汉水的茶叶运销》，冯天瑜主编：《汉水文化研究》，中国国际广播音像出版社，2006年；张笃勤：《汉口茶输俄的几个问题》，《江汉论坛》1994年02期。

32 《19世纪俄国人笔下的广州》，第260—265页。

33 "如果他让尼古拉毫发未损地离开，那么，终有一日尼古拉会以入侵者的身份归来。"（美）唐纳德·基恩著，曾小楚、伍秋玉译：《明治天皇：1852—1912》，上海三联书店，2018年，第521页。

34 "他特别兴奋、恐慌，举止相当奇怪。他身穿大将的军服，神情恍惚。"《最后的俄罗斯皇帝尼古拉二世的日记》，引自（日）和田春树著，易爱华、张剑译：《日俄战争：起源与开战》（上），生活·读书·新知三联书店，2018年，第105页。在犯人被制伏后尼古拉写道："路上的人民让我感动。大多数人跪着，双手合十，表示遗憾。"（第104页）

35　（日）儿岛惟谦（1837—1908）为"大津事件"时大审院院长，后任贵族院议员、众议院议员。大审院设立于日本明治时期初期，直至最高裁判所设立为止，一直是近代日本的最高法院，首长为大审院院长。

36　参阅（俄）瓦·奥·克柳切夫斯基著，张草纫、浦允南译：《俄国史教程》（第一卷），商务印书馆，2017年，第二讲（第二章）。

37　（英）霍布斯鲍姆著，张晓华译：《资本的年代：1848—1875》，国际文化出版公司，2006年，第64页。

38　战争爆发于1853—1856年间，沙皇尼古拉一世借宗教争端出兵多瑙河两公国（今属罗马尼亚）。随后奥斯曼帝国、英国、法国对俄宣战。主要战场在黑海的克里米亚半岛展开，也称为克里米亚战争。持续18个月的战争在俄国要塞塞瓦斯托波尔陷落不久结束，俄国最终战败。详见（英）奥兰多·费吉斯著，吕品、朱珠译：《克里米亚战争：被遗忘的帝国博弈》，南京大学出版社，2018年。

39　到1892年末，"俄国已经找到了以创纪录的速度不可遏止地飞奔向前的办法：西伯利亚铁路的平均建筑速度每年为五百八十七俄里"。到1895年已修成一千二百五十四俄里。（苏）鲍里斯·罗曼诺夫著，陶文钊译：《俄国在满洲：1892—1906》，商务印书馆，1980年，第12页。

40　1873年后的"大萧条"引发了一场英国霸权危机，之后支持英国繁荣的主要不是它的工业能力，而是其过去成功事业的回报。"使英国在国际竞争中不落后的是它对印度的控制。印度的棉花和纺织品愈来愈多地卖往美国、欧洲大陆和日本，为大英帝国系统提供盈余。印度的棉花和纺织品贸易在19世纪下半叶由400万美元上升到5000万美元"。更重要的是，"本地费用"（向印度征的税）在19世纪最后25年，由7000万英镑上升到2.25亿英镑，它维持了英国国际金融中心地位。（美）埃里克·R.沃尔夫著，贾士蘅译：《欧洲与没有历史的人》，民主与建设出版社，2018年，第339页。

41　（澳）迈克尔·皮尔逊著，朱明译：《印度洋史》，东方出版社，2018年，第258页。"英国统治在19世纪以印度洋为特点，并且一些方式也保留到了20世纪。"（同上）

42　围绕修建西伯利亚大铁路的国际形势分析，可见（日）升味准之辅著，董果良、郭洪茂译：《日本政治史》第2册，商务印书馆，1997年，第281—283页。

43　1892年8月17日，法、俄在圣彼得堡签订军事协定，意在对抗意、德、奥匈三国同盟。规定当法国遭到德国或意大利攻击时，或俄国遭到德国或奥匈帝国攻击时，双方都以全部兵力相互支援。如果三国同盟或其中一国动员兵力，法、俄一经得知，不需任何事先协议，应立即将兵力调到边境。

44　（日）和田春树著，易爱华、张剑译：《日俄战争：起源和开战》（上），第113—114页。该书称"俄国对东洋的政策只是间接攻击英国的策略。俄国的目标不是日本，不是支那，而正是英国。故我们日本人不必畏惧西比利亚铁路的成功"。

45　（美）詹姆斯·L.麦克莱恩著，王翔、朱慧颖译：《日本史（1600—2000）》，海南出版社，2009年，第241页。

46　克莱门斯·麦克尔（又译梅克尔）1885年到日本，受日方委托从根本上重组日本陆军系统。到1886年3月1日，军事管理实现了标准化。他参与了按照普鲁士军事组织结构模式重组日本军队的工作。1886年，麦克尔提交了进一步的改革建议，内容涉及普遍征兵、大型编队的组织和指挥结构以及高层结构的变化，提出了三方分工：作为行政机构的日本陆军省、负责军队动员和军事指挥的总参谋部，以及作为第三个平等机构、负责人事和教育的总监察部。（德）乔治·科斯特：《麦克尔——他的生活以及他在德国和日本的工作》，第60—61页。（Georg Kerst, Jacob Meckel: sein Leben, sein Wirken in Deutschland und Japan. Musterschmidt Verlag, Göttingen 1970, S.60-61ff.）

47　1888年，朝鲜只有4个俄国商人，美国、德国商人都比他们多一些（分别为11人、22人）。1888年，在圣彼得堡召开的国家外交政策会议上，几位主要官员的意见是："取得朝鲜不仅对我们没有什么好处，而且还会带来大量不利的后果。朝鲜是一个穷国，不可能成为对我们有利的市场。"（美）安德鲁·马洛泽莫夫著，商务印书馆编译组：《俄国的远东政策（1881—1904年）》，商务印书馆，1977年，第19页。

48　（俄）谢尔盖·尤利耶维奇·维特（Seigei Witte, 1849—1915），出身于贵族家庭，敖德萨大学毕业后在铁路系统任职，1889年被任命为俄国西南铁路公司经理，1892年出任交通大臣，同年改任财政大臣。他是最后两任沙皇即亚历山大三世、尼古拉二世时期的俄国重臣。

49　"欧洲各国中最为鸷悍，且为恒常危险之根源者即俄国。"（日）青木周藏《东亚细亚列国之权衡》，引自《日俄战争：起源和开战》（上），第115页。

50　米庆余：《明治维新：日本资本主义的起步与形成》，求实出版社，1988年，第236—237页。日本工业在1885年后发展突飞猛进。据《帝国统计年鉴》记载：1885年日本工业公司总数为496家，1889年达2259家。（同上）

51　"1890—1919年，这支军队消耗了日本30%—50%的国家年度预算（约占全国收入的10%—20%）。"（英）W.拉夫伯著，史方正译：《创造新日本：

	1853年以来的美日关系史》，山西人民出版社，2021年，第94页。
52	王家俭：《李鸿章与北洋舰队：近代中国创建海军的失败与教训》（校订版），生活·读书·新知三联书店，2008年，第2页。马汉（1840—1914），美国海军军官，以主张扩张海权闻名。他的《海军战略论》一书直到第二次大战时才有节略中文译本。
53	（日）小原雅博著，王广涛、丛琬晶译：《日本的选择》，上海人民出版社，2019年，第57页。1853年7月8日，美国东印度舰队司令佩里率领舰队抵达江户湾（今东京湾）浦贺港，因舰队船身漆黑被称为"黑船事件"，此后日本被迫与西方各国签订一系列不平等开放条约。
54	1891年6月26日，"定远""镇远""致远""靖远""经远""来远"6舰组成的北洋海军编队从威海卫出发，6月28日到达日本马关，7月1日抵达神户，7月5日驶抵横滨港。
55	以上见日本《国民新闻》7月16日、日本《时事新报》7月18日报道，载戚俊杰编著：《丁汝昌年谱》，山东大学出版社，2016年，第152、156页。
56	1886年8月，丁汝昌率领北洋舰队"定远""镇远"等7艘战舰结束在朝鲜海域演习归国，途中取得日本同意后进入长崎港维修保养（8月1日）。8月13日夜，部分水兵在妓楼与店家发生争执，损坏了店内物品后与日本巡警发生冲突。8月15日，北洋海军300名士兵上岸休闲购物，与日本巡警、民众爆发千人规模的械斗，史称"长崎事件"。最终调查统计，日本巡警死亡2人，重轻伤26人。清国水兵5人死亡6人重伤，38人轻伤。1887年2月8日，中日签订协议，双方相互收受慈善基金会救恤金。清国支付日本合15500日圆，日本支付清国52500日圆（死伤人数较多）。详见宗泽亚：《清日战争》，世界图书北京出版公司，2012年，第316—322页。
57	丁汝昌（1836—1895），安徽庐江人，早年参加太平军，清军收编后随淮军到上海，后迁至总兵加提督衔。1879年由李鸿章推荐进入北洋，北洋舰队正式成军后任海军提督。
58	由于内阁不久倒台，此议案未得实施。但1892年，"建立大海军"计划在天皇裁决下很快得以落实。北洋舰队1891年访问后日本国内的一系列动向，都与这次访日的影响有关，也可视为日方做出的反应。方堃：《北洋舰队1891年访日及其影响》，《安徽史学》1996年03期。
59	1885年，清政府决定设立海军衙门，醇亲王奕譞为海军总理大臣，庆郡王奕劻和李鸿章为会办，李鸿章实际主持（"专事其事"）。1888年10月3日，北洋海军以《北洋海军章程》的颁布为标志正式成军。
60	姜鸣：《秋风宝剑孤臣泪——晚清的政局和人物续编》，生活·读书·新知三联书店，2015年，第325页。
61	（英）琅威理（William M. Lang，1843—1906），1882年以现役军官（中校）

来华任职，负责北洋海军日常训练。1884年因中法战争英国中立回国，1886年返。当年被巡阅北洋的醇亲王授予二等第三宝星并赏给提督衔，因此北洋海军的正式公文中，琅氏头衔全称为"会统北洋水师提督衔二等第三宝星琅威理"。他自认是提督丁汝昌之外的第二职位。1890年3月，"定远"等舰南下香港维修。"定远"管带刘步蟾在丁汝昌不在的情况下，为显示自己为舰上最高长官，下令降提督旗升总兵旗，此举为琅威理所指责，双方发生争议。返回威海后琅氏与李鸿章面谈撤旗事件，李选择支持刘步蟾，琅威理受辱当场辞职。

62 "夫强俄有陆而无海，故迩年之谋，北欲出波罗的海，西欲出地中海，中欲出印度海，皆为英人所塞，欧洲诸强国莫不忌俄之出海也，所以塞之无不至。俄无所出，则必竭力欲出于东方。咸、同间，既得志于珲春矣，犹以地之僻远也。朝鲜国弱，而为东海之扼，俄欲肆志于东海，势必窥朝鲜。"《保朝鲜策》，姜义华、张荣华编校：《康有为全集》（第一集），中国人民大学出版社，2007年，第246—247页。

63 康有为称朝鲜"藩属而非藩属，无事则辱国，有事则招敌，事急则丧师，进退无据，荣辱皆非"。《保朝鲜策》，第247页。黄遵宪1880年写有《朝鲜策略》，张謇1882年撰写《朝鲜善后六策》，均颇有见地。

64 第一次上书后康写下一首诗，自称是因为中法马江战争（1884年）失败要求变法。该诗下面写着："时马江败，诣阙上书请变法。"《感事》，汤志钧编：《康有为政论集》，中华书局，1981年，第62页。

65 《上清帝第一书》，《康有为全集》（第一集），第180页。康有为在该文最后写道："今皇太后、皇上即不自为计，独不为天下计乎？即不为天下计，独不为列祖、列宗计乎？伏愿皇太后、皇上念列圣付托之重，答天心警示之勤，无忘庚中之变，震悼祖陵之灾，特下明诏，引咎罪已。"（第184页）康希望通过翁同龢转达上书没有成功。（按清代体例，秀才无直接资格向帝王上书，上书者应事先取得同乡京馆印结确认身份）。1889年初，他通过屠仁守再次进言，以不久前皇宫太和门失火为警告请变革，用"天谴"来解释这次"大灾异变"。《门灾告警请行实政而答天戒折》，《康有为全集》（第一集），第227—230页。

66 "盛伯羲以康祖诒封事一件来，欲成均代递，然语太讦直，无益祇生畔耳，决计复谢之。"见翁同龢1888年11月30日日记，翁万戈编、翁以钧校订：《翁同龢日记》（第五册），中西书局，2012年，第2275页。翁同龢（1830—1904），江苏常熟人。咸丰六年（1856年）状元，先后担任同治、光绪师傅。历任户部侍郎、都察院左都御史，刑部、工部、户部尚书，1882—1884年和1894—1898年两度担任军机大臣。

67 康有为1871年、1872年两次应童子试不第，他的监生身份和乡试资格富有争议，康有为之孙康保延、康氏族人康同家等称，康有为因先祖殉职于任上获赐荫监生，不过也有人认为康有为不具有参加第一次乡试的规定身份，而是在录遗试中入选的童生，康此后对此讳莫如深。李益彬：《康有为乡试身份小考》，《四川大学学报（哲学社会科学版）》2004年增刊。

68　康写于1888年前后的一则读书笔记称，"推其所得，盖君民平等，通与民同故也。中国之君，恃势负尊，劳民力，竭民财，故一人乐而万姓忧，百戏备而天下叛"。《笔记》，《康有为全集》（第一集），第205页。《万木草堂遗稿》油印本卷六"笔记"类收文四十六篇，编署"皆戊戌前作"。这些笔记多以按语形式录入1898年春刊刻的《日本书目志》一书，但收入时内容已有增删，当系康氏阅读日译西书目时陆续写下的笔记。（第205页注释）

69　1879年底康有为第一次去香港，整洁的道路、严密有度的巡捕让他吃惊，康不得不承认不能拿"夷狄"看待西方人。"始知西人治国有法度，不得以古旧之夷狄视之。"康有为著，楼宇烈整理：《康南海自编年谱》（外二种），中华书局，1992年，第9—10页。回来后他重读《海国图志》《瀛寰志略》这些"新书"，并收集西学书籍。1874年康已在羊城书院书楼看到了《瀛寰志略》等书，但并没有过多关注。

70　1882年的上海之行让他确信，这里的繁华必有超越器物的深刻原因，尽管此时他还说不清这一切背后的本原。"归途道经上海之繁盛，益知西人治术之有本。"《康南海自编年谱》（外二种），第11页。

71　1883年订阅了《万国公报》，不晚于1887年就看过《格致汇编》，在当年日记里记载有"看《格致汇编》第二年第九卷（电报）"，"光绪十三年丁亥年日记"，见《康有为全集》（第五集），第68页。

72　比如康有为所撰《实理公法全书》，编写形式完全模拟江南制造总局出版的《几何原本》（朱维铮：《近代学术导论》，中西书局，2013年，第217页）。江南制造总局翻译馆到1890年代已成为中国最大的出版机构。该机构最早由徐寿（1818—1884）提出，1868年6月开馆，1869年将上海广方言馆并入。在清末的四十多年中，共翻译出版了199种西书，内容涉及兵船矿、天文地理、声光化电、农工医商与史志法政等方面。参见邹振环：《疏通知译史》，上海人民出版社，2012年，第150页和151页统计表。

73　尽管康有为那时自称"生济日绌"，但他从北京一路旅行扬州、镇江到上海"大购西书"，却不是人人都有这种条件的。年轻的梁启超似乎有更多机会接触到新知识。不过1890年到上海后，面对江南制造总局的西书，他只能"心好之，以无力不能购也"。《三十自述》，梁启超著，汤志钧、汤仁泽编：《梁启超全集》（第四集），中国人民大学出版社，2018年，第118页。

74　即第29册至31册，参见《万国公报期刊目录》，第293—296页。

75　王韬（1828—1897），江苏吴县人。18岁中秀才后屡试不中，1849年受聘英传教士麦都思上海墨海书馆。1862年被清政府列为"通贼（太平天国）分子"流亡香港，1874年创办《循环日报》，以政论闻名。1890年恢复出版的《万国公报》聘王韬为《万国公报》特约撰稿人，从当年10月第21期的一篇外交评论《英重防俄》开始，随后的五六年里王韬的文章不时出现，他几乎和李提摩太一样成为该报专栏作家。十几年前写在《循环日报》的一些王韬文章得以再次发布，包括《变法自强》。其中王韬称，"日本，海东之一小国耳。一旦勃然有志振兴，顿革平昔因循之弊，其国中一切制度，概法乎泰西，仿效取则，惟恐其入之不深。数年之间，竟能自造船舶，自制枪炮，练兵训士，开矿铸钱，并其冠裳文字屋宇之制，无不改而从之"。《变法自强策》（下），《弢园文录外编》，辽宁人民出版社，1994年，第58—59页。

76　费正清认为，康有为的思想多半来自王韬，"但他独创一格"。（美）费正清著，刘尊棋译：《伟大的中国革命：1800—1985》，国际文化出版公司，1989年，第124页。

77　汉代隶书书写的儒家典籍被称为"今文经"，所谓"古文"则是指篆书即秦之前的中国古字。由于秦朝及其灭亡过程中对书籍的毁灭，汉代学者围绕留存下来的图书和新发现的"古书"展开争论，就不同典籍谁更能代表儒学精髓，催生了"古文经学"和"今文经学"。

78　廖平（1852—1932），著名今文经学学者，四川井研人，代表作包括《知圣篇》和《辟刘篇》（后改名《古学考》），称古文经学源于刘歆作伪，这很可能启发了康有为。后者曾经支持古文经，1890年初他与廖平在广雅书院（广州）见面后才为之改变。此后关于康是否借鉴廖平，一直颇有争论。

79　龚自珍和魏源均为学者刘逢禄弟子，刘已经对古文经发起历史性质疑。

80　2年后，26岁的进士蔡元培南下广州游历，把这本书放进随身行李中。"然廖氏除印行关于今古文之证明外最新之说并不著之书。南海康长素氏（祖诒）闻其说而好之，作《新学伪经考》，时人多非笑之，惟石茂才独许康氏，说此人不凡云云。我于是得廖、康二氏已印行的著作，置行箧中。"蔡元培：《蔡元培自述》，中国言实出版社，2015年，第28页。

81　《剑桥中国晚清史》（下），第284页。

82　"康氏如何在他一生中的不同阶段，扮演两种不同的任务：在儒家原则上形成一改制哲学，以及建立一超乎儒家的广泛哲学体系。关于后者，他经常超越今文经学的范畴．超越既存制度与价值观。关于前者，他遵从既被接受的社会与道德价值，以及注视制度改革的理论基础。"萧公权著，汪荣祖译：《近代中国与新世界：康有为变法与大同思想研究》，江苏人民出版社，2018年，第80页。

83　除了将《孔子改制考》缮录进呈，康有为在戊戌变法期间还上了《请尊孔圣为国教立教部教会以孔子纪年而废淫祀折》(光绪二十四年六月),提出应将儒教定为"国教"。

84 张灏著,高力克、王跃译:《危机中的中国知识分子:寻求秩序与意义》,新星出版社,2006年,第8页。

85 参见干春松《制度儒学》之"乙部 制度儒学及儒学的重建"(增订版),中央编译出版社,2017年。

86 1892年,长兴学堂人员扩展到40多人,迁到广州城里的邝氏祠。1893年康有为和弟子麦孟华中举后,极大改变了舆论对这所私塾的观感。这年冬天,学堂因人员增多再次搬到新址(祭祀广东先儒的仰高祠),正是在这里,康才第一次把学堂命名为"万木草堂"。

87 1893年,康在一份新的办学提议里判断,北京将在西方压迫下废除八股科考,提议开办一所"南海同人局学堂",中西学并教,聘请一位深通英文、数学者为西学教习:"方今外国相迫,时变日新,今年朝廷已有废八股科举之议,若犹笃守旧法,一旦功令稍变,旧学全废。"《倡办南海同人局学堂条议》(1893年),《康有为全集》(第二集),第8页。

88 麦孟华(1875—1915),广东顺德人,1891年入万木草堂,在学堂时与梁启超有"梁麦"之称。1893年他和康有为同科中举。此后作为骨干成员先后参与"公车上书"、强学会、保国会。戊戌政变后协助梁启超出版《清议报》《新民丛报》。

89 梁启超弟弟梁启勋回忆说:"当时科举制度,除考'八股'外,还有一场考'经古',是关于学问方面论述。这场关防不严,可以随便互相谈话,在考场中只有草堂弟子谈话,其他人都在听草堂弟子讲话,这也是社会影响的一种。"梁启勋、吴其昌著:《我的兄长梁启超》,黄山书社,2019年,第39页。

第二章

1892 年

学英文的决定很可能来自皇帝本人,"他看起来甚至比他实际年龄还小,不会大于十六七岁的样子"// 很多参与社会骚乱的人其实并非哥老会成员,却被官方以此对待。这"相当程度上建构了哥老会作为反清势力的形象。这股势力愈来愈为清政府和在中国的西方人所恐惧"// 孙逸仙对当医生很快彻底失去了兴趣。慢慢有人注意到,此人偶尔在村子里实验炸弹,而他的诊所却入不敷出 // 伊藤内阁转而支持一度搁置的海军扩建计划,同意追加建造 10 万吨规模的军舰。此时,日本已提前完成了十年扩军计划

第二章 1892年

一

光绪帝正在学英文,这可能成为中国振兴的转机。1892年春节刚过,《万国公报》隆重介绍说。[1]《纽约时报》也注意到此举出人意料,视之为一种改革信号。"死死保住3000年前就形成的'老规矩'的时代已经过去了,要应对当今列强,必须相应地改变国家制度。"这家美国报纸从上海发出一篇报道,对皇帝身边勇敢的政治顾问们不吝赞美,称这些人希望"大清国未来应该在文明国家的行列中占据一个适当的位置"。[2]

实际上,皇帝身边的大臣很难决定此事,翁同龢就很不习惯看到弟子书案上的英文书。[3]那些不少是官员们临时找来凑数的。汇文书院教习何德兰说,北京的西方人为此四处搜寻,最后给宫里送去一本绘图初级课本,那是他的朋友塔夫塔博士为小女儿带到中国的。[4]

学英文的决定很可能来自皇帝本人,"他看起来甚至比他实际年龄还小,不会大于十六七岁的样子"。上一年刚觐见过他的西方外交官说,年轻的皇帝"整个面目给人一种儒雅智慧的感觉,但似乎带着忧郁"。[5]

很难说光绪帝是临时起意,原因据说可以追溯到1884年的马江海战。[6]法国人发起袭击前一周正值皇帝生日,福建水师为此挂满了庆祝旗帜,这些军舰在战斗开始后几小时便灰飞烟灭。新世界就这样残酷地跳入眼帘，此后它还出现在1885年皇帝读过的《海国图志》《瀛寰志略》里，亲政那一年（1889年）他看到了《校邠庐抗议》，[7]里面除了展示西学和危机感，还建议上海、广州兴办同文馆，教15岁以下的少年学外语。

张德彝、沈铎担任光绪帝的英文教师，他们是总理衙门的英文正、副翻译官，每隔一天轮流给皇帝上课。[8]每天尽管只教半小时，却相当辛苦。行程从清晨4点钟左右开始，老师们必须在半夜动身入宫，有时要等好几个小时，不过他们在大臣们跪见皇帝时有权坐着。张和沈均为京师同文馆毕业生，[9]这个机构是第二次鸦片战争的产物，1858年签署的《中英天津条约》有两条特别对中外"语言"做了规定，为此清廷不得不培养英语人才。[10]但同文馆学生的质量一直堪忧，给皇室上课的张德彝、沈铎水平也并不高明，还因教学之争丢了脸，一位向总教习丁韪良抱怨说，另一位当场纠正了他一个词的发音。[11]丁韪良很早就领教过中式英文，拿他的朋友曾纪泽来说，后者会说一些英语，算得上华人外交官里的明星人物，几年前用英文撰写的《中国先睡后醒论》发表在伦敦的《亚洲季刊》上，轰动一时。[12]和西方公使不同，那时清廷只有曾纪泽和一位满族外交官庆常能说外语（此人后来成了第一个卸任不归的中国外交官[13]）。曾纪泽相当自负，喜欢赠送朋友们双语题诗的团扇，丁韪良毫不客气地称其口语为"巴布英语"（洋泾浜英语）。[14]在上海这样的口岸城市，说这种非标准英文的很多是黄包车夫和苦力。[15]

懂英文好处多多，在东南口岸城市尤其如此。紫禁城的皇帝只是将这股潮流向上推了一把。年轻的光绪急于了解西方，1891年后一直对英文保持兴趣。[16]不过就了解世界而言，他可能并不比一个上海高档商店的伙计多。沪上人士，几乎天天在商业场所和会馆里讨论报纸上的新鲜事。[17] 到1892年，《申报》已问世20年，很多本地人视之为生活的一部分，几乎忘了它是由一个英国人创办的。新的市民社会对"外语"反应灵敏，完成于1876年的一本上海游记称，一个聪明的中国孩子能在半年内学会洋泾浜英语，他们只要花费不多的钱就可以去私人英语文字馆，那里每天教2小时英语。[18] "现在，一般的中国人把外语看作致富之路，他们看到懂英文的中国人挣钱多，生活优越，认为自己的孩子也应该学点英语。"[19] 英国人傅兰雅1886年写道。后者1868年起出任上海江南制造局翻译馆译员，经常顺便教中国商人子弟学英文，不过他承认，"全中国都需要学外语的那一天还很远"。[20]

此话不假，1892年是科考年，北京诞生了一批令人瞩目的新进士，他们几乎都不懂英文，包括25岁的蔡元培和26岁的张元济。对西方越来越感兴趣的张元济几年后开始学英语，[21] 蔡元培后来则说，如果让他回到20岁，"一定要多学几种外国语"。[22] 另一方面，比传统科举士人较早接触英语和西学的一些人已经得到回报，比如1863年进入上海同文馆的江苏人汪凤藻，1892年他被正式任命为驻日本公使。[23] 举人出身的福建人郑孝胥这两年也在日本，他由李鸿章之子李经方推荐出任驻日使馆书记官，[24] 日记中常有学英语的记录，1892年郑出任副领事，跟着英国人沙漠士学习。[25]

这些官场上的变化虽小，却耐人寻味。要知道，直到19世纪早期，选入翰林院的汉族科举精英仍被要求学习3年满语课程，比如1811年中进士的林则徐。[26] 学英语的热情慢慢释放出一个新信号：满化、汉化这样的帝国老问题如今又遇到了"西化"这个新麻烦。

二

　　新学堂里的英语课其实早已开始，教会学校是主力军，1890年有16836人进入这类学校。[27]新学之风此时已从沿海吹到西部，1892年，四川第一所新式教育学堂"洋务学堂"在重庆开学，英语和数学被列为主科，学校由一名出使过欧洲和日本的外交官黎庶昌发起，他去过欧洲，写了不少游记。[28] 500多人踊跃报考这所学校，很多来自官绅家庭，上海舆论界注意到此事，为遥远内陆的变化击节称赞。[29]上海在这股大潮中立于潮头，特别是美国基督教圣公会创办的圣约翰书院，这里的学生们用英文交谈，课本除了国文一律使用英文课本。1892年，它增设了大学部，由此迈向著名的圣约翰大学。[30]

　　上海的女校也跟了上来，1892年3月，"中西女塾"在英租界成立，能说几国语言的总教习海淑德女士把英语课程列为必修课，[31]一些富家女子钟情于此，陆续入学，[32]其中包括未来引人注目的宋氏三姐妹。[33]

　　林乐知是"中西女塾"创办人，1860年他被美国卫理会差遣来华，途中读了关于中国的第一本书：《中华帝国纪行》，这是法国传教士古伯察1854年写的一本游记，在欧洲相当流行，书中妇女的艰辛生活令他印象深刻，创办女校此后成了他最积极的事业之一。不过所有工作中最让林乐知兴奋的还是《万国公报》，他没从报馆拿一分钱工资，但深信它可以改变中国精英，并为此一直努力。1892年，林乐知重新出版了《中西关系略论》，它录自《万国公报》，包括赫德和威妥玛1860年代提出的改革方案，旨在建议中国如何与西方打交道。[34]这本书最早出版于1876年，刚一问世就送给了即将出国的郭嵩焘，后者

第二章 1892年

对要去的英国一无所知，它打开了郭的视野，对紫禁城里的权贵却影响甚微。

1892年8月，林乐知返回美国休假，接替他的李提摩太更忙了，不仅要承担两份月刊，[35]还要翻译《泰西新史揽要》。[36]同文书会这一年更名为"广学会"，[37]李提摩太给一些传教士领袖写信，征求最急需的启蒙读物。"他得到一份列有27个题名的书目清单和超过20位助手的许诺，表示愿意承担起翻译或创作的工作。"[38]启蒙是件吃力的事，即使免费。趁着科考之年，广学会派人在北京等几个城市派送了《中西四大政》5000册，负担一个考场的费用为一年100两银子。[39]送书还算顺利，因为紧接着下一年皇太后六十寿诞增加了一次恩科，越来越多的学子意识到洋知识有助于金榜题名。西方人则相信图书威力巨大，必将改变中国对世界的看法。[40]

1891年"教案"引发的南方骚乱正在结束。策划排外小册子的周汉1892年3月被张之洞派人查处，后者请旨革去周的官职，交地方官严加管束，理由是此人患有精神病。湘鄂两省多数人支持周汉，包括长沙三大书院，这足以让张之洞投鼠忌器。最后的处罚实际给了2个"出版人"各杖八十，枷号3个月。5月21日，北京作出姿态，下诏禁止攻击外国人，这场令人担心的排外风潮似乎画上句号，[41]几位周汉身边的人甚至还加入了教堂。[42]

不过驻华外交官对处罚非常不满，德国公使巴兰德抱怨此案办理过宽，未来可能让类似的排外者更加明目张胆。他一语成谶，8年后，另一位德国公使在声势浩大的义和团运动中身亡，把中国推入一场国际战争。美国驻华公使田贝看出周汉案背后有一种系统煽动仇恨的力量，因此将批评指向士大夫。他向总理衙门抱怨说，和处罚排外出版物的消极态度相比，地方官员更有干劲去对付哥老会。[43]

田贝的观察没错，士绅和"民心"从来都是儒家官员看重的力量，会党则一直为政府高度警惕。很多哥老会成员1891年参与了地方捣毁教堂的行动，官员们怀疑长江流域这场排外运动，目的是把火苗最终烧向政府。从清代早期开始，反清复明和带宗教色彩的民间秘密组织一直被视为大患，太平军被镇压后遣散的一些士兵加入了湖南、江西一带的哥老会或哥弟会。[44] 中法战争（1883—1885年）意外成为民间反抗的转折点，此后城乡民众取代官绅，成为反对西方人的主角，[45] 而且越来越多地把矛头同时指向政府。萍乡、浏阳、醴陵一带山林密布，变成了秘密会党最活跃的地区，19世纪中叶之后几乎每隔十年八年就要爆发一次大起义。1892年，哥老会在湖南制造了一次严重威胁，起义者一度攻占了萍乡、醴陵几块地盘，汇聚了万人规模，湘赣两省调动军队合击才阻止叛乱进一步蔓延。

很多参与骚乱的人其实并非哥老会成员，却被官方以此对待。这"相当程度上建构了哥老会作为反清势力的形象。这股势力愈来愈为清政府和在中国的西方人所恐惧"，[46] 到19世纪末，它在长江形成了网络，[47] 并吸引了革命者，一些地方秘密会社也开始把自身看成这一传统的一部分，他们走到了一起，同盟会成员将出现在下一次萍浏醴地区大规模起义当中。[48] 早期革命团体由于采用了会党模式，也很快尝到甜头。到20世纪初，革命者与底层民众联手成为一种潮流。

这一切可以说是从香港兴中会开始的。它的未来领袖孙中山1892年刚从当地一家医学院毕业，另一位领袖杨衢云则把他的辅仁文社搬到了香港上环百子里一号二楼。它是中国最早萌芽的一个革命团体。

三

辅仁文社发起于 2 年前,最早加入的 16 个人背景相似:少年时代在香港接受西式教育,之后供职于洋行、公司。他们的父辈不少散落于海外,家境尚好,不过新一代华人不满足于吃饱穿暖,头脑里满是新观念和中国糟糕的现状。然而这些人面对的现实却是"满清官吏和他们的特务奸细"的威吓,"人们都不敢谈革命,不敢跟有革命倾向的人来往"。[49]

"帝国主义"这个词 20 年前就冒了出来,不过直到 1890 年代征伐殖民地的讨论中,才首次成为英文政治、新闻词汇的一部分。[50]这些年轻人想必对此知之不多,但生活在香港,去感受一二却并不费劲,何况他们当中不少人很早便接触到反政府情绪。比如出生于澳大利亚的谢缵泰,他的父亲谢日昌在悉尼经商几十年,时常鼓吹反清。[51]出自谢缵泰之手的一张漫画日后震惊全国,几乎每一个看到它的人都过目不忘。它名叫《时局图》,画中犬、熊、蛙、鹰分别代表英、俄、法、美各国,气势汹汹地站在一张中国地图周围,似乎只待动手将其撕成几片。[52]

辅仁文社最重要的领导者是杨衢云,有人认为中国近代革命史应从他写起。[53]杨生于马来西亚,少年时代生活很不如意,14 岁时不幸因工伤折断右手三根手指,那时的他是一名码头学徒。因伤转而苦读英文之后,命运竟意外改变,得以供职于招商局和沙宣洋行。殖民地经历在他身上培养了一种好斗的民族主义,他爱好拳术并以此对付欺负华人的外国人,后来他发现"反满主义是发泄民族自尊心和实现政治抱负的途径"。[54]

辅仁文社一开始把"尽忠爱国"作为座右铭，希望开启民智，几乎没想过武装行动。直到 1895 年全体成员加入"兴中会"，历史才重新打量起杨衢云，他成为兴中会第一任会长，主导了这个早期重要革命组织 5 年之久。不过兴中会的灵魂人物是孙中山。和中国首任大总统相比，杨衢云更像一个躲在历史角落的默默行动者。[55]

1892 年，26 岁的孙中山计划在澳门开办一家诊所，当地还没有华人担任执照西医。葡萄牙人很早落脚于此，欧美传教士和商人随后而至，将此作为庇护所和通往大陆的跳板，这里像一个国中之国，生活混乱却生机勃勃。孙中山算半个澳门人，其父孙达成在板樟堂街上做过鞋，故乡翠亨村距此只有 40 公里。1866 年 11 月 12 日孙中山在那里出生，直到 13 年后他才第一次理解澳门和它通往的新世界。1879 年，孙中山从澳门前往夏威夷，[56] 目标是远在檀香山的胞兄孙眉，后者在檀香山开了店铺并经营一家农场，他的成功和海外传奇无疑吸引着弟弟。

广东子弟受到香港影响，源源不断地向美国加州和澳大利亚移民，"而且前往新加坡和南洋群岛其他地方的大多数移民和其中最大多数的知识分子也都是他们"，这些人常带回新理想，在腐朽帝国里它不可避免地具有"革命性"。[57] 孙中山不久将成为他们当中最突出的人物。

到檀香山后，他发现那里学校的教学方法远比家乡好。孙中山没读过几年私塾，对传统文化谈不上有多少感情，他进入一所英国圣公会书院，接触到盎格鲁-撒克逊人的立宪政府观念和英国人反对专制的故事。最重要的是，孙中山从一个英文不识到 3 年后以英语语法二

第二章 1892年

等奖毕业。紧接着，他进入当地另一所精英书院，去美国大学深造似乎只待时日。不过孙眉担心弟弟接近教会，急忙把他送回国。之后几年，孙中山的求学之路并无规划，直到1887年辗转进入香港刚成立的一家西医书院。

1892年7月，孙中山以最优秀的成绩毕业了，他的同学多数没能如期完成学业。谁也说不清此时他究竟怀揣什么政治理想。现实摆在面前，西医在香港为人尊重，在内地却几乎没有市场。这年秋天，孙中山前去澳门碰碰运气，很快落脚澳门镜湖医院，成为一名少见的本土医生。不过收入优厚的孙医生兴趣远在医院之外。这一年，澳门《濠头月刊》刊发了孙中山给退休三品官员郑藻如的一封信，孙自称对欧洲观察已久，感叹无法取得传统功名一展抱负。中国的问题很多，他开出的药方却不复杂：兴办教育。[58] 卧病在家的郑藻如对此没有回应。孙写信或许只是寻求某种精神支持。他在医学院时"就表示了对于祖国的殷切关怀；在那里，他还流露出一种持久的个性特征——一种颇为轻率莽撞的自信心理"。[59]

孙中山还写了一篇文章投给同乡郑观应，提议中国派遣官员向西方学习农业，并顺便对传统政治提几句批评，文章写于1891年前后，后来被《盛世危言》采用。[60] 这番话来自他的生活体验，孙家很长时间住在一间茅屋里，生活水平"几乎仅仅不致挨饿"。[61] 如果不是偶尔接触到英语和医学，他可能会困在山村里为食物奋斗。而现在，孙中山毕业后第一年的收入竟多达万元。[62] 到1893年，孙氏"中医药局"在澳门华人聚集的草堆街开业，孙医生的精妙医术故事当年在澳门报纸上出现。[63]

1892年底，正当孙中山为新诊所开张四处筹备时，一个年纪相仿的朋友忽然来访。"问我是否听到来自北京的消息,说日本人要来侵略。我说我只听到英国人谈过,其他不太清楚。我对他说:'我们都被瞒着,太可怜了,皇帝应该对人民信任一些才是。'""天命无常(神权不会持久)。我的朋友说。""'真的。'我同意着说。同时我引述了帝舜的话:'天听自我民听。'"

"那晚我加入了少年中国党(Young China Party)。"

孙中山日后回忆说。[64] 不过,辛亥革命可能刺激了他重构记忆。[65] 1892—1893 年,孙中山的烦恼其实主要来自葡萄牙人,后者不承认他的香港医学学历,澳门诊所因此不久迁往广州。直到这时,现代意义上的革命究竟意味着什么,孙中山和杨衢云都谈不上有多少理解。不过有一点可以肯定,一种新的民族主义正在他们身上出现,它并不源自传统儒学,而是和香港不少中国人相似。这些人对西方爱恨交加,却相当亲近。早在 1884 年,孙中山便不顾家人反对皈依了基督教。一名牧师不久为他起了一个新名字:孙逸仙。在广东话里,逸仙读为"日新"。

孙逸仙对当医生很快彻底失去了兴趣。慢慢有人注意到,此人偶尔在村子里实验炸弹,而他的诊所却入不敷出,不久关门。此后孙走上了一条四海奔波之路。[66]

四

1892 年 5 月 10 日,34 岁的袁世凯从天津返回汉城,继续大清驻朝鲜通商大臣的角色。上一年他回河南省亲，不久因嗣母病故丁忧。但李鸿章只给了百天假期，催其继续回任。[67] 5月16日，刚回来的袁世凯便警告李朝当局，要尽早偿还不久前借的一笔日本外债，而且这种事以后必须由中国解决。袁氏手腕强硬，一直深得李鸿章欣赏，后者不久举荐他升任"海关道"。[68]

袁世凯第一次到朝鲜时只是一名淮军小头目。1882年"壬午兵变"爆发，[69] 驻守山东的淮军将领吴长庆奉命赴朝，袁世凯受命和大约2000名先头部队乘船率先前往汉城。清军袭击了兵变中心，逮捕170余人并处决11人。代表李鸿章的道员马建忠[70] 绑架了朝鲜国王的父亲大院君，[71] 将其幽禁于保定。这次兵变迅速平息了，但朝鲜开化派由此分裂为稳健、激进两派，后者依赖日本敌视中国，[72] 不久借助日本公使发动"甲申政变"（1884年），杀死了几位亲华大臣。袁世凯再次果敢出击，击溃少量日军，政变三天后宣告失败。次年他被任命为驻朝鲜"总理交涉通商事宜"。当袁世凯护送大院君回国，名片上多了一个英文："Resident"（比附常驻印度的英国官员），自此监视着朝鲜人战战兢兢地与各国交往。他染指一切大事，歧视外国人鼓吹的改革，"这毋庸置疑形成了他抵制朝鲜近代化的一种方式"。[73] 朝鲜政府外国顾问德尼指责袁操纵废黜国王（1887年），这位法学家曾任美国驻上海总领事，他写了一个英文小册子《清韩论》(*China and Korea*)，强调朝鲜是国际法上的独立国家。[74] 这代表了很多朝鲜人的看法，尽管普通民众饱受日本经济掠夺之苦，[75] 精英阶层却越来越倒向日本。

朝鲜被中国当作属国的传统至少可以追溯至唐代，清廷的宗主国地位是皇太极十万大军征讨的结果，朝鲜人很长时间视清国为消灭古典中国的"华夷变态"之地。[76] 西方人19世纪中叶闯入东亚，中华册封体制逐步瓦解，主要原因之一是清廷不愿为朝鲜与各国的冲突负责，去过朝鲜的欧美外交官都看出了这一点。尽管他们被总理衙门和朝鲜政府之间的各种说法闹昏了头，但看出了两个国家之间的从属关系其实有名无实。"如果朝鲜要开始和外国交往，那么连接朝鲜和清朝的基于从属关系的纽带（the bonds of vassalage which bind her to China）即使不被完全切断，也会被弱化。到那时，朝鲜像现在这样每年还来北京朝贡的事情就会成为历史。"美国驻华公使镂斐迪1871年向本国汇报说。[77]

清政府不愿放弃宗主国地位，却让朝鲜以"自主国"应对其他国家，这注定要和新的国际外交发生矛盾，后者是一种源自《威斯特伐里亚和约》的欧洲国家关系，[78]随后推广至俄国、美国，进而土耳其然后抵达远东。[79]尽管1882—1883年中朝签署的三个章程用更现代的语言明确了宗藩关系，提供了条约性质的依据，[80]不过对朝鲜来说它显然并不平等，且不牢靠。当1882年美朝签署《和平友好通商与航海条约》时，美国拒绝承认把朝鲜作为中国属邦写入条约，尽管朝鲜国王发了一份额外声明满足了李鸿章的面子，但美方并未正式宣布这一声明。

到1890年代，中国所谓的属国只剩下了朝鲜。[81]尽管《俄朝陆路通商条约》（1888年）签署后，中国意识到要强化保护之责，李鸿章却反对把朝鲜直接并入中国，只想把以夷制夷的谋略移植到半岛，以此形成一种制衡，目标主要是牵制快速崛起的日本。和西方国家不同，中国对日本保持警惕，视之为一种潜在威胁。后者1870年代闯入朝鲜后，发出了明确的挑战信号，[82]这一时期日本精英已将清国视为落后的反面教材，[83]甲申政变失败后舆论转向鼓吹国权扩展论，[84]福泽谕吉发表了著名的《脱亚论》，[85]呼吁日本与西洋各国共进退，并按西方模式处理中朝关系。流亡东京的开化党人希望日本支持朝鲜"独立",后者以此为契机,坐等新的外交变数,他们的自信来自不断提升的军事实力。

1878年,日本仿效德国改革军制,成立了最高作战决策机构"参谋本部",山县有朋出任第一任部长。在接下来的十几年里,他先后以中、俄两个大国为目标,不断推动军备扩张。参谋本部最初着手的工作就是1879—1880年派十几名军官到中国各地调查,负责中朝关系的管西局局长桂太郎亲自参与其中,他提交了《与清朝斗争方策》的报告,内容包括派三个师团占领大连湾并袭击福州,然后"一举攻下北京,迫订城下之盟"。[86] 1880年,山县把调查综合为《邻邦兵备略表》上奏天皇。

日本军方针对中国的各种考察非常细致,且异常深入。以福岛安正为例,1883年他以陆军步兵大尉身份派驻北京公使馆,不仅在华北四处侦测,回国后还整理出版了《四声联珠》,一套多达10卷的汉语教科书。[87]

"长崎事件"谈判结束后,从中国调查归来的参谋本部第二局局长小川又次制订出一份《清国征讨方略》(1887年)。计划用海军击败中国,进而攻占北京擒获清帝,日本将为此派出8个师团远征军全面进攻,最后把中国分解为若干小邦,部分划归日本,部分变成属国。这一规划野心太大,带有军事幻想色彩,不过后来参谋本部仍借鉴了这一方案。[88] 1888年,山县有朋在《军事意见书》里称,为了确保朝鲜利益,中日必有一战。几位海军参谋和少壮派军官如"浪速"号舰长随后提出了6份具体策略,要点集中在以下几点:击败北洋海军、攻陷旅顺口和登陆进攻北京。

到 1892 年，日本已经把超过四成的国家财政投入军费，这个领土小国正向一个军事大国大踏步前进。1892 年 8 月，伊藤博文第二次出任内阁总理大臣，他曾以温和外交著称。然而这一年俄国在远东动作频频，不仅开始在海参崴建设军港，俄太平洋舰队 11 月还访问日本炫耀武力。在这种局面下，伊藤内阁转而支持一度搁置的海军扩建计划，同意追加建造 10 万吨规模的军舰。此时，日本已提前完成了 10 年扩军计划（1885 年起），而大清国正是这个计划的主要假想敌，如今缺少的，似乎只是一个开战借口。

注释

1. 《恭记皇上肄习英文事》，《万国公报》第 37 册，1892 年 2 月。作者李提摩太称，"此在中西明理之人同深庆幸，未始非中国振兴之转机也"。李天纲编校：《万国公报文选》，生活·读书·新知三联书店，1998 年，第 260 页。
2. 《纽约时报》（1892 年 2 月 4 日）。郑曦原编，李方惠、胡书源、郑曦原译：《帝国的回忆——〈纽约时报〉晚清观察记》，生活·读书·新知三联书店，2001 年，第 129 页。
3. "近且洋文彻于御案矣，伤哉"，翁同龢日记（1891 年 12 月 7 日）。12 月 5 日翁日记称"上于西文极用意也"。以上见《翁同龢日记》（第五册），中华书局，1992 年，第 2484—2485 页。
4. （美）何德兰著，汪春译：《慈禧与光绪：中国官廷中的生存游戏》，江西人民出版社，2014 年，第 63—64 页。何德兰（Isaac Taylor Headland，1859—1942），美国美以美会教士，1888 年来华，任北京汇文书院教习，何德兰的妻子与隆裕皇后的妹妹等后官显贵多有来往。
5. 觐见报道见（英）阿绮波德·立德著，杨柏、冯冬、周素平译：《亲密接触中国：我眼中的中国人》，南京出版社，2008 年，第 241 页。该文还如此描述光绪："肤色有点灰暗，前额形状优雅，眉眼弯成弓形，又黑又长，一双大而黑的眼睛充满忧伤，嘴部很能显露出其情感的波动，下巴非同一般得长。"
6. 关于光绪学习英文的分析，参见邹振环：《光绪皇帝的英语学习与进入清末官廷的英语读本》，《清史研究》，2009 年 08 期。

7　翁同龢日记（1889年2月5日）："寄冯林一《抗议》十本来。"（2月6日）："巳初三刻来，四刻退，以抗议新本进。"[《翁同龢日记》（第四册），第2252页]；（12月25日）："看《抗议》，昨言此书最切时宜，可择数篇，另为一帙。今日上挑六篇，装订一册，题签交看，足征留意讲求，可喜。"（第2330页）《校邠庐抗议》对光绪以及知识界的影响，见陈旭麓：《近代中国人物论》，九州出版社，2019年，第36—41页。

8　两人在1891年12月1日得到讲学通知。"光绪十七年十一月初一日本署王大臣面奉谕旨，传翻译官张德彝、沈铎进内备差，每员间日恭讲英文。""《同文馆题名录》记学生进内备差"（朱有瓛主编：《中国近代学制史料》，华东师范大学出版社，1983年，第53页）。总理衙门翻译官以同文馆学生出身者居多，但语言训练不足，翻译水平有限，总理衙门官员常因此不满。李文杰：《中国近代外交官群体的形成（1861—1911）》，生活·读书·新知三联书店，2017年，第205—211页。

9　张德彝（1847—1918）为北京同文馆第一批毕业生，汉军镶黄旗人。1862年入京师同文馆习英文，1865年毕业。次年被选派随赫德、斌椿游历欧洲。1868年以通事随蒲安臣使团出访欧美。1870年以随员身份赴法国办理天津教案致歉事务时曾目击巴黎公社起义，1891年底任总理衙门英文正翻译官；沈铎为广州同文馆咨送入京优秀学生，1879年以工部笔帖式留北京同文馆。1882年任驻日本钦差大臣黎庶昌的英文翻译官。1888年回国任职北京同文馆。1891年任总理衙门英文副翻译官，后任光绪帝英文教员。参见黎难秋：《同文三馆：晚清翻译家外交家的摇篮》，武汉大学出版社，2016年，第70页。

10　《中英天津条约》其中两条特别对中外"语言"做了规定：第五十一款禁止中国官方公文用"夷"字称呼英国人。第五十款则要求英国文书用英文书写，暂时仍以汉文配送，不过等中国方面熟习英文后即不用配送，而且约定将把英文作为今后"文词辩论"主语言。同文馆最初的三个班是英、法、俄文，它们分别在1862年、1863年开办，随着德国用德语和中国签约一个条约，这些班之外又添设了一个德文班。

11　（美）丁韪良，沈弘等译：《花甲忆记——一位美国传教士眼中的晚清帝国》，广西师范大学出版社，2004年，第214页。丁韪良（W. A. P. Martin, 1827—1916），美国基督教北长老会牧师，1850年来华，在宁波传教，曾任美国公使翻译，参与起草中美《天津条约》，1869年起任北京同文馆总教习，1898年任京师大学堂总教习。1864年他将《国际法基本原则》一书译成中文《万国公法》问世，影响很大。

12　曾纪泽（1839—1890），湖南双峰人。曾国藩长子，1877年袭侯爵，先后出使英、法等国，补授大理寺少卿，兼任俄国公使。归国后先后任兵部左侍郎、总理各国事务衙门行走等。曾纪泽以英文撰写的《中国先睡后醒论》（China, the Sleep and the Awakening）发表于 1887 年 1 月号伦敦《亚洲季刊》（*The Asiatic Quarterly Review*），中外众多报刊转载，影响很大，不过也多有批评，如 1887 年 3 月 2 日《北华捷报》（*North-China Herald*）社论称："曾侯的宏论，在我们看来，只是中国现代一贯自大的最新型武器，仅可在中国的范畴内，自吹自擂而已。"参见李恩涵：《外交家曾纪泽（1839—1890）》，东方出版社，2014 年，第 274 页。

13　庆常，汉军镶红旗人，出身于一个信奉罗马天主教的世家，曾任驻法使馆参赞。同文馆（法文）出身，光绪初年任驻欧使馆法文翻译官。1878 年随曾纪泽赴俄谈判，1895 年以原四品衔工部郎中，赏二品衔，五品京官候补身份，受命出任清廷出使法国大臣。义和团事件后赫德致函驻英代表金登干转告庆常可以回国，却发现居处人去楼空。当年此人曾从瑞士寄出的一封短笺给金氏，此后音讯全无，民初仍行踪不明。因为"首创外交使节御任不归的恶例，而此后各项官文书上，迄未见对他的滞留及其官职有如何处置的记载"。详见苏精：《清季同文馆及其师生》，福建闽教图书有限公司，2018 年，第 151—152 页。

14　《花甲忆记——一位美国传教士眼中的晚清帝国》，第 245—246 页。丁韪良称，"曾英文口语流畅，但不合语法，阅读、写作总有困难"。（第 244 页）

15　开埠后的上海英语口语和书面语作为两种不同的语言形式涵盖了两个不同读者群体。说洋泾浜英语的包括通事、捐客、黄包车夫、苦力及仆从等。这些人以一种洋泾浜的"非标准英语"与外国人作口语交流，另一方面也有一些人对外语学习提出了更为规范的要求，比如需要通过英语来了解西学的知识分子和新兴精英阶层。"字典的出现与版本的演变反映出这一时期中国人对外语学习需求的不断变化。"参见司佳：《近代中英语言接触与文化交涉》，上海三联书店，2016 年，第 89—90 页。

16　光绪帝的学习在 3 年后被慈禧中止，不过他对英文的兴趣一直保持到去世之前。在一份 1908 年光绪向内务府索要的购书单里，《英华大辞典》《华英音韵字典集成》和《华英进阶全集》仍在其中，后者为商务印书馆 1904 年出版的英汉对照读本。参见叶晓青：《光绪帝最后的阅读书目》，《历史研究》2007 年第 2 期。

17　这里的普通人很早就有机会花半个铜板看《申报》出版的一种白话文报纸。《申报》从 1872 年创刊时销量 600 份，到 1877 年猛增到近万日日销。该报问世 4 年后推出白话文《民报》副刊，以半个铜板的低廉价格使读者群抵达底层工匠和手工业者。熊月之、张敏：《上海通史（第 6 卷）：晚清文化》，上海人民出版社，1999 年，第 63 页。

18　"上海中外交易，初皆不知英语，非通事不可。近则各行栈皆有人能说英语，盖迩年设有英语文字之馆，入馆者每日讲习一时许即止，月奉修金无

19　（美）戴吉礼主编，弘侠译：《傅兰雅档案》（第二卷），广西师范大学出版社，2010年，第589—615页。
20　《傅兰雅档案》（第二卷"在江南制造总局"），第589—615页。
21　1896年（光绪二十二年）6月8日，张元济在致友人、《时务报》总理汪康年信中称："英文已习数月，仅识数千字，而尚难贯通。"仅1897年，他与汪的20多封通信中，内容多为请其代购书籍和代为聘请英语教师。见张珑（张元济孙女）：《文汇报·笔会》2016年11月19日。
22　蔡元培回忆说："所以我若能回到二十岁，我一定要多学几种外国语，自英语、意大利语而外，希腊文与梵文，也要学的。"《假如我的年纪回到二十岁》，蔡元培：《蔡元培自述》，第198页。
23　1863年由江苏巡抚李鸿章奏请创办，初名上海同文馆，后改广方言馆，1869年并入江南制造局。1870年后由一般外语学校变成多学科综合学校。1905年改为兵工中学堂。林乐知、傅兰雅等人曾任教于此。汪凤藻为上海广方言馆首届学生之一，1868年作为5名优秀学生之一选送京师同文馆（1682年创立）深造。在北京、上海、广州（1864年创立）三个同文馆中，上海同文馆的教习理念和学生水平最好，京师同文馆开办时只招收八旗子弟（以1708年创立的俄文馆为旧例，该馆1862年并入同文馆），广州同文馆由驻防广东的旗军负责，观念最为保守，曾在很长一段时间要求通晓满语。
24　李经方（1855—1934），李鸿章六弟李昭庆之子，1862年因李鸿章年四十膝下无子，被过继为长子，1890年出任出使日本大臣，1891年为生母丁忧回籍，汪凤藻署理出使日本大臣（次年实授）。郑孝胥（1860—1938），福建闽侯人，出生于苏州，1882年中举人后多次会试不中，1891年被奏调出任驻日使馆书记官，1906年参与发起上海预备立宪公会并任会长，辛亥革命后以清室遗老自居，1932年任"伪满洲国"总理大臣兼文教总长。
25　英语是郑孝胥在日本3年间一直未间断学习的唯一一门外语，他的日记1891年6月后常出现这方面的记录。李振声：《日记中的郑孝胥东瀛外交生涯》，《中国文化》2007年第2期。
26　清初统治者采取了几项措施推动汉人臣民"满化"。包括三项文化政策：剃发、易服、满文。第一项政策得到广泛而严格的实施，后两项政策只是在一定范围内产生作用，有人曾建议满汉士人都学习满文，但被嘉庆皇帝否定。清朝只有少数官方精英如翰林院需要使用满语。见（美）路康乐著，王琴、刘润堂译：《满与汉：清末民初的族群关系与政治权力（1861—1928）》，中国人民大学出版社，2010年，第55—58页。
27　（美）费正清、刘广京编：《剑桥中国晚清史》（上），第561页。

28 "洋务学堂"为川东兵备道黎庶昌在重庆巴县所设,是近代四川第一所新式教育学堂。黎庶昌(1837—1897),贵州遵义人,曾作为郭嵩焘幕僚出使英国,著有《西法杂志》一书,收集旅欧期间所写的杂记、游记等。后历任驻英、法、德、日四国参赞和出使日本大臣。1891—1895年任川东兵备道道员兼重庆海关监督。

29 《论川东设立洋务学塾》,《申报》1892年8月28日,稍后的《万国公报》第47册上也发表了同名文章。

30 上海圣约翰书院成立于1879年,美国人卜舫济(Francis Lister Hawks Pott, 1864—1947)1888年被任命为院长后,进一步强化英语教育。1905年,圣约翰书院改名圣约翰大学,卜舫济任校长至1941年。

31 (美)海淑德(Laura Askew Haygood, 1845—1900),女,1884年美国监理公会派遣来华,参与创办中西女塾,1900年病逝于上海。

32 《中西女塾告白》称专收中华女子,"教以中西文字与有关实用之学以及刺绣缝纫杂技等",每月暂收修膳洋三元。见《申报》(1892年03月21日)。

33 宋庆龄父亲宋耀如(1864—1918),出生于海南文昌,后随舅父前往美国,受洗于卫理公会,求学于三一学院(杜克大学前身),1881年开始给林乐知写信建立联系,回国后协助其工作。(黄亚平、朱玫琳、宋时娟译注:《宋耀如海外书信选译》,《孙中山宋庆龄文献与研究》第二辑,上海书店出版社,2011年)。回上海后两人日渐不合,1892年宋宣告退出布道团。宋庆龄在自述中称曾就读中西女塾,但由于另一所教会学校"三一堂女塾"1904年并入中西女塾,此事一直有争议。(段炼:《宋耀如与林乐知——兼论宋氏姐妹就读中西女塾问题》,《宋耀如及其时代国际学术研讨会论文集》,中国福利出版社,2009年)

34 (英)威妥玛(Thomas Francis Wade, 1818—1895),因第一次鸦片战争来华,后任英国驻华使馆参赞、驻华公使等职,因发明用拉丁字母标注汉语发音"威妥玛式拼音法"闻名,1888年任剑桥大学首位汉学教授。1865年10月、1866年2月,赫德和威妥玛先后向总理衙门递交了《局外旁观论》和《新议略论》,上述两个改革建议分别载《万国公报》113期、第116期。收入《中西关系略论》,上海美华书馆(The American Presbyterian Mission Press),1876年。

35 即《万国公报》和《中西教会报》。《中西教会报》(英文月刊)1891年2月在上海创刊,林乐知担任主编。这张报纸经历过停刊,1895年1月复刊。1912年1月更名《教会公报》,至1917年停刊。

36 《泰西新史揽要》(*History of the Nineteenth Century*)为英国人麦垦齐著,原名《十九世纪史》(1889年在伦敦出版),李提摩太于1892年开始翻译,共24卷。该书叙述19世纪西方基督教文化史和欧美各国(侧重英、法)

政治、经济史，对英国议院、美国总统选举等均有详细介绍。1895年由广学会出版，初印即达3万本，随后几年风行一时。

37　1894年同文书会中文名正式改为"广学会"，但广学会实际成立于1892年。不仅这一年起"广学会"在《万国公报》上被较多正式使用（如"广学会序""分设广学会章程""广学会问答"等）。而且这一组织的母会"格拉斯哥同文书会"1892年改为"The Christian Literature Society for China"。它理应引起同文书会名称相应变化。因此"广学会"1892年已经出现，此时它和"同文书会"的名称可能相互通用。这方面的论证见胡国祥：《近代传教士出版研究》，华中师范大学出版社，2013年，第122—123页。"广学会"此后发展为英美传教士在华最大出版机构，特别以出版历史图书著称。

38　（英）苏慧廉著，关志远、关志英、何玉译：《李提摩太在中国》，第166页。

39　《同文书会年报》第五次（1892年10月31日），《出版史料》1989年第1期。所谓"四大政"，即"如何供养人类；如何取得和平；如何建立人格；如何施行教育"。（同上）尽管这份年报标题仍为同文书会，但开篇即指出该组织苏格兰母会已经取消，新会（广学会）已经成立。（同上）

40　这段时间，广学会向十个省考生发放了6万册图书，所赠图书为简单的节略本，比如1893年所赠的6万册总共才72万页（每册平均12页），1892年分发的《中国四大政》，也只是选了该书一节。

41　周汉交地方监视居住后并没有就此罢手，他的揭帖几年后在德国人强租胶州湾时再次流行，湖南巡抚陈宝箴以其"疯癫成性"应对汉口英国领事馆的处罚要求，周被投入监狱，并拒绝赦免以示抗议，直到1910年死去。

42　1893年寄回英国的报告中，杨格非称："过去12个月里，有10个湖南人加入我们的教堂，有些是非常优秀的。其中一人便是周汉先前的厨师。……我跟一位叫邓慕华的相识已有一年之久。他是周汉在仇外活动中雇用的三家长沙印刷商号之一的成员。"引自（英）汤普森著，赵欣、刘斌斌译：《杨格非：晚清五十年》，天津人民出版社，2012年，第335页。

43　"田贝致总理衙门照会"（1892年4月12日），中国第一历史档案馆、福建师大历史系合编，郭舜平译：《清末教案（第5册）：美国对外关系文件选译》，2000年，第251页。

44　嘉庆、道光年间，天地会、添弟会、小刀会等会党势力从福建、台湾扩大到广东、广西、江西、四川、浙江等省，每会少者数十人，多者数万人。各地陆续出现几十种新名称的会党，有的是天地会的别名异支，有的则改易新名。哥老会又称哥弟会，主要活动地区在长江流域，两湖地区又称江湖会。一说它起源于四川，可能是乾隆年间四川已有啯噜党的音转。另有看法认为哥老会兴起、壮大于湘军，只不过借用啯噜会（即啯噜党）的组织与名目。太平天国后，被裁撤湖南乡勇（陕甘两省尤其突出）回乡后，

	哥老会势力蔓延。到了光绪初年，不少普通百姓甚至士绅也加入其中。以上详见梁庚尧：《中国社会史》，东方出版中心，2016年，第388—392页。
45	戚其章：《民间秘密结社与近代反洋教运动》，《社会科学研究》，1985年第04期。
46	（荷）田海：《讲故事：中国历史上的巫术与替罪》，第171页。
47	关于哥老会的蔓延发展、成员背景和组织特点，参见王笛：《显微镜下的成都》，上海人民出版社，2020年，第287—294页。
48	同盟会员湘籍人士刘道一等人参与发起了1906年萍浏醴起义，"在战场上牺牲或因此役被惨杀的同盟会员计有刘道一、禹之谟、魏宗铨、杨卓林等数十人，因株连被害的无辜群众逾万人"。（萍乡市政协等合编：《萍、浏、醴起义资料汇编》，湖南人民出版社，1986年，第19页）这次行动以哥老会为基础，尽管失败却影响深远。
49	谢缵泰：《中华民国革命秘史》，中国人民政治协商会议广东省委员会文史资料研究委员会编：《孙中山与辛亥革命史料专辑》，广东人民出版社，1981年，第292页。
50	霍布斯鲍姆称这个词汇在马克思著作中尚未出现（马氏死于1883年），"19世纪70年代首次进入英国政治，19世纪70年代晚期，尚被视为一个新词，直到19世纪90年代才突然变成一般用语"。见（英）艾瑞克·霍布斯鲍姆著，贾士蘅译：《帝国的年代：1875—1914》，中信出版社，2017年，第68页。另，20世纪第一个10年初期，"帝国主义"这个"新名词"开始风行于中国思想界，它成为另一个"规范词汇"并与"殖民""殖民地"相结合，改变了中国知识界对"世界秩序"的认知，也导致自我定位的建构工程的重新开展。见潘光哲：《从"新名词"到"关键词"：以"殖民地"为例》，孙江、陈力卫主编：《亚洲概念史研究》第2辑，生活·读书·新知三联书店，2014年，第254页。
51	谢缵泰1887年移居香港，他回忆说："我父亲是澳大利亚中国独立党的一个领导人。当我约十二岁时，他就把满洲鞑靼残暴地征服中国的故事告诉我。我对他许下诺言，长大时一定要回到中国，尽自己的能力帮助把满洲鞑靼篡夺者逐出中国。"谢缵泰：《中华民国革命秘史》，《孙中山与辛亥革命史料专辑》，第287页。另见冯自由记载：谢父"澳洲经商数十年，有商店曰泰益号，经营出入口货贸易。夙属洪门党籍，凤（夙）以反清复明为宗旨"。冯自由：《革命逸史》上，新星出版社，2016年，第209页。
52	1898年7月发表在香港《辅仁文社社刊》上的《时局全图》，经改画后以《时局图》《瓜分中国图》等名称在多种报刊上发表。1903年12月该作品又以《瓜分中国图》为名发表在《俄事警闻》创刊号上。《时局全图》被认为是中国第一幅严格意义上的现代漫画，在正式使用"漫画"这个名称之前，

52 清末民初时期报刊上曾使用过"讽刺画""滑稽画""寓意画""笑画""谐画"之类的名字,大约到了20世纪二三十年代才统一到"漫画"门下。甘险峰:《中国漫画史》,山东画报出版社,2008年,第39页。
53 唐德刚先生认为,在1892—1894年兴中会成立之前这一阶段,杨衢云是否受孙中山的"感召"未敢确定,但孙走上排满革命之途,受杨衢云的影响倒很明显。关于孙、杨以及辅仁文社的分析,详见唐德刚:《晚清七十年》(五)"细说辛亥革命",台湾远流出版事业股份有限公司,1998年。
54 (美)史扶邻著,丘权政、符致兴译:《孙中山与中国革命的起源》,中国社会科学院出版社,1981年,第41页。
55 杨衢云的墓地坐落于香港跑马地坟场,墓碑编号"6348"。关于杨衢云与孙中山在早期革命中的角色和演变,参阅薛君度:《杨衢云、孙中山与中国早期革命运动》(Chun-tu Hsueh, "Sun Yat-sen, Yang Chu-yun, and the Early Revolutionary Movement in China," *The Journal of Asian Studies*, Vol. 19, No. 3 (May, 1960), pp.307-318.)
56 "始见轮舟之奇,沧海之阔,自是有慕西学之心,穷天地之想。"孙中山在写给翟理斯的一封信中,描述了出发时的感受。《复翟理斯函》(1896年11月),《孙中山全集》第一卷,中华书局,1981年,第47页;(英)翟理斯(Herbert Allen Giles, 1845—1935),曾任驻华外交官多年,英国著名汉学家,回国后先后任教于阿伯丁大学、剑桥大学等。因编纂英文《中国人名词典》(*A Chinese Biographical Dictionary*, 1897、1898年出版),他邀请孙中山撰写自传,孙的复函原件没有标注时间。
57 (美)马士著,张汇文等译:《中华帝国对外关系史(第三卷):一八九四——一九一一被制服时期》,商务印书馆,1960年,第139—140页。
58 《致郑藻如书》,《孙中山全集》第一卷,第1—3页。报纸刊发的信件实际写于两年前,郑藻如是香山濠头村人,曾任江南制造总局帮办,1886年从出使美国、秘鲁任上退休回到故里。
59 (美)韦慕庭著,杨慎之译:《孙中山:壮志未酬的爱国者》,新星出版社,2006年,第13页。
60 日后孙中山向戴季陶等人提及自己的两篇农业文章曾为郑所用,《盛世危言》卷三一篇名为《农功》的文章可能最早出自孙之手,由郑氏修改而成。《农功》注释,《孙中山全集》第一卷,第3页。
61 "他幼年吃的是最贱的食物,他没有米饭吃,因为米饭太贵了。他的主要食物是白薯。"宋庆龄:《为抗议违反孙中山的革命原则和政策的声明》(1927年7月14日)。1927年汪精卫"分共"前夕,这则声明首先发表在武汉国民政府机关报《人民论坛报》英文版上,后另发传单。
62 陈少白:《兴中会革命史要》,中国史学会主编:中国近代史资料丛刊《辛亥革命》(1)，上海人民出版社，1981年，第27页。

63 1893年7月18日出版的中文《镜海丛报》，刊登了孙中山在澳门医治过的病例六则。此外，葡文《澳门回声》1893年9月26日刊登题为《春满镜湖》的广告，介绍孙中山诊所。这批材料首先为陈树荣先生发掘。围绕上述材料以及对中医药局的研究，见黄宇和：《三十岁前的孙中山：翠亨、檀岛、香港，1866—1895》第七章，生活·读书·新知三联书店，2012年。

64 《我的回忆——对纽约〈滨海杂志〉记者叙述革命经历》，张玉法译。1911年10月下旬左右，孙中山在纽约接受《滨海杂志》(*The Strand Magazine*)记者访问，访谈记录经孙中山亲笔签名认可后以《我的回忆》(My Reminiscences)为题发表。黄彦编：《孙文选集》(中册)，广东人民出版社，2006年，第230—231页。

65 关于孙回忆所谓"Young China Party"，《孙中山全集》和《孙文选集》的编者认为它并非兴中会，但有学者如黄宇和认为它很可能就是兴中会的翻译。(《三十岁前的孙中山：翠亨、檀岛、香港，1866—1895》，第441—442页)不过无论如何，1892年孙中山头脑中的政治诉求为改良，而非革命。

66 "由是交游日广，药房资本渐挪作别用，次年复以入不敷出，迫而收束。从此奔走上海、天津、檀香山各地，更无暇涉及医业矣。"冯自由：《革命逸史》(上)，第17页。

67 "以朝鲜事务关系紧要，一时实无妥员可派接替"，《袁世凯抵朝鲜片》(光绪十八年四月二十七日)，《李鸿章全集》(14)，安徽教育出版社，2008年，第401页。

68 "自八年、十年两次遣兵定乱，袁世凯均在行间，熟悉彼中情势，韩臣之老成持正者皆敬服之。遇有疑难，辄输情以告，群小愈不便其所为。屡设机谋，巧图倾陷，袁世凯屹不为动。调停异党，联络各使，设法防护，卒令无隙可乘。苦心毅力，尤为卓绝。朝鲜以孱弱国，外逼强邻，尚能自保利权，不失臣节。"又称自袁世凯驻韩以后，"控制藩服，其有关于东方全局者甚大"。《奏保袁世凯片》(光绪十八年闰六月初八日)，《李鸿章全集》(14)，第462页。

69 日本公使馆几名人员兵变中死于非命，日本乘机出兵仁川。作为传统宗主国，清政府应朝鲜国王李熙(1852—1919)之请出兵弹压。

70 马建忠(1845—1900)，江苏丹徒人，1876年被派赴法国留学并任清驻法使馆翻译。回国后入李鸿章幕府，多次参与外交活动，以改良思想著称，后以道员衔任轮船招商局会办、上海机器织布局总办等职。

71 朝鲜以旁系入继王位的国王的生父，死后谥称大院君，后衍成在世时的称呼。李朝时期在世被封大院君的，仅高宗李熙生父李昰应(1820—1898)，即兴宣大院君。1863年李熙成为国王后他代为执政。1874年高宗亲政后与王妃闵氏及其家族长期处于权力斗争之中,并演变出几场政变。
72 开化派分为稳健开化派(金允植、鱼允中、金弘集等人),以及激进开化派(金玉均、朴泳孝、洪英植、徐光范等人)。稳健开化派在双重体制均衡的基础上摸索朝鲜独立之路,不敌视中国。激进开化派则希望以一元的形式进入万国公法体系,因此敌视中国。(韩)赵景达著,李濯凡译:《近代朝鲜与日本》,新星出版社,2019年,第67页。
73 林明德:《李鸿章对朝鲜的宗藩政策:1882—1894年》,刘广京、朱昌峻编:《李鸿章评传:中国近代化的起始》,上海古籍出版社,1995年,第190—191页。
74 1882年壬午兵变后,李鸿章推荐海关背景的德国人穆麟德(Paul Georg von Möllendorff, 1847—1901)担任朝鲜海关总税务司兼外交顾问,因不满穆麟德引俄抗清,1885年改以美国法学家德尼出任朝鲜外交顾问。关于德尼和袁世凯的关系,可参阅(日)冈本隆司著,马静译:《袁世凯》第一章"朝鲜",北京日报出版社,2021年。
75 例如三菱公司和大仓组等商社向朝鲜农村大量倾销英国兰开夏棉织品和日本日用品。由于《日朝修好条规》免除这些商品进口税,朝鲜手工业者无力与之竞争,相继破产。《日本外交史》,第121页。
76 李朝朝鲜的汉文燕行文献记录里,"中国"不再是那个文明来源的天朝上国,而是"华夷变态",充满"膻腥胡臭"的地方,详见葛兆光:《想象异域:读李朝朝鲜汉文燕行文献札记》,中华书局,2014年。被统称为燕行文献的"朝天录"和"燕行录",是明清两代的朝鲜士人在参与外交使行活动前往中国以后撰写的记录,可参阅王鑫磊:《同文书史——从韩国汉文文献看近世中国》,复旦大学出版社,2015年。
77 引自(日)冈本隆司著,黄荣光译:《属国与自主之间:近代中朝关系与东亚的命运》,生活·读书·新知三联书店,2012年,第22页。
78 以"国家主权"观念、"国际法"和"势力均衡"三者为支柱而构成的体制,形成于17世纪前半期欧洲诸国国际纠纷过程中,《威斯特伐里亚和约》(1648年)可视为这种欧洲国家体系形成的标志。这种国际体系作为学术上的概念由18世纪末期哥廷根学派规定下来,并超越基督教世界范围。参见(日)信夫清三郎编,天津社会科学院日本问题研究所译:《日本外交史》,商务印书馆,1980年,第15—16页。
79 "早期最为显著的例子是它分别于1721年和1783年吸纳了俄罗斯帝国(其前身为莫斯科公国)和美国。19世纪则见证了它如何闯入世界上非基督教地区,1856年《巴黎条约》宣布接纳土耳其为其成员。当西方国际大家庭抵达远东世界时,它发现自身遭遇到另外一个由中国领导的国际大家庭"。(美)徐中约著,屈文生译:《中国进入国际大家庭:1858—1880年间的外交》，商务印书馆，2018年，第8页。

80　1882年8月，朝鲜奉正使赵宁夏等人与李鸿章签订《中朝商民水陆贸易章程》，明文规范传统宗藩朝贡关系，此后两国在1883年3月和6月签订《奉天与朝鲜边民交易章程》和《吉林与朝鲜商民贸易章程》。这段时期的两国外交交涉分析，见郭海燕：《19世纪80年代中后期的朝鲜外交政策》，《社会科学辑刊》2014年第1期。

81　日本学者西里喜行认为，1870—1880年代前半期为册封进贡体制真正解体时期。作为宗主国，清国在西部因为伊犁问题与俄罗斯发生纠纷；在东南部因越南问题与法国发生纠纷；在东部由于琉球问题、东北部由于朝鲜问题而与日本发生纠纷，清国周边地区全面处于紧张状态之中。最终的结果是在"丧失"一个个朝贡国的过程中开始探索如何重组宗属关系。见（日）西里喜行著，胡连成等译：《清末中琉日关系史研究》（上），社会科学文献出版社，2009年，第18—19页。

82　1875年日本"云扬"号闯入江华岛湾，并在朝鲜开炮后摧毁炮台。次年日、朝签署《江华条约》，第一款规定："朝鲜国自主之邦，保有与日本平等之权。"陆奥宗光回忆说："清国政府一方面表示朝鲜内政外交独立自主，对在朝鲜所发生的事件不直接负责，另一方面仍然认为朝鲜是中国的属邦，绝不承认它是一个独立的王国。"（日）陆奥宗光著，赵戈非、王宗瑜译：《蹇蹇录：甲午战争外交秘录》，生活·读书·新知三联书店，2018年，第10页。陆奥宗光（1844—1897），日本政治家，1892年8月8日—1896年5月30日担任日本内阁外务大臣。

83　福泽谕吉在《劝学篇》里批评本国锁国攘夷者犹如"井底之蛙"，他特别以中国为反面教材："至于像中国人那样，觉得除本国以外似乎没有别国存在，一见着外国人就呼为夷狄，把他们看作四只脚的牲畜贱视他们，厌恶他们，不计量自己的国力，而妄想驱逐他们结果反为夷狄所窘。"（日）福泽谕吉著，群力译：《劝学篇》，商务印书馆，1958年，第5页。这本大胆挑战传统的作品连续发行于1872—1876年，招致守旧派愤怒和攻击，"但这并没能压倒此著的巨大影响力，其传播量包括伪版在内达三百万册以上"。（第2页）（日）福泽谕吉（1835—1901），大阪人，日本明治时代最具影响力的思想家，影响了日本近代以来的政治变革，1882年创办《时事新报》，为日本独立报纸先驱，他也是庆应（义塾）大学的创立者，代表作有《文明论概略》《劝学篇》等。

84　由于甲申政变的激发，日本民权派新闻论调急剧地转向"国权扩张论"。《自由新闻》在当年（1884）12月27日的社论中主张"日本必须向世界显示其武力"，提出"侵朝论"。《自由灯》在1885年12月27日的社论《做好思想准备了吗？》中，引述丰臣秀吉"征讨朝鲜"的史实，文章称："挺进，挺进，天津在前，北京在即。我们已到了不得不挺进的时刻。"参见（日）小森阳一著，陈多有译：《日本近代国语批判》，吉林人民出版社，2011年，第75页。

85 "国中不分朝野，万事诸般取法西洋近时文明，不仅要脱离日本的老套，还当于亚细亚全洲重新形成一个轴心，而所举之主义只在于'脱亚'二字。"（日）《时事新报》（1885年3月16日）。"脱亚论"的前提在于当时朝鲜局势的根本变化，福泽谕吉认为甲申政变的失败，意味着朝鲜通过内部改革而实现近代化的设想完全落空，因此才有《脱亚论》一文发表。这是福泽所谓"针对时局的思考"。（日）子安宣邦著，赵京华译：《近代日本的亚洲观》，生活·读书·新知三联书店，2019年，第43页。

86 以上参见（日）信夫清三郎编：《日本外交史》，商务印书馆，1980年，第169页。

87 《四声联珠》（全名《自迩集平仄编四声联珠》）有九卷，另有一卷"俗语注释"。福岛安正（1852—1919）在1884年返回日本，于明治十九年（1886年）四月由日本陆军文库刊行发行第一版，作者福岛安正，校订者绍古英继（有学者怀疑编撰者主要为此人）。陈晓：《后期北京话集萃〈四声联珠〉》，北京大学中国语言学研究中心，《语言学论丛》编委会编：《语言学论丛》第58辑，商务印书馆，2018年，第393—394页。

88 《清国征讨方略》及其修改，可参见王鼎杰：《复盘甲午：重走近代中日对抗十五局》（修订版），上海人民出版社，2016年，第333页。

第三章

1893 年

中、日两国的差异在1893年被放大了，芝加哥世博会上，日本筹集到比任何国家都要多的资金，展位居于黄金地段 // 当汉阳炼铁厂1893年9、10月完工时，焦炭供应却没有解决，计划中的大冶、马鞍山配套工程也没有完成 // 招商局总办郑观应抛出了一个题目：如果中国采纳西方议会制，有何利弊？结果获奖的前三名都认为，中国如要富强非设立议院不可 // 1893年的新规意义非凡，它给了华侨自由出入祖国的官方保护。从这一年开始，总理衙门转而采取主动行动，保护海外华人出现了新气象

第三章 1893年

一

1893年，时值哥伦布发现美洲400周年，因此这一年的芝加哥世博会显得意义非凡，它纪念过去，更夸耀当下。东道主以一座巨大的摩天轮宣告自己跻身世界强国，令人兴奋的新大陆精神借此大放光彩。芝加哥击败纽约获得主办权就是这种精神的证明：1871年，一场大火几乎把芝加哥商业街烧光，它却很快重获新生，变为全球第一个"摩天大楼"城市，尽管新建的大楼只有10层左右，在当时却足以令人仰视。

2730万人涌入世博会，很多人是为了一睹80米高的菲力斯摩天轮（Ferris Wheel），它每次最多可乘坐2160人。[1] 摩天轮让参观人数从第一个月的3万人猛增到15万。5月到10月底，人们进出这片被称为"白城"（White City）的2.4平方公里建筑群，[2] 美国人顺便向世界推销自己的得意产品，比如蓝带啤酒和箭牌口香糖。托马斯·爱迪生还铺设了一条0.3英里（约0.48公里）长的电气铁路，给观众展示未来交通的速度。"博览会出其不意地向这些参观者展现了在我们单调乏味、狭隘局限的世界之外的另一个世界。"芝加哥人威廉·夏伊勒写道："它激发了整个国家的想象力，不仅是对色彩和美感的赞叹，还有对电气时代的美好展望。"[3]

中国人对世博会并不陌生，十几年前，费城世博会收到过720箱中国产品。不过19世纪的几次世博会均由大清海关包办。[4] 中国眼里的"赛奇会"因此被西方人称为"赫德的赛会",他推动此事的动力是希望中国人对其他国家产生好奇心。1866年赫德曾领着5名旗人组成的访问团到欧洲游历,此前还没有一个清廷官员出过国。[5] 浙海关文案李圭1876年被他派往费城博览会,出发前赫德明确要求:把看到的世界记下来带回中国。李圭到美国后耳目一新,还遇到了113名留美幼童,他把所见所闻和西方教育写到《环游地球新录》里。[6] 这本书得到了李鸿章支持,后者的序言被印到首批3000本书上。

1893年,李圭已是浙江海宁知州,这一年世博会的中国馆比他去的那次宏伟不少,它由戏院、八层高塔、寺庙等一组建筑构成,里面还有百货店和茶馆。不过如果说到产品,其实区别不大,唱主角的仍是传统面孔。中国产品在首届万国工业博览会(1851年)召开后的20多年里一度颇受尊重,[7] 不过老面孔注定要在炫耀工业文明的时代遭受冷落,巴黎世博会(1878年)后观众对中国瓷器兴趣大减。与此相反,日本馆却日益引起关注,参加过几次世博会后,日本很快走上模仿之路,[8] 热衷于展示"现代"成果。中、日两国的差异在1893年被放大了,日方这一次筹集到比任何国家都要多的资金,展位居于黄金地段,其中特别展示了一项教育成就:一个4000万人口的国家拥有至少2万所初等学校。结果,吃惊的西方评论者再次把"进步的日本"与"懒惰的中国"区别开来。[9]

清廷外交官对此却并无感受,中国驻美二等参赞彭光誉在9月芝加哥召开的世界宗教大会上提交发言,大谈儒释道三教的源流以及它们与基督教的异同,以一种他者的姿态委婉讽刺欧美传教士。[10]

如果要找一个被芝加哥震动最大的中国人,当属郑观应。他在这一年定稿的《盛世危言》里提议中国也要办博览会,地点从上海开始。[11] 郑观应外国朋友众多,比大多数中国人更容易获海外信息。这届规模巨大的博览会刺激他写下了《盛世危言》"赛会"篇,文章看起来很像一篇新闻报道,详细到房屋面积、预算和建造费。[12] 不过作者之后笔锋一转,感叹起中国商务的衰败和财政空虚。

郑观应对"洋务"相当熟悉,1858年他到上海投奔叔父谋生,无意中踩对了时代鼓点。鸦片战争后中国外贸重心从广东转向上海,这里很快变成西方文化潮头。敏感的广东人注意到了这种变化,他们转战沪上并形成新的地缘关系网,郑观应的家乡香山位居这个网络的核心,容闳留学归国后,香山人在官办企业的影响力进一步扩大。[13] 郑得到了同乡徐润的帮助,[14] 先后任职于宝顺洋行、太古轮船公司、开平煤矿,后来因为债务纠纷一度避居澳门写作。1892年,他被李鸿章任命为招商局帮办,到几个沿海城市和长江口岸调查,琢磨如何对付两大竞争对手——怡和和太古。太古轮船公司自1890年春天发起价格战,导致三家公司互相降价,结果招商局损失最大。几个对手最后在1893年签订了一份"和平"协议,招商局未能扭转不利局面,但在长江航运上保住了面子。[15]

西方人带来的商业竞争对郑观应来说既是威胁,也是机遇。它构成了《盛世危言》的一个基本观点。郑一直对西方抱有兴趣,到上海后曾进入英华书馆夜校学习英语。[16]《盛世危言》的雏形来自他1880年完成的《易言》,最早则可追溯到《救时揭要》(1873年)。这些早期作品不少受到《申报》(该报1880年呼吁中国需要世博会)和王韬的影响。[17] 后来郑观应成了《万国公报》的忠实读者,有一回一次买下100份《泰西新史揽要》送给北京朋友。[18]

目睹国家命运不断下沉,《盛世危言》到 1893 年终于写完,[19] 看过它的人对书里的西方政治印象深刻,它甚至超过了弥漫全书的"商战重于兵战"理念。对"议会"和其他西化制度的欣赏,让郑观应与其他洋务买办深刻区别开来。[20] 不幸的是,当这本书 1894 年正式出版时,里面的建议看起来为时已晚。

二

当郑观应请陈炽为《盛世危言》撰写序言时,后者感叹说,自己的《庸书》可以不写了。这当然言过其实,《庸书》完成于 1893 年 8 月至 1894 年甲午战争爆发前,[21] 它没有取得《盛世危言》那么大的反响,不少方面却并不逊色。这两部书相继在这两年完成并非巧合,事实上这几年涌现了一批呼吁改革的杰作,[22] 它们投射出相似的危机感,尽管感同身受的人并不多。

陈炽时任户部员外郎,更加留意眼前时局。他提醒说,要警惕俄国和日本,因为两国均效法普鲁士改革兵制,且意在中国,如果轻视日本必将首遭其祸害。[23] 陈炽也注意到了世博会和中国传统商品的困境,他赞成引入西方技术,警告说,如果因为自来水、电灯来自西方而厌恶,只能导致坐井观天,自受其困。[24] 举目望去,湖广总督张之洞的洋务新政特别为陈炽欣赏,特别是湖北正在开办的炼铁厂。[25]

工程浩大的汉阳铁厂这一年正紧锣密鼓地做最后冲刺,它始建于 1890 年,已经耗资数百万两。[26] 中国并非没有钢铁厂,比如江南制造局马丁炉（1891年）和天津机器局钢厂（1893年），但它们规模太小，江南制造局1893年的钢产量仅为37吨。[27] 汉阳铁厂计划于1893年投入使用，但情况远比张之洞想得复杂。

"目前我们雇佣了将近四十名外国人了，"总督幕僚辜鸿铭年初告诉一位香港朋友说，"有关生铁问题的整体计划和发展规模已经有了，可怜的老总督也快烦透了，因为只有他一个人为此负责。"[28] 北京不少官员不支持汉阳铁厂，并急于要它拿出成果。3月12日，大理寺卿徐致祥弹劾张之洞浪费经费，调查此事的两江总督刘坤一否定了上述指控，不过湖北最出色的幕僚赵凤昌因此被罢免。[29] 张之洞、李鸿章幕府人才众多，很多人堪称一时之选，常常能不大不小地影响政局。[30] 拿赵凤昌来说，革职后他很快去了上海，以武昌电报局挂名职务继续为张之洞筹划新政，他的住所"惜阴堂"日后竟助推了大清国的终结。

张之洞逃过一劫，不过他确实犯下大错。当炼铁厂于1893年9、10月间完工时，焦炭供应却没有解决，计划中的大冶、马鞍山配套工程也没有完成，远离煤矿的选址失误甚至被郑观应写到《盛世危言》里，[31] 那时后者还不知道自己几年后将出任汉阳铁厂总办。1893年11月29日，张之洞上报北京，称汉阳铁厂全场告成。不过，试产一直拖到来年6月才举行，由于铁厂无力购买价格高昂的外国焦炭，只好把国产碎焦（土焦）和德国焦炭掺在一起使用，第一次生产102天即告停止。买煤成本居高不下等难题困扰着这家大型官办工厂，直到多年后才由盛宣怀解决。[32]

汉阳铁厂沿袭了1860年代以来最典型的官督商办方式，也是"花了大笔公共资金买来失败和挫折的官办企业的典型"。[33] 它主要依赖指挥官员的热情，很难保证效率和专业，更不要说资金浪费和中饱私囊这些官场陋习。几年后，一位到此参观的德国学者评价说，这家铁厂"成了本国和外国人进行搜刮以饱私囊的对象"。[34]

不过有一点是真的，武汉三镇确实在张之洞指挥下变成自强运动的一个重镇。这里（特别是汉口）人口众多，自古以繁华著称，[35] 但直到张之洞1890年到来后才开启了工业化之路，此前人们只在租界几个外国工厂里看到过蒸汽机器。

除了办工厂，张之洞还有更大的抱负。1893年底，他在武昌大朝街口成立了一个新学堂，[36] 这所学校大异于传统，日后它演变为武汉大学。[37]

张之洞在自强运动中的主要竞争对手是李鸿章，后者主持的江南制造总局[38] 1893年也交出了几项新成绩：制造出可发射800磅炮弹的后膛大炮、每分钟能发射12发炮弹的12公分口径速射炮，以及一个栗色火药厂，并开始筹备生产无烟火药。[39] "从各个方面讲，除了体力弱些以外，中国工人比得上世界任何国家的工人。"上海一家英文报纸称赞道。[40] 7月底，李鸿章骄傲地向北京奏报，上海制造的新式枪炮与西方最好的产品几乎没有差别，并特别强调说，日本中将川上操六不久前在天津试用这些武器后，认为性能超过了日本兵工厂。[41]

川上操六时任日军参谋总部次长，此番游历实为军事侦察。[42] 此行给他留下深刻印象的并非清军那些新装备，而是中国政府的腐败。与此同时，日本海军少佐"赤城"号舰长出羽重远得出了相似结论，他当年考察了旅顺等地，尽管清军拿出了最新式的武器，他在报告中却断言，中国陆、海军外强中干，军备不足为惧。[43]

三

1893年下半年，上海的西方人比往常更忙碌一些。11月17日是"开埠"50周年纪念日，各国人士当天聚集外滩，举行盛大的阅兵仪式和花车游行。为此，公共租界工部局在伦敦铸造了特别纪念章：正面为一个盾形图案，上方一艘舰船迎着朝阳航行，刻着"上海五十周年，1893年11月17日"，背面则为公共租界工部局局徽。[44]

"上海是我们的高度文明和基督教对整个中国产生影响的中心。在这里，我们生活在一群因赞助他们古老的立身处世之道而显得傲慢和怀有偏见的人民中间。"英国传教士慕维廉在一个庆祝会上不无自豪地说，由于引入技术和现代市政管理、司法，"法律和秩序在20万人口之间极为完美地保持着"。[45] 慕维廉并非首批抵达上海的传教士，1843年开埠后率先登陆的麦都思，敏锐地预感到这座江苏县城将变为中国最佳商业中心，当年他买了一片城北土地，不久成立了墨海书馆，它后来竟变成一个东亚知识信息传播中枢。[46]

50年过去了，如今上海已变成苏伊士运河以东最大的西方人聚居地。租界的扩张得益于两次起义，太平军驱使江浙官绅大量涌入上海，[47] 小刀会则改变了华洋分居格局。经过拓展的"英美租界"于1899年改称"上海公共租界"，这里变为了"国中之国"。工部局很像一个市民自治政府，它不仅脱离中国行政体系，与领事也呈分庭抗礼之势。"上海的工部局是在中国最好的宣教士。"英国专栏作家干德利写道。[48]

一种特殊的"租界行为"或"租界意识"诞生了。其特殊之处在于，很多西方人代表"西方"却不等同于"西方"，甚至不完全认同西方价值，[49]上海被他们视为冒险家天堂，慢慢地，中国的冒险家也加了进来。

租界里房租很贵，官员和富商却乐于涌入这里。"中国人占有了收入最好的地产，其中最好的，上面建筑为了中国纨绔子弟提供消遣的各种娱乐设施。这类纨绔子弟在太平天国前把苏州和杭州看作地上的天堂，而现在他们发现这些天堂的乐趣在福州路一应俱全。"1891年底，上海海关官员海关税务司裴式楷在一份报告里说，"闹市中心现在已为中国人独占。"[50]普通市民对西化生活的接受程度，远没有知识精英想得那样复杂，赞美租界的声音一直充斥于文人笔记和报刊竹枝词里。

对于如何向西方人学习，官员们也并不保守。这一点人们从"格致书院"可以看得出来。"看过高级官员为格致书院课艺所命的题目，就会明白帝国上层人物的头脑中所发生的转变。"《北华捷报》1893年一则评论说。[51]这所位于公共租界的新式学校由麦都思之子、上海总领事麦华陀和中国人徐寿等人发起。[52]李鸿章和一些本地官绅提供了资金支持。[53]书院很快激发起人们对实用知识的兴趣，它出版的《格致汇编》，[54]60期共收到322件读者来信，充满好奇心的读者提了180个各种奇怪的问题。[55]

格致书院最引人关注的是一项持续多年的征文比赛："汉语论文竞赛项目"（Chinese Prize Essay Scheme），它的创意来自傅兰雅，主持人是王韬。[56]在每年四季的第一个月，书院面向社会公开出题，获奖者能得到一笔可观的经济奖赏。以1893年春季特课为例，超等首名可获银10两外加洋钱18元。[57]领取奖金、邮寄课卷的人可以到位于三马路（汉口路）上开设的格致书室去，这里可以查看、抄录课艺批语，但不能将原卷带走。获奖文章除了登在《申报》《沪报》上，还可能选入"格致书院课艺"结集出版。

1893年冬天，招商局总办郑观应抛出了一个题目：如果中国采纳西方议会制，有何利弊？[58]结果获奖的前三名都认为，中国如要富强非设立议院不可，不过他们主张的是君民共主而非民主共和制。[59]郑观应是1886—1893年参与命题的17人里唯一没有官员身份的人。[60]盛宣怀和李鸿章命题最多，分别为6次（盛）和5次（李）。其他人还包括两江总督曾国荃、刘坤一，部分江苏官员和几个通商口岸的道台。人们如果仔细一看，就会发现他们出的77道题目里最多的并非技术，而是围绕"富强"，这类命题和排名第二位的科学知识题目分别为25个、22个。[61]这多少说明了一点，政治精英们最焦虑的并非技术。

某种意义上，格致书院为上海甚至东南几个省设置了一些新的社会话题，它如同一枚石头投向社会，表面上并无巨浪，波及范围却远比人们看到的大。征文讨论的话题也越来越敏感，并刺激了新一代作者登上历史舞台，他们很多人有强烈的自我意识。[62]

同样位于上海的广学会是热衷于征文的另一个机构，[63]1893年、1894年它举办了两次征文，以"康长素"之名参赛的康有为获得一次六等奖，奖金银4两。[64]

借助上海吹来的新风气，"口岸知识分子"努力将新思想传播、放大出去。尽管他们的声音没有得到北京高层呼应，却把热衷于自强的一批官员、知识人和西方人联系起来，[65]从而制造出一种思想开放的气息。格致书院的命题人、阅卷人"构成了甲午战争以前中国力主变革的官僚与知识分子结合的豪华阵容"。[66] 这些人中的一些官员，常能时不时地推动一下力所能及的政治改良。

四

薛福成是格致书院命题者之一，1893年他的一个建议改变了很多人的命运。薛建议说，清廷应批准驻外使臣或领事发给海外华人护照，让这些侨民可以回国生活，也能随时出国经商。薛福成早年为曾国藩器重，撰写的《筹洋刍议》名噪一时，此时正担任出使英、法、意、比大臣。[67]

这份奏议实际来自黄遵宪，[68] 后者时任新加坡总领事。1891年5月，清廷将海外第一个领事馆——新加坡领事馆提升为总领事，兼辖槟榔屿、马六甲和附近各岛。[69] 首任总领事黄遵宪上任后经过一个多月考察，发现南洋华侨回国时处境困难，他们很多是来自福建、广东的客家人。[70] 黄遵宪出生于以客家人著称的梅州，对此自然感同身受，他向薛福成报告说，这些人回国常遭到敲诈诬陷，[71] 后者据此向北京上奏《请申明新章豁除海禁折》（1893年6月29日），总理衙门对这个提议给予支持，要求刑部修改私出外境条例，9月13日此事获得皇帝批准。[72]

1860年签署的《北京条约》事实上破除了顺治、康熙朝以来的海禁。根据条约，清政府不得阻止中国人前往英、法殖民地和外洋务工。[73] 1868年，中美《蒲安臣条约》给了中国人自由前往各国的权利。[74]

不过清廷在很长一段时间视华侨为"弃民",回国是他们面临的主要难题。1893年的新规意义非凡,它给了华侨自由出入祖国的官方保护。从这一年开始,总理衙门转而采取主动行动,保护海外华人出现了新气象。[75]更多的领事馆之后建了起来,而且部分华侨领袖加入其中。以新加坡来说,侨领张弼士1893年正式出任槟榔屿首任副领事,这位祖籍广东的企业家,主张实业救国,上一年在烟台创办了张裕酿酒公司,这是中国第一次用工业化方式生产葡萄酒。

很长一段时间,华侨的利益主要依赖一些开明外交官个人,这完全取决于他们的观念和责任感。比如薛福成,日记里他常把摘抄别人文书中的"猪仔""猪罗"字样改为"海外华人"。[76]黄遵宪同样渴望变革,1876年他跟随客家人何如璋前往日本担任参赞,[77]外交生涯给他带来了世界眼光。驻日期间黄遵宪把郑观应的《易言》介绍到朝鲜,[78]并着手撰写《日本国志》,认真思考明治维新如何成功。[79] 1882—1885年,黄遵宪改任旧金山总领事后,为反击排华,曾经聘请律师打赢了一些官司,在诸如华人过境等具体问题上挽回了一些利益。

1882年到1893年,几任驻美公使的主要工作就是抗议和聘请律师反击排华。《浦安臣条约》签署后,美国西海岸发现的金矿刺激中国人蜂拥而至,至1876年,大约11.1万名华工来到加利福尼亚州,[80]华人不久后成为总统大选热门话题之一。共和党人曾经支持华工,因为廉价劳工有利于开发加州,尽管这些人不会说英语,生活习惯颇遭非议,而且不少人"担心这些华人定居者会危及美国政治体制的完整性"。[81] 1875年民主党在全国州长选举中大获全胜,这一年成为转折点,美国国会于1882年批准执行第一个排华法案,推翻了《浦安臣条约》,禁止中国劳工10年内进入美国,[82] 1892年到期后它被延续10年。[83]

非但如此，根据 1892 年 5 月 5 日通过的《基尔法案》，华人须重新申请居留证，一年后未获居留证者将被逮捕和驱除出境。[84]法案规定每一个华人居民居留证上，要用胶水粘上正面照片，华人称之为"狗牌"，因为拒绝"狗牌"，爆发了诸多暴力冲突。

　　1893 年 2 月，杨儒接替崔国因出任新一任驻美公使，[85]崔国因性格拘谨，但很有想法，是第一个要求北京开议会的官员，[86]这几年他写了 1447 篇日记，大约三分之一涉及美国华人问题。[87]在回国的太平洋上，他为自己的出使日记写序，感叹中国开风气之难。[88]新任公使到华盛顿后展开了新一轮谈判。与此同时，清政府在 1893 年年底采取行动，以"保护在华旅行的外侨"为名要求在华旅行的美国人向沿途地方政府报告行踪，50 名美国传教士及家属因此被禁止前往避暑山庄旅行。[89]

　　比起前任崔国因，杨儒仪表魁伟，衣冠华丽，夫妻俩擅长社交。[90]然而谈判没有实质突破，华工仍被限制赴美，不过符合家庭和财产条件者可以返回美国，[91]也可假道美国前往他国。这个结果虽然差强人意，却在中国外交官意料之中，他们深知华工命运很难一下子改变，特别是当 1894 年年底两国在华盛顿正式互约时，中国已深陷一场突如其来的战争，面临着前所未有的外交灾难，它彻底暴露了大清国令人吃惊的孱弱。

注释

1　　因宾夕法尼亚州工程师乔治·菲力斯设计得名，它直径为 76 米，有 36 个乘客坐厢，每个可容纳 60 个人。《世界百科全书》(国际中文版第 11 卷)，海南出版社、三环出版社，2006年，第431页。
2 超过7000名工人参与建设，它的设计激发了未来的"城市美化运动"。(美)霍华德·丘达柯夫、朱迪丝·史密斯、彼得·鲍德温著，熊茜超、郭旻天译：《美国城市社会的演变》(第7版)，上海社会科学院出版社，2016年，第175页。不过，有不少人指责芝加哥世博会铺张浪费，"白城"后来甚至成为荣耀与罪恶共存的一个隐喻之地，比如美国作家埃里克·拉森以此为背景，创作了犯罪纪实小说代表作《白城恶魔》(*The Devil In The White City: Murder, Magic and Madness at the fair that changed America*)。
3 (美)威廉·夏伊勒著，汪小英、邱霜霜译：《世纪初生》，中国青年出版社，2014年，第73页。威廉·夏伊勒(William L. Shirer, 1904—1993)，著名记者，先后为《芝加哥论坛报》、哥伦比亚广播公司等媒体服务，著有《柏林日记》《第三帝国的兴亡》《第三共和国的崩溃》等。他回忆说："到我出生时，芝加哥还持续着一股欢乐的气氛。那是因为1893年，芝加哥召开了盛大的世界博览会，名为哥伦布纪念博览会，庆祝发现美洲大陆400周年。我在芝加哥成长的那几年，人们仍旧对此盛会津津乐道。一些建筑仍旧矗立在离我们家不远的杰克逊公园里。我们年轻人乐此不疲地参观哥伦布的三艘船的复制品——平塔、尼娜和圣玛丽亚号。这三艘船是西班牙女王为探索新大陆派出，现如今系泊在公园的潟湖上。"(同上)
4 这位中国海关总税务司承包了这项工作长达32年之久，直到1903年这项权利被清政府收回。
5 核心人物是斌椿。斌椿(1804—1871)，汉军正白旗人，时任总理衙门章京。这次随行者还包括张德彝、凤仪、彦慧等三名同文馆旗人学生以及供职于内务府的斌椿之子广英。63岁的斌椿被临时提拔为总理衙门副总办官，他此行所作《乘槎笔记》为中国最早欧洲游记之一。
6 《环游地球新录》中"书幼童观会事"称，"闻西国人，主意不尚虚文，专务实效；是以课程简而严，教法详而挚，师弟间情洽如骨肉。尤善在默识心通，不尚诵读，则食而不化之患除；宁静舒畅，不尚拘束，则郁而不通之病去。……且其不赏而劝，不怒而惩，则又巧捷顽钝之弊亦无由以生，是诸幼童，孰有不就陶熔而成令器哉"。钟叔河主编，(清)王韬、李圭、黎庶昌、徐建寅著：《漫游随录·环游地球新录·西洋杂志·欧游杂录》，岳麓书社，1985年，第299页。另可参阅钟叔河：《走向世界——近代知识分子考察西方的历史》，中华书局，2000年，第162—165页。
7 1851年，一位任职于上海"宝顺洋行"的买办徐瑞珩把12包"荣记湖丝"运往伦敦参展，获得奖牌。丝、茶、瓷器、绸货、雕花器、景泰器在早期世博会上广受好评。农副产品和手工艺成了世博中国馆的主角。
8 日本参与了1867年巴黎世博会，但第一次正式参加为1873年维也纳博览会，并为此专门设立了大隈重信任总裁的博览会事务局。日本很快加以模仿，比如1872年举行为期一月的"京都博览会"，以及当年以中央政府名义举办的"文部省博览会"。事实上，中文"博览会"的翻译者是福泽谕吉，他在访问美欧时目睹包括世博会在内的各种新鲜事，在1866年出版的《西洋事情》一书里他首次将英语exhibition译作"博览会"。世博会的日本版本是"国内劝业博览会"，从1877年开始到明治末年（1911年），共举办了五次。参阅马敏：《世博会与近代东亚的参与》，《华中师范大学学报（人文社会科学版）》2010年第3期；马敏主编：《博览会与近代中国》，华中师范大学出版社，2010年，第78—79页。

9　日本的社会道德和工业文明被认为成就卓著，甚至能够对美国文化产生影响，一些人誉之为亚洲的大不列颠，应该对落后的亚洲大陆起提升作用。不过当日本步步扩张，则不再被以同等的目光所看待。（Robert W. Rydell. *All the World's a Fair: Visions of Empire at American International Expositions, 1876-1916*. University of Chicago Press. 1984: 51-52.）见胡斌：《何以代表"中国"——中国在世博会上的展示与国家形象的呈现》，岭南美术出版社，2016年，第126—128页。

10　这次会议的第三天（9月13日）下午，彭光誉的发言稿由人用英文代读，3万多字的内容由中国驻美国公使馆翻译官容揆翻译。驻美公使杨儒在奏折中称，彭的发言阐述了儒释道三教的源流及其与基督教的异同，其中隐含讽刺欧美传教士之意。此外，这次会议"中国佛教的不在场尤其意味深长，它暗示了佛教在中国的衰落，这与参加大会的日本佛教代表的众声喧哗形成了鲜明的对照"。分析见孙江：《翻译宗教——1893年芝加哥万国宗教大会》，孙江、刘建辉主编：《亚洲概念史研究》（第1辑），生活·读书·新知三联书店，2013年，第87—92页。

11　"故欲富华民，必兴商务，欲兴商务，必开会场。欲筹赛会之区，必自上海始。"郑观应著，辛俊玲评注：《盛世危言》，华夏出版社，2002年，第355—356页。

12　"西历一千八百九十三年，美人赛会于希加哥，为科布伦探获美洲之日，阅寒暑四百周，其气象规模尤极天下之大观，为古今所未有。"《盛世危言》，第354页。芝加哥世博会详细描述见该著354—355页。

13　容闳（1828—1912），广东省香山人，中国最早留美学生之一，著名教育家和政治活动家。1854年从耶鲁大学毕业。曾参与江南制造总局创办，策划支持清廷1872—1875年官费派遣赴美留学幼童，1900年任上海"中国国会"会长，著有《西学东渐记》（*My Life in China and America*）等。

14　郑观应在徐润的帮助下，20岁即入职第一流洋行——宝顺洋行。徐润（1838—1911）比郑年长5岁，也曾任职于宝顺洋行，后自谋发展，成为中国最大的茶叶出口商和地产商,参与创建轮船招商局、开平矿务局。香山籍另一位著名商人是唐廷枢(1832—1892),曾任怡和洋行总买办、轮船招商局总办等。郑观应、徐润、唐廷枢和席正甫常被称为晚清"四大买办"。席正甫(1838—1904)为苏州吴县人,为上海汇丰银行第二任买办,后创办钱庄,在金融界举足轻重。

15 据统计,太古轮船公司1889年支付全部费用后的结余为158030英镑,1890年降至74942英镑,减少收入53%;招商1889年积余为726452两,1890年降为282389两,下降幅度达61%。根据1893三方协议,长江航线对招商局有利,但上海—天津航线损失较大,总体上吃亏最大,太古公司则成为最大受益方。分析详见张仲礼等著:《太古集团在旧中国》,上海人民出版社,1991年,第83—84页。

16 英华书馆(Anglo-Chinese School)成立于1865年,由寓沪外侨和中国绅商共同发起,傅兰雅担任校长,主要服务商界子弟。值得注意的是,近代中国人常把英语系国家创办的华人学校统称为英华书馆。

17 1875年《救时揭要》和尚未完成的《易言》被郑观应寄给王韬邀请作序。王韬此时因《普法战纪》一书声名鹊起。从欧洲旅行归来后王韬参与组建了中华印务总局,紧接着1874年开办《循环日报》。报纸发行量不大,但足够让他的政论被香港、上海一些敏感人士关注,郑观应便是其中之一。

18 对郑观应的分析,参见(美)郝延平著,李荣昌等译:《十九世纪的中国买办:东西间桥梁》,上海社会科学院出版社,1989年,第245页。

19 《盛世危言》序言结尾称"癸巳七月瑞金陈炽叙"(癸巳即1893年)。

20 郑观应和王韬支持君民共主,而非英式宪政。议会制在他们看来主要是为了巩固民心,破解君民上下隔离的困境,这可以更好地集中权力而非相反,而"议院"是"君民共主"的一种好手段。郑、王热衷议会和报馆,很大程度在于两者都关系到如何克服上下沟通和政治参与这一传统政治难题。

21 陈炽(1855—1900),江西瑞金人,12岁中秀才,28岁中举人,先后在四川、福建等地任职,后任户部员外郎、郎中、军机处章京等,1895年共同参与发起强学会。《庸书》全书没有提到甲午战争和日本割让台湾之事,这是成书时间的判断因素之一,见《陈炽集》,中华书局,1997年第1页注释。

22 1890年马建忠(1845—1900)发表《富民说》、汤寿潜(1857—1917)刊行《危言》,1892年陈虬(1851—1903)刊行《治平通议》。张灏认为,19世纪90年代初期有一群具有改革思想的中国学者发表了政治著作(还包括宋育仁、汤震、何启等)。他们的改革思想多非新创,大部分是从19世纪60年代就已经开始流行的思想。甚至像废除科举考试制度的这类激烈改革思想,也可以在基督教传教士的著作中找到痕迹。不过在政治思想方面,19世纪90年代初期的政治革新主张与以前截然不同,都不同程度地接受了西方政治参与的理想，倡导议会制度和他们部分人所称的"君民共主"构想，这些在19世纪七八十年代都只是种模糊的观念，到90年代却成主要改革思想重心。详见张灏著，任锋编校：《转型时代与幽暗意识》，上海人民出版社，2018年，第168页。

23　《庸书》，赵树贵、曾丽雅编著：《陈炽集》，第109页、第76页。陈对日本的判断仍显得混乱。他警惕这个岛国，同时又判断说日本地小民穷，富强尚需时日，亚洲只有中国能对付俄罗斯（第112页）。

24　分别见《庸书》，《陈炽集》，第95页（博览会）、第102页（自来水等）。作为一名户部官员，陈炽的建议相当具体，从农业养殖到炮台维护，几乎无所不包。他还建议在上海和汉口举办农桑、矿物博览会。

25　1891年陈炽在给陈宝箴的信中，曾以赞赏口吻提到张之洞的筹设炼铁厂奏折，1893年他所著《庸书·铁政》中谈到通商后洋铁盛行，"张之洞有见于此，在鄂奏开铁政一局，购机炼钢，以辟利源"。见张登德：《寻求近代富国之道的思想先驱：陈炽研究》，齐鲁书社，2005年，第49页。

26　1890年张之洞改任湖广总督，把购买来的设备从广东运到武汉开办铁厂，计划为卢汉铁路制造铁轨。为此户部每岁拨银二百万两作为经费，此事后来发生变化（改先修筑关东铁路），但湖北方面开办铁厂却进行下去。卢汉铁路卢沟桥至保定段于1897年动工，1901年通车。1900年八国联军侵占北京后铁路起点移至前门，卢汉铁路改名为京汉铁路，1906年京汉铁路全线通车。

27　上海社会科学院经济研究所：《南造船厂厂史（1865—1949）》，江苏人民出版社，1983年，第48页产量表。

28　"致骆任廷函"（1893年1月29日），辜鸿铭著，吴思远编译：《辜鸿铭信札辑证》，凤凰出版社，2018年，第18—19页。

29　张之洞幕府班底起家于广东就任两广总督，这是张氏首次获得地方总督之职，48岁的张之洞1884年刚到广东时并没有幕友，只是让各地选派一些文案人才帮助办公。现实很快逼迫他从批评家官员转向务实，招揽了几位熟悉洋务的人才，首先加入的正是赵凤昌。赵凤昌（1856—1938），江苏武进人。1884年入张之洞幕，历任督署文巡捕、总文案。1893年因参被革职后成为上海官场、民间精英关系网络中的重要人物，此后积极推动立宪政治。1911年武昌起义爆发后，赵凤昌在上海公共租界的惜阴堂成为南北议和代表幕后商谈之所，赵在其中也扮演了重要角色。

30　"幕府"一词指中国历史上地方官员私人聘用参谋人员的制度，尽管"幕"字在历史演变中有了"政府"的涵义，然而"它从来不用于指帝国中央政府"。（美）K. E. 福尔索姆著，刘悦斌、刘兰芝译：《朋友·客人·同事：晚清的幕府制度》，中国社会科学出版社，2002年，第33页。从明代开始，幕府已和汉代等历史上幕府不一样。清代幕府最为发达，汉族督抚在太平军镇压过程中做大，他们的自主权比官方规定的还要大。幕宾名义上是地方大员朋友，而非简单的下属。这些人日后不少位居要职，比如曾国藩幕府里的李鸿章，李鸿章幕府里的周馥（日后官至两江总督）。

31 "惜未能于相近之地寻有炼焦炭之煤矿而后开办，且熔铁厂不设于产铁之处，而设于汉阳，故亦糜费多而成本重。以上各矿督办、总办者，虽然精明，奈非其所长，未能深知矿帅之优。"《盛世危言》"开矿下"，第563页。

32 在最初试生产的102天工作日里，共产生铁4635.9吨，日平均产量45.43吨，为设计能力的45.45%，利用率为81.6%。（见湖北省冶金志编撰委员会；《汉冶萍公司志》，华中科技大学出版社，2017年，第21页）1895年、1896年汉阳铁厂进行了第二、三次生产。由于国外和开平购买煤矿成本惊人（当时德国焦炭价格每吨需银20两，相当于1吨生铁单价），直到1908年盛宣怀成立包括汉阳铁厂在内的"汉冶萍煤铁厂矿有限公司"，才基本解决上述难题。

33 袁伟时：《晚清大变局》，线装书局出版社，2014年，第357页。

34 （德）H.施丢克尔著，乔松译：《十九世纪的德国与中国》，生活·读书·新知三联书店，1963年，第286页。德国学者舒玛海1898年参观汉阳铁厂，承认这里的零件购自最好的厂家（英国、比利时、德国），但"这些零件有一部分可能从一开始就是坏的，有一部分则由于使用不当而很快地损坏"。（同上）

35 "我们关于汉口人口的估计——1800年为100万左右，19世纪中期为150万，1890年前后又为100万上下——似乎愈加可以成立了。"（美）罗威廉著，江溶、鲁西奇译：《汉口：一个中国城市的商业和社会（1796—1889）》，中国人民大学出版社，2016年，第51页。

36 这所高等专科学堂开始叫"自强书院"。强调外语和商务，计划多延聘外籍教习，教授英、法、德、俄、东（日本）5国文字。分方言（外语）、格致、算学、商务4斋，计划每斋20人。1896年移算学斋于两湖书院，并裁去格致、商务2斋，专存方言斋，改名自强学堂。（武汉地方志编纂委员会主编：《武汉市志教育志》，武汉大学出版社，1991年，第368页）根据1858年中英《天津条约》、1876年中英《烟台条约》，湖北的汉口、宜昌变为通商口岸。在呈递北京的奏报里，张之洞称"湖北地处上游，南北冲要，汉口、宜昌均为通商口岸，洋务日繁，动关大局，造就人才，似不可缓"。张之洞：《设立自强学堂片》，赵德馨主编，吴剑杰、冯天瑜副主编，周秀鸾点校：《张之洞全集》（三），武汉出版社，第135页。

37 武汉大学官方网站介绍称，"武汉大学的前身是清末湖广总督张之洞于1893年创办的自强学堂"。

38　江南制造总局诞生于1865年，最初它由美商一所铁厂、两所洋炮局和容闳从美国买的百余台机器起家，除了淮军军费，江海关抽出二成洋税作为常年经费。1867年冬迁至上海城南高昌庙，占地70余亩，大加扩充后分设汽炉、机器、木工厂、铸铜铁厂等以及洋枪楼、轮船厂、船坞，更名为"江南机器制造总局"。此后增建翻译馆、汽锤厂、枪厂、卷枪厂等。1874年在龙华镇购地80余亩，建成黑色火药厂和枪子厂，制造洋枪铜药、炮引等。参见虞和平、谢放：《中国近代通史》（第三卷）：《早期现代化的尝试（1865—1895）》，江苏人民出版社，2007年，第93页。

39　1868年制成前装滑膛枪，1869年制成来福枪（前装线膛枪），1873年又造成美国林明敦枪（后装线膛枪）。1892年"专造快枪"以及1894年底试造"抬式快枪"。

40　《北华捷报》1893年6月9日，引自孙毓棠编：《中国近代工业史资料》（第一辑），科学出版社，1957年，第1224页。

41　"上海机器局为各省制造最大之厂，该局员等苦思力索，不惮繁难，奋勉图功，竟能于数年间创造新式枪炮与西洋最精之器无异，为中国向来未有。今年五月间，日本陆军中将川上操六游历来津，试放此枪，动色叹羡，谓彼国中村田大厂所造殊不能及，乞取两枝以为标准。"《上海机器局请奖折》光绪十九年六月十六日（1893年7月28日），此折与两江总督刘坤一合奏。《李鸿章全集》（15），第128—129页。

42　（日）川上操六（1848—1899），萨摩藩士出身。1885年任陆军参谋本部次长，甲午战争主要策划者之一，战争期间任日军大本营陆军参谋部次长兼兵站总监。战后1898年任参谋总长，晋升陆军大将。1893年5月11日川上操六乘船抵达烟台，随后赴天津观看了北塘炮台守军山炮射击训练。6月中旬南下参观江南制造总局和吴淞炮台，7月初才返回日本。

43　（日）出羽重远（1855—1930），福岛人。1880年任海军少尉。1893年以海军少佐任"赤城"号舰长。受命考察中国后，手持日本外务省照会和李鸿章发给的护照，以公开身份到天津、北京、保定、旅顺等地进行视察。他和川上操六以及1893年日本对华相关访问、侦察活动，见戚其章：《甲午日谍秘史》，天津古籍出版社，2004年，第128—129页。

44　上海市档案馆编：《上海珍档》，中西书局，2014年，第59页。纪念章为银质、铜质两种，上海市档案馆馆藏为银质纪念章。

45　引自（美）罗兹·墨菲著，上海社会科学院历史研究所编译：《上海——现代中国的钥匙》，上海人民出版社，1986年，第6—7页。

46　（英）麦都思（Walter Henry Medhurst，1796—1857），英国伦敦会传教士。1817年抵达马六甲，协助米怜（William Milne，1785—1822）印刷工作。1843年起在上海定居，把巴达维亚（雅加达）的印刷所迁至上海，创设了中国第一家近代印刷所——墨海书馆（The London Missionary Society Press）（直译为伦敦会出版社），几年后王韬加入进来，他和1854年出入书馆的洪仁玕得到麦都思欣赏。洪仁玕（1822—1864），广东人，1859年到达天京（今南京），受封干王，总理政事，所著《资政新篇》提倡学习西方技术，政治、经济上效仿西方，1864年天京陷落后被俘并被杀。

47 上海租界地价在1852—1862年的10年间，涨幅十几倍到几十倍相当常见。太平天国覆灭后，租界人口一度因避难者返回故里，从几十万减少到十余万。不过1867年之后人口再次进入，获得新发展。周武、吴桂龙：《上海通史（第5卷）：晚清社会》，上海人民出版社，1999年，第101页。

48 "每年成千上万的中国人由帝国他处走过上海，他们可以看到美丽的建筑、整洁的街道、燃着的电灯或瓦斯灯；他们可以看到机器、自来水、电报、电话、火轮船、公园。他们在这里所得到的印象，必然多少传到内地去。"（英）干德利著，张雁深摘译：《中国进步的标记》，中国史学会主编，中国科学院近代史研究所史料编辑室、中央档案馆明清档案部编辑组编：《洋务运动》（八），上海人民出版社，1982年，第437页。《中国的今昔》（*China Past and Present*, London, 1895.）出版于甲午战争结束后，系作者给《泰晤士报》等撰写专栏文章的集结，也是一份对中国洋务运动的观察、总结。

49 相关分析，参见罗志田：《帝国主义在中国：文化视野下条约体系的演进》，《中国社会科学》，2004年第5期。

50 （英）裴式楷等著，徐雪筠、陈曾年、许维雍、蒋学桢、陆延译编，张仲礼校订：《上海近代社会经济发展概况（1882—1931）——〈海关十年报告〉译编》，上海社会科学院出版社，1985年，第21页。由于中国人涌入租界，"迫使外国人，特别是那些低收入的外国人，每年寻找远离闹市中心的住所，而闹市中心现在已为中国人独占。"（同上）

51 "The North-China Herald and Supreme Court Consular Gazette," Vol. 50, April 14, 1893, pp.513-514。这篇评论载《傅兰雅档案》（第二卷），第147—151页。《北华捷报》增刊《每日航运和商业新闻》1864年扩为独立日报《字林西报》（*North China Daily News*）。《北华捷报》和小型专业周刊《高等法院和领事公报》1870年合并后全名改为 *North-China Herald and Supreme Court and Consular Gazette*（《北华捷报和最高法庭与领事公报》）。上述报纸变迁，可参阅夏伯铭编译：《上海1908》（根据劳埃德大不列颠出版有限公司1908年出版物中关于上海内容的选译），复旦大学出版社，2011年，第310页。

52 徐寿（1818—1884），江苏无锡人。曾入曾国藩幕府，后在上海江南制造局主持技术工作并任翻译馆翻译。1874年参与创办上海格致书院，译有《化学鉴原》《西艺知新》等。创办过程见《徐寿：为上海设格致书院上李爵相禀并条陈》(陈学恂主编:《中国近代教育史教学参考资料》(上),人民教育出版社,1986年,第231页)。1876年6月22日,中外人士各100人从李鸿章题写的"格致书院"门匾下入院参观,见证其开院。中国方面把这个新机构作为自强和向西方学习的窗口,书院从一开始就定位成技术引进和展示中心,它拥有各种科学仪器和动植物标本且设有一个博物馆。

53 开办资金来源上,西方人中,除了英国公使威妥玛捐助100两,其他人均不超过50两,中国官绅更为积极。其中李鸿章1087两、李宗羲(1873—1875年任两江总督)1000两,苏松太兵备道冯焌光捐助2000两。

54 《格致汇编》(*Chinese Scientific Magazine*),1876—1892年断续刊发,其间曾两度停刊,1876年2月—1878年3月为月刊,1880年4月—1882年1月为月刊,1890年春—1892年冬为季刊。

55 王尔敏:《近代上海科技先驱之仁济医院与格致书院》,广西师范大学出版社出版,2011年,第70页。

56 由于麦华陀回国等原因,书院几经波折到1880年才正式开学,1885年王韬回上海定居后很快出任书院山长,直到1897年去世。王韬自1885年秋上任到1897年去世,一直担任监院,虽由于身体原因1894年后基本只是挂名,但在书院与重臣们之间建立联系上出力很大。(段怀清:《王韬与近现代文学转型》,复旦大学出版社,2015年,第195—197页)

57 "内课第一名送银十两,第二名送银七两,第三名送银五两。其余奖额多寡"。(《格致书院拟以艺文考试章程》,《申报》,1886年2月13日)课艺奖金一般每次银25两,通常奖励优异者前几名,即超等首名银10两、二名银7两、三名银5两、四名银2两、五名银1两,加奖则由命题人另外提供。9年间正课46次,书院花费奖金银1135两,命题人提供加奖银240两2钱、洋银3552元。(刘明:《格致书院课艺研究》,引自熊月之:《西风东渐与近代社会》,上海教育出版社,2019年,第362—363页)

58 郑观应题目为:"考泰西于近百十年间,各国皆设立上下议院,藉以通君民之情,其风气几同于皇古,书有之曰:民惟邦本,本固邦宁,又曰:众心成城。设使堂帘高远,则下情或不能上达,故说者谓中国亦宜设议院以达舆情采清议?其果有利益欤?或有谓行之既久,不无流弊,究未悉其间利害若何,能一一敷陈之欤?"《格致书院癸巳冬季课卷出案》,《申报》,1894年8月19日。(郑这次课卷共出三命题)郑将议会制视为西方富强的重要原因,而且看到了它对"权力"的限制。《盛世危言·议院》下篇增补于甲午之后。最初的版本里这部分内容着墨不多,不过诸如美英议会制的差别和议员如何选举这些话题,已被提及,如"故自有议院,而昏暴之君无所施其虐,跋扈之臣无所擅其权"。(《盛世危言》,第23页)

59 前三名分别为许象枢、杨史彬、陈翼为。其中许象枢归纳了甲午以前倡导开议院的议论；杨史彬汇拢了甲午以前反对开议院的议论；陈翼为则指出议院制度对专制官场恶习有净化作用。三份课卷也许可以被看作"甲午以前中国民主思想发展的一个小结"。(熊月之：《新群体、新网络与新话语体系的确立——以〈格致书院课艺〉为中心》，《学术月刊》，2016年第7期)
60　1893年、1896年，郑观应两次命题共出题7个，内容包括中国开设议院的利害、中西技艺书院的设立情况对比等。
61　《近代上海科技先驱之仁济医院与格致书院》，第98页。
62　"由于多次征文悬赏酬金的刺激，口岸文人才逐渐愿意在报纸或作品上署上自己的大名。显而易见的原因是现代报纸导致了现代稿酬制度的建立，从而使得有强烈主体身份认同的作者登上了历史的舞台。以傅兰雅征文事件为时间点，与教士合作的口岸文人可分两代，前一代是隐形作者，第二代则可算是现代作者。"(姚达兑：《现代的先声：晚清汉语基督教文学》，中山大学出版社，2018年，第222页) 傅兰雅征文(时新小说征文比赛)发生在1895年，同为傅兰雅发起的"汉语论文竞赛项目"，无疑拉开了新一代作者出场的序幕。
63　带有广告宣传形式的征文为传教士报刊经常采用。林乐知主编的《教会新报》和后来的《万国公报》早在1870年、1871年和1881年就以各种题目进行征文，广学会只是继承而已。梁碧莹：《近代中美文化交流研究》，中山大学出版社，2009年，第301页。
64　1894年，征文得到英商汉壁礼600两经费赞助，评定人为王韬、蔡尔康、沈寿康。征文在苏州、北京、广州、福州、杭州进行，出了5个题目，要求每题字数在5000以内，共收到172篇文章。70名得奖者共分6个等级，头等奖5人，每人奖金16两，六等奖为最末等级，共30人、奖金每人4两。
65　比如1893年癸巳秋第二次命题，由傅兰雅与两江总督刘坤一联手，第一题教育类由刘坤一命题，第二题法律类、第三题经济类则出自傅兰雅。
66　熊月之：《西风东渐与近代社会》，第375页。其中李鸿章命题5次，出题15道；刘坤一命题3次，出题6道；曾国荃命题1次，出题3道。(同上)
67　薛福成(1838—1894)，江苏无锡人。1858年中秀才，以入曾国藩幕府，后随李鸿章办外交，历任浙江宁绍台道、湖南按察使。1889年任出使英、法、意、比大臣。薛福成1879年撰写的《筹洋刍议》很可能受到了郑观应《易言》的影响，出使欧洲后他在日记里流露出对西方议会等制度的欣赏。
68　黄遵宪(1848—1905)，广东嘉应(今梅州)人，近代外交家、诗歌创新的代表人物。1877年起担任外交官，1894年任江宁洋务总办，1897年出任湖南按察使，随后成为1898年变法运动的重要一员。此外，黄遵宪还是《时务报》的核心发起人之一。
69　新加坡领事馆设立于1877年。1890年，丁汝昌率舰队巡视东南亚港口后建议，将新加坡领事馆提升为总领事馆，另在其余各地设副领事，以利于保护当地华侨。

70 南洋客家华侨多来自广东省、福建省，中国委派的南洋领事因此也以闽、粤籍为多。1893 年，中国开始委任槟榔屿侨领担任副领事，隶属于驻新加坡总领事。

71 "惟筹及归计，则皆蹙额相告，以为长官之查究，胥吏之侵扰，宗党邻里之讹索，种种贻累，不可胜言，且挟资回国之人，有指为逋逃者，有斥为通番者，有谓其运军火接济海盗者，有谓其贩卖猪仔要结洋匪者，有强取其箱箧肆行瓜分者，有拆毁其屋宇不许建造者，有伪造积年契券藉索逋欠者。"《上薛福成禀文》，陈铮编：《中国近代思想家文库：黄遵宪卷》，中国人民大学出版社，2014 年，第 40 页。

72 "华民流寓各国人数滋多，若概禁其遣返故乡，不免触望。应请如该大臣所奏，敕下刑部，将私出外境之例酌拟删改，并由沿海各直省督抚出示，晓谕州县乡村，申明新章既定，旧禁已除，除伪冒洋商，包揽货税，及别有不法重情者，仍应查究外，其余良善商民，无论在洋久暂、婚娶、生息，一概准由出使大臣或领事官给与护照，任其回国谋生置业，与内地人民一律看待，并听其随时经商出洋，毋得仍前藉端讹索，违者，按律惩治。"《总署奏遵议薛福成请申明新章豁除海禁旧历折》，王彦威、王亮辑编，李育民，刘利民，李传斌，伍成泉点校整理：《清季外交史料》（4），湖南师范大学出版社，2015 年，第 1791 页。

73 中英《北京条约》第五款规定："大清大皇帝允于即日降谕各省督抚大吏，以凡有华民情甘出口，或在英国所属各处，或在外洋别地承工，俱准与英民立约为凭，无论单身或愿携带家属一并赴通商各口，下英国船只，毫无禁阻。该大吏亦宜时与大英钦差大臣查照各口地方情形，会定章程，为保全前项华工之意。"《中英续增条约》（1860 年 10 月 24 日），王铁崖编：《中外旧约章汇编》第一册，第 145 页。不过 1861 年清政府声明，与中国无条约关系的国家不得来华招工。

74 为美国卸任驻华公使蒲安臣代表清政府签订，其中规定："大清国和大美国切念民人前往各国或愿常住入籍或随时往来悉听其便，不得禁止，为是现在两国人民互相来往，或游历，或贸易，或久居，得以自由，方有利。"（第五款）《中美续增条约》（1868 年 7 月 28 日），《中外旧约章汇编》第一册，第 262 页。蒲安臣（Anson Burlingame，1820—1870），1861 年起任美国驻华公使，1867 年任满后受清政府聘请，出使美、英、法、普、俄等国，1868 年代表清政府与美国签署《续增条约》。

75 清廷 1893 年后对海外华侨的保护，见（澳）颜清湟著，粟明鲜、贺跃夫译：《出国华工与清朝官员：晚清时期中国对海外华人的保护 1851—1911》，中国友谊出版公司，1990年，第304页。

76　《薛福成年谱》，无锡市政协学习文史委员会编：《清朝改革维新的思想家、外交家——薛福成》，第128页注释。

77　何如璋（1838—1891），广东梅州人，1876出任中国首任驻日公使，回国后于1883年出任福建船政大臣，中法战争后被贬戍张家口军台，返乡后主持潮州韩山书院，1891年去世。

78　《易言》1880年由王韬主持的中华印务总局出版，他1879年把未刊稿带到日本交给黄遵宪，后者将它介绍给朝鲜人。该书在朝鲜半岛引发争议，为进步人士欢迎，很快视之为一种"开化"思想资源。1880年代，一些到上海的朝鲜文人和官员甚至因此专门拜访作者。

79　《日本国志》一般认为出版于1895年，写作开始于日本。黄遵宪自序称，出使日本后"既居东二年，稍稍习其文，读其书，与其士大夫交游，遂发凡起例，创为《日本国志》一书。朝夕编辑，甫创稿本，复奉命充美国总领事官，政务靡密，无暇卒业，盖几几乎中辍矣"。黄遵宪著，李绍平校点：《日本国志》（上），岳麓书社，2016年，第5页。

80　"他们带来了自身拥有的技术、智慧和创业决心，并且随之让西方文明见识到东方最有力的文化输出——中国餐馆。"1849年只有76名中国人登上加利福尼亚州，到1850年底已有4000人，1852年不少于2万人。"中国餐馆在1850年已在该地逐渐兴旺。中国人在那里受到压迫，受到仇视，受到嘲弄，甚至不时受到私刑残害——在1862年的萧条时期，有88人被杀害——但他们表现出这个伟大民族通常所具有的谋生和发奋能力。"（英）霍布斯鲍姆著，张晓华译：《资本的年代》，国际文化出版公司，2006年，第77页。

81　（新加坡）黄贤强：《1905年抵制美货运动：中国城市抗争的研究》，上海辞书出版社，2010年，第5页。很多美国人认为，来自中国底层的劳工一旦获得选举权将不清楚如何使用。民主党可能为了弥补南北战争中倾向于保留农奴制的立场，选择支持排华条款并声称反对"奴隶一样"的劳作。此外，排华也得到较晚进入美国的其他国家移民支持，比如爱尔兰移民。（同上）

82　美国1882年颁布了第一部《联邦移民法》，将罪犯、疯子、贫民以及那些有可能成为公众负担的人群排除在外。同年《排华法案》通过，"这部法案最初是为了阻止西方进口廉价中国劳工，后来却不仅成为移民管制的参考模板，而且随着美国影响力范围——或者至少是活动范围——向海外的扩张，扩展到了更广泛的种族态度问题上"。（英）苏珊-玛丽·格兰特著，董晨宇、成思译：《剑桥美国史》，新星出版社，2019年，第264页。1882年《排华法案》针对华工，但不包括商人、教师、学生、游历者等少数群体。1888年出台的《斯科特法案》（Scott Act of 1888）规定，华工离美后一律不许再返回美国。

83　直到第二次大战期间，美国国会 1943 年通过了麦诺森法案（Magnuson Act），才彻底废除了 1882 年排华法案和与此相关的一系列修订案。

84　1892 年通过的《基尔法案》（The Geary Act）（或译《格力法案》，因发起人、加州民主党人 Thomas Geary 得名）。法案规定在美华人不得申请保释，持伪造居留证者将罚款 1000 美元或判 5 年以下徒刑等。

85　杨儒，汉军正红旗人，生年待考，举人出身，1892 年任出使美、西、秘三国大臣。1896 年调任出使俄、奥、荷三国大臣，1902 年死于圣彼得堡。崔国因（1831—1909），安徽黄山人，同治进士，授翰林院编修，1889 年接替张荫恒任出使美国兼职西班牙、秘鲁大臣，1893 年任满回国。

86　崔国因于 1883 年向朝廷奏陈一系列变法建议，其中强调"设议院者，所以因势利导，而为自强之关键也"。（《奏为国体不立后患方深请鉴前车速筹布置恭折》）奏折递上以后被留中未发。崔国因担任出使大臣后曾多次向朝廷提出开设议院，他"是近代中国向朝廷明确提出开设议院要求的第一人"。（熊月之：《中国近代民主思想史》，上海社会科学院出版社，2002 年，第 133—134 页）

87　即崔国因著《出使美日秘日记》（统计见丘进：《清末中美关系与美国华人问题侧观——基于崔国因〈出使美日秘日记〉之浅读》，《西安交通大学学报（社会科学版）》2016 年第 1 期）崔对美国排华运动的分析相当全面，看到了中国人的自身原因，比如华人不愿加入美国国籍，导致美国政治选举中很少考虑华人利益。另外他还指出，对华工的排斥主要集中在西部几个州，美国其他地方并非如此。

88　"我国风气之开，仅数十年，宏儒名宿，或鄙夷而不屑道。其间深于阅历，得诸亲尝，而囿器数者，既知之而不能言；慑清议者，又言之而不敢尽，将何以拓心胸、开风气哉？"崔国因：《出使美日秘国日记》（上），岳麓书社，2016 年，第 5 页。

89　梁碧莹：《艰难的外交：晚清中国驻美公使研究》，天津古籍出版社，2004 年，第 268 页。美国之所以批准 1894 年新约，除了不得不顾及中国对在华美国人采取的隐性报复，也考虑到 1888 年后单方面采取的排华行动，有损于自己尊重国际法的民主国家形象。而且中国政府在新约里也承认了美国有禁止中国人加入美国籍的权利，以及认可在美华工均须注册的屈辱规定。（同上）

90　跟随杨儒担任翻译的施肇基回忆称，崔国因性情拘谨，不尚酬应，在美与外间绝少往来。杨儒仪表魁伟，衣冠华丽，"夫妇皆尚酬应"。见《施肇基早年回忆录》"留美时期"（一八九三至一九〇二年），（台）传记文学出版社，1985 年。施肇基（1877—1958），近代外交家，1887 年入上海圣约翰书院，1893 年随出使美、日、秘三国大臣杨儒赴美，任中国驻华盛顿使团翻译生。

回国后先后担任湖北省留美学生监督、外务部右丞等，民国后施肇基曾任唐绍仪内阁交通总长，1914年出任驻英公使。1919年以中国代表之一出席巴黎和会，1921年任驻美公使，作为中国政府首席代表参加华盛顿国际会议。

[91] 其中第二款规定："寓美华工，或有父母正妻儿女、或有财产值银一千元、或有经手账目一千元未清而欲自美回华、由华回美者，不入第一款限禁之例。"第三款规定："此约所订限制章程，专为华工而设，不与官员、传教、学习、贸易、游历诸华人等现时享受来寓美国利益有所妨碍。"《限禁来美华工保护寓美华人条约》，1894年3月17日，《中外旧约章汇编》第一册，第581—582页。

第四章

1894 年

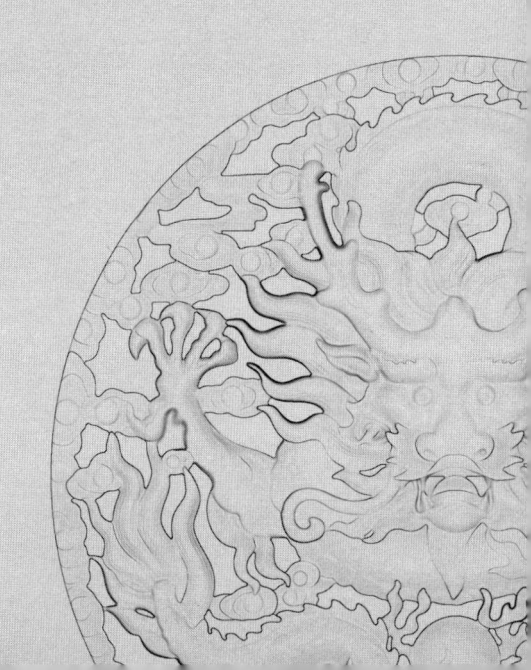

清国第一套纪念邮票被赶制出来，计划农历十月初十发行，为太后六十大寿助兴，它包括9枚"万寿邮票"，总面值6钱6分，寓意"六六大顺"// 众多新闻记者在东京、大阪等地集会，主张强硬外交，对华开战。实际上，自甲申政变这些年来，很多日本人一直愤愤不平// 李鸿章上报北京，将大东沟海战描述成一场以少敌多的胜利，称若不是"济远""广甲"逃跑，必可大获全胜// "督办军务处"不仅来得太迟了，而且从这时起恭亲王已把重心转到请外国公使调停上// "在我面前，正演着一幕最惨痛的悲剧"，美国货轮"哥伦布"号海员艾伦此时正困于旅顺口，他目睹了杀戮// 皇太后"九五之尊"如旧，朝鲜使臣受赏、朝鲜王妃被赐缎匹，北京似乎与连续失败的战场暂时失去了联系

第四章　1894年

一

1894年春天，各地读书人来到京城，参加为慈禧太后寿诞增加的一次"恩科"。考试这段时间天公不作美，除了烈日就是倾盆大雨。这一年恰逢整顿考场，不让水夫代背考筐，应试者个个苦不堪言。不过他们当中的一批幸运儿很快苦尽甘来，等来了人生的高光时刻。多次会试不中的南通人张謇时来运转，42岁摘得状元。4月24日公布的314名进士名单里还包括梁士诒、汪康年、李家驹、江春霖等人。

太后六十寿诞对官场无疑是个大日子，不过一些人想起了她40、50岁生日时的流年不利，难免忐忑。那两年国运不佳：1874年，日本出兵台湾，几年后把琉球划入版图；1884年，法国人突袭马江，几乎全歼福建水师。

为了准备下半年的庆典，全国上下都提前忙碌着，灰暗的北京城准备用60多处彩棚装点喜气，一批戏台、牌楼将被搭建在路边，营造出一种普天同庆的气氛。在太后从颐和园回宫进城后的这一段路（西直门外经地安门到西华门），沿途除了整修还要摆设一些庆典景物。礼亲王世铎上奏提议，[1]这笔"置景"开销由首都的王公大臣提供。

上一年初，世铎被任命为总办万寿庆典大臣，他带领一些人找到了一个最隆重的祖制：乾隆八十大寿旧例。这意味着一笔巨额费用，各级官员都要捐献一笔"报效"，京官共计银263900两，外省官员

943000两。1893年年底，李鸿章提出他和直隶官员另筹3万两用于添设地段点缀景物，这掀起了各地的第二次"捐献"，地方大员如张之洞等人不得不跟进。[2] 1894年农历正月还没过完，李再次上奏称，开平矿务局、轮船招商局再提供3万两和5万两。[3] 不过这些钱和庆典的实际开销比起来并不算多。据统计，仅苏州、杭州等地承制的衣物、面料便要耗费232000多两银子，宫廷殿宇和门座所需彩绸则耗银866610两。[4]

此外，这几年为了甲午寿诞加紧修缮颐和园，海军衙门和总理衙门出了不少经费，还挪用了一些海防专款。[5]

1894年是海军校阅之年，李鸿章提出添购一些新式快炮，考虑到经费不足，他建议至少先为"镇远""定远"2艘主力舰配备12尊快炮。[6] 5月7日李鸿章从天津出海，花了21天校阅海军。除了北洋舰队，3艘广东军舰也北上参加操演，从而使规模达到史无前例的21艘军舰。巡阅看上去成绩不错，比如一次演习中"经远"舰16炮打中了15船。不过万炮齐发的壮观场面并没让李鸿章陶醉，特别是当他在烟台和大连湾登上前来参观的英、法、俄军舰，列强的实力让他感到不安。想到1888年后没有新添过一舰、一炮，日本人却"岁添巨舰"，他在随后向北京的汇报中暗示，北洋海军受限于财力难以为继。[7]

不过李鸿章对未来抱有信心，5月20日他在天津接受美国记者采访时谈到了清国的未来。李告诉美国人，铁路网将会覆盖中国，他"相信清朝最终会发展起自己的制造业，而且在将来，会像制造大国一样进军世界市场"。一个小时的交谈让采访者感到，从现在开始，将会出现一个"清朝人的清朝"。[8]

西方人同样为祝寿忙碌着。英国卫理公会和美国长老会两位女士这年春天提议，中国女基督徒集资制作一部特别版《圣经》献给慈禧。这个生日礼物得到新教传教士积极响应，为此上海成立了一个专门委员会，募集到1200元。"这部《新约》用国外最好的纸张印制，连同序言起，被装在豪华的纯银封面里；封面在广州制造，上面雕刻着竹子和小鸟。书名和题词以纯金镶嵌。书被装在一个纯银制作的盒子里，盒子上雕刻着同样的竹子和小鸟，以古老的金色长毛绒为衬垫。"[9]

打算乘机推进自己事业的不止传教士，大清海关的西方人也没错过机会。"鉴于1894年是慈禧太后的六十寿辰，我以为这对中国来说是效仿其他国家的合适机会，交付一套包括各种面值的寿辰邮票来代替一般邮票。"[10]海关造册处税务司葛显礼向赫德建议说。中国第一套纪念邮票被赶制出来，计划农历十月初十发行，为六十大寿助兴，它包括9枚"万寿邮票"，总面值6钱6分，寓意"六六大顺"。[11]中国现代邮政始于上海租界工部局书信馆，海关系统很快加入进来，他们的目标是在海关以及租界邮政系统基础上创造出一个和世界接轨的全国邮政网络。上述计划到1894年仍未如愿完成，"慈禧寿辰纪念邮票"或许可以加快这项事业。糟糕的是，万寿邮票3分银、6分银面值票面八卦图案出现了一些差错，[12]此事只能低调处理，海关里的中国通深知，它可能被视为不祥之兆。

为慈禧祝寿的传统藩属国只有朝鲜硕果仅存。1894年7月13日，朝鲜使团3人出发前往北京。尽管轮船招商局早已开通了天津、上海和朝鲜之间的水上航班，但他们依然遵循传统，走一条陆地朝贡线路。汉城距离北京大约3069华里，这次行程花了以往一倍的时间才到山海关，[13]等他们到京城入住"玉河桥官房"，已经是9月11日。

使团到达边境城市义州时，忽然爆发的中日战争改变了他们的行程。1592年丰臣秀吉出兵夺取汉城后，朝鲜君臣正是逃到这里向明朝求救，后者出兵夺回平壤并迫使日军几年后退兵。如今时过境迁，这批祝寿者不仅创下了滞留最久纪录，也将成为最后一支前往中国的朝贡使团。未来几个月，他们将瞠目结舌地目睹东亚三国的历史如何被快速改写。

二

直到5月中旬，汉城里的各国外交官仍搞不清东学党到底实力如何。尽管3月他们就知道有几万人要过来，而且"驱逐洋人"是其口号之一。朝鲜的每次骚乱都会引起中、日两国特别关注，中国是1880年代几次半岛内乱的胜利者。事实上，1879—1894年这段时间，李鸿章对朝鲜采取攻势，称得上"自元以来中国最为积极、最为明显的干涉行为（明朝中国曾经一度援朝，但未干涉其内政）",[14]这很大程度上是因为袁世凯。在汉城，袁似乎控制着一切，但这也是问题所在，他的太上皇风格早让当地人不满。

5月20日，东京浅草本愿寺举行了一场盛大葬仪，多达2000余人参加。活动旨在悼念朝鲜开化党领袖金玉均，不过葬在日本的只有他的遗发和衣服。金玉均的尸体上个月被朝鲜政府残忍地凌迟于杨花津刑场，清政府也间接卷入这次野蛮行为。[15]甲申政变后金玉均长期避难日本，1894年3月28日，他在上海美租界一个旅馆被朝鲜人洪

第四章　1894年

钟宇枪杀。洪钟宇是朝鲜赴法国的首届归国留学生，在东京结识了政府派遣的刺客。开化党另一领袖朴泳孝几乎同时在日本遭遇暗杀，凶手未能得手。[16] 上海租界当局逮捕洪钟宇后把他移交给中国，中方应朝鲜要求将其遣送回国，刺杀者和金玉均的尸体4月12日由"威靖"号军舰送达仁川。"尸体即刻送到京城，施以割裂后，部分尸肉传示各处。"一位美国驻汉城外交官写道。[17] 那位凶手回国后不仅被放了，而且很快当了官。[18]

此事刺激了日本舆论，打败野蛮清国的口号演变为一股开战声浪。主张对外扩张的玄洋社[19] 鼓动外相陆奥宗光和参谋次长川上操六动武，后者主张对华强硬，不过仍觉得"为一个亡命客之死而对华宣战，终觉不可"。[20] 这时东学党的行动却意外送来了新理由，后者在3—5月连续击败朝鲜官军，[21] 令半岛政局陷入混乱。根据1885年《天津条约》，一旦朝鲜有变，中、日双方均有权出兵。10年前的这个规定看上去如同一纸空文，如今却像一道诅咒。

清廷20年来的外交误判和不审慎在1894年继续，它更像一个圈套，首先把自负的袁世凯拖了进来。因全州失陷，摇摆于镇抚之间的朝鲜王室6月1日终于签下文件，请求清政府派兵，不过当6月3日夜里正式把它交给袁世凯时，一天前日本已召开临时内阁会议，一致通过出兵议案，理由是保护外交官和8825名日本侨民。[22]

6月2日、3日，日本驻朝公使馆书记官郑永邦和代理公使杉村濬分别拜访袁世凯，他们成功地让后者相信日本不会大动干戈。袁之前就盲目地感觉日本没有出兵之意，如今继续这种误判。6月3日，他不仅电告国内，日本人即使派少数兵力来保护公使馆也不足为惧，[23] 第二天还把朝鲜邀请清军的消息告诉了杉村濬。[24] 这很大程度上导致了双方做出不同选择：本不想扩大对抗的李鸿章放松警惕，日方却再次抢得先手，于6月5日成立参谋本部战时大本营。当李鸿章6月7日电告驻日公使汪凤藻，把中国出兵的消息按《中日天津条约》"知照"日本时，才发现为时已晚。李很恼火，也相当惊恐，但他此后的外交劝阻对手毫不理会。

袁世凯和汪凤藻认定日本政府、议会正陷入一场"内讧"，因此无暇处理朝鲜内乱，[25] 他们看不懂1890年之后"宪政"带给岛国的变化，更无法理解吵吵闹闹、互相制衡本是现代政治应有之义。日本国内确实正处于多事之秋，可这并非他们退缩的理由，而是恰恰相反。由于帝国议会通过了弹劾内阁案（5月31日），伊藤博文内阁在对外修约等问题上备受批评，现在正希望借助出兵朝鲜摆脱困境，而那些反政府力量比如民权派，"只要涉及外交或者军事问题，就都与福泽或山县的想法没有太大的区别"。[26]

6月初，众多新闻记者在东京、大阪等地集会，主张强硬外交，对华开战。实际上，自甲申政变以来，很多日本人一直愤愤不平，[27] 主战派更是摩拳擦掌。接下来的一个月，日本人苦于盘算如何把中国拖入战争。因为朝鲜内乱6月10日意外平息，政府与起义军缔结了《全州条约》，当这一天日本公使带着420名士兵进入汉城，发现那里相当平静，各国公使随后指责日军入城，大岛只好电告本土暂缓派兵，但后方大本营骑虎难下，执意增兵，理由很快被改为整顿朝鲜内政。[28] 6月17日，日方向中国驻日公使提出这一要求，第二天遭李鸿章拒绝。与此同时，日本军队仍络绎不绝地陆续抵达朝鲜，并编成一支混成旅团。至6月底，大约8000人集结于仁川、汉城一带。

不过仍有几个国际难题困扰日本。首先是确保俄国不阻挠，其次是英国人不干预，两个国家在华利益很大。6月30日、7月1日，俄、英两国先后电令驻日公使，"劝告"日中双方同时撤兵。陆奥宗光、伊藤博文直接拒绝了俄国人，对英国却相当忌惮，他们正急于和后者修约，不得罪英国是这届政府的外交原则之一，因此不得不做出让步。东京电令日本署理驻华公使小村寿太郎7月9日会晤庆亲王奕劻。[29]可惜李鸿章押错了赌注，他对俄国人寄予厚望，因此要求总理衙门对日强硬，坚持先撤兵再讨论朝鲜改革。双方互不相让，谈判随后停止，中方避免开战的最后机会就此消失。陆奥宗光闻讯大喜，到7月16日英、日完成修约，这之后英国不大可能站到日本对立面了。[30]

俄国人的口头威胁很快退却了，这一年沙皇亚历山大三世身患重病，不大可能加入东方战争。7月13日，俄方称，对日军出兵朝鲜的抗议到此为止。[31]至此，日本挑战远东国际格局的冒险成功迈过了两大障碍。

直到7月14日接到日方递交总理衙门的"第二次绝交书"，李鸿章才真正感到祸事临头，战争不可避免。前几天他仍忙于斡旋，指示6月9日率军抵达朝鲜的清军将领叶志超"静守勿动"。[32]李和汪凤藻一直保持电报往来，焦虑地等待对方带来和平消息。7月16日，失望的李鸿章终于给汪发去一份简短回复，第一次显示大举调兵赴朝的决心。[33]不过此时他仍没放弃谈判，以免在太后六十大寿之年打一场毫无把握的战争。通过盛宣怀和英文秘书罗丰禄，[34]李鸿章继续向对手释放妥协信号，并打算派遣罗为秘密特使到东京面见伊藤博文。然而"这种越过皇帝、军机处和总理衙门，擅自开展的外交活动"，没有得到结果。[35]

三

7月17日，日本大本营召开御前会议，决议开战。7月19日，日本西海舰队、常备舰队改组为联合舰队，海军中将伊东祐亨担任司令官。此前，主战派核心人物、海军中将桦山资纪接任海军军舰队令部长。[36] 当天，日本请英国转达最后备忘录，限中方5日内答复。日本海军从外相陆奥宗光那里得到确认：7月24日后遇到清军即可开战。眼见东亚战火将起，英国政府试图再次调停，不过日方看出后者没有武装干涉意愿，当英国驻日临时代理公使巴柴特（Paget）7月23日提出开战需保持上海中立时，伊藤博文等人终于知道，并不存在他们担心的所谓"英清密约"，[37] 因此彻底放了心。

与此同时，大鸟公使7月19日、20日向朝鲜政府发出强硬照会，要求公开声明断绝中、朝宗属国关系，并下令让清军撤回中国。这份最后通牒规定朝方最迟7月22日答复。时间一到，日军立即行动，于7月23日凌晨攻占朝鲜王宫（景福宫）。

7月23日的战斗看起来是一次小规模冲突，因为仅有三个步兵中队和一个工兵小队参战，[38] 但这次行动却改变了历史。朝鲜国王李熙被迫下诏，将权力转给父亲大院君，后者立即和日本人站到一起。惹下大祸后，袁世凯近来一直称病请求回国，7月19日，他终于仓皇离开汉城，结束了12年的朝鲜风光生涯。[39]

几天后，日本以朝鲜政府名义通知中国领事馆代办唐绍仪：废除朝中两国所有条约，日军获得"邀请"驱逐清军。几乎与此同时，一场海战意外爆发。7月25日早晨，护送增援士兵的"济远""广乙"

号返航至丰岛海面时,遭遇联合舰队3艘主力舰。7点52分,日舰率先开炮,双方交火仅十几分钟,"广乙"便中弹失去战斗力(后搁浅自毁)。一个多小时后,"济远"打着白旗逃跑,最后靠升起日本旗迷惑对手逃过一劫。日舰"吉野"号追击它时,遇上了搭载1116名清军的"高升"号和小型炮舰"操江"号,前者为英籍商船,后者装着送给牙山的20万两饷银、3000支步枪和20门火炮。结果"操江"号被俘,"高升"号拒不投降,与日军对峙到下午被"浪速"号击沉,日军只救走外籍人员,船上清军871人殉国,241人被途经的法、德、英三国军舰救出。[40]

"高升"号事件立即引起一次国际法讨论,[41]但未能把大英帝国拖入战争,后者最终承认了日方战争时间表,认为击沉载有敌人的船只在其权利范围之内。

8月1日,中、日正式宣战,停在塘沽的英籍"重庆"号上的日本侨民,因"高升"号事件被民众围殴,英国公使抗议后,大沽口炮台以鸣炮21响道歉告终。8月7日,英国率先宣布中立,其他国家相继效仿。为确保贸易利益,英国获得上海不在军事范围行动内的保证。英国海军得到命令,随时准备对抗日军来犯,这看起来并非毫无可能,因为日本人很清楚上海对清军的重要性,那里是李鸿章的军事生产基地,后者一手打造的淮军和北洋海军几乎是战争爆发时中国唯一开动起来的战争机器。

李鸿章迟迟不愿卷入战争,担心苦心经营的海军毁于一旦。8月初,京城文官们指责丁汝昌畏战,李却直言北洋海军不能"轻于一掷",必须格外慎重。[42]不过他电催丁汝昌"放胆出力",指责几位海军将领最近的糟糕表现。李鸿章深知,与日本接战固然危险,但箭在弦上不得不发，再拖下去两人都可能大祸临头。[43] 8月26日，丁汝昌被革职，李力保他戴罪立功。很快，一场海上遭遇战不期而至。

9月17日，联合舰队司令伊东祐亨指挥12艘军舰到达黄海大东沟，遭遇运兵返航的10艘北洋海军军舰。[44] 世界历史上第一次蒸汽机舰队海战随即爆发。按照日方战前构想，一旦海军失败，日本陆军将全部撤回本土，因此这次对决将影响整个战争走向。

表面上看，日军主力舰处于劣势，旗舰"松岛"号仅为4300吨，北洋"定远""镇远"则重达7335吨，装甲厚度达14寸。但联合舰队平均航速更快，第一时间投入作战的日舰配有每分钟发射10—12枚炮弹的速射炮67门，北洋舰队则几乎没有新式速射炮，[45] 旧炮一分钟只能发射一枚。不仅如此，双方的弹药效能也相差甚远，中方的克虏伯实心弹很多没有填充火药，主要通过动能打击，命中后不会产生爆炸效果，[46] 丰岛海战"吉野"被"济远"击中即因此躲过一劫。可以说，双方舰队海战未开，胜负天平已倒向日方。

更糟糕的是，"定远"舰第一发炮弹没有击中对手，舰桥却被震塌，丁汝昌跌落负伤。随后信号装置亦被击毁，北洋舰队因此从一开始便失去统一指挥（战前没有指定代理旗舰）。双方从中午12点50分激战至黄昏，场面看起来一度势均力敌，中方实则陷入各自为战的惊乱，5个小时的交火快结束时，"靖远"号管带叶祖圭才代升旗统一收队。这时"致远""经远""超勇""扬威"4舰沉没，"致远""经远"管带邓世昌、林永升阵亡。日方几艘军舰受损严重，但无一沉没。这很大程度上是因为对手进攻低效所致。

不过北洋海军失去指挥后舰队并未崩溃，而且重创了旗舰"松岛"号在内的数艘敌舰，显示了基本军事素养。一些将领和士兵相当勇敢，其中"致远"舰最为突出,它在向敌舰冲锋时被大口径火炮击中后沉没。不过总体而言,军官们手忙脚乱,让战斗力大打折扣,英国人琅威理走后这支舰队实际上一直指挥乏人。[47]日常训练的松懈让舰队在黄海上付出代价。日舰"西京丸"的遭遇也许最能说明问题,它由商船改造而来,高大迟缓,经过"定远"舰时后者4击都未能将其击沉(打中2发),北洋"福龙"号继而连发3枚鱼雷攻击,却无一命中,最后一枚双方仅距40米。

联合舰队此战胜利感也不大,它们损失较小,但未能击沉"定远""镇远",没有完成"聚歼"计划。黄海之战刚一结束,外界无法立刻判断战况,一时众说纷纭。李鸿章上报北京,将大东沟海战描述成一场以少敌多的胜利,称若不是"济远""广甲"逃跑,必可大获全胜。[48]不过中外观察家没有想到,"获胜"的中国海军此后不复敢战,几乎完全放弃了制海权。实际上,保守和犹豫从一开始就困扰着这支舰队,它比实际战斗更加致命。

四

黄海之战一周后,赫德批评路透社刊发的一篇评论把丁汝昌说得太好了。丁"是一个出色的好老头,但他既不是个军人,也不是海员"![49]赫德担心日本人很快将长驱直入,决定把妇女儿童先送走。尽管直到此时他仍对外宣称,长期作战对日本不利。

赫德曾帮助清政府从欧洲购买过8艘军舰,到1894年,中国海军的总吨位和配备装甲舰数量皆高于日本，这导致很多官员盲目乐观。开战前赫德不无忧虑地发现，"如今在一千个中国人中有九百九十九人肯定大中国可以打垮小日本"。[50]他警告说，中国陆海军没有想象中的实力，这一点根本不需要去前线便可以体会。这场不期而遇的亚洲战争让大清总税务司心情矛盾，他必须全力帮助中国，但承认"日本在最近30年内的进展是值得称颂的，他们在朝鲜所推行的改革也引起我们的同情和希望"，而且他很担心，要是中国胜利了，"也许倒会把进步推迟好几个世纪"。中国如被日本击败，"倒可以把进步的车轮从泥辙里拔出来，摆脱束缚，向好的方向发展"，[51]8月26日赫德写道。当天，他前往总理衙门途中看到一批大炮陷入泥辙无人过问。

9月15日，包围平壤的日军发起总攻，13000名清军与对手苦战一天，左宝贵战死于北城牡丹台要塞，马玉昆率部在南线阻击，防御之顽强出乎日军意料。不料主帅叶志超却决定当晚弃城。直隶提督叶志超系淮军出身，一直得到合肥同乡李鸿章的倚重。6月，他率军进入朝鲜后驻守公州，不久败退平壤，却凭借谎报胜利成为北京城里的英雄，[52]8月26日被任命为四支入朝淮军的总指挥。[53]9月15日夜里，叶志超放弃平壤率军撤退，沿途遭日军截杀，混乱的逃离导致战局全面失控。这一天从天亮开始后的24小时战斗里，日军死亡186人，清兵死亡达2000人，与其说日军凭借实力取胜，不如说靠对手"欠缺"所致。[54]

清军一路溃退渡过鸭绿江，9月30日全部撤出朝鲜国境，战火由此烧到中国本土，并以令人瞠目结舌的速度蔓延。

对李鸿章的攻击纷至沓来。9月29日，清流派拥护的恭亲王奕诉第三次出山,主管海军和总理衙门。对李的声讨在 10 月达到高潮。10 月 7 日,翰林院 35 人联合递交了《请罪李鸿章公折》,新科状元张謇单独上折,写得最触目惊心。[55] 张与翁同龢关系密切,很可能通过后者进一步影响了主战派的决心。[56] 他对战胜日本抱有信心,宣战后留在京城协助翁氏。[57] 作为淮军前幕僚,张謇的朝鲜经验在文人精英里非常难得。不过和多数士大夫一样,他并不清楚中日差距此时已非技术指标。战事一开,张謇就不安地发现,对手已今非昔比。[58]

清流人士对李鸿章的指责并非公平,尽管后者过分依赖外交,举棋不定,而且要为提拔重用淮军将领丁汝昌、叶志超负责,他们的确难堪重任。不过洋务运动本是权力分散化的结果(也是其成功所在),李鸿章目前只能调动北洋系统,因此说"日清战争实际上成为日本和直隶省的战争",[59] 至少在开战初期并非夸张。

和海军相比,陆军军官表现得更糟糕,他们习惯于望风而逃,导致 9 月之后陆上战场节节败退,李鸿章痛斥淮军将领开战后遇敌即败、败即逃去,实为一大耻辱。[60] 10 月 24 日,日军从容登陆花园口;11 月 6 日,金州、大连湾相继失守。11 月 13 日,丁汝昌率领 6 艘军舰至旅顺增援,担心夜间遇袭转而开往威海,结果"镇远"进港时被预防敌人的水雷刮擦,受损严重,管带林泰曾忧愤自尽。

11 月 21 日,号称固若金汤的东方"君士坦丁堡"——旅顺被日军轻松拿下,北洋舰队失去了唯一的船坞和工厂,再也无法修复舰船,此役堪称平壤失守之后的第二次重大失败。叶志超、卫汝贵、东三省练兵大臣定安以及丁汝昌在 11 月相继被北京惩处,李鸿章在旅顺丢失后被革职留任,摘去顶戴。[61]

两湖、甘肃乃至新疆的军队纷纷奉命北上,以恭亲王为首的"督办军务处"11月2日宣告成立，统一指挥各路军队，这些士兵装备不一，新旧混杂。战前，北京没有建立日军参谋本部这样的新指挥系统，导致信息失灵与决策滞后。不过"督办军务处"不仅来得太迟了，而且从这时起恭亲王已把重心转到请外国公使调停上。实际上，慈禧10月就流露出停战妥协之意，但为翁同龢等人抵制。恭亲王奕䜣曾长期主管总理衙门，过去很擅长和洋人打交道，不过这次他的对手比西方人更难对付。日本预感到国际干涉不可避免，因此加紧扩大战果，攫取更多军事胜利，以此确保和谈到来时保持强势地位。

"从秋天开始，战事使我们越来越感到紧张。目前已经很明朗，大中国无法抵挡小日本，这让所有人都感到意外，在海外的外交代表和国内的内阁成员都是如此。"[62]福兰阁写道，这位未来的著名汉学家这时是德国使馆的一名翻译。清军退出朝鲜后爆发的一连串战斗令西方世界不安，这意味着日本并不满足于所谓朝鲜独立。

10月8日，英国人出面议和，以中国承认朝鲜独立并赔偿军费为条件，遭日本拒绝（10月23日），意大利类似的建议也未奏效，美、德两国则拒绝介入中日战事，法、俄虽有想法，却担心英国人主导这次调停，因此也加以婉拒。[63]

五

"市街都是高悬国旗，悬挂灯笼无异于节日。"龟井兹明出发不久便写道。当火车到"关之原"这个古战场，他看到夜色中"村童群集，竖起大旗高举灯笼,冒着倾盆大雨在站外高唱军歌"。[64]龟井兹明是一名随军摄影师,66家日本新闻机构派出从军记者,大约300名从军记者、插图画家、摄影师投入到甲午战争报道。[65]他们从中国发回的报道不仅要鼓舞国民,还要展示"文明之师"形象。一批外国战地记者被允许随军,其中包括纽约《世界报》的詹姆斯·克里尔曼、纽约《莱斯利图画周刊》兼《纽约先驱报》的A.B.德·盖维尔、伦敦《泰晤士报》的托马斯·科文。

岛国的战争热情一浪高过一浪,他们要打一场"文明"战争,赢得和西方人平起平坐的地位。古典诗歌学者佐佐木信纲这一年创作了《征伐支那之歌》,歌词反复强调日本如何帮助仍未开化的邻国。歌中"征伐"这个词曾被用在"桃太郎"的经典故事中,[66]它被赋予一种特殊意义,即用于"那些值得被镇压的食人魔或野蛮人"。[67]不过当日军9月24日越过鸭绿江踏上中国,他们自己却变成了野蛮人。

11月24日,龟井兹明在旅顺口郊外看到的埋尸现场,是这场战争最野蛮的一幕。比他早两天进城的日军法律顾问有贺长雄看到街上的情景惊呆了:"从市街北门入口到市中心的天后宫(祭祀保佑航海之神的庙宇)道路两侧的民房鳞次栉比,房里屋外全都是尸体。特别是胡同小巷,不踏踩积尸,就难以通行。"[68]一批日本随军记者也记录了相似惨景。[69]

"在我面前,正演着一幕最惨痛的悲剧,"美国货轮"哥伦布"号海员艾伦此时正困于旅顺口,他目睹了杀戮,"湖边立满了日本兵,正驱着大群的难民下水,四方对准了开枪,更用枪杆把爬出来的人打下去。湖面浮满了死尸。湖水已成了红色。"[70]

很快有人站出来披露这场屠杀。令世界震惊的一则消息来自美国

人克利尔曼,以下文字刊发于《世界报》(12月12日),这是普利策旗下一份以东亚新闻著称的报纸:

"日军于11月21日进入旅顺,残酷地屠杀了几乎全部居民。无自卫能力和赤手空拳的居民在其家中被屠杀,他们的躯体被残害之状无法形容。这种肆无忌惮的凶杀持续了3天。整个城市在骇人听闻的暴行中被劫掠。这是日本文明的最大污点(the first stain),日本人在这一事件中重回野蛮。把暴行看作事出有因的一切借口都是虚伪的。文明世界将会被屠杀详情震惊。外国记者为这种场面所惊骇,集体离开了(日本)军队。"[71]

尽管此前已有这方面的消息,比如第一个提出"屠杀"的《泰晤士报》(11月26日、12月3日)。《世界报》(该报还为此配上了一位画家的屠杀速写)立即引发了谴责声浪,美国人因此考虑拒绝对日修约。日本舆论愤愤不平,很快加以反击,《时事新报》《日本报》纷纷为旅顺事件辩护。陆奥宗光等人很快意识到,此事不应正当化,而是要向欧美世界加以澄清和否认。除了否认遇难者规模,辩解的理由集中在以下两点:一、清军的残忍激发了士兵群体愤怒,[72] 二、清军偷换平民服装继续抵抗。日本政府散发了辩解申明材料,分别刊发于《泰晤士报》(12月15日)和《世界报》(12月17日)。

此后,《纽约先驱报》记者盖维尔在《纽约时报》发表了一篇文章:《日本人受到不公正指责》(12月30日)。"让我再一次重复我已经说过的话,日本的所作所为,没有任何事情使人们有理由说它丧失了进入文明国家大家庭的权利,这次战争仍然是一场文明反对野蛮的战斗。"[73] 盖维尔以亲日闻名,很多人认为这是他和克利尔曼在战场上受到不同待遇的结果。不过此文却说出了一个事实:日本人标榜的"文明""野蛮"之争已为欧美舆论认可,尽管旅顺让他们文明的外衣差点脱落,日本官方组织的"西方新闻操作框架"却取得了成功。[74]

对待战俘的人道主义成为展示文明的另一种方式,355名清军俘虏在旅顺陷落后被送往东京,战俘接受治疗的几张图片由日本政府发放给欧美报刊,广为流传。照片里红十字医院条件良好,非常现代。[75]对普通中国民众来说,1894年是他们第一次看到"红十字会"一词。[76]日本早在1886年就加入了《国际红十字公约》,陆军省战前按国际法公布了《战争俘虏处理规则》。丁韪良称赞日方为失去胳膊或腿的中国俘虏安装软木假肢,批评中国"不希望它的伤兵得救"。二者一对照,"日本人在这次战争中的做法为他们赢得了高度文明的声誉"。[77]

六

尽管出现了一些批评日本的声音,却改变不了清王朝在西方人眼里的野蛮,北京城里继续上演的庆典可能正好说明了这一点。民众遭受的痛苦抵不上皇太后的脸面,隆重的礼服之下,掩盖着最高统治者麻木不仁的冷漠。"清朝皇帝在战争最关键的阶段颁发谕旨,呼吁满洲的百姓起来反抗侵略者,这不是因为侵入其国土的来犯者使其男子汉气概和颜面受辱,不是因为自己的家园受到威胁,也不是因为自己可能会沦为外邦的奴隶,而是因为皇帝先辈们的坟墓在奉天,坟地有被亵渎的危险。"[78]披露旅顺暴行的克利尔曼不得不承认。

9月16日,阴历八月十五,战火烧向中国边境之际,慈禧升座慈宁宫，接受包括朝鲜使臣在内的进表行礼，隆重的徽号典礼同时举行，从此在皇家正式文书里她被称为"慈禧端佑康颐昭豫庄诚寿恭钦献崇熙皇太后"。为确保万无一失，仪式两天前由官员们在慈宁门预演了一次。11月7日，生日庆典终于到来，此时大连刚刚沦陷，慈禧的恩赏并没必要因为国家陷入灾难而减少。[79] 紫禁城内，典礼依然隆重而烦冗，前后9天的寿庆分5次完成，群宴和戏曲表演营造出一股诡异的喜气气氛。皇太后"九五之尊"如旧，朝鲜使臣受赏、朝鲜王妃被赐缎匹，北京似乎与连续失败的战场暂时失去了联系。

11月11日，传教士制作的特别版《圣经》由英、美驻华公使送交总理衙门，它和维多利亚女王的寿礼刚好同一天到达。尽管战场上的坏消息搅得太后心神不宁，她仍赐给参加集资制作的200名妇女每人黑绸一匹、手帕一块。[80]

"现在，我们认识大清国的时刻已经到来了。"《伦敦每日新闻》12月13日发自天津的一则评论写道，各国商人和政府因经济利益对清国的态度，"成了这个国家的人们夜郎自大的感觉，并且还让这种感觉持续不断地发展下去。"[81] "国家视其民为奴隶"，因此民众不关心也不允许关注主人的事。梁启超后来总结说，这才是甲午战争暴露出的中国大患。[82]

1894年岁末，这个一直过得过于稳定的古老国家忽然变得前途未卜。希望战争尽快结束的赫德日益不安。北京"朔风怒号，大地冻僵"，冷得"我几乎握不住笔"，12月16日他给伦敦亲信金登干写道："这封信由陆路的信使带去，要到2月中旬才能送到你手里，到那时，不知我们又会处于什么样的境地"。[83]

就在同一天，他最能干的部下之一，天津税务司德璀琳抵达神户,[84] 他带着李鸿章的照会和给伊藤博文的一封私信,代表清廷讲和。出发前官方临时赐给德璀琳"头品顶戴"以资壮行,日本人却并不认可一个西方人代表交战国。伊藤博文断然拒绝会见他,后者逗留东瀛3天,被北京无奈召回。不过此行也并非毫无意义,作为讨价还价的试探者,中国方面至少能感觉到,日本人的胃口这次可能相当大。

事实如此,伊藤博文12月4日向大本营做了攻打威海卫、攻占台湾的长篇意见书。几天前,急于发起直隶战役攻占北京的第一军司令官山县有朋被大本营下令召回(11月29日),伊藤博文不希望北京政府垮塌,从而失去攫取利益的谈判对手,他努力控制战争节奏,为即将到来的和谈创造最佳时机。[85]

北京城里异常不安,一位名叫安维峻的御史12月28日上书请求杀掉李鸿章,并对太后出言不恭,慈禧几天后召见张荫桓时谈及此事,"垂泪不止"。[86]张和湖南巡抚邵友濂12月20日被任命为全权和谈代表。1895年1月26日,农历春节大年初一,两人率团离开上海向广岛而去。气势汹汹的日军此时已在山东荣成湾登陆。

注释

1 世铎(1843—1914),爱新觉罗氏,1850年袭礼亲王,1884年入值军机处,1885年出任领班军机大臣。1901年任宗人府宗令,1911年任弼德院顾问大臣。
2 湖广总督张之洞随后只好跟进,也筹集3万两。这样尚未进入甲午年,湖北方面已两次花了一共73600两。(茅海建:《张之洞的别敬、礼物与贡品》,《中华文史论丛》2012年第2期)。
3 《开平矿务局报效庆典折》《轮船招商局报效庆典折》,均为光绪二十年正月十九日(2月24日),《李鸿章全集》(15),第296—297页。

4　此外，臣工摊派的报效银两，"宗室王公、京内各衙门、各省督抚将军等文武官员，报效庆典需银（由官员俸廉银中按二成五厘扣缴）一百二十一万四千一百余两，报效工需（点景）银共一百七十六万七千四百两，两款共计达二百九十八万一千五百余两"。以上见李鹏年：《一人庆寿，举国遭殃——略述慈禧"六旬庆典"》，《故宫博物院院刊》1984 年第 3 期。

5　颐和园工程经费约为 8145148 两，出自海军衙门经费 7375148 两、总理衙门经费 770000 两。除本为颐和园工程而筹的"海军巨款"息银 321183 两外，属于"挪用"性质的海军衙门经费数额约 7053965 两，"挪用"的海防专款数额不会超过 668265 两。参阅陈先松：《修建颐和园挪用"海防经费"史料解读》，《历史研究》2013 年第 2 期。关于颐和园工程挪用海军军费问题一直争议，这方面的不同研究如罗尔纲、邹兆琦、廖宗麟、戚其章等。可参阅颜军：《颐和园史事研究综述》，黄兴涛、阚红柳主编：《清代皇家园林研究》第 1 辑，北京联合出版公司，2019 年，第 189—194 页。

6　计划购炮 21 尊，共计 613040 余两。先为"镇远""定远"两舰增添克虏伯快炮 12 尊，共估需库平银 354000 余两。《海军拟购新式快炮折》，光绪二十年二月二十五日（3 月 31 日），《李鸿章全集》(15)，第 304 页。

7　"西洋各国以舟师纵横海上，船式日异月新，臣鸿章此次在烟台、大连湾亲诣英法俄各铁舰详加察看，规制均极精坚，而英尤胜。即日本蕞尔小邦，犹能节省经费，岁添巨舰。中国自十四年北洋海军开办以来，迄今未添一船，仅能就现有二十馀艘勤加训练，窃虑后难为继。"《校阅海军竣事折》，光绪二十年四月二十五日（5 月 29 日），《李鸿章全集》(15)，第 335 页。

8　"他无疑已是一位老者的相貌，奶黄色的脸上皱纹不多，稀疏的胡子已经灰白。他的眼睛是黑色的，明亮而有穿透力，眼皮是明显的杏仁形。他的颧骨和额头很高，两颊红润。"《与清朝伟大政治家的对话》，作者弗兰克·卡彭特，刊于美国《呼声晨报》(*THE MORNING CALL*)，1894 年 7 月 1 日。访谈内容见赵省伟主编，许媚媚、王猛、邱丽媛译：《海外史料看李鸿章》，广东人民出版社，2019 年，第 66 页。

9　《亲历晚清四十五年：李提摩太在华回忆录》，第 204 页。李提摩太负责把献词译成中文，其中充满了对清廷宗教宽容政策的赞美，称"在陛下所制定的那么多公正的法律之中，有一条并不是无足轻重的，就是像保护那些信仰其他宗教的臣民那样，保护您的基督教臣民。因此，我们，遍及您的帝国各个省份的数千女基督教徒，尽管大部分都非常贫穷，恭逢您六十大寿吉庆盛典，不能不表达我们的忠心和敬仰。故在此奉上《新约圣经》一部"。(第 205 页）

10　（德）费拉尔：《费拉尔手稿——清代邮政、邮票、明信片备忘录》，人民邮电出版社，1991 年，第 38 页。

11 全套共9枚，6枚小幅、3枚大幅。图案均采用象征多福多寿、吉祥如意的中国传统纹饰做图样。图案分别为：五福捧寿（1分银），腾龙戏珠（2、3、4、6分银），鲤鱼跃水（5分银），五福捧寿、双龙跃立（9分银），双龙跃立、"大清邮政"篆文（12分银）和一帆风顺（2钱4分银）。除主图外，另用牡丹、灵芝、万年青、蟠桃、绣球花等作为点缀装饰。（上海历史博物馆编：《缩微的历史：上海市历史博物馆藏近代珍邮》，上海交通大学出版社，2015年，第21页）这也是中国第一套知道设计者的邮票，设计者为海关造册处德籍职员费拉尔。1896年8月15日，费拉尔在上海写了一份《大清邮政邮票和明信片呈海关总税务司备忘录》，记载了中国早期邮票特别是万寿和蟠龙两套邮票的设计印制过程，并附有海关邮政有关邮票往来文书的抄件，后人称为《费拉尔手稿》。

12 八卦图出现在3分银和6分银邮票上，但八卦图案不仅方位、顺序排列有误，而且震、坎、坤、艮的卦象重复或丢失，有的变成了六卦。此外12分银票中央的篆体"大清邮政"，"清"字的三点水旁多出一点，而"邮"字左下写成了"日"。《中国邮票史》编审委员会编：《中国邮票史》第1卷（1878—1896），商务印书馆，1999年，第236页。

13 除了定期的"冬至使"，只有清朝与朝鲜发生重大外交事件时朝方才向清朝派遣使臣，称为"别行"。别行主要有进贺使、问安使、陈慰使、进香使、陈奏使、奏请使、告讣使、谢恩使等。1894年使团八月初六（9月5日）才抵达山海关，关于朝鲜使团与清廷的互动以及1894年使团行程，详见（韩）孙成旭：《19世纪朝鲜赴京使行考》，《东北史地》2014年第4期。

14 林明德：《李鸿章对朝鲜的宗藩政策：1882—1894年》，刘广京、朱昌峻编：《李鸿章评传：中国近代化的起始》，第190—191页。

15 对金玉均的谋杀自1886年已经启动，中国驻日公使方面，"李经方多次劝诱金玉均实施中国之行，大大强化了金另找靠山的愿望；汪凤藻则为金氏提供了前赴上海所必需的随行人员。他们二人的相关工作，自然也在刺金成功中占有重要地位"。张兆敏：《晚清驻日公使的对日认识及外交实践（1877—1894）》，新华出版社，2018年，第168页。

16 朴泳孝（1861—1939），开化党主要首领之一，朝鲜国王哲宗的驸马，1882年壬午兵变后被派赴日本谢罪。1884年参与发动甲申政变，失败后逃亡日本。1894年，在金玉均遇刺前后，另一位凶手李逸植持朝鲜谕旨刺杀朴泳孝。日本警察接到报后将李逮捕，后者供出在上海行刺的同伙洪钟宇。

17 "叛党金玉均尸体及凶手洪，本月十二日由中国炮舰运到济物浦，引渡给朝鲜当局。尸体即刻送到京城，施以割裂后，部分尸肉传示各处——戮尸系在十四日晚间施行的。""美国外交文件"第八号，美国使馆发自1894年4月17日，中国史学会主编，中国近代史资料丛刊《中日战争》（7），新知识出版社，1956年，第427页。
18　1894年6月他被官廷授予官职，此后担任过地方裁判所长官和济州岛长官。
19　日本近代鼓吹国家主义的社团，成立于1881年，意指渡海向大陆扩张。玄洋社在甲申政变后走向激进，此后孕育了黑龙会、浪人会等多个右翼团体。
20　参阅王芸生编著：《六十年来中国与日本》第2卷，生活·读书·新知三联书店，1980年，第14页。
21　1860年，崔济愚创立"东学"对抗基督教，它糅合了儒释道和朝鲜本土宗教，后遭镇压。1893年朝鲜发生灾荒后，1894年2月爆发农民起义，起义和东学教团结合。朝鲜南部、中部农民和城市贫民纷起响应，领导者为全奉准，起义军以古阜郡的白山为根据地，攻占了全州至公州以南地区。
22　详细过程见宗泽亚：《清日战争》，世界图书出版公司，2012年，第7—8页。
23　6月3日（四月三十日）袁世凯称，"杉与凯旧好，察其语意，重在商民，似无他意"。6月4日李鸿章在援引这份电报时，称自己与天津日本领事交谈后得出类似印象。"北洋大臣来电"（光绪二十年五月初一），见中国史学会主编：《中日战争》（2），第548页。
24　"六月二日，我把和袁氏的谈话概要电报回国。第二天，袁氏派其书记官蔡绍基通我，朝鲜已正式向清国提出请求派遣援兵，我当即向外务大臣拍发如下电报：'袁氏派其书记官通知我，昨夜朝鲜政府已就请求援兵一事发出公文。本官请该书记官转告袁氏：对于贵国出兵朝鲜，建议清国政府能根据《天津条约》履行适当的手续。据我推测，援兵可能有一千五百名左右，即将由威海卫派来。对此，我政府是否也要立即出兵。'"杉村濬：《明治二十七八年在韩苦心录》，戚其章主编，中国近代史资料丛刊续编：《中日战争》（第七册），中华书局，1996年，第4—5页。
25　日本外交大臣陆奥宗光1895年分析说，袁世凯、汪凤藻战前的错误报告，"不谋而合"。《蹇蹇录：甲午战争外交秘录》，第7页。
26　（日）加藤阳子著，章霖译：《日本人为何选择了战争》，浙江人民出版社，2019年，第86页。"明治维新后的日本新政权在诞生之初，就处于不平等条约束缚之下，所以在要求自由和民主这些理想以前，首先要恢复国家的主权，这种合理主义的观点浸透到了社会的各个层面。"（第86—87页）
27　日本曾试图挑战中国（唐、明），甚至想取而代之但没有成功。明治日本对华政策的展开实际是在日本获得了新的国家力量后这种意识的再次发动。中国推进洋务运动后，日本利用率先实行"文明开化"的成果，与中国展开竞争，希望在中国取得成功前实现自己的"中华"欲望。以上分析见李永晶：《分身：新日本论》，北京联合出版公司，2020年，第159—161页。
28　6月23日，陆奥宗光通过外务书记官发电给大岛称，"应以强硬态度劝告该政府，对朝鲜之行政、司法及财政制度施行实际有效之改革，以保证社绝日后之弊政"。并要求"此理由向各国公使宣布,以向世界表明,日本政府之措施最为合理"。中国近代史资料丛刊续编:《中日战争》(第九册),第38页。

29 (日)小村寿太郎(1855—1911),1875年赴美国哈佛大学就读。1880年归国后历任外务省书记官、翻译局次长、局长。1893年10月代理驻华公使。义和团运动后任日本驻华全权公使。1901年代表日本签订《辛丑条约》,后任日本外务大臣。奕劻(1836—1918)清宗室,1884年(光绪十年)任总理各国事务大臣。1894年因慈禧寿庆由郡王封为庆亲王。1900年与李鸿章一起与各国签订《辛丑条约》。此后担任外务部总理大臣,1903年任军机大臣,1907年兼管陆军部,1911年任皇族内阁总理大臣。

30 《日英通商航海条约》1894年7月16日在伦敦签订,次年生效,为期12年。全文22条(另有附属议定书5条)。该条约废除领事裁判权(五年后生效),日本提高了关税,双方互相开放内地,两国人民可在对方版图范围内自由旅行、居住及从事工商业,生命财产受到保护。

31 1894年7月10日,俄国外交大臣致电驻北京公使称:"我们可能要随时保卫我们的利益,但我们绝不愿意跟随中国与日本干涉今日朝鲜的混乱局面。必须认清:我们对日本所提建议的性质是友好的,可是很坚决地劝告日本,为避免冲突起见在军队撤离朝鲜问题上与中国达成协议。"张蓉初译:《红档杂志有关中国交涉史料选译》,生活·读书·新知三联书店,1957年,第34—35页。

32 李指示称,静守以免日方"时思挑衅"。《李鸿章全集》(24),第121页。叶志超(1838—1901),安徽合肥人,淮军将领,1889年升为直隶提督,1894年6月9日、10日率军1500人抵达朝鲜。

33 "倭现无可商。现筹派劲旅由韩北路进,相机妥办,各口严防。"《李鸿章全集》(24),第134页。

34 罗丰禄(1850—1901),福建闽县人,1867年入福州船政学堂,1877年入选第一届赴欧留学生。1878年调任驻德使馆翻译。回国后不久入李鸿章幕府从事外交翻译,后升为水师营务处道员、天津水师学堂会办。1896年充任出使英、意、比国大臣,1901年改为出使俄国大臣(未就任)。

35 可参阅《甲午海战及北洋海军的覆灭(1894—1895)》,姜鸣:《龙旗飘扬的舰队》(甲午增订版)第六章,北京三联书店,2014年。

36 伊东佑亨(1843—1914),1892年晋升海军中将,任常备舰队司令,1894年任联合舰队司令,甲午战后任海军军令部长。桦山资纪(1837—1922),1885年晋海军中将。1890年出任海军大臣,1894年任海军军令部长,甲午战争结束后升海军大将,赐伯爵,1895年任日本治下第一任台湾总督。

37 (日)藤村道生著,米庆余译:《日清战争》,上海译文出版社,1981年,第

81页。驻清公使欧格纳为阻止中日战争提出过英、俄联合武装示威,但英国首相主张不应该参与和其他国家联合进行的公开干涉,指出:"如果日本没有超出《天津条约》所给予它的权利,那么就没有对日本进行武装干涉的充分理由","这是不合时宜的。我们不能削弱在东亚的海洋上具有能够成为防范俄国屏障的伟大力量的强国(日本),不应该与之不和"。(第81页注释)另,英国时任首相为罗伯特·索尔兹伯里(Robert Salisbury),保守党领袖,1895—1902年任首相。

38 日本驻朝公使大鸟圭介于当日上午给日本外务大臣陆奥宗光发出了第一份电报,内容如下:"朝鲜政府对本公使电报中提出的第二项要求,做出了令人极不满意的答复。因此,不得不断然采取包围王宫的措施。本公使于7月23日晨实施了这项措施。朝鲜兵向日军开枪,双方互相射击。"(《日本外交文书》第二十七卷第一册,第四九号文书《因朝鲜国政府的答复令人不满而采取包围王宫措施的报告》,上述说法成为日方官方解释,不过另有证据显示这是一次有计划的行动,目的是帮助大院君夺权,日军取得把清军赶到朝鲜境外的委托,取得"开战的名义"。引自(日)中塚明著,于时化译:《还历史的本来面目:日清战争是怎样发生的》,天津古籍出版社,2004年,第9—20页。大鸟圭介(1832—1911),1889—1893年任日本驻华公使,1894年任驻朝鲜公使。

39 1909年袁世凯下野后,梁启超评价说"甲午战祸,全由彼所酿成。当时东学党之乱,本由彼煽动,煽动之后即求出兵剿之。而光绪十一年《天津条约》有中国出兵日本亦出兵之语,彼全然不记,徒欲借此以成一己之功名,以此搅乱东亚平和,酿出弥天巨祸"。《致肃王书》,丁文江、赵丰田编:《梁启超年谱长编》,上海人民出版社,1983年,第478页。

40 "高升"号沉没后,法舰"利安门"号从桅杆上救出42人,德舰"伊力达斯"号运回112人,英舰"播布斯"号运回87人。另有2名被日军俘获、2名逃生汉城,此外还有5名英国人、1名舵工、56名船员遇难。戚其章:《甲午战争史》,上海人民出版社,2014年,第61—62页。

41 失去3艘军舰护卫后"高升"号与日舰对峙大约4个小时,"高升"号船长认为该船出港于7月25日之前,不在日本政府通牒期限之内,并拒绝非战斗船员离船,之后发生哗变。日方事后称第三国船只处于劫持状态,认定中日战争已经开始。(围绕"高升"号事件的各种争议见《清日战争》第326—339页以及《中华帝国对外关系史(第三卷):一八九四——一九一一被制服时期》,第26—27页)

42 "西人金谓我军只八舰为可用,北洋千里全资屏蔽,实未敢轻于一掷,致近畿门户洞开。牙山军覆,何堪海军复被摧折,臣与丁汝昌不敢不加意慎重。局外责备,恐未深知局中苦心。"《寄译署》,七月初五(8月5日),《李鸿

第四章　1894年

章全集》(24)，第206页。
43 "如林泰曾前在仁川畏日遁走；方伯谦牙山之役敌炮开时躲入舱内，仅大、二副在天桥上站立，请令开炮尚迟不发，此间中西人传为笑谈，流言布满都下。汝一味颟顸袒庇，不加觉察，不肯纠参，祸将不测，吾为汝危之。"《寄丁提督》，七月初六日（8月6日），《李鸿章全集》(24)，第207页。
44 北洋舰队刚开战时只有10艘，开战后"平远""广乙"2舰及2艘鱼雷艇赶来增援，参加这次海战的共14艘。因此在统计上，中方有10艘或14艘军舰的不同说法。
45 参加这次海战的日本联合舰队8艘主力舰，6艘共配备阿姆斯特朗12公分速射炮59门，15公分速射炮8门。1895年伊东佑亨在一次报告中称，"因为松岛是领头舰，首先被敌人发现，以事先装好的炮弹一齐打来。而居其后的千代田为什么连负伤都没有呢？因为第二艘通过时，对方没有速射炮，即使发现日本军舰也不能连续射击，所以第二艘、第三艘都中弹很少"。《伊东海军中将关于黄海海战的演说》（明治二十八年六月三十日在保险会上的演说记录），中国近代史资料丛刊续编：《中日战争》（第七册），第231页。
46 中方第一时间投入作战的10艘主力军舰共装备100毫米以上口径火炮44门，其中射速缓慢的旧式炮共40门，仅有"广甲"舰装备的4门105毫米克虏伯炮可能是新式速射炮。日舰第一时间投入作战的10艘主力舰（非战斗序列的"赤城""西京丸"不计在内），共装备100毫米以上口径火炮101门，其中旧式炮31门，新式速射炮70门。（双方火炮配置和弹药效能分析，参见陈悦：《中日甲午黄海大决战》，台海出版社，2019年，第203—206页）
47 "北洋舰队的将领，提督不学无术，左、右翼总兵又一个胆小怯战，一个器小易盈，其次以下则只管一船一舰，或虽可造就，而不得施展机会，于是便形成虽有三十余只舰艇，总吨位四万六千余吨，和在东亚堪居一等的铁甲舰，却呈统帅无人的局面。"樊百川：《清季的洋务新政》，上海书店出版社，2003年，第1127页。
48 此役结束后李鸿章上奏称："臣查大东沟一战，我以十船当倭十二舰，倭舰虽不及定、镇两铁舰之精坚，而船快炮快实倍于我。我军奋力迎击，血战逾三时之久，为地球各国海战向来罕有之事。各将士效死用命，愈战愈奋，始终不懈，实属勇敢可嘉。此次接仗中外各将弁目击，攻沉倭船三艘，若非'济远''广甲'相继遁逃，牵乱船队，必可大获全胜。"《大东沟战状折》，《李鸿章全集》(15)，第449页）另："广甲"毁于海战次日，9月23日"济远"管带方伯谦被正法。
49 《赫德致金登干函》(1894年9月23日)，陈霞飞主编：《中国海关密档——赫德、金登干函电汇编1874—1907》第六卷，第124页。

50 《赫德致金登干函》(1894年7月27日),《中国海关密档——赫德、金登干函电汇编1874—1907》第六卷,第94页。
51 《赫德致金登干函》(1894年8月26日),《中国海关密档——赫德、金登干函电汇编1874—1907》第六卷,第108—109页。
52 8月1日翁同龢日记称:"发自奉天。知廿五、六牙军又捷,杀敌二千馀,进扎距汉城八十里,可喜也。"《翁同龢日记》(第五册),中华书局,1997年,第2714页。
53 四支淮军为:一、大同镇总兵卫汝贵6000余人,发自天津。二、提督马玉昆2000余人,发自旅顺。三、高州镇总兵左宝贵5000余人,发自奉天。四、盛京副都统丰升阿2000余人。
54 (日)藤村道生著,米庆余译:《日清战争》,第105—106页。
55 张謇日记九月四日(10月2日)称:"叔衡领衔合翰林院三十五人上请罪北洋公折。余单衔上推原祸始,防患将来,请去北洋折。均由掌院代奏。"《张謇全集》(8),上海辞书出版社,2012年,第384页。张謇单独上《推源祸始防患未来请去北洋折》。"以四朝元老,筹三省之海防,统胜兵精卒五十营,设机厂学堂六七处,历时二十年之久,用财数千万之多。一旦有事,但能漫为大言,胁制朝野;曾无一端立于可战之地,以善可和之局。稍有人理,能无痛心。"《呈翰林院掌院代奏劾大学士李鸿章疏》清光绪二十年九月初四日(10月2日),《张謇全集》(1),第14页。
56 "甲午之事,始于袁世凯,成于张季直,而主之者翁同龢也。李鸿章力言不可开衅,为举朝所呵。"刘景生:《世载堂杂忆》之"甲午一役中之八仙",中华书局,1997年。此外王闿运以及翁同龢门生王伯恭等人也强调张对翁的影响。
57 张謇与翁同龢及南派"清流"的关系可以追溯到19世纪70年代末年(详见《翁张交谊与晚清政局》,《章开沅文集》第2卷,华中师范大学出版社,2015年,第195—199页);张謇曾多次致翁同龢密函讨论军事、人事,不少建议被采用。谢俊美编著:《翁同龢年谱长编》(中),上海交通大学出版社,2018年,第1141页。
58 10月12日张翁见面,"晚张季直来,危言耸论,声泪交下矣。"《翁同龢日记》(第五册),第2738页。
59 (日)升昧准之辅著,董果良、郭洪茂译:《日本政治史》第2册,第290页。
60 11月27日李鸿章电令丁汝昌死守威海卫,败逃将被"正法"。电文痛称:"半载以来,淮将守台、守营者毫无布置,遇敌即败,败即逃去,实天下后世大耻辱事。"《寄威海丁提督戴道刘镇张镇》(十一月初一日)。《李鸿章全集》(25),第203页。
61 1894年11月2日,叶志超和卫汝贵被革职,叶被指"毫无布置"、"畏缩退却";统带盛军的宁夏镇总兵被指临敌退缩(次年1月被斩)。东三省练兵大臣定安 11 月 10 日被革职，暂留奉天以观后效，理由是平日训练不精导致临阵不得力。11 月 16 日，丁汝昌被革去尚书衔，摘去顶戴，戴罪图功，以观后效。旅顺失陷后李鸿章 11 月 24 日被革职留任，摘去顶戴。11 月 26 日，丁汝昌被革职，暂留海军。

62　"1888—1889、1894—1895：汉学家福兰阁回忆录中的北京"，（德）艾林波、巴兰德著，王维江、吕澍译：《德语文献中晚清的北京》，2012 年，福建教育出版社，第 306 页。福兰阁（Otto Franke）1886 年获得哲学博士学位，从 1888—1901 年，他流转在北京、天津、上海和厦门领事馆的翻译职位上。

63　这轮国际调停各国扮演的角色和过程，详见吉辰：《昂贵的和平：中日马关议和研究》，生活·读书·新知三联书店，2014 年，第 23—29 页。

64　（日）龟井兹明著，高永学等译：《血证：甲午战争亲历记》，中央民族大学出版社，1997 年，第 3 页。

65　清军方面也有少数外国记者参与，如香港《孖剌报》（Hong Kong Daily Press）战地通讯员肯宁咸（Afred Cunningham），他著有《水路华军战阵志》（The Chinese Soldier and other Sketches）；还有路透社记者史蒂文·哈特（Stephen Hart）。以上可参阅安平：《近代日本报界的政治动员（1600—1945）》第三章第一节"甲午战争和日俄战争时期：报界的政治动员"，广西师范大学出版社，2022 年。

66　"桃太郎"为日本民间故事人物，诞生于桃子，带着狗、猴子、山鸡讨伐鬼岛。《桃太郎》的故事自明治二十年（1887 年）起被收入日本小学国语课本，作为一年级语文教材使用直至 1945 年，成为全日本儿童无人不晓的"国民童话"。参见《桃太郎》，（日）芥川龙之介著，秦刚译：《竹林中》，人民文学出版社，2019 年，第 295 页注释。

67　（美）大贯惠美子著，石峰译：《神风特攻队、樱花与民族主义：日本历史上美学的军国主义化》，商务印书馆，2016 年，第 156 页。佐佐木信纲（1872—1963），日本诗人、文学家。其他出版的歌本书名包括《征清歌曲集》（1894 年出版）、《征清军歌集》（1894 年出版）、《讨清军歌》（1894 年出版）、《军舰唱歌》（1900 出版）、《陆军唱歌》（1900 出版）等。

68　（日）井上晴树著，朴龙根译：《旅顺大屠杀》，大连出版社，2001 年，第 130—131 页。有贺长雄（1860—1921），东京帝国大学毕业。曾任枢密院书记官。中日甲午战争时任日本第 2 军司令部法律顾问。1909 年起先后任东京帝国大学、早稻田大学国际法教授。1912 年任袁世凯法律顾问，出面支持袁复辟帝制，上述旅顺见闻来自他撰写的《日清战争国际法论》。

69　"22 日早起寒风凛冽，街市内被杀死的敌兵不计其数，大街小巷到处是堆积的死尸。有死在大街正中者、家屋内枪剑刺死者、双手紧握枪剑姿态倒在石阶上者、两眼直视不瞑目者……腥风惨淡的画面袭人，心冰骨寒。"

（《大阪每日新闻》，随军记者相岛勘次郎）；"旅顺市内已成尸山血河，野地里、山丘中、海面上，到处是死尸累累的惨相，旅顺口被杀死的人数远超过报纸上报道的数字。入城两日来，被杀死的敌兵尸体阻碍了街区道路，我士兵只能踏尸而行。"（《国民新闻》随军记者，笔名枕戈生）；"街巷死尸遍地狼藉，五六人或十数人倒在一起，发出袭人的血腥恶臭。此时此景泛起对爱新觉罗末世怜悯的念头，面对如此惨烈的修罗道场，余无法想象此乃我文明军队之所为。"（《东京日日新闻》。随军记者甲秀辅）。上述详细报道，见《清日战争》，第355—356页。

70 （英）艾伦著，费青、费孝通译：《在龙旗下：中日战争目击记》，上海人民出版社，2014年，第63页。甲午战争时艾伦因给清军运送军火而在旅顺目睹了屠杀，后将亲历写成 Under the Dragon Flag, My Experiences in the China-Japanese War，1898年在伦敦出版。

71 刘文明编：《西方人亲历和讲述的甲午战争》，浙江大学出版社，2015年，第6页。12月22日，《世界报》对旅顺大屠杀报道的反响作了摘录，提到《苏城论坛报》《林奇堡进步报》《费城呼声报》《费城时报》《圣路易斯邮讯报》《华盛顿明星报》等报刊刊载了大屠杀消息，还有一些讨论屠杀的读者来信，可见克利尔曼报道的影响。（第8页）

72 攻陷旅顺之前，龟井兹明11月18日记载称："被敌人夺走，多数左手被剥，阴茎被取走。也有割去鼻子，挖去眼珠子，剖开肚子在里面填满了砂子，其中最为悲惨的是某骑兵号手的尸身，头被砍掉，四肢被截，剖开胸部填上石块，亦绝其阴茎、割掉睾丸。其残忍酷虐，谁不眦裂扼腕愤慨。""见闻此情状者无不悲愤激昂，仇恨清兵之残忍；甚为怜悯我兵之惨死，从而产生不食此鼠贼之肉决不甘心之情，以至于我军士气大振。"（日）龟井兹明：《血证：甲午战争亲历记》，第133页。

73 "Japanese Accused Unjustly," *New York Times*, December 30, 1894。《西方人亲历和讲述的甲午战争》，前言第11页。

74 （日）大谷正撰写的《近代日本的对外宣传》一书第四章涉及关于旅顺大屠杀时对外活动，见旅顺日俄监狱旧址陈列馆编：《永矢不忘：旅顺大屠杀惨案》，吉林人民出版社，2002年，第203页。

75 "在这家为我们提供了全景图的红十字医院里，一些受伤的中国囚犯正在接受治疗。这家医院从名字到门面都是现代的。从无法否认其真实性的资料里，我们能够看出，这里一切貌似已按照当今医疗卫生的基本原则建设并安排好，这些原则包括微生物学里列出的那些。"《东京的战俘医院》（选译），1894年12月29日，《插图报》。（文字和载于该报的图片见万国报馆编著：《甲午：120年前的西方媒体观察》，生活·读书·新知三联书店，2014年，第322—324页）

76　1894年林乐知撰写的《中东之战关系地球全局说》（1894年11月《万国公报》），《申报》《论倭奴残暴》（1894年12月5日）均提及。

77　（美）丁韪良著，沈弘、恽文捷、郝田虎译：《花甲记忆》，第274页。作为一名传教士，丁韪良的好感部分来自明治维新后日本对基督教的宽容政策。

78　汪辉译，来源 James Creelman, *On the great Highway: The Wanderings and Adventures of A Special Correspondent*, Boston: Lothrop Publishing Company, 1901, pp.94-119.《西方人亲历和讲述的甲午战争》，第116页。

79　参阅沈渭滨：《细说甲午战争前后的慈禧》（上）（下），载《档案春秋》2014年第4、5期；翟金懿：《甲午年慈禧太后崇上徽号仪式》，《历史档案》2016年第2期。

80　《亲历晚清四十五年：李提摩太在华回忆录》，第206页。

81　"恐怕大家都知道，把大清国说成是被抑制了气息的睡兽；并且如果把她吵醒的话将会是非常危险的这种说法是多么流行；商人们担心它有可能节制一些财富和利益的来源，又是怎样地对它礼让三分；外面世界的列强们（除了日本和俄国）那阿谀奉承的态度又是怎样养成了这个国家的人们夜郎自大的感觉，并且还让这种感觉持续不断地发展下去。"《伦敦每日新闻》这篇述评1895年3月11日被《纽约时报》转载，题为《清国官场腐败危及人类道德》，《帝国的回忆——〈纽约时报〉晚清观察记》，第108页。

82　"唤起吾国民四千年之大梦，唤起吾国四千年之大梦，实自甲午一役始也。吾国之大患，由国家视其民为奴隶，积之既久，民之自视亦如奴隶焉。彼奴隶者苟抗颜而干预主人之家事，主人必艴然而怒，非摈斥则谴责耳。故奴隶于主人之事，罕有关心者，非其性然也，势使之然也。吾国之人视国事若于己无与焉，虽经国耻历国难，而漠然不以动其心者，非其性然也，势使然也。"《戊戌政变记》（附录一，"改革起原"），《梁启超全集》（第一集），第598页。

83　《赫德致金登干函》（1894年12月16日），《中国海关密档——赫德、金登干函电汇编1874—1907》第六卷，第196页。

84　德璀琳（Gustar Von Detring, 1842—1913），英籍德国人，1864年进入中国海关任四等帮办。1878年后长期担任天津海关税务司（22年），并任英租界工部局董事长（13年）。

85　《亲历晚清四十五年：李提摩太在华回忆录》，第219—221页。

86　任青、马忠文整理：《张荫桓日记》（下册），1895年1月5日，中华书局，2015年，第557—558页。张荫桓（1837—1900），广东南海人。1882年在总理衙门任职。1885年出使美国、西班牙、秘鲁三国。1890年回国任职总理衙门，后调任户部左侍郎。戊戌变法失败后被革职流放新疆，1900年被慈禧下令处死。

第五章

1895 年

《降服规约书》最终签字调印，日本联合舰队驶入刘公岛港湾接收炮台和军舰，"镇远""平远""济远""广丙"和6艘炮舰相继升起日本军旗//李鸿章仍花了5个小时在春帆楼里"斤斤计较"，希望凭借中国式谈判手段把2亿两减去5000万两或2000万两//战场上的节节胜利，却把日本的"文明"扭向一条奇特道路//《马关条约》最终支付超过了纸面数字，达3.9亿日元。如果算上从中国得到的现金及财物，总计合库平银3.4亿两，折合日金5.1亿元//《马关条约》签订这一年，几乎很少有中国人注意到无线电传输、X光诊断仪、电影放映机这些东西已经发明出来//7月19日，光绪要求北京和各地官员提交改革建议，把9个折子下发参考讨论，其中包括康有为、胡燏棻和陈炽的三份西化方案//这是革命者漫长失败中的第一次，这次行动夭折的很大原因来自内部

第五章 1895年

一

21000名清军分散部署在大约300里长的海岸线上，他们要面对先后登陆的34600名精锐日军。北京发出的求和信号没能阻挡日本人的新进攻，1895年1月20日，日军登陆荣成湾，当天轻松攻占县城，清军一触即溃，入侵者竟无一人伤亡。

山东半岛正经历着20年来最冷的一个冬天，严寒让装备不足的守军雪上加霜。"可怜的中国士兵备受煎熬。这些中国'兵勇'既无像样的大衣也无舒适的军装。如果在那件红蓝相间的俗气上衣里还有一件棉衣，下身还有一条棉裤的话，那就不错了。他们用来抵御敌人和寒冬的是'营地'。"一位当地西方人写道，中国士兵一旦撤出营地便一无所有了。"没人会去想他们的敌人到底是谁，或者他们在为什么而战。"[1]

负责威海陆上防务的山东巡抚李秉衡对战局缺乏正确评估，平均使用兵力，造成四处被动。清廷中央则"始终不愿改变重京畿轻山东的战略部署"，[2]认为日军登陆后很可能北上进逼北京，拒绝调遣京畿一带驻军南下。最后，北洋海军只能坚守待援。日军在几乎没遭遇抵抗的情况下，登陆5天内从容完成合围威海卫。1月23日，访问刘公岛的英国皇家海军远东舰队司令斐利曼特尔（E. Fremantle）转交了联合舰队司令的劝降信，但丁汝昌拒绝降敌，决心死战。

1月30日，日军发起总攻，威海卫南、北岸炮台3天内相继失守，北洋海军很快孤悬刘公岛，舰队和岸上陆军人心慌乱，投降求生的情绪迅速蔓延。联合舰队随后几天的进攻虽被击退，中方却已损失惨重，精锐几乎损失殆尽。至2月6日，"来远""威远"被击沉，旗舰"定远"遭水雷攻击丧失行动能力，2月9日自行炸沉，搁浅的"靖远"号当天也自毁。

2月11日，丁汝昌苦等援军无望，下令炸毁第二主力舰"镇远"，但无人听从。面对岛上万余军民的活命哀求，次日凌晨，丁汝昌吞服鸦片自杀。"定远"管带刘步蟾、"镇远"管带杨用霖、刘公岛陆军指挥张文宣在这几天相继自杀殉国。

"他不能训练他的下级军官，海军上的专门技术，海军官员的科学教育，他知道得很有限。但是谁都承认他是一个胸襟宽大的、诚正的、勇敢的人。"[3] 香港战地记者肯宁咸在丁汝昌死后评价说。《纽约时报》向几位自杀的军官表达尊敬："在四万万清国人中，至少有三个人认为世界上还有一些别的什么东西要比自己的生命更宝贵。这种表现难能可贵，也是清国人非常需要的。大清国官员一贯的行为准则就是：为了金钱可以出卖国家，同时保证自己不受伤害。"[4] 不过它提醒读者注意，中国不可能容忍战败，失败的统帅回去也要被砍头。果不其然，投降文书虽然保全了5124名海、陆军官兵性命，丁汝昌却没有得到北京原谅，他背负投降耻辱，十几年后才被官方恢复名誉。[5]

2月14日下午，威海卫营务处提调牛昶昞、"广丙"号管带程璧光前往日舰，与伊东祐亨签订《威海降约》，交出中国军官、洋员名册及陆军编制表，并告以担任武器、炮台、舰船委员姓名。这份降约共11项，其中第10项规定，为了向两天前自杀的丁汝昌致敬，运输其灵柩的"康济"号不在收降之列。[6] 2月17日,《降服规约书》最终签字调印,日本联合舰队驶入刘公岛港湾接收炮台和军舰,"镇远""平远""济远""广丙"和6艘炮舰相继升起日本军旗,只有"康济"号还飘荡着黄龙旗缓缓离开,驶向烟台。北洋海军至此全军覆没。登陆山东后,日军付出的代价仅为死131人,伤427人。[7]

10艘大小北洋船舰沦为战利品,"镇远"一个月后入列日军,成为其最大军舰。7月10日,它先后逗留长崎、广岛、神户,最后到达横滨(7月28日),受到岛国民众热烈欢迎。特别是7月10日抵达长崎时,那些对1886年"长崎事件"记忆犹新的日本人,无不兴奋无比。这艘军舰在日本举行了几次公众开放日,成为一个帝国衰败和另一个帝国崛起的标志。[8]

北洋舰队的缔造者李鸿章无暇悲痛,而且即将面对新的侮辱。清廷和谈代表张荫桓、邵友濂2月12日从广岛被迫回国,伊藤博文称两人难以代表中国,暗示只有恭亲王或李鸿章才能堪当此任。就在丁汝昌自杀那天,慈禧决定派遣李鸿章为全权大臣赴日谈判。

二

3月19日,李鸿章一行抵达下关,一场艰难的谈判之旅就此展开。东道主早有准备,指定伊藤博文熟悉的英语作为谈判语言,他们拒绝停战,以此添加筹码。李鸿章则以嬉笑怒骂掩盖失败者的难堪,并暗示中日联盟的可能。对手丝毫没有让步之意,尽管陆奥宗光承认,李氏"老奸巨猾反而很可爱，不愧为清国当世之一大人物"。[9]

直到3月24日，一次意外才让战火停了下来。李鸿章在结束与伊藤博文的第三次会谈后，当天下午返回旅馆途中突遇枪手袭击，刺杀者名叫小山丰太郎，他痛恨议和，原打算杀掉双方3位主要谈判代表中的任何一人，后来觉得让日本政治家去死有些可惜。[10]子弹击中李鸿章左颊，一时血流满面，好在没有性命之虞。[11]刺杀震惊全球，岛国上下陷入一片惊慌，天皇立遣医师前来，皇后也送来两名护士和御制绷带。各界团体代表或个人纷纷到李下榻之处拜访慰问，电信、信件、物品一时日夜不绝，"清国使臣旅居之处的门前竟有成为群众市场之感。"[12]目睹此番场景的陆奥宗光相当冷静，他明白，急于粉饰过失的热闹场面与其说是痛惜之情，倒不如说是担心刺杀引发列强非难。

3月30日，26岁的凶手被判无期徒刑。[13]当天，两国签订了为期三周的《中日停战协定》。不过当4月1日下午日方把和约底稿送给李鸿章，他遭到了比枪击更大的震撼。这份限4日答复的条约有两款最令人触目惊心：中国永远割让盛京省南部、台湾全岛及澎湖列岛，赔偿日本军费库平银3亿两。

草案条件之苛刻，远超李鸿章和清廷高层想象，但他们面对的是一个咄咄逼人的对手，而且可能很快兵临北京城下。更糟糕的是，留给中方讨价还价的余地不仅很少，而且还在对手掌握之中，因为日方破译了李和总理衙门的往来电报。

清廷高级官员为条约吵成一片，但口舌之快无法抵挡武力威胁。淮军自朝鲜一路败退后各地军队陆续北上，1895年1月，湘军老将刘坤一抵达山海关统一指挥。此时湘军、楚军、皖军、淮军、豫军6

万余人驻扎于关内外，气势颇大，但从1月到3月发起的一系列收复战、保卫战几乎全部失败，牛庄、营口等地先后失陷，清军从辽河东岸全线溃退。4月1日，日军攻占辽阳、鞍山。一周之前，南方的澎湖已被攻陷。

在下关，李鸿章4月9日全面修改了条约：减少割地范围，赔款降至1亿。面对越来越明显的国际干涉苗头，伊藤博文第二天在第四次会谈时同意让步，将3亿赔款减为2亿，割地让出辽阳。4月12日，李鸿章再次提出，割让台湾一半、减少赔款，伊藤博文这次拒绝再议，并为此发出战争威胁：10万日军即将从广岛前往大连湾、旅顺。[14]

为保全首都和"祖宗陵寝"，慈禧最终选择妥协，被迫接受对手扔过来的屈辱。一份代价巨大的"合约"于4月15日最终达成。这一天，李鸿章仍花了5个小时在春帆楼里"斤斤计较"，希望凭借中国式谈判手段把2亿两减去5000万两或2000万两。陆奥宗光觉得李几近哀求，不免有伤体面，但对他表示尊重。[15]这番最后的努力没有改变什么，留给双方第七次谈判的只是一个签字仪式。4月17日上午10时，两国签订《中日讲和条约》。[16]根据条约，中国将分八次支付战争赔款2亿两（库平银），割地的要求几乎全部满足，包括中方极不愿意的辽东半岛。[17]只有"讲和条约"的说法，为战败国保留了一点颜面。

李鸿章第二天立刻启程回国，到天津后派人将条约文本送至总理衙门，自己则请求告假20日。他心力交瘁，深知自己名字写进条约的命运。[18]险些丧命的李鸿章没有得到多少同情，反而引起更多官绅谴责。拒约、援台、批李很快成了知识精英1895年最热衷的话题。陈宝箴之子陈三立甚至提议杀了李鸿章。[19]不过上海的《万国公报》《申报》不同程度地为他辩护，两家报纸6月披露了马关和谈详情，[20]显示日本人的强横和中方的无奈。

"中国第一个现代战争却落在一个省级官吏的肩膀上，好像这不过是保卫他一省的边境似的，未免令人惊异"，这一切的根源"显然毛病在于君主帝制本身，在于它的行政虚有其表，它没有一个现代中央政府的机制"。[21] 现在清廷最棘手的，是如何在一片抗议声中为自己的耻辱找个体面的理由。很快，老天帮了忙。

北京所在顺直地区1894年夏秋遭遇洪涝，大雨从农历五月下旬断断续续下到七月底。[22] 与此同时，主战场奉天、山东也为水灾所困，一些地方甚至难以驻扎军队。灾害持续到1895年，当清廷为是否批准《马关条约》骑虎难下之际，4月28日，天津塘沽口外发生了一次大海啸，10营军队被海水冲溃，京津一带随后流传着所谓"海啸是天和"的说法。[23] 直隶总督王文韶夸大了这场灾难，对光绪影响不小。[24] 最后，紫禁城下定了决心，批准合约的理由找到了一个台阶："天心示警。"[25]

5月3日，沉重的国玺终于盖到条约之上。

三

5月8日，日本内阁书记官伊东巳代治，中国二品顶戴候选道伍廷芳、三品衔升用道联芳在烟台换约，《马关条约》由此正式生效。条约第一款规定朝鲜独立，并强调废除"朝贡"仪式："中国认明朝鲜国确为完全无缺之独立自主，故凡有亏损独立自主体制，即如该国向中国所修贡献典礼等，嗣后全行废绝。"[26]

"我们已经准备好了向世界开放朝鲜。"平壤清军败走后，大院君1894年9月接受美国记者采访时侃侃而谈，"这个国家不能再对外国人封锁了。然而这一变化太突然。朝鲜是个独特的国家。数千年来我们的人民坚守自己的传统。历代传统不能在一日之间抛弃。接受（surrender to）西方文明必须是渐进的。这就是古老亚洲的方式。"[27] 甲午年底日军镇压了朝鲜起义，拘留于日本公使馆的农民军首领全琫准拒绝合作，1895年4月被处死。

前往中国祝寿的朝鲜使团滞留北京8个月，清廷准备求和时他们搬出了朝鲜馆，住到吉祥、日升客栈。中、朝两国持续千年之久的宗藩关系就此画上句号。1895年5月25日，他们从天津乘坐"镇海"号回到仁川，三千里江山物是人非，国运转变之快，几近夸张。

这一切令无数中国精英目瞪口呆，战争爆发时他们并不清楚对手这些年发生了多大变化，高呼直捣日本本土者不在少数，很多人希望击败对手，重树大国之威。失去琉球、安南后，唯有朝鲜一直支撑着帝国脸面，中方宣战谕旨第一条便是"朝鲜为我大清国藩属二百余年"。在无数士大夫眼里，甲午战争无非是强占中国"藩邦"。相比之下，日本标榜的理由是让朝鲜独立，虽然其野心远非如此，[28] 却无疑被视为站在"文明世界"的一边。"日本代表着现代文明，中国代表着野蛮或者至少是一种没有希望的过时的文明。日本坦率而完全地接受了万国公法，而中国只是对此偶尔发布一个空洞的表白，却希望维持拥有藩属国的中央王国的观念。"《哈勃周刊》写道（1894年8月11日）。英国《曼彻斯特卫报》表达了类似观点："日本在最近的战争中为文明而战，打倒了野蛮，所有的文明国家都会从中受益。"（1895

年5月6日）[29]

日本为跻身"文明国家"之列努力多年。[30] 1880年代，日本开始积极加入各种国际公约，同时致力于废除加诸其身的不平等条约，列强对此回应冷淡。很多日本人相信，只有打败中国才能和列强平起平坐，持这种看法并不奇怪，武力和国际法的合并使用是他们从闯入东亚的西方人身上获得的最大教训。英国率先废除了对日领事裁判权（1894年），其他国家之后陆续跟随，[31] 在日本一些人看来，这显然是击败中国的结果。如果翻一翻欧美舆论对甲午战争的看法，就会发现上述论调并非言过其实。"战胜的结果使我国在国际上的地位与势力大大提升，消除了欧洲列国认为我国只是模仿了一点表皮文明而已的误解。日本国并非远东一个山清水秀的美丽大公园，而是世界上的一股强大势力，这一点得到了认可。"[32] 陆奥宗光不无得意地说。

将甲午战争定义为文明、野蛮之战的最大推动者是福泽谕吉，[33] 他按如下序列划分文明与野蛮国家："欧洲各国和美国为最文明的国家，土耳其、中国、日本等亚洲国家为半开化的国家，而非洲和澳洲的国家算是野蛮的国家"。[34] 自幼饱读中国经典、看过11遍《左传》的福泽游历欧美后，庆幸日本没有像朝鲜那样被儒学束缚。[35] 某种程度上他承认西方人所塑造的东洋形象，[36] 尽管他并非种族或文化决定论者。[37] 对于中国，福泽谕吉认为"开化"前途并不乐观，除非推翻中央政府。"如果满清政府依然如故的话，那么所谓把中国导向文明开化的地步实是一场空话"，当时的中国政府，"即使出现如何伟大的人物，即使出现一百个李鸿章也无济于事"。[38]

不过战场上的节节胜利，却把日本的"文明"扭向一条奇特道路，它既非传统，也非西化，仿佛长着文明、野蛮两张面孔的一头国家主义怪兽，如同上野公园庆典里人们戴着的怪异面具。攻占旅顺后，大约40万人涌入这里庆祝胜利。"打头的游行队伍已经到达上野公园很长时间后，队尾还聚集在日比谷动弹不得，人的长河足足延续了四英里"，"成百上千只喇叭和号角的吹奏声、喧天的锣鼓声，游行队伍和站在游行队伍两旁看热闹的人们那此起彼伏的欢呼声混合在一起，震耳欲聋。各式各样书写着稀奇文字的旗帜、横幅、军旗满天飞舞"。[39]

日本的国家野心膨胀了，正如德富苏峰1894年发表的《大日本膨胀论》鼓吹的那样。这位曾经的平民主义旗手将中日战争视为日本国民的"帝国觉醒"，转而大力倡导国家主义，后来他撰写的《大正青年和帝国前途》成了岛国最畅销图书之一。[40] 不过，一些人如陆羯南也不安地看到，战争催生了新的国家主义，但国家后来抛弃了人民。[41]

实际上，1894年战争打响时，很多普通日本人并没有精英人士那么亢奋，不过前方不断传来战胜捷报，后方搅起了舆论热浪，终于让大多数民众裹挟进来，他们为之兴奋的同时也从此为军国主义付出代价。战争期间涌现的"军国美谈"[42]，以及要求军人勇敢为天皇牺牲的基调将持续半个世纪，甲午战争也成为"皇军"（而非国民军队）意识的一个重要起点。[43]

四

然而，战胜国的喜悦还没来得及完全释放，俄、德、法三国忽然出手，阻止日本人向欧亚大陆继续横冲直撞。朝鲜和辽东地区被认为更多关涉俄国利益，但德国人这次出人意料地积极，它一直希望获得一块中国沿海基地，[44]威廉二世的另一个理由是为了阻止日本这个他眼里的未来"黄祸"，[45]因此摆出的态度最为强硬。

不过联合行动的主导权仍在俄国，它一改上一年袖手旁观的面孔。4月11日，俄国举行了一次特别会议，讨论外交大臣罗拔诺夫报告德国联合干涉的倡议。财政大臣维特认为必须逼迫日本人退出辽东半岛，否则后患无穷。"如果日本不肯答应我们的要求，我觉得那只有采取公开的有力行动。我认为我们不妨炮击日本的一些港口。"[46]维特一直计划西伯利亚铁路南下，修建一条取道中国的铁路，因此"把满洲看作是经营殖民事业必不可少的最近区域"。[47]相比之下，俄国外交大臣对干涉没那么热心，不过上一年登基的尼古拉二世正在转变，《马关条约》开出的惊人条件让他转而支持维特。俄国人为突然变脸找到了一个新理由：日方行动远远超过了"朝鲜独立"。

三国当中，法国人热情最低，但为了维持法俄同盟，防止俄、德单独接近，只能选择加入联合行动。4月23日，三国驻东京公使奉命到日本外务省发出联合外交警告，要求后者放弃辽东半岛。"对三国斗争是没有希望的。"德国人在声明最后冷冰冰地写道。[48]

日本人大吃一惊，第二天立即召开广岛行宫御前会议，陆奥宗光自认无法开罪三大强国，但坚持私下展开外交反击，试图拉进美、英两国加以制衡，不过后者虽不打算与日本为难，也无意对抗三国。美国此时已跻身世界强国，国内生产总值（GDP）已于1894年跃居世界第一，不过眼下正忙着和西班牙争夺菲律宾。最后，只有意大利出人意料地支持日本，只是势单力薄，无法扭转局面。

此时俄国陆军50000余人集中于海参崴待命，29艘海军舰停泊在中、日海面上，总吨位达73000吨，[49] 攻击信号相当明确。岛国民众开始人心惶惶，伊藤博文在京都与外交强硬派重要人物会谈，发现后者"再无平日多言善辩之貌，唯唯诺诺未敢有一言顶撞"。[50] 正在旅顺的德富苏峰听说三国干涉"愤慨至极"，从海边取了一捧沙砾包在手巾里，带着它当天踏上返途，[51] 自此精神上判若两人。他代表了当时日本人的典型情绪：从无比骄傲转为蒙受屈辱。

日本政治领袖对拒绝干涉的后果心知肚明，很快选择妥协，以免巨大的战争红利打了水漂。1895年5月5日，日本接受三国"劝告"，提出中国需另支付库平银5000万两作为"赎金"，这笔钱因俄、德两国干涉，后改为3000万两。[52]

辽东半岛得而复失，但战争仍为日本带来了远超预想的巨大财富。"在这笔赔款以前，日本财政部门根本料想不到会有好几亿的日元。全部收入只有8000万日元。所以，一想到现在有3亿5000万日元滚滚而来，无论政府或私人都顿觉无比富裕。"驻朝鲜大使井上馨不无兴奋地说。[53] 实际上，《马关条约》最终支付超过了纸面数字，达3.9亿日元。如果算上从中国得到的现金及财物，总计合库平银3.4亿两，折合日金5.1亿元，这个数目是1895年日本年度财政收入的6.4倍。[54] 3.05亿日元战争赔款此后陆续注入军费，[55] 极大重塑了军人和这个国家的关系，它将左右此后50年岛国的命运。

根据《马关条约》，沙市、重庆、苏州、杭州开辟为通商口岸，允许日本人在通商口岸设立工厂。一年后两国完成谈判，签订《中日通商行船条约》，清政府在上述口岸城市有权对日本工厂征收10%机器制造税。作为条件，日方获得增加天津、上海、厦门、汉口4处租界，一举跃居各国之首（8处）。中国市场不仅从此对日货大门洞开，考虑到日本工厂避免了地方性苛捐杂税，它们实际享受到比本土工厂更加优惠的待遇。[56]

凭借战胜庞大的邻居，日本"完全成为帝国主义俱乐部中的一员"。[57]"帝国主义"这个词几年后在日语出现。[58] 如果说此前所谓博爱帝国主义或责任帝国主义，其范围仅限于欧洲列强，[59] 如今这个名单里加上了日本。它慢慢有了"扶助"亚洲的野心，特别是对两个东亚邻邦。当朝鲜闵妃集团与俄国人走得越来越近，日本操纵大院君 1895 年 10 月 8 日发起一场新政变，朝鲜"新军"冲进王宫杀死闵妃，将尸体浇上煤油点火焚烧。高宗皇帝吓得逃入俄国使馆"避难"11 个月之久。[60]

中日战争让俄国人坐收渔利，并由此把势力深入朝鲜、中国。事实上，朝鲜国王很快倒向了俄国，日本对此无计可施。借助法国力量，俄国通过借款把清政府也控制在自己手中。1895 年 7 月 6 日，中国和 4 家俄国银行、3 家法国银行签订借款协议，获得 4 亿金法郎借款，年息 4%。正如维特所言，愤怒的中国人开始把俄国人视为同盟者，为此不惜付出代价。然而历史已经和即将显示，每当中国政治家们转向俄国寻求援助抵拒其他国家，无论 1858 年，1860 年，1895 年，还是 1923 年，"中国每一次接近俄国之后总会紧跟着产生一阵怨愤和失望幻灭之感"。[61]

五

《马关条约》签订这一年，几乎很少有中国人注意到无线电传输、

X光诊断仪、电影放映机这些东西已经发明出来。实际上,世界自1880年代之后已进入"第二次工业革命",它不仅催生了大城市和新科技,而且进一步确立了"工人阶级"这一群体身份,有史以来最深刻的社会变革正在全球悄然上演。[62]

中国也在寻找变化,首先是观念上的。《万国公报》1894年的发行量增加一倍,几乎每个月都要重印,光绪还派太监到北京广学会的书刊销售点买了一些书籍。广学会的书籍从1895年起,销量开始成倍增加。[63]这年1、2月,张之洞两次邀请李提摩太去南京问计,因为刘坤一北上督军,张短暂出任两江总督。在上海,李提摩太碰上了即将前往日本的张荫桓:"当我提到应大力诱导改革时,他说不经过巨大的激烈的变动,在北京什么事也干不成。看来,对当今朝廷的失望深深地扎根在他的心里。"[64]

"这场战争对于中国有着极其重大的影响",明恩溥说,它刺破了"中国的泡泡"。[65]如果说此前面对欧美强国,清廷尚能找到一番外交、军事上的失败理由,惨败于日本则完全是另外一回事。这意味着大清帝国在亚洲首次沦为一个二流国家。"败在一个他们蔑称为'倭人'并世代鄙视的民族手中的耻辱感,不啻于被欧洲列强打败的十倍。"丁韪良评论说。[66]另一位中国通赫德则想起了30年前他提交的一份改革建议,"奇怪的是,今天所发生的事我早在1866年给恭亲王的《局外旁观论》已经提醒过他们了"。[67]那份4000字左右的建议重点是外交。[68]赫德呼吁清廷认清自己在国际上的实际地位,如果再不收起传统天朝大国心理,必将惹祸上身。当年北京把《局外旁观论》下发给各地重要官员讨论,保守人士不以为然,只有曾国藩、李鸿章、沈葆桢等人支持,不过他们感兴趣的主要是其中的煤矿、铁路、电报和工厂。

学习西方技术始于 1860 年代早期，洋务运动满足了早期改革者坚船利炮的梦想。一种"复兴"的感觉在击败太平军后弥散开来，平定叛乱以另一种方式意外强化了传统，"拨乱反正"释放的精神感召让很多人兴奋地看到儒学经世致用和坚韧的调适能力，这看起来同样可以对付西方。自负的官僚统治集团受到鼓舞，他们本不打算在技术之外走得更远，事实上也很困难。[69] 中兴的说法在 1860 年代末已经出现，但 1870 年后"衰败的征兆便出现了"，[70] 关于它为何失败甚至是否失败，颇有争论。与明治维新相比，清王朝虽然感觉到了危机，却缺乏急迫感，当日本人迅速接纳工业社会价值观及其伴随的现代制度时，中国士大夫却对此怀疑和拒斥。[71] 1880 年代之后出现过一些思想甚至制度讨论，实际展开的革新却是"表面的和杂乱的"，1895 年以前至少有 39 位作者讨论过"自强"，理论上它包括内政改革，重点却一直是模仿西方技术。[72] 即使如此，技术进步仍被老旧的国家机器限制。拿江南制造总局来说，它一直突破不了落后的官办模式，[73] 拿到新武器的清军则受困于兵制和落后的指挥系统，始终无法变成一支现代军队。

　　新式枪炮、进口军舰表面风光背后的泡沫李鸿章并非不懂，[74] 把战败和自强运动失败归咎于他并不公平。事实上李是最早提出变法的高级官员之一（1864 年改革兵制、1874 年关于海防的建议，奏疏里均有提及）。但几乎每一次他都会遭遇一群反对者，比如当他向恭亲王建议把洋务引入科举时，连前部下刘秉璋都加以反对。[75] 即使修建铁路这种事，李鸿章也很难遂愿，他支持的上海—吴淞、天津—通州铁路相继遇阻，保守阵营没人关心此时世界已跃入铁路时代，[76] 而更在意"风水"。要不是为了收复伊犁，反对电报的势头可能也还要持久一些。

不过自强运动走上畸形道路李鸿章确有难辞其咎之处,"强兵"至上的思想使他的变法主张始终局限在有限范围。[77] 从这种意义上说,1894—1895 年对李的批评可视为精英群体的某种觉醒:改变必须推到更深之处。特别是当他们看到最高统治层的"反思"仍停留在过去。《马关条约》换约后,一份明发上谕沉痛地说,今后务必在练兵、筹饷两大方面下足功夫,以收自强之效。[78] 这样的说法很难让抗议签约的知识精英满意。他们中的很多人已行动起来。

"这一条约的缔结无异于打断了中国的脊梁骨。"辜鸿铭 5 月 27 日在湖北恨恨地写道,"但是我们那些'蠢货们'根本意识不到问题的严重性。"[79]

在天津,差点死于甲午战争的德国人汉纳根[80] 1895 年 1 月创办了《直报》[81],严复是报纸文章的主角。3 月 4—9 日,《原强》伴随威海卫的硝烟面世,这是严复第一次介绍进化论,海军各舰的管带多来自其母校——福州船政学堂,北洋的悲惨覆灭让严复"亡国灭种"的感受格外强烈,为此他撰写了《救亡决论》,5 月 1 日开始连载。[82]

在北京,政治不满被科举士人们集体放大,部分官员暗中支持他们。割让台湾是士人、官员心中最难容忍的屈辱之一,年轻的台湾省这一年建省刚满 10 年。[83]

中日换约不久,一份"自立宣言"英文译本 5 月 24 日送至台北各国领事,它宣布台湾改建民主国,官吏皆由民选。当地军民推举署理巡抚唐景崧为"台湾民主国"大总统。[84] 就在几天前,他已被清廷下令"开缺"回京。5 月 29 日,日军发起对台攻击,清廷以合约为由下令东南各省督抚禁止向台运送兵勇和军械,此举极大瓦解了军民士气。6 月 2 日,即将出任第一任台湾总督的桦山资纪和李经方在一艘日本军舰上完成移交仪式。6月17日,日本总督府在台北设立,以此作为一种殖民统治的开始。[85] 为了最终平定台湾,日军在随后10年付出了惨重代价。[86]

六

康有为师徒是来京考生中最活跃的一批人,1895年梁启超运气不佳,会试再次落第,康有为以二甲第46名得中进士,但他没有就任"工部主事",转而忙着抗议《马关条约》。和很多愤怒的士人相似,康也主张"拒和、迁都、变法",他策划了一次多省举人的"联省公车上书"。[87] 这一年这类行动很多,士大夫们广义上的公车上书多达31次,涉及1555人次。康有为组织的上书实际上流产了,"对当时的政治生活并无作用"。[88]

不过他的名气今非昔比。7月19日,光绪要求北京和各地官员提交改革建议,把9个折子下发参考讨论,其中包括康有为、胡燏棻和陈炽的三份西化方案,它们都带有"变法"字样。[89] 户部郎中陈炽提交的"万言书"比康有为更早,对后者影响颇大,康的变法构想因之变得更加广阔。[90] 陈的气魄和学识令梁启超惊叹,他们很快走到一起。陈建议出版报纸,此前康有为师徒更关心上书和学会,而且更在乎上书,他们之所以热衷于创办学会,也正是为了补救"上书"不达的苦恼。在1895年7月之前的几次上书里,康有为从来没提到过报纸或报馆。

8月，一张新报纸诞生了，它直接以《万国公报》命名。"上千年来《京报》（Peking gazette）一直独家把持着京城。但是现在另外有一张名叫《万国公报》的报纸出现了，它取了我们的 Review of the Times 的中译名同样的名称。这是对我们的奉承。"[91] 新报纸不在乎和广学会刊物同名，而且内容也是"广学会所宣传的西方的观念"。[92] 实际上，它只能算一份文摘报，多数文字出自上海《万国公报》和李提摩太、林乐知、花之安等人的著作，不少内容相当陈旧，比如第四十四号介绍的是几年前的芝加哥世博会。如果仅看目录，人们可能会有一种错觉，以为编辑们更关心"铁路"而非政治变革。这张报纸，"与其说它们体现了康有为的思想，不如说康有为的思想是长期关注和阅读它们的产物"。[93] 不过它虽然幼稚，却可以将个人力量转化为群体力量，而且影响到北京上层人物。[94] 通过花钱委托人随宫门钞分送到很多官员宅邸，大约一个月后每期竟能发出大约 3000 张。[95]

1895 年 9 月，李提摩太进京，这一年他翻译的《泰西新史揽要》成为全国书商们最喜欢的新书，仅杭州就有不少于 6 个盗版版本。"一套《泰西新史揽要》在上海卖 2 元，到了西安却能卖上 6 元。我们无法弄清楚盗印者赚了多少钱，但我们从各个销售点获得的年利润超过了来自于英格兰和苏格兰的捐助。"[96] 梁启超对这本书异常推崇，称它为百年来描述欧美政治的最佳读本，并自告奋勇担任译者的秘书。梁此时人微言轻，如果说还能被北京官员高看几眼，多半是因为他为刑部侍郎李端棻的姻亲。[97] 1889 年，梁启超熔经铸史的文笔让主持广东乡试的李眼前一亮，断定此人前途远大，不久将堂妹许配给这位年轻人，此后梁启超多次往返帝都，接受李有意无意间引荐的官场人脉。1895 年参与办报改变了梁的命运，自此他开始独自崭露头角，并爱上了这种角色。

年底,《万国公报》更名为《中外纪闻》,[98] 这时它变成了"强学会"的机关报。从 1895 年 9 月 1 日筹建到 11 月正式开办,这个新的社团吸引了不少人,他们多不满于现状,翰林院侍读学士文廷式是名义上的组织者,陈炽、梁启超则分任"提调""书记员"。一些西方外交官很快注意到了它。"作为一件有意思的事情,最近在北京的御史和翰林中成立了一个'改革俱乐部'(Reform Club)。"美国公使田贝 11 月 21 日描述说,"俱乐部计划创办一份日报,设立一个读书室,提供各种报纸和有关科学、政治学和进步方面的书籍,另设立一个图书馆和讲堂。"他错把李提摩太当作强学会发起人,但有一点却说得没错:"其他外国人也会对这场在中国是全新的并将产生良好结果的运动产生兴趣。"[99] 事实的确如此,除了李提摩太、李佳白等人,英国公使欧格纳很快捐助了一些图书。几位中国高级官员的幕后赞助,提升了西方人对这个改革组织的期待,他们包括几位南方总督和翁同龢、李鸿藻、孙家鼐等清流领袖。

这一切让康有为信心大增,他将目光转向南方,10 月 18 日康离开北京前往上海,希望将强学会模式移植到更多地方,进一步放大自己的变法呼吁。

七

这一年春天,康梁和兴中会核心人物陈少白[100]在上海一家旅馆

第五章　1895年

（全安客栈）偶遇，他们谈论了几个小时，康有为对共同推动改革很有兴趣，但并不清楚兴中会更大的"反叛"计划。[101]孙中山等人对联手万木草堂师徒一直抱有兴趣，不过康有为忙着进京考试，不为所动。

孙中山在《马关条约》签订前召集了几次会议，决定用3000人占领广州，时间定在1895年重阳节，届时他们将采用"青天白日旗"作为标志。香港兴中会不久前刚成立（2月21日），对外它叫"乾亨行"。

年初，孙中山在一个慈善活动中认识了日本人梅屋庄吉，后者答应帮助购买武器，藏在他中环大马路28号的梅屋照相馆里。"中日两国不幸发生战争，但我们非团结起来不可。使中国脱离殖民化的危机，是保卫亚洲的第一步，为了拯救中国，我与同志们正准备发动革命，打倒清朝；我发誓要建立一个真正汉民族的国家。"[102]孙中山的话打动了日本人，他决定冒险支持孙的事业。

起义计划得到了香港华人领袖何启的支持，[103]他曾留学英国，担任过香港议政局议员，是西医书院创始人之一，堪称香港最杰出的启蒙思想家。1887年，他曾撰文反驳曾纪泽的《中国先睡后醒论》，何启警告说，战舰、大炮并不能让中国觉醒，习惯于藩国外交上的好大喜功很容易导致灾难。[104]他和好友胡礼垣1895年4月联合发表了著名的《新政论议》，呼吁用西方民权思想彻底展开政治改革。[105]在何启斡旋下，辅仁文社和孙中山走到一起，组成了香港兴中会，它比最早的兴中会更有力量。

兴中会在檀香山发起时（1894年11月24日）是个混血儿。入会者宣誓时要左手放《圣经》上，举右手向天宣读入会誓言："联盟人某省某县人某某，驱除鞑虏，恢复中国，创立合众政府，倘有贰心，神明鉴察。"[106] 尽管孙中山领袖地位未稳,上述风格却是他创造的。[107] 起初几个月这个小组织只有20多人参加,很多人还是看在孙眉的面子上。当年早些时候,孙中山曾闭关几周写出一个万言书,郑观应愿意将他介绍给李鸿章,[108] 不过当6月下旬孙抵达天津后却未能如愿。那时日军已出兵朝鲜,李没兴趣接待一位名不见经传的年轻人。[109] 很快,孙中山把失望转化为另一种行动,跑到檀香山创办兴中会,当1894年底清军连续溃败的消息传来,孙中山觉得时机来了,立即返回国内筹划起义。

香港兴中会修改了檀香山所订章程,变得更加温和。除了振兴国家,还为参加者勾画了一幅经济前景,比如会员可用10元一股认购股份或债券,等"开国之日"便能收回100元。不过孙中山明白依赖兴中会发起大规模军事行动几乎没有可能,因为直到行动前夕,他们只有153名注册会员,73人还是孙中山同乡。[110] 这些人多来自商人、士绅家庭,更适合充当领导者而非战士。起义需要找到更多人加入,回国后孙中山兴奋地发现"为进行对日战争而募集的广州兵勇被遣散了,他们并没有重操旧业,却跑来和我们在一起"。[111]

很多没来及上战场的南方士兵因《马关条约》而解散,之后变成一股不稳定力量。他们当中大约有200人被吸收进兴中会。孙中山的目标是武装3000人,以5人为一队进攻广州几个衙署。没多少人赞成如此冒险的计划,孙的大胆或者说鲁莽风格第一次被周围的人感受到。兴中会另一位领导人谢缵泰抱怨说:"孙逸仙看来是一个轻率的莽汉,他会为建立'个人'的声望而不惜冒生命的危险。他提出的都是易招物议的事情,他认为自己没有干不了的——事事一帆风顺——'大炮!'。"[112] 1895年3月,谢第一次见到孙中山时印象相当差:"他早晚会发疯的。"[113]

广州起义目标宏大却准备不足,且过于高调。香港《德臣西报》几个月来一直或明或暗地披露广州即将发生反政府行动(尽管该报持支持立场)。若不是4月刚上任的两广总督谭钟麟不相信有人敢在眼皮底下造反,官方本该更早侦知此事。6月到10月,由于几次会党暴动遭镇压,广东的气氛变得日益紧张。一些军队因此处于官方严格监视之下。10月26日,约定行动当天早上,孙中山发现汕头的一支主力军并未赶来,随即下令停止行动,但杨衢云在香港接到这个消息时为时已晚。根据分工,杨负责筹措起义经费等后勤工作。一艘装了大约400人、200支左轮手枪的船按计划发往广州,结果到达时四五十人被抓,其他人侥幸乘乱逃脱。[114]杨衢云被迫逃离香港,此后流亡科伦坡等地,继续鼓动当地华侨支持兴中会。[115]

孙中山穿上苦力衣服次日逃亡澳门,继而回到香港。港督拒绝了清廷的引渡要求,只同意将政治犯驱逐出境。11月2日,孙中山和陈少白、郑士良三人搭乘"广岛"号前往日本。到达神户14天后,他们看到当地报纸上印着"中国革命党孙逸仙"时十分吃惊:"我们从前的心理,以为要做皇帝才叫'革命',我们的行动只算造反而已。"陈少白回忆说:"自从见了这张报纸以后,就有'革命党'三个字影像印在脑中了。"[116]孙中山逃亡不久,青天白日旗设计者陆皓东于11月7日遇害,他本有机会免于一死,但美国领事馆搭救他时被陆皓东拒绝。他坦然承认推翻异族专制政府的意图,死前发表慷慨声明,此举为广州起义打上了悲壮的民族主义色彩,陆皓东也成为孙中山眼里为共和革命牺牲的第一个中国人。

这是革命者漫长失败中的第一次,这次行动夭折的很大原因来自内部。香港兴中会班底为杨衢云创办的辅仁文社。起义前爆发的领袖之争让该组织陷入一场内讧。争论的焦点是组织首脑"总统"（president）这个位子，它关系到起义成功后谁担任未来临时政府首脑。孙、杨分别得到一批人支持，10月10日，孙中山在选举中胜出，次日却被迫让出。他拒绝了个别追随者暗杀杨衢云的提议，精神却明显遭到打击。此时距离计划中的起义只有半个月时间。

11月12日，孙中山抵达横滨，在这里他得到冯镜如等人支持，成立了横滨兴中会（11月17日）。冯镜如经营一家文具店，已加入英国国籍。甲午战争爆发后他剪去发辫换上洋装，以示与清政府决裂。[117]他为孙中山筹到12月中旬前往檀香山的路费。当后者再次回到哥哥身边时，已脱下中国长袍，穿上西装。

孙中山从那里重新起步，计划下一步行动。次年，孙到英国后被清国公使馆扣留拘押，英国首相断然拒绝了引渡要求。这起绑架本国公民的丑闻让受害人备受西方舆论关注，孙中山12天后走出来，从此变成了一个世界人物。[118]

注释

1 邢科译，来源：Alfred Cunningham, *The chinese soldier and Other Sketches*, London: Sampson Low, Marston and Company, 1902, pp.17-26。《西方人亲历和讲述的甲午战争》，第263页。"笼统地讲，他们坚信自己是在对付所有的外国人——全世界的'蛮夷'联合在一起对抗中国，但中国终将获胜。"（同上）
2 《甲午战争史》，第331页。
3 李鼎芳译：《肯宁咸乙未威海卫战事外纪》，中国近代史资料丛刊《中日战争》（6），第324页。
4 《三名清国海军将领自杀殉国》，《纽约时报》1895年2月19日，该报所言三位将领为丁汝昌、右翼总兵兼"定远"舰管带刘步蟾和时任守台护军统领副将张文宣。《帝国的回忆——〈纽约时报〉晚清观察记》,第249页及注释。

5 1910年4月,在袁世凯和筹办海军大臣载洵的努力下,清廷才宣布将丁汝昌加恩开复原官原衔。

6 第十条规定:"丁军门等各官灵柩,可从十六日正午为始,或迟至廿三日正午以前,任便登'康济'兵船离岛而去。伊东提督又许'康济'不在收降之列,即由牛昌台代用,以供北洋海军及威海陆路各官乘坐回华。此缘深敬丁军门尽忠报国起见。惟此船未离刘公岛之前,日本水师官可来拆卸改换,以别于炮船之式。"《威海降约》,中国近代史资料丛刊《中日战争》(1),第200页。

7 (日)川崎三郎:《日清战史》,引自《复盘甲午:重走近代中日对抗十五局》修订版,第345页。

8 "镇远"号此后还参加了日俄战争对马海战,1912年被拆解。这艘军舰的曲折经历,可见(英)布鲁斯·泰勒著,邢天宁译:《战舰世界:世界海军强国主力舰图解百科(1880—1990)》,江苏凤凰文艺出版社,2021年,第17—22页。

9 《蹇蹇录:甲午战争外交秘录》,第139页。

10 (日)小山丰太郎(1869—1947)回忆称:"媾和谈判化作乌有以后,就能进军攻城略地,终成北京城头之盟。这样的话,就是坏事变好事了。我的做法尽管粗暴,也可以确保以后东洋的和平吧。无论采取什么方法,都要把李、伊、陆三足鼎立的谈判中途破坏。除了杀死其中一人,也没有别的办法了。伊藤伯爵和陆奥子爵都是日本的政治家,不是凡物。如果让他们死去的话,觉得太可惜了。"小山丰太郎:《旧梦谭——马关狙击事件的回忆》,吉辰译,原载《日本及日本人》1938年第5—7期(总第360—362期)。见吉辰:《昂贵的和平:中日马关议和研究》,第344页。

11 李鸿章给总理衙门一份电报中描述说:"归途,忽有倭人持手枪对狙,击中左颊骨,血流不止,子未出,登时晕绝。伊藤、陆奥均来慰问,姑令洋医调治,此事恐不能终局矣。""寄译署"(光绪二十一年二月二十八日)(3月24日),《李鸿章全集》(26),第83页。

12 《蹇蹇录:甲午战争外交秘录》,第143页。

13 山口县知事及巡捕长被革职,小山丰太郎被日本法院判处无期徒刑,1907年获假释,死于1947年。

14 据4月14日李鸿章发回总理衙门电文,伊藤博文称"广岛运兵船六十馀只,现装十万人,已陆续开驶,由小松亲王等带往大连湾、旅顺,准备进攻"。"寄译署"(光绪二十一年三月二十日)(4月14日),《李鸿章全集》(26),

第 106 页。

15 "他只是在枝节问题上不已。例如,他初始要求从赔款的二亿两削减五千万两,明白这一目的无法达到之后,改而要求削减两千万两,甚至最终向伊藤全权哀求,以将这些少许的轻减金额,赠做归国的旅费。此等举动于他的地位而言,虽不免有伤体面之嫌,但均是出于'争得一分则有一分之益'的训令。总之,他以古稀高龄,奉使千里之外的异域,在连日会谈中丝毫未显疲困之态,可谓尚有'据鞍顾盼'之气概。"《蹇蹇录:甲午战争外交秘录》,第 143 页。

16 《中日马关条约》共包括《讲和条约》十一款、《议订专条》三款及《另约》三款。

17 第二款规定:"中国将管理下开地方之权并将该地方所有堡垒、军器工厂及一切属公物件,永远让与日本:一、下开划界以内之奉天省南边地方:从鸭绿江口溯该江以抵安平河口,又从该河口划至凤凰城、海城及营口而止,画成折线以南地方。所有前开各城市邑皆包括在划界线内。该线抵营口之辽河后,即顺流至海口止,彼此以河中心为分界。辽东湾东岸及黄海北岸在奉天省所属诸岛屿,亦一并在所让境内。二、台湾全岛及所有附属各岛屿。三、澎湖列岛,即英国格林尼次东经百十九度起至百二十度止,及北纬二十三度起至二十四度之间诸岛屿。"《马关新约》,1895 年 4 月 17 日,《中外旧约章汇编》,第 614—615 页。

18 因李鸿章遇刺负伤,李鸿章长子李经方 4 月 7 日起被清廷任命为全权大使。

19 四月十七日(5 月 11 日),正在武昌的陈三立致电张之洞"力请先诛合肥,再图补救,以伸中国之愤"。(陈宝箴父子对李鸿章的态度,见张求会:《陈寅恪家史》,东方出版社,2019 年,第 115—118 页)陈宝箴(1831—1900),江西义宁人,举人出身,早年曾随湘军镇压太平军,后历任浙江、湖北按察使,1894 年任直隶布政使,1895 年任湖南巡抚。陈三立(1852—1937),陈宝箴之子,1886 年进士,任吏部主事,后参与湖南新政,戊戌变法失败陈氏父子被革职永不叙用,后隐退江西南昌,民国后陈三立以遗老自居。

20 1895 年 6 月《万国公报》第 77 期刊登了《问答节略》(李中堂奉使日本与日本大臣问答语记),《申报》也在 6 月连载了"问答节略"。见《申报》,1895 年 6 月 6—20 日。

21 (美)费正清著,刘尊棋译:《伟大的中国革命:1800—1985》,第 112—113 页。

22 事实上,该地区已连续 11 年发生大面积水灾,个别年份为先旱后涝。

23 详见李文海:《甲午战争与灾荒》,《历史研究》1994 年第 6 期。

24 这是王文韶(1830—1908)主和心态使然,相比之下,两江总督刘坤一缓报灾情,则与其废约主战不无关系。参见贾小叶:《晚清大变局中督抚的历史角色》，上海书店出版社，2008 年，第 160—166 页。
25　"天心示警，海啸成灾，沿海防营，多被冲没，战守更难措手"。换约完成后，5 月 11 日以光绪名义向全国明发朱谕。"朱谕"（光绪二十一年四月十七日），中国近代史资料丛刊《中日战争》（4），第 107 页。
26　《马关新约》，1895 年 4 月 17 日，《中外旧约章汇编》，第 614 页。
27　汪辉译，来源：James Creelman, *On the great Hight: The Wanderings and Adventuresof A Special Correspondent*, Boston: Lothrop Publishing Company. 1901. pp.55-73。《西方人亲历和讲述的甲午战争》，第 91 页。
28　实际上，1884 年甲申政变后朝鲜发布的"十四条政纲"，第一条即为废除与中国的朝贡关系。
29　相关报道和欧美报纸对甲午战争的"文明"话语分析，可见刘文明：《"文明"话语与甲午战争——以美日报刊舆论为中心的考察》（《历史研究》2019 年第 3 期），以及《甲午战争中的英美特派记者与旅顺大屠杀报道》（《社会科学战线》2014 年第 10 期）。
30　此前日本统治者曾对外部世界相当警惕，明治天皇的父亲孝明天皇（1831—1867）留下的许多书信，"大部分都充满了对世界局势发展的强烈愤怒"。《明治天皇：1852—1912》，第 4 页。
31　日本政府关于修改条约的第一次正式会议于 1886 年（明治十九年）5 月召开，外务卿井上馨提出了条约草案，主要目标为提高关税和恢复治外法权。1894 年《日英通商航海条约》实现了废除领事裁判权以及提高关税，1911 年《日美新通商航海条约》最终确立了关税自主权。这段历史过程可见（日）佐佐木克著，孙晓宁译：《从幕末到明治：1853—1890》，北京联合出版公司，2017 年，第 296—298 页。
32　《蹇蹇录：甲午战争外交秘录》，第 94 页。
33　福泽谕吉 1894 年 7 月 29 日在《时事新报》发表《日清战争乃文明野蛮之战争》，认为文明国家承担着将半开化和未开化国家置于自己势力范围下并推动其走向文明的使命。可参阅（日）由井正臣著，初晓波译：《岩波日本史（第八卷）：帝国时期》"序言"部分，新星出版社，2020 年。
34　（日）福泽谕吉著，北京编译社译：《文明论概略》，商务印书馆，2017 年，第 9 页。
35　"中国人和朝鲜人身受儒教主义的教养，他们能在脑中纵横乱书骄矜自夸的虚文。因此，可以说这是由于维新之初，我国能够当机立断所造成的结果，也是因为当局多数士人体味汉文、汉学不深所致。所以说句不好听的话，日本的文明乃是士人无知所赐。这样说大概也不为过吧！"（日）福泽谕吉著，马斌译：《福泽谕吉自传》，商务印书馆，1980 年，第 294 页。福泽谕吉 1860 年代考察了西方文明，在欧洲他被新世界的医院、贫民院、博

物馆、博览会所震惊:"眼之所见,没有不觉得新奇的。一听到它的由来和作用,没有不为之心醉的。"(第292页)

36　子安宣邦称,黑格尔构筑起来的东洋(特别是中国)形象,从根本上规定了后来西洋对东洋的理解,即将"内在性"和"外在性"相对置来认识作为不同文化、不同社会的东洋或中国。隐含于黑格尔"东洋"概念紧箍咒中的是那种来自近代西洋的观察东洋的视线。它不仅规定了马克斯·韦伯关于中国精神的类型化认识,也规定了鲁思·本尼迪克特有关日本文化类型的理解。黑格尔的"东洋"概念还束缚了试图与西洋立场相一致的日本观察东洋的视线。以上见(日)子安宣邦著,赵京华译:《近代日本的亚洲观》,生活·读书·新知三联书店,2019年,第42页。

37　"只要真理所在,就是对非洲的黑人也要畏服,本诸人道,对英美的军舰也不应有所畏惧。"福泽谕吉称,"日本和西洋各国都存在于同一天地之间,被同一太阳所照耀,观赏同一月亮,有着共同的海洋与空气,要是人民情投意合,将彼此多余的物资相互交换,并进行文化交流,就不会发生耻辱和骄奢的感觉,而能同获便利,共谋幸福。"(日)福泽谕吉著,群力译:《劝学篇》,商务印书馆,1958年,第4页。

38　《福泽谕吉自传》,第229页。

39　《节日盛装的东京欢庆战争胜利》(1895年1月14日),《帝国的回忆——〈纽约时报〉晚清观察记》,第241页。

40　(日)德富苏峰(1863—1957),日本熊本人,幼时受过汉学训练,创办《国民之友》《国民新闻》,为明治、大正、昭和时期著名评论家、政治家。1913年秋、1916年春他分别发表《时务一家言》和《大正青年与帝国前途》等文章,连载于《国民新闻》,后改为单行本发行。立场是"对内推行平民主义,对外推行帝国主义,而且用皇室中心主义将两者融成一体"(《大正青年与帝国前途》序言)。(日)井上清著,马黎明译:《日本军国主义(3):军国主义的发展和没落》,商务印书馆,1985年,第180页。

41　"十年前我政界,以为若不言民权即非志士;而今日政界,惟以言'国家'为志士的本分,亦可谓奇也。而且'国家'乃是抛弃了人民的国家,所以就更可谓离奇了。"(日)陆羯南:"国家主义之泛滥",《日本》,明治二十九年三月二十三日(1896年)。引自(日)松本三之介著,李冬君译:《国权与民权的变奏:日本明治精神结构》,东方出版社,2005年,第140页。陆羯南(1857—1907),以提倡国民主义著称,《日本》创办者,著有《日本文明进步之歧路》等。丸山真男1947年发表"陆羯南人和思想"一文,认为虽然从福泽到陆羯南有一脉相承的国民主义思想,但最终被国家主义的强力支配所吸收。见(日)小川原正道著,尤一唯译:《福泽谕吉与日本政府》,九州出版社,2016年,第187页。

第五章　1895年

42　"光荣母亲"是中日甲午战争期间的一个"军国美谈"。故事里一个哭泣的水兵说，母亲写信严厉地告诉他，对他缺乏军人的英勇感到羞耻，提醒他要为天皇勇敢地牺牲自己。"这个故事试图在忠于天皇与孝敬父母之间建立一个等价关系。"父母要求他们的儿子要为天皇而牺牲。"模范母亲"故事反复出现在后来不同版本的教科书中。《神风特攻队、樱花与民族主义：日本历史上美学的军国主义化》，第148页。

43　天皇亲临广岛大本营指挥，让皇军意识以可以感知的形式被军人接受到，"这一行动在向民众渗透天皇制意识的同时，还在军人中间起到了加强他们与天皇结合在一起的感觉作用"。这是"皇军意识"形成的"一个重要起点"。（日）藤村道生：《日清战争》，第102页。日军禁止投降的传统来自山县有朋，后者在汉城向军官们训示时称，"万一战局极端困难，也绝不为敌人所生擒，宁可清白一死，以示日本男儿之气节，保全日本男儿之名誉"。不过它限于军官，不包括下级士官和士兵。（同上，第103—104页）

44　"在中国海岸线上取得足供我们舰队与商业根据地的土地，我们当考虑为头等地位的利益。"《帝国首相何伦洛熙公爵奏皇帝威廉二世》1895年3月19日，《德国外交文件有关中国交涉史料选译》（第一卷），商务印书馆，1960年，第13页。威廉二世对这份报告的最后批语为"赞成"。（第17页注释）

45　"威廉二世把日本人发展军事力量看作是在日本领导下的东亚强权政治的合并的开始，是将来可能危及欧洲列强的亚洲帝国的开端。"他认为必须及时扑灭这场"黄祸"。威廉二世劝说沙皇，俄国和德国必须共同反抗"黄祸"，保卫西方。（德）卡尔·艾利希·博恩等著，张载扬等译：《德意志史（第三卷）：从法国革命到第一次世界大战（1789—1914）》（下），商务印书馆，1991年，第433页。

46　（俄）维特著，肖洋、柳思思译：《维特伯爵回忆录》，中国法制出版社，2011年，第61页。

47　这能够"（1）间接地补偿俄国为了修筑过境铁路而已经负担和正在负担的巨额开支（其中一部分是法国贷款），（2）满足直接引入法国资本的意向。当时，维特大概正想把法国资本吸引到乌拉尔以东，以便繁荣西伯利亚各省，并且加固遭到贫困重压的俄罗斯帝国的欧洲基地，因为在1891年贫困使帝国的欧洲基地产生了新的裂痕"。《俄国在满洲：1892—1906》，第14—15页。

48　德国政府声明见德国驻日公使上首相公文附件，《驻东京公使哥屈米德男爵上首相何伦洛熙公文》，1895年4月24日，《德国外交文件有关中国交涉史料选译》（第一卷），第37页。

49　林明德：《日本近代史》，三民书局，2004年，第120页。

50　伊藤博文不无讽刺地说："如今与其聆听诸君之高见，不如与军舰、大炮进行商议。"《謇謇录：甲午战争外交秘录》，第 189—199 页。
51　德富苏峰把此举"作为来过辽东半岛的证明"。(日)德富苏峰著，刘红译：《中国漫游记/七十八日游记》，中华书局，2008 年，第 64 页。该书记录了作者 1917 年、1906 年游历中国的见闻。
52　1895 年 11 月 8 日，中日签订《辽南条约》，第二、第三款规定中国交付日本库平银 3000 万两"赎金"后三个月内，日军退出辽东半岛。见《辽南条约》，《中外旧约章汇编》，第 637 页。
53　引自丁楠等著：《帝国主义侵华史》(第 1 卷)，人民出版社，1961 年，第 307—308 页。
54　战后日本政府以"库平实足"等名义强迫清政府实际支付的赔款数为库平银 2.6 亿两，折合日金约 3.9 亿日元。此外日本还在赔款之外掠夺了大量舰船武器、弹药、机器等及金银货币，价值约为库平银 8 千万两，折合日金 1.2 亿元。这样得到的现金及财物总计合库平银 3.4 亿两，折合日金 5.1 亿元。见戚其章：《甲午战争赔款问题考实》，《历史研究》1998 年第 3 期。
55　其中用于陆军扩充费 5700 万日元，海军扩充费为 1.39 亿日元，临时军事费为 7900 万日元，发展军舰水雷艇补充基金为 3000 万日元。(日)石井宽治：《日清战后经营》，见《岩波日本史讲座》(1976 年改订版)，引自戚其章：《甲午战争史》，第 502 页。
56　《中日公立文凭》第三款规定了制造税的征收办法，"日本政府允中国政府任便酌量课机器制造货物税饷，但其税饷不得比中国臣民所纳加多，或多殊异"。王芸生编著：《六十年来中国与日本》第 3 卷，生活·读书·新知三联书店，1980 年，第 167 页。《中日公立文凭》，"华厂所享之优待条件，外厂都得享受；华厂所实负之苛捐杂税，外厂概不缴纳"，华厂实际负担很难回答。譬如棉花厘金一项，有人估计华厂所纳者约当货价的 5% 乃至 20%。厘金之害，"固在于关卡之多，税率之重，而尤在于收税吏敲诈中饱之无餍，就连估计实亦无法着手"。见严中平：《中国棉纺织史稿》，商务印书馆，2017 年，第 155 页。
57　19 世纪末的日本，"以往与外部强国的稀疏联系以及日本主权的朦胧轮廓已被有区分的坚实纽带和边界所取代。在南方，琉球群岛已被作为一个县合并到日本。在北方，与俄国进行的一次有争议的领土交换，导致日本获得了整个千岛群岛。更为重要的是，北海道岛完全被日本占有，并开始了对这块土地的开发"。(美)詹森主编：《剑桥日本史(第 5 卷)：19 世纪》，浙江大学出版社，2014 年，第 10 页。
58　英文 imperialism 出现在 1858 年，这一概念本是基于 1870 年以后英国兴起的政治用语，指针对自由主义而起的膨胀主义或殖民地主义，在 19 世纪末期它成了欧美各国崛起的主要方向。但在日本早期的英和辞典里，

imperialism 只是译成了"帝位"。日本评论家高山樗牛（1871—1902）写于 1898 年底的《罪恶的一千八百九十八年》中才能看到打引号的"帝国主义"一词的汉字形式出现。日本现有的材料里，"帝国主义"出现得最为频繁的是 1901 年。见陈力卫：《近代各种"主义"的传播与〈清议报〉》，孙江、陈力卫主编：《亚洲概念史研究（第 2 辑）》，生活·读书·新知三联书店，2014 年。

59 博爱的帝国主义出现于 19 世纪上半叶，它和废除奴隶贸易的人道主义有关；责任的帝国主义出现在 19 世纪末。出生于印度孟买的英国诗人拉迪亚德·吉卜林（Rudyard Kipling，1865—1936）1899 年就美国征服菲律宾写下"白人的责任"，这种观念在欧美精英中一度非常流行，它认为依靠欧美介入才能救赎落后地区。对此，英国人的说法是"白人的责任"，法国人是"文明的使命"，德国人的说法是"文化的传播"，美国人则是"盎格鲁-撒克逊保护者的祝福"。（美）帕尔默、乔·科尔顿、劳埃德·克来默，苏中友、周鸿临、范丽萍译：《工业革命：变革世界的引擎》，世界图书北京出版公司，2010 年，第 258 页。

60 1895 年之后朝鲜政治和新的民族国家建构，可参阅（加）施恩德：《脱离"中央王国"：1895 年到 1910 年间朝鲜民族主义思想中的中国问题》，（加）卜正民、施恩德编，陈城等译：《民族的构建：亚洲精英及其民族身份认同》，三辉图书｜吉林出版集团有限责任公司，2008 年。

61 （英）奎斯特德著：陈霞飞译，陈泽宪校：《俄国在远东的扩张》，商务印书馆，1979 年，第 278—279 页。

62 （英）迈克尔·曼著，陈海宏等译：《社会权力的来源（第 2 卷）：阶级和民族国家的兴起 1760—1914》（下），上海人民出版社，2018 年，第 660—666 页。大部分西方国家在 1880—1914 年间经历了经济发展最快的阶段。从农村迁移到城镇和海外的人口在这一时期达到高潮。第二次工业革命使得大城市出现，高科技产生，尤其是综合技术应用于钢铁业、金属制造业和化学工业。农业和工业产品通过公路、蒸汽船输送到各地。银行和证券市场用闲散资金在全球投资，然后获得收益提高消费。（第 660 页）

63 根据广学会 1897 年年报回顾，1895—1897 年广学会两个刊物和图书销售额（单位：银元）如下：1895 年为 2119.22，1896 年为 5899.92，1897 年为 12146.91。方富荫译：《广学会年报》（第十次），《出版史料》，1991 年，第 2 期。

64 《亲历晚清四十五年：李提摩太在华回忆录》，第 219—221 页。

65 （美）明恩溥：《动乱中的中国》，路遥主编：《义和团运动文献资料汇编·英译文卷（上）》，山东大学出版社，2012 年，第 15 页。

66 （美）丁韪良：《北京之围：中国对抗世界》（*The Siege in Peking: China Against*

the World),《义和团运动文献资料汇编·英译文卷（下）》，第 12 页。
67 《赫德致金登干函》（1894 年 9 月 23 日），《中国海关密档——赫德、金登干函电汇编 1874—1907》第六卷，第 125 页。
68 赫德的建议提交于 1865 年 11 月 6 日，新任总税务司对中国政治特别是外交兴趣浓厚，因为有机会频繁和总理衙门打交道，赫德慢慢洞察其中弊端，他的建议包括军事，比如兵不在多而在精，中国各省只应保留五千精兵，全国不超过十万，军费则从海关支出。（英）赫德：《局外旁观论》，《中西关系略论》，上海美华书馆（The American Presbyterian Mission Press），第 46—49 页。
69 与历史上吸收外来文化相比，"晚清的中西文化冲突对中国文化日后的发展的影响更为重大，因为中国人开始从不同的义务论（deontology）的角度来审视固有的和外来的伦理、道德的内在含义，从不同的价值论（axiology）的角度来重新评价中国传统文化和外来的新思想新概念"。张广达：《唐代的中外文化汇聚和晚清的中西文化冲突》，《中国社会科学》1986 年第 3 期。
70 同治中兴的重要研究者芮玛丽（1917—1970）认为，收复安庆和设立总理衙门标志着"中兴"的肇端，对"阿礼国协定"（1869 年《中英北京协约》）的否决和"天津教案"的发生，则构成了这段历史时期终结的标志。她认为 1870 年后"衰败的征兆便出现了，国家不是更强盛而是更衰弱"。表现为"中兴"政治家们所占有的许多位置变得充斥着谄媚者，而且 1860 年代成功的外交政策消失了，并订立了一系列更加羞辱的条约。（美）芮玛丽著，房德邻、郑师渠、郑大华、刘北成、郭小凌、崔丹译：《中国保守主义的最后抵抗（1862—1874）》，中国社会科学出版社，2002 年，第 375—376 页。
71 围绕"同治中兴"是否失败、为何失败的讨论，可见（美）罗威廉著，李仁渊、张远译：《哈佛中国史 6·最后的中华帝国：大清》，中信出版社，2016 年，第 194—197 页。
72 《剑桥中国晚清史》（下），第 165 页。
73 江南制作总局非生产人员 648 人，占全部生产人员近四分之一。1867—1904 年，江南制造总局共支出国家经费 27635444 两，效率却低得惊人，枪厂 415 名员工每天只能造 5 支枪。上海社会科学院经济研究所：《江南造船厂厂史（1865—1949）》，第 82 页。
74 《马关条约》谈判中李鸿章对伊藤博文不无苦涩地说："本次战争也侥幸地将清国从长睡的迷梦中唤醒。"《蹇蹇录：甲午战争外交秘录》，第 138 页。
75 刘秉璋（1826—1905），安徽合肥人，咸丰进士。1862 年随淮军赴苏南、浙西一带同太平军作战。1866 年授江苏按察使，跟随曾国藩、李鸿章镇压捻军。先后任江西巡抚、浙江巡抚。1886 年迁四川总督。
76 1848 年，除英国以外其他地方尚不存在铁路网。至 1855 年，世界五个大

第五章　1895年

陆上都已铺设铁路，到1865年，新西兰、阿尔及利亚、墨西哥和南非也有了它们的第一条铁路。到1875年，巴西、阿根廷、秘鲁和埃及已经铺设了1000英里或更多的铁路，锡兰、爪哇、日本已经有了第一条铁路。1875年，全世界共拥有6.2万部火车头，11.2万节客车车厢和几乎50万吨的货车车厢。（英）霍布斯鲍姆著，张晓华译：《资本的年代：1848—1875》，第64页。

77　李鸿章长期戎马生涯和所谓"御外""靖内"需要，陶育了他"强兵治国"政治观。他的洋务论和变法主张始终萦绕"强兵"这个主旋律。即使从1870年代起李倡导并主持了许多民用企业，发表过不少"求富"言论，很大程度上也还是从军事需要和着眼解决"饷源"。李在洋务运动之中的变法思想及评价，见《论李鸿章的"内颁变法"主张》，刘学照：《细流惊涛》，上海人民出版社，2019年，第114—115页。

78　"朱谕"（光绪二十一年四月十七日）（5月11日），中国近代史资料丛刊《中日战争》（4），第107页。

79　"我们的总督极力劝说皇帝去拒绝这一条约，但是无果而终。现在，可怜的老头子就像是一个无力回天、孤独绝望的赌徒"。"致骆任廷函"（1895年5月27日），《辜鸿铭信札辑证》，第29页。

80　（德）汉纳根（Constantin Alexander Stephan Von Hanneken，1854—1925），1854年出生于德国世袭贵族家庭，军官学校学习后任职军中，晋升为少尉军官，因反对帝制被迫退役。1879年被李鸿章正式聘用并作为工程师主持修建大沽口炮台和旅顺、威海要塞炮台。"高升"号被日舰击沉时汉纳根正在船上，最后被德舰救起。

81　《直报》一直与天津的《意大利远东报》有联系，后多次易手，曾经热衷于用中文、英文和意大利语出版。"在1899年中国处于世界列强瓜分的形势下，它可能沦为意大利人的耳目喉舌"。（美）白瑞华、王海译：《中国报纸（1800—1912》，暨南大学出版社，2011年，第85页。

82　1895年2月4日，严复公开发表了第一篇时论《论世变之亟》。他使用"运会"表述天演的概念，向国人警示了"亡国灭种"的危机，提出欲图富强，必讲"西洋之术"。他将西学称为"西洋之术"，认为汽机兵械甚至天算格致都是"形下之粗迹"。对严复"西学三篇"即《论世变之亟》《原强》《救亡决论》的分析，可见沈国威：《严复与科学》，凤凰出版社，2017年，第56—68页。

83　1885年10月12日（九月初五日），清政府决定撤销福建省属台湾府，改建台湾行省。

84　"台湾民主国"国号为"永清"，6月4日晚上唐景崧被迫离开台北，8日离台。"台湾民主国"的成立，"可说是当时在台官绅企图从日本手中抢救台湾的一项外交设计，目的在于以台湾的权利作为交换，引借第三国插手干涉，逼使日本放弃台湾"。戚嘉林:《台湾史》,华艺出版社,2014年,第206—210页。

85　日军6月7日占领台北,6月17日设台湾总督府于台北,举行所谓"始政典礼"。1896年3月,台湾划归拓殖省管。日本政府任命桦山资纪为台湾总督,同时颁布了《关于赴任之际的政治大纲的训令》。1896年又颁布《台湾总督府条例》,规定台湾总督为管理台湾的最高军政首脑,授予独裁统治的特权。参阅虞和平、谢放:《中国近代通史第3卷:早期现代化的尝试》,江苏人民出版社,2009年,第443—453页。

86　从1895年侵台到1916年日军完全平定台湾为止,清国原驻军以及台湾地方武装等抗日力量约33000余人,与日军展开了殊死抗争。台湾军民死亡总数达17000余人。日军先后向台湾投入兵力49835人,军夫和佣役26214人。战斗死亡数1988人,感染疾病而死7604人,包括其他死因在内者合计10841人。见《清日战争》,第142页。

87　"由于四月初八日光绪帝已批准条约,初九日已来人甚少,联省公车上书的行动自然中止。都察院没有拒收上书,而是康有为根本没有去投。"茅海建:《从甲午到戊戌康有为〈我史〉鉴注》,生活·读书·新知三联书店,2018年,第75页。

88　对公车上书的详细考证,见茅海建:《戊戌变法史事考二集》,生活·读书·新知三联书店,2011年,第24—40页。

89　康有为《为安危大计乞及时变法而图自强呈》(即《上清帝第三书》),胡燏棻《因时变法力图自强条陈善后事宜折》,陈炽《请一意振作变法自强呈》(即《上清帝万言书》)。胡燏棻(1840—1906),安徽泗县人,同治进士,1891年出任广西按察使,甲午战争爆发后留驻天津办理东征粮台,同年奉命在天津马厂主持新式练兵,1895年9月移至小站,年底袁世凯接替练兵。胡所练定武军为晚清新军之始。

90　"实际上康有为在百日维新中所提出的所谓派游学,设商部,办译书,修铁路等诸多新政措施,都可以原封不动的在陈炽的条陈中找到。"陈炽《上清帝万言书》与康有为等人主张之间的联系,见孔祥吉:《晚清政治改革家的困境——陈炽〈上清帝万言书〉的发现及其意义》,《广东社会科学》2000年第2期。

91　方富萌译:《同文书会年报》第八次,《出版史料》1990年第1期。

92　"我们的报纸是在上海用金属字印刷的;而他们采用的却是政府的《京报》所采用的木雕印刷术。这样,从外表上看,与政府的机关报没什么区别;但在内容上,它介绍的却是广学会所宣传的西方的观念。"《亲历晚清四十五年:李提摩太在华回忆录》,第234页。

93　具体内容分析可见周伟驰:《康有为创办的北京〈万国公报〉各期内容及其

来源》,《世界宗教研究》2020年第1期。

94 康有为谈及1895年出版北京版《万国公报》时称:"变法本原,非自京师始非自王公大臣始不可。"姜义华、张荣华编:《我史》,《康有为全集》(第五集),中国人民大学出版社,2007年,第86页。

95 《梁启超年谱长编》,第41页。

96 《亲历晚清四十五年:李提摩太在华回忆录》,第211—212页。

97 李端棻(1833—1907),贵州人,同治进士,曾任云南学政、监察御史、刑部侍郎、工部侍郎、仓场总督、礼部尚书等。1896年疏请设立京师大学堂,1898年向光绪帝密荐康有为、谭嗣同,戊戌政变时被革职充军新疆。1901年被赦免后在贵州主持新学、倡办矿产和铁路。

98 1895年8月17日《万国公报》出版,至同年12月16日改名《中外纪闻》,梁启超、麦孟华等人任编辑,共出十八期。1896年1月被查禁。

99 引自崔志海:《美国驻华公使对戊戌变法的观察》,《史林》2018年第4期。

100 陈少白(1869—1934),广东新会人,1888年入广州格致书院,翌年在香港结识孙中山,1895年参与组织香港兴中会总部,筹备广州起义。1899年到香港创办《中国日报》任社长兼总编辑,1906年任香港同盟会分会会长,1911年辛亥革命后任广东都督府外交司长等,著有《兴中会革命史要》。参见《陈少白先生事略》,邹鲁:《中国国民党史稿》(下),东方出版社中心,2011年,第1189—1190页。

101 1895年3月1日孙中山寻求日本驻香港领事中川恒次郎援助时,后者仍以为这次行动的首领包括康有为、曾纪泽等人。陈锡祺主编:《孙中山年谱长编》(第一卷),中华书局,1991年,第81—82页。

102 《孙中山年谱长编》(第一卷),第80页。

103 何启(1858—1914),广东南海人。1872年香港中央书院毕业后赴英就读于阿伯丁大学、林肯法律学院。1882年回香港担任律师,1890年任香港立法局华人议员。

104 "以今日中国之所为也如此,而其所欲也则又如彼,是无异睡中之梦,梦中之梦也",又"越南之役,帑耗数千万,军无尺寸功,死伤流亡,不知其数,而其祸皆本于保卫藩服之一言,吾愿侯之念之也。且保护之说,原属空文。我之不能护人,犹人之不能护我。人既不能护我,则我何可轻以保护许人。持此说以往,吾但见其害耳,不见其利也。以误人者在此,而误己者亦未尝不在此也。"何启、胡礼垣:《新政真诠》,辽宁人民出版社,1994年,第87页。

105 萧公权称:"康长素言变法,以改制托古为根据。张香涛言变法,立中体西用之原则。何、胡立言虽时引中籍以相印证,而其宗旨实在于采取西洋民权思想以彻底改革中国之政治,与康、张等留恋专制与依傍古学者,其态度根本不同。"萧公权：《中国政治思想史》，商务印书馆，2017年，第786页。胡礼垣（1847—1916），广东三水人，曾入香港大书院，后留院任教习2年，创办《粤报》，甲午后返港担任译员，与何启合著《新政真诠》，收入《新政论议》（即《中国宜改革新政论议》）等文，影响很大。

106 《檀香山兴中会盟书》（1894年11月24日），《孙中山全集》（第一卷），第20页。不过不少研究者怀疑这个仪式和誓词是后来革命者虚构的，因为缺乏足够的原始文件。兴中会成立时间的考证，可见黄彦著：《孙中山研究和史料编纂》，广东人民出版社，1996年，第35—37页。

107 兴中会"受下层阶级传统的叛逆思想的哺育，而为少数倾向西方、对抗社会贤达的人的政治抱负服务"。《孙中山与中国革命的起源》，第4页。

108 孙、郑结识于1890年，后者不仅写信将孙推荐给盛宣怀，还介绍他到上海拜访王韬。上海图书馆盛宣怀档案中保存的魏恒、盛宙怀、郑观应三封函件，记录了孙与盛宣怀的结识过程。写完《上李傅相书》后孙中山找到澳门海防同知魏恒转托盛宙怀联络其堂兄盛宣怀。(吕成冬：《孙中山与盛宣怀结识过程》，《档案与建设》2017年第11期）不过，由于盛宣怀在辛亥革命前的行为（推行铁路国有等），同盟会成员后来关于孙中山的历史书写和回忆，经常突出王韬，忽略盛宣怀。

109 这份《上李傅相书》不久连载于《万国公报》1894年第69、第70册，即1894年10月号、11月号，署名为"广东香山来稿"。

110 其中夏威夷入会者112名，横滨入会1名，香港入会11名，广东地区入会的29名。早期会员职业身份分析，见《孙中山与中国革命的起源》，第47页。

111 孙中山：《我的回忆》，《孙文选集》（中册），第232页。

112 谢缵泰日记（1895年5月5日），谢缵泰：《中华民国革命秘史》，中国人民政治协商会议广东省委员会文史资料研究委员会编：《孙中山与辛亥革命史料专辑》，广东人民出版社，1981年，第287页。

113 谢缵泰日记（1895年6月23日），《孙中山与辛亥革命史料专辑》，第287—288页。"我相信，孙是希望每一个人都听从他，但这是不可能的，因为他的经验一直都表明，光靠他，是会要冒风险的。"（同上）

114 现存史料中，国民党人如冯自由、陈少白等不少记载把责任完全推给杨衢云，这与孙中山的回忆以及实际情况不符，汕头人员不至，香港队伍已发，说明主要责任不在香港。关于1895年广州起义失败的责任分析，见沈渭滨：《孙中山与辛亥革命》，上海人民出版社，2016年，第70—72页。

115 杨衢云1898年移居日本横滨，1899年辞去兴中会会长一职，孙中山则被推戴为总会长。1900年杨衢云和孙中山等人再次策划起义，负责接济饷械。惠州起义失败后，1901年他在香港被刺杀身故。

116 陈少白：《兴中会革命史要》，《辛亥革命》（1），第32页。不过据陈德仁、安井三吉查阅当时神户报纸，仅1895年11月10日《神户又新日报》刊载了《广东暴徒巨魁之履历及计划》一文。段云章编著：《孙文与日本史事编年》增订本，广东人民出版社，2011年，第11页。
117 冯镜如（1844—1913），广东南海人，出生于香港。1878年在日本横滨开设文经商店，1895年被推举为兴中会横滨分会首任会长。1898年积极倡议创办了华侨学校大同学校。1901年回国出任上海广智书局总经理。冯镜如与改良派也关系密切。戊戌政变后梁启超在横滨创办《清议报》，名义上发行兼编辑是"英人冯镜如"，报纸经营权很大掌握在冯镜如及其弟冯紫珊手中。（邹振环：《冯镜如及其文化活动述略》，张应龙主编：《广东华侨与中外关系》，广东人民出版社，2014年，第129—120页）
118 这处清国公使馆从此变成孙中山的一处重要历史遗迹。1933年，其中一间囚室被中国驻英国大使馆辟为孙中山先生伦敦蒙难纪念室。

第六章

1896 年

一位御史1月21日参劾强学会"私立会党",几天后上海《新闻报》发布了查封北京强学会的消息//《时务报》诞生后,体制内外的众多改革者和同情者找到了一个共同平台,这里似乎结成了一个更大规模的"新党"或广义上的"维新党"人//"密约"传回北京时奕䜣坚决反对,李鸿章认为俄方并无特别过分之处,拒绝可能导致对方危害中国//到1895年下半年,赫德终于向总理衙门提交了44款邮政章程,"创邮政以删驿递"变成了当年改革讨论中的一个争议点

第六章 1896年

一

《马关条约》引发的愤怒和不安传递到了新的一年,而且这种情绪影响到了更多人。农历新年刚过,北京发生了一件奇特的"改革"事件。"昨日菜市杀太监一名",内阁侍读学士恽毓鼎日记写道:此人向慈禧太后建议"停止勘修圆明园工程",被杀时慷慨陈词。[1]太监名叫寇连材,他的遭遇受到广泛同情和赞赏。"临刑犹整冠领,自言天下将送洋人,我总对得住祖宗云云。此真前古未有之名宦,士大夫都愧之。"《中外纪闻》另一个主笔汪大燮在家信里感叹。[2]

"大家从睡梦里醒过来,觉得不能不改革了。"汪大燮的朋友张元济写道。[3] 1896年前后他们和其他几十人常聚在北京陶然亭谈论时政,这些人不少参加了北京强学会,不过汪大燮不久便觉得强学会乏味之至。[4]这位未来的民国领袖1889年中举后一直在寻找机会,但运气不佳,甲午战争后和康有为师徒意外发生交集。汪的直觉是对的,强学会很快在京、沪两地遭到封杀。

1896年1月26日,《申报》以仓促的口吻发布一条消息:强学会停办。[5]就在一个多月前,《上海强学会序》以张之洞名义刊发于沪上报刊。[6]那时张与南下金陵的康有为处于蜜月期,双方密谈多达10次,常常聊到夜深。户部主事康有为官阶虽小,两人却不乏共同兴趣,比如强烈反对《马关条约》并将失败很大程度上归咎于李鸿章。

两人会谈的成果是在广州、上海各设一个强学会分部，康有为和张之洞幕僚汪康年将分别主持两地。张之洞很快给出实际支持，拨款1500两。上海强学会16位署名发起人多为他的身边人士，包括状元张謇，他正回乡筹办实业。没等到汪康年抵沪，康有为迅速出版了第一期《强学报》，办报本是上海强学会"要紧"任务之一，[7]加上1月2日张之洞回任湖广总督，确实有必要加快速度。不过当1月12日报纸一露面，人们就发现玄机所在。康有为过分突出自己的政治诉求，其中几个细节更令张之洞大为不满。

《强学报》创刊号最让人吃惊的是封面纪年。孔子纪年被置于更显要位置："孔子卒后二千三百七十三年"写在报头下方右侧（左侧标注了"光绪二十一年十一月二十八日"），这足以让张之洞这样的高级官员不安。遵奉何种纪年在中国从来都是一种政治表达，古典天文学也因此一直为最高统治者垄断。报纸第一期刊登了《孔子纪年说》，并援引司马迁的"孔子纪年"作为支持。紧接着，一篇《毁淫祠以遵孔子议》出现在第二期，康有为借报纸放大"孔子改制"的意图至此已相当明显。

张之洞并不反对政治改革，不过这和康有为主张的并非一回事，何况用这种不无冒犯的方式表达出来，足以让外界警觉，他阻止了第三期报纸发行。在北京，一位御史1月21日参劾强学会"私立会党"，几天后上海《新闻报》发布了查封北京强学会的消息。张之洞乘机解散了上海强学会和报纸，不过他保持了政治上的谨慎，并没有因此与康有为决裂。

"当没收他们的财产并封闭俱乐部的谕令下达后，俱乐部所有可被带走的东西被运走，场地被废弃，红色封条和一个公告被贴在俱乐部的大门上。这个年轻的俱乐部过早地结束了。对于这个俱乐部是否永久结束,舆论看法不一。我肯定它在很长时间内不可能再出现。反对它的一个充足理由是以前从来没有成立过这样一个组织,革新被认为是危险的,皇帝的高级顾问们都害怕革新。"2月3日,美国公使田贝给国务卿去函汇报北京查封之事,他认为解散强学会与李鸿章无关,未免天真,不过却说出了阻碍改革的一个潜在原因:"该俱乐部的官员大多数为汉人,这是满人所忌惮和反感的。"[8]

实际上,查封北京强学会可能只是一次个人恩怨导致的意外。弹劾者御史杨崇伊系李鸿章儿女姻亲,强学会发起时李曾捐助2000两被拒。不过也有消息说梁启超的文章惹恼了翁同龢,[9]军机大臣李鸿藻出京则恰好为不满者提供了可乘之机。

很快,另一位御史胡孚宸上奏要求再次审议强学会,总理衙门被指定讨论此事,后者选择支持,并孵化出一个官书局来接替它。1896年2月24日,总理衙门提交的折子里肯定了学校、新闻纸和书籍的重要性,建议由上海直接翻译西方新闻纸和路透社消息,然后交给官书局。然而主管此事的孙家鼐对仪器和技术更感兴趣。3月4日,他提议官书局下设的四个机构已没有新闻纸,主要职能变成了翻译。[10]

二

张之洞派去主持上海强学会的汪康年早想办一张报纸。[11]他和汪大燮同族,杭州汪氏以"振绮堂"藏书闻名。[12]1890年会试落选后,汪康年投奔张之洞门下，充当幕宾和家庭教师。两湖地区人才荟萃，武汉堪称内地传媒业最发达地区，[13] 进入这个网络令他视野大开。当汪大燮来信描述太监寇连材如何勇敢时，汪康年已顺江东下，抵达上海。强学会被禁后，谁都没想到这个烂尾工程竟能生长出一番更大的事业。

本土报刊在甲午战争中的糟糕表现[14]，刺激了包括汪康年在内的不少知识精英，他一直对洋务抱有兴趣，想办一份翻译为主的报纸，计划中它是"中国公会"的一部分，[15] 这个民间改革机构没有办起来，汪却希望把办报继续下去。到上海后他不愿就此收场，执意另开局面。而且沪上报业发达，位居中国电报网络枢纽[16]，远比湖北更适合出版一张新的改革报纸。[17]

《中外纪闻》停刊后梁启超一度流落北京寺庙，他不断来信询问汪康年，急于南下。[18] 两人相差13岁，却颇有缘分，比如都跟随番禺人石德芬学习过，[19] 算得上同门。1889年，光绪皇帝大婚亲政，汪、梁这一年恩科分别得中浙江第六和广东第八，下一年会试又同时落榜。此后命运将汪康年送到张之洞幕府，把梁启超推进万木草堂，1896年他们又因为一张报纸走到一起，它定名为《时务报》。

康有为师徒觉得新报纸是自己事业的延续，因为汪康年不仅名列强学会会籍，而且接受强学会沪局余款作为启动资金，[20] 这显示了《时务报》与强学会的渊源。[21] 不过汪的视角却是武汉筹办译报未遂，沪上另开新花。一开始，张之洞对办一张新报纸并不热心，汪康年只得想方设法筹措资金，好在此时黄遵宪适时加入进来。黄是上海强学会发起人之一，即将到天津担任北洋水师营务处总办，[22] 这时正因强学会遭禁倍感郁闷。上一年他写的《日本国志》正式出版，显示出非凡的世界眼光，其中对日本改革的一些判断令不少人读后大受启发。黄遵宪可能读过汪康年写的《中国公会章程》，也赞成办一张译报，不仅同意捐资千元，[23]还答应出面募捐资金，这让他未来成为报纸的精神领袖。[24]不过黄主导设计的报馆制度不无仓促，也为日后留下隐患。

1896年5月，梁启超应邀来到上海，和汪、黄等人制定了一份5人联署公启。[25] 8月9日，崭新的《时务报》第一期正式亮相。汪康年、梁启超分任总经理、总撰述，言论和翻译并重的内容结构满足了两位主持者的不同想法。[26]报纸的模样看起来和线装书差不多，内容却一扫陈词滥调。梁启超兴奋异常，很长一段时间内几乎日夜不息，[27]新报纸令他这个年轻气盛的主笔大发异彩。"很快，在他的读者眼中，任何由他供稿的报纸都是他所主办的。"[28]首先让梁启超一举成名的是一个系列长文：《变法通议》，它分21次连载于《时务报》。[29]这种犀利明快的文风立即打动读者，一时好评如潮，[30]报纸和它的"时务体"一下子吸引了精英阶层。"报纸一开始就取得了极大的成功，在从南到北的整个帝国激起了维新思潮的涟漪。"[31]

1896年的风气确实不同于往年，连朝鲜都掀起了启蒙浪潮。[32]传教士认为最排外的湖南长沙，考场里也用上了电灯。孔圣人后裔孔令伟这一年从曲阜写信给林乐知，附上了购书单和一篇反对裹足的文章，想发在《万国公报》上。[33]"启蒙"的需求在甲午战败后一直与日俱增，《时务报》的诞生适逢其时。此前，同在上海的江南制造总局翻译馆成立虽早，出版物在很长一段时间里发行量并不大。[34]

政治批评是儒家士大夫的传统道德责任，[35] 1895年后中国出现了一个值得注意的历史现象：分散的观点得到集中，《时务报》这样的新媒介加速了个人意见归拢，进而可以形成一种体制外的公共舆论。尽管现代报纸的规律还没几个人懂，"公论""共议"这些观念却从来都是中国文人熟悉的东西，他们可以在传统和现代舆论之中找到共同的感受。[36]

尽管康有为师徒视《时务报》为己出，强学会却只是在这张报纸上投射了一个模糊的背影。报纸一开始差点又陷入孔子纪年纠纷。不过梁告诉康，那样的话其他几位创始人将难以同意，这种顾虑多少说明了报纸更为突出的公共性。事实上，《时务报》诞生后，体制内外的众多改革者和同情者找到了一个共同平台，这里似乎结成了一个更大规模的"新党"或广义上支持改变的"维新党"人。[37]康党在此暂时模糊了，尽管它从未消失。[38]在更大的新党光谱里，人们既可以看到康梁师徒、严复、汪康年，也可以看到陈宝箴、黄遵宪。多股人脉在报馆形成一股强劲合力，尽管维持它并非易事。

很快，新的政治价值观热烈地通过更现代的媒介扩散开来，几百位名人给报馆总经理的成千通信札显示，"自改革"的基础如此广泛，证明"帝国南方青年士绅普遍失望于帝国现状，普遍寄改革希望于自下而上凝聚力量"。[39]报纸首先唤起的是精英阶层，进而影响到更多的中下层知识人和识字的普通人，他们虽读过书，却很少有机会目睹外部世界的变化，过去这些人即使能获得西方和日本的信息，也无法亲自参与政治讨论，这种局面从此为之一变。

三

呼吁变革的舆论重心转入上海，很容易让人产生一种错觉：改革的指挥棒已从李鸿章那些老人手里交了出来。

过去30年洋务运动为什么会失败？1896年8月29日,《时务报》第三期发问道,这是《变法通议》第二篇的内容,旨在批评此前的改革并非真变法,而只是看重西方机器。梁启超援引一位德国首相同治初年关于中日两国的判断和预言,后者说,日本人到欧洲关注教育和制度,中国人游历欧洲却关心工厂和船炮。[40]

梁启超这些话并非刻意针对李鸿章,不过后者此时正作为"特派头等出使大臣"访问欧美,日程表上出现最多的仍是军工厂。在德国勒夫军工厂,高温车间挡不住李鸿章的热情,他亲自拿起上了油的零件端详。1896年6月13日—7月4日,李鸿章出访欧洲第二站——德国,汉纳根和海关官员德璀琳一直陪伴左右。曾任北洋海军教习的汉纳根对中国军事改革多有批评,1894年他心痛地看着自己打造的威海卫炮台落入日军之手,那里高大威猛的克虏伯大炮没能扭转败局。

对李鸿章来访最兴奋的德国人当属小克虏伯。[41] 为了迎来这位重要客人,公司自1896年3月就忙碌起来,访问期间的接待安排甚至详细到每日三餐的餐单。要知道,1877—1895年间,李从克虏伯公司订购了1666门大炮,占清政府购买克虏伯大炮总数的86%（1942门）,共耗资10822000马克。[42]

6月29日,中国贵客在克虏伯庄园里为一尊全身纪念铜像揭幕,那是李鸿章本人。根据一位代理人建议,揭幕之前3年克虏伯开始铸造这座铜像,算上大理石底座它总高超过29尺。[43] 克虏伯射击场两天后为来宾举行了一场射击表演,主角是28厘米口径新炮,它果然引起李鸿章的极大兴趣。

克虏伯火炮在普法战争特别是色当一战成功压制法军,令世界印象深刻。19世纪70年代起,这家工厂的炮械半数以上销往国外,热衷于追赶西方军事技术的中国官员也很快加入追捧之列。李鸿章对它格外青睐,淮军自此不断购置克虏伯新式后膛钢炮。[44]实际上,克虏伯还参与了中国铁路的竞争,铁轨和无缝钢管是该公司崛起时最早的核心产品。[45]进入1880年代,德国工商界普遍看重中国市场,而且不限于军火。[46]将德国重工业产品推销到中国成了俾斯麦政府的重要战略之一。

李鸿章即将拜访俾斯麦,无疑引起了很多人的关注。首先称李为"东方俾斯麦"的老克虏伯早已去世,[47]这一称呼却流传世界。李鸿章乐得接受此名,尽管两人的历史角色相去甚远。俾斯麦在1862—1890年打赢了三次战争,构筑了统一的德意志帝国和欧洲新格局,李面对的却是国内叛乱、边境入侵以及纳贡体系的瓦解。[48] 6月25日,俾斯麦身穿威廉一世赠送的军礼服到私邸门口迎接中国客人。威廉二世上台后弃用这位铁血宰相,东方重要政治家的拜访令他倍感欣慰。寒暄之后,他亲自扶着客人手臂走向饭厅。或者是因为主人看起来气色不佳,两位老人用了不少时间谈论养生和疾病,但李鸿章还是讨教了一个政治问题:"怎样才能在中国进行变革?"俾斯麦回答说:"在这里我不能断言。"[49]

会谈中俾斯麦提起当年见曾纪泽时,双方曾谈及中德联盟的可能性。他并不知道,李鸿章刚和俄国签署了一个秘密条约,中国也因此第一次和一个欧洲国家结成同盟,同时也将自己置于新的危险之中。

李鸿章此番欧洲之行肩负几个任务,比如向俄、德、法致谢和呼吁修订关税,但头等大事是出席沙皇尼古拉二世的加冕典礼。李3月启程,当他快到苏伊士运河时,为防止李鸿章被其他国家拉拢,一位俄国公爵领着俄罗斯航运贸易公司船只提前在此迎接,把一行人直接接到敖德萨,迎接他们的是一支最高规格的俄军仪仗队。财务大臣维特谋划了上述行动,他正盘算着把西伯利亚大铁路穿过中国。根据测算,取道满洲可以节约514俄里(约549公里)。此时正是推进这项计划的绝好时机,清朝高层对三国干涉还辽抱有感激,俄国人的野心李鸿章虽能洞察一二,但一想到日本人开出的冷酷条约,他再次选择"以夷治夷"的老路。出发前,李在上海告诉黄遵宪,此行关键在于用西洋牵制东洋。因法国邮船头等舱被山县有朋提前预订,他不得不在上海多逗留十余日,其间朝鲜赴俄贺使到沪,这一切不可能不让李鸿章想起惨痛的甲午战争。

俄国人称,把铁路延伸到中国的理由是为了方便派军支援。"我提请他注意,尽管当中日战事期间我们确曾从符拉迪沃斯托克派遣过一些军队,但因没有铁路运输,行动过于迟缓,以致当他们到达吉林时,战争已经结束了。"维特辩解说。[50] 他的如意算盘是俄国以盟国身份将铁路最终修到北京,通过对清朝地位及其政治制度的支持,用"和平征服文化落后国家"的方法,悄悄获得中国"所有资源"。[51]

尼古拉二世单独接见了李鸿章,对气度不凡的中国政治家印象不错,年轻的沙皇声称没有领土要求,这让李鸿章吃了定心丸。俄国人此后没费太大劲就得到了他们想要的东西。中国允许过境修筑一条从赤塔直达符拉迪沃斯托克(海参崴)的铁路,路两旁划出一段土地供运行者使用。36年后中国有权赎回铁路,但预计需要支付至少70亿卢布赎金,因此可以理解为毫无可能。俄国人的利益不止于此,他们最大的收获是可以在这段土地上配备警察,[52] 设置一支保卫它的护路军,而且这条"中东铁路"未来还将分出一条支线,从哈尔滨直达旅顺、大连。

清廷方面则收获了俄国的"保护",尽管名义上它写的是,当其中一方滨海地区遭受日本进攻时双方有义务互相保护。总共只有六条的《中俄密约》,前三项是针对日本的防卫条款,第四、五项才关涉铁路,它看上去更像一个军事同盟的补充。[53] 这是中方想要的结果,俄方也为此冷落了正在访问的山县有朋,拒绝和日本南北分割朝鲜。

《中俄密约》传回北京时奕䜣坚决反对,李鸿章认为俄方并无特别过分之处,拒绝可能导致对方危害中国。[54] 他最终签下这份密约,为此欧洲盛传他收了600万卢布贿赂。维特否认李从圣彼得堡带走任何私人好处,事实上后者还警告说,俄国人不能抱有侵略意图,如果西伯利亚铁路南下必将把两国拖入灾难深渊。因此维特称李鸿章为头脑冷静的杰出政治家,尽管私下里他认为此人对"文明世界"所知甚少。

不过俄国人也没有展示多少"文明",沙皇加冕仪式前发生了霍登广场踩踏事件,导致2000多人伤亡。惨案发生后,广场迅速被清理得什么都看不出来,一切几乎正常,"庆典并没有被取消,而是按原计划进行:一大帮音乐家在著名指挥家萨福诺夫指挥下演奏;一切都井然有序,好像没有发生过任何灾祸"。[55]

四

如果说俄、中两国在很多方面非常相似,美国无疑是李鸿章此行最不了解的另一个世界。1896年8月28日,当他乘坐"圣·路易斯"号驶入纽约,港内所有船舰鸣炮致敬,美国海军以一组最强舰队列队欢迎,一位将军卢杰(东部陆军司令)代表总统迎接客人"访问这个自由的国家"。[56]后者则告诉东道主,自己拒绝了法国人让他经马赛、苏伊士运河回国的提议,因为他很想访问美利坚合众国。

曼哈顿西街挤满了人,热情的观众挤满了街道两边的各个角落,大约有50万人围观了清国总督从下船到第五大道华尔道夫酒店之间的游行。为吸引读者,《纽约晨报》派了记者到酒店厨房里"记录李鸿章随行的四名厨子的一举一动",几家美国报纸为中国贵客是否吃了"杂碎"争论不休。[57]

9月2日,《纽约时报》安排了一次专访。记者首先请来宾对美国提一些批评。"只有一件事让我吃惊或失望。那就是在你们国家有形形色色的政党存在,而我只对其中部分有所了解。其他政党会不会使国家出现混乱呢?"李鸿章回答说。他对美国印象不错,充满好奇,20多层的摩天大楼是欧洲看不到的奇景,但对1892年出台的《基尔法案》表示气愤。"排华法案是世界上最不公平的法案,"李鸿章激动地告诉采访者,"不要把我当成清国的什么高官,而要当成一名国际主义者;不要把我当作达官贵人,而要当作清国或世界其他国家的一名普通公民。"[58]这番话多少出乎美国人意料,因为前几天他们还注意到这位总督漠视夹道欢迎的华商,没给这些同胞什么好脸色。人们搞不懂访谈中有多少话出自李的本意,有多少是英文发言人兼翻译罗丰禄夹带的时髦词。不少人觉得,清国大臣尽管老迈,头脑却比想象的复杂,如果不是凌乱的话。

9月14日,李鸿章选择取道温哥华而非美国西海岸回国,以示抗议加州排华。此前，因为批评爱尔兰人助长排华，当李抵达华盛顿时，车站的爱尔兰裔警官拒绝为他服务，报界也注意到有参议员对中国总督的言论不满。[59] 当然，李鸿章上述言行主要是一种个人姿态，紫禁城里的最高层实际上并不太关心海外华人的命运，更不愿意因此失去高额顺差的中美贸易。除了驻美外交官这些年的口头抗议，美国华人并没有得到祖国强有力的支持，而中国政治家对"华侨"一直抱有某种偏见，而且还将持续很多年。[60]

李鸿章离开中国这190天，[61] 海关总税务司赫德从头到尾关注其行程，他建议李到英国后去看一看公共场所，比如银行、邮政局、证券交易所和晚上正在印刷的《泰晤士报》。此行李鸿章确实对邮政和通信表现出很大兴趣，这让人想起几十年前被欧洲现代邮政折服的福泽谕吉。[62] 在伦敦，李鸿章目睹邮政总局人头攒动，发电报人数之多令其震惊。他向刚到访不久的巴黎和柏林去电，很快得到两国回电问候。8月18日，李鸿章赴伦敦电报总局宴请时获邀发电回国。85个字经11次转发到达上海，仅费时12分半。很快，盛宣怀的94字回电抵达伦敦，这次只花了7分钟。[63] 10天之后，当李鸿章一行在纽约邮政大楼遇到堵塞，人们注意到"李总督对邮电局很感兴趣"。[64]

事实上，酝酿已久的大清"国家邮政"在1896年早些时候已变成现实，赫德为此不无兴奋地让人在欧洲公布以下消息："谕旨已颁下，将扩充海关邮务部门建立大清邮政局，由赫德任海关总税务司兼总邮政司。"[65] 根据3月20日的一个决定，大清邮政具体章程和操办由赫德负责，中国与欧洲的邮政事宜将由其下属金登干负责。

海关方面为此努力已久，几十年来他们既要与租界的邮政网络竞争，还要面临各地官员反对。当总税务司公署从上海迁往北京，各国使馆信件收发划归海关管理。北京的外交官不可能使用官方驿站和始于 15 世纪明朝的"民信局"网络。1876 年，赫德试图把邮政和造币厂两件事加入《烟台条约》，差一点就成功了，不过英国公使威妥玛不想权力过多集中于赫德之手，后者为此几乎抱怨了 30 年。

为引起中国高层对现代邮政的注意，九江税务司葛显礼提出了一个很好的说辞。考虑到日本和其他国家在通商口岸设立邮政机构，"中国为了维持自己的体面起见，也应当开办邮政来满足这个需要"。[66] 取消西方人操办的租界"客邮局"、帮助中国收回权利，这些冠冕堂皇的理由抓住了一些政治精英，李鸿章、薛福成等人均支持新的邮政事业。1878 年底，海关发行了中国第一套邮票，到 1882 年，福建以北所有通商口岸海关设置邮政股，海关邮递规模已超过使馆和在华西方人。[67]

不过直到 1893 年北京才下决心开办全国邮政，此事随后因中日战争搁置。到 1895 年下半年，赫德终于向总理衙门提交了 44 款邮政章程，"创邮政以删驿递"成了当年改革讨论中的一个争议点，一些地方督抚明确反对，声称本省不宜或不必办邮政，另一些官员则推说要等铁路通了后再说。[68] 反对者尤以粤督谭钟麟为甚，1897 年他仍上奏指责邮局琐碎麻烦，有伤政体，请求全部裁撤。或许正是这个原因，大清邮政做事相当谨慎，直到 1911 年赫德去世之前都没有加入万国邮政公会。[69]

注释

1　恽毓鼎在二月十七日日记说，这位太监称："我虽系内监，然所陈诸事皆忠君爱国之心，即骄首市曹，亦可见祖宗于地下。"恽毓鼎：《恽毓鼎澄斋日记》，浙江古籍出版，2004年，第94页。

2　《汪大燮致汪康年函》，《汪康年师友书札》（一），上海古籍出版社，1986年，第728页。

3　张元济：《戊戌政变的回忆》，中国史学会：《戊戌变法》（四），上海人民出版社，1957年，第323页。

4　汪大燮名列强学会四名总董之一，不过他发觉另一个总董、李鸿藻的得意门生、翰林院编修张孝谦的势头很快超过康有为，成为实际主持者。汪大燮（1860—1929），浙江钱塘人，1902年出任留日学生监督，1905年后先后出使英国、日本，1913年后任熊希龄内阁教育总长，1914年后任段祺瑞内阁交通总长、外交总长，并曾暂代国务总理。

5　"昨晚七点钟，南京来电致本馆云：自强学会报章，未经同人商议，遽行发刊，内有廷寄及孔子卒后一条，皆不合。现时各人星散，此报不刊，此会不办。同人公启。"《强学停报》，《申报》1896年1月26日。

6　《万国公报》八十三期，1895年12月。另载《申报》1895年12月4日。

7　根据章程，共有四件重要事项。除了"刊布报纸"，其他三事为"译印图书""开大书藏""开博物院"，见《上海强学会章程》，《强学报》报馆、《时务报》报馆：《强学报·时务报》，中华书局，1991年，第10—11页。

8　《美国驻华公使对戊戌变法的观察》，《史林》2018第4期。

9　吴樵给汪康年信中称："京会闻发难于卓如之文，渠有《学会末议》一篇，甚好，脱稿后曾以示樵，不知局中谁人献好，闻于政府（原注：闻系常熟），遂嗾杨崇伊参之。而杨与合肥之子为儿女亲，因此亦可报复。"《汪康年师友书札》（一），第463页。吴德潇（1848—1900），四川达县人，进士，曾任知县；吴樵（铁樵，1866—1897），吴德潇之子，父子均参加上海强学会。他们写给汪康年的信中谈到北京、上海强学会始末，北京强学会被劾奏可能与梁启超所撰《学会末议》有关。参见汤志钧：《吴德潇、吴樵谈强学会》，《汤志钧史学论文集》，上海社会科学院出版社，2013年，第52—55页。

10　总理衙门注意到西方消息如何在烦冗的程序里从新闻变成旧闻。这份奏折提醒说，各国报纸从西方寄到上海费时已久，上海翻译后仍需要一个多月才能印刷，最后新闻变成旧闻。从强学会到官书局这一段历史来看，康、梁和孙家鼐已初显身手，"尽管并没有直接过招，双方似也未意识到对方的存在"。此后官书局在孙的主持下一无起色。（《戊戌变法史事考二集》，第219页）孙家鼐（1827—1909），安徽寿县人，咸丰九年（1859年）状元，授翰林院修撰，1878年受命与翁同龢侍读光绪帝，1898年任吏部尚书、主办京师大学堂。

11　梁启超称此为汪氏"数年之志"。《梁启超致汪康年函》，《汪康年师友书札》（二），第1831页；汪康年之弟汪诒年称："先生中岁（1889年中举）以后，怵于时世之危迫，思欲有所设施而迄不获遂其志，不得已始藉报章以发抒意见"。(汪诒年:《汪穰卿先生传记》，中华书局，2007年，第221页) 又称1894年战争爆发后上海报刊无一可信，遂产生办报之志。因此有一些学者认为汪有志于办报较梁启超更早。实际上，汪、梁等人对报纸的兴趣大约都形成于甲午战败之后的1895年，办报时间则因各自时机不同而已。

12 汪家来自安徽黟县，科举之名自汪康年六世祖汪宪（1745年进士）开始。汪氏"振绮堂"藏书从此闻名浙西，与浙东天一阁等成为浙江士林最关注的几个藏书之处，这个藏书超过65000卷的藏书楼毁于太平军攻占浙江之后，汪家超过150名家族成员死于非命。

13 受益于高度推进的都市化和租界，汉口1870年代后慢慢成为内地传媒业最发达的地区，尽管1870—1880年代的几次中文报纸出版都未能持久，却开启了现代新闻业。汪康年来到武昌的第三年，非官方商业报纸《汉报》在汉口创办，该报从1893年一直持续到1900年。

14 "中国报纸登载的都是打胜仗的消息，但是下一天报导的又同前一天的互相矛盾，结果中国人都不相信自己报纸登载的消息。"方富萌译:《同文书会年报》第八次，《出版史料》1990年第1期。

15 1895年草拟的《中国公会章程》草案中包括出版译报的设想，汪康年计划"附刊于译报之后，如款项稍充，则会报宜别行，专报会中事务"，即拟单独发行译报。"当时公会未能仓猝成立。乃议先设报馆，以为声应气求集合同人之枢纽。"《汪穰卿先生传记》，第40页。

16 电报被认为是现代新闻业的标志，"从新闻业的角度来看，中世纪是在1860年结束的"，因为在1860年，"国际新闻真的可以从世界各地通过电缆在第二天早上送到人们的餐桌上。特快消息不再以天来计算，或者在遥远的地区是以星期或月来计算，而是以小时甚至分钟计算"。《资本的年代》，第74页。

17 上海活跃着一批中外报纸，人们习惯以此更新对外部世界的认知。"上海人成为中国近代第一个传媒化的族群"。周武、吴桂龙:《上海通史（第5卷）:晚清社会》，第391页。

18 "此事甚善，中国命脉所系也。弟初十间当至沪商略一切，望君必待我……"《梁启超致汪康年函》，《汪康年师友书札》(二)，第1832页。

19 石德芬（1852—1920），广东番禺人，1873年中举人，曾在广西任知府。1888年与人合办学馆，所授多为训诂词章。汪康年自5岁定居广州，一直跟随父亲在广东生活，其父20岁中举人后一直为家庭艰难谋生，直到1882年病逝仍只是一名七品候补官员。石德芬为汪康年7位短暂老师中的最后一位，梁启超则在学海堂之外，曾经跟随石德芬学习词章训诂。

20 汤志钧:《戊戌变法史》，人民出版社，1984年，第171页。

21　"时务报之创办,在精神上即为强学报之延续,在经济上亦有赖于强学会余款及诸会友之捐助。"李瞻:《中国新闻史》,(台)学生书局,1979年,第115页。

22　1894年底黄遵宪结束外交生涯回国后,以道员身份往返苏州、上海,和日本总领事商议苏州开埠通商之事,因为张之洞不放人,黄遵宪先奉旨在北洋水师营务处担任总办之后,再奉旨暂留江苏办理教案商务各事宜。见《黄遵宪若干重要史实订正》,孔祥吉、(日)村田雄二男:《从东瀛皇居到紫禁城:晚清中日关系史上的重要事件与人物》,广东人民出版社,2011年,第1—10页。

23　根据《时务报》第十八期公报的捐助名单,黄遵宪捐银1000元,汪康年、梁启超联合捐银620元。《强学报·时务报》(二),第1243页。

24　有学者认为《时务报》创办"出力量最多的是黄遵宪"。方汉奇:《中国新闻事业通史·第1卷》,中国人民大学出版社,2004年,第554页。

25　1896年8月9日创刊时署名5人为黄遵宪、汪康年、梁启超、邹凌翰、吴德潇。

26　出版周期为每月出刊3次(旬刊),内容包括论说、谕折、京外近事、域外报译。其中"域外报译"后又分为西文、东文、法文报译,占全刊一半以上,可以说同时满足了"译报"的设想。

27　"六月酷暑,洋蜡皆会流质,独居一小楼上,挥汗执笔,日不遑食,夜不遑息。记当时一人所任之事,自去年以来,分七八人始乃任之"。梁启超:《创办〈时务报〉源委》,《戊戌变法》(四),第526页。

28　(美)浦嘉珉著,钟永强译:《中国与达尔文》,江苏人民出版社,2008年,第82页。该书称"尽管形形色色的官员提供了大部分资金,而汪康年——经理、撰稿人以及后来的编辑——是真正的创办人"。(同上)

29　连载于《时务报》第一至四十三期。《变法通议》包括《自序》和13篇文章,前11篇发表于1896年—1897年《时务报》,两篇发表于《清议报》,日后修改版被送呈光绪帝。

30　如郑孝胥在南京致函汪康年,称"梁君下笔,排山倒海,尤有举大事,动大众之慨"(《郑孝胥致汪康年函》,《汪康年师友书札》,第2971页);陈三立大夸梁启超为"旷世奇才"(《陈三立致汪康年函》,《汪康年师友书札》,第1983页);张之洞的幕僚叶瀚致函称梁启超"大才抒张"(《叶瀚致汪康年函》,《汪康年师友书札》,第2560页)。

31　《亲历晚清四十五年:李提摩太在华回忆录》,第242页。

32　1896年初,甲申政变时开化派领袖之一徐载弼(1866—1951)回国,他已获得美国国籍。4月创办了《独立新闻》,7月捣毁了迎恩门(昭示中国宗主国关系),一个朝鲜启蒙组织独立协会也于当年成立。

33　1897年，广学会回顾过去一年时写道："林乐知博士还从孔子家乡山东曲阜收到孔子的后裔孔令伟写来的信，信中说：'我们这个省的人闭塞无知，对外界的事极不了解。有几个城镇特别如此。去年我看了你编的《万国公报》，知道你很爱中国，对此我很感谢，附上购书单一份，请告诉这些书的价目。'他还在信中寄来一篇反对缠足的文章请〈公报〉刊登。"《广学会年报》（第十次），《出版史料》1991年第2期。

34　从1871年到1879年，该馆共刊印书籍98种，每种印数仅300册左右。（上海图书馆编：《江南制造局翻译馆图志》，上海科学技术文献出版社，2011年，第33页）江南制造局所译西书实际并不算贵，"平均每本只有三四斤或五六斤白面价钱，稍有余裕的知识分子是负担得起这种价格的"。（周振鹤：《中人白话》，华东师范大学出版社，2001年版，第10页）如果想到福泽谕吉所著《西洋事情》1866年出版后的惊人发行量，对比令人印象深刻。（"它的初编，经我手发行的部数就不下十五万部。加上当时在京都大阪一带流行的伪版发行量，约有二十万至二十五万部之多。"《福泽谕吉自传》，第274页）

35　儒家知识分子，"当他们认为王朝的过失尚可以弥补时，就充当批判者和监察者；假如他们觉得当今朝代的腐败过程不可扭转，也会预言新王朝的诞生"。杜维明：《中国古代儒家知识分子的结构与功能》。见许纪霖主编：《20世纪中国知识分子史论》，新星出版社，2005年，第39页。

36　近代意义上的"公共领域"之所以在上海首先出现，和新闻纸的大量涌现关系至大。后者被公认是构建现代世界的"公共领域"力量之一。德国海德堡大学汉学系曾组建一个研究小组，名为"中国公共领域的结构与发展"，由汉学系主任瓦格纳（Rudolf Wagner, 1941—2019）主持，他们受到哈贝马斯关于报刊在欧洲公共领域形成中发挥重要作用的启发，试图从早期中文报刊角度切入中国公共领域的研究，认为上海早期的报纸特别是《申报》已经开创了不受政府的控制"言路"，从而形成了体制外的公共舆论。（详见周婷婷、郭丽华、刘丽：《海德堡大学汉学系早期中文报刊研究概况》，《新闻大学》2007年秋季号）

37　严复1898年刊发于《国闻报》的《论中国分党》一文中说："支那现所称之维新党，大约即指变法诸人而言。"（《戊戌变法》（三），第76页）整体而言这个群体形成于甲午之后，但立场、动机各异。严复在这篇文章里有较多分析，称"与守旧党比，不但千与一之比，其数极小，且此党之中，实能见西法所以然之故、而无所为而为者，不过数人"。（同上）

38　事实上康有为的政治观念并非其独有，只是更激进一些，或者说是"最公开和最明显的部分"。"维新变法作为思想运动看起来可能最像一种带有各种颜色的光谱"，"在较温和的一端往往可以发现由等士大夫所代表的思想类型，他们也同意康有为的需要改制的主张，但是未必同意他对儒家学说所作的激进解释。在这个温和派别中，某些思想状况本质上和自强运动提倡者张之洞与李鸿章等人的态度基本上并无二致。可是，在比较激进的一派，其观点和同时代的革命运动很难区别，某些方面甚至更加激进"。见《剑桥中国晚清史》（下），第293页。

39　朱维铮：《维新旧梦录——戊戌前百年中国的"自改革"运动（导读）》，朱维铮著，李天纲整理：《序跋集》，浙江大学出版社，第107页。（《维新旧梦录》一书为朱维铮、龙应台编著，生活·读书·新知三联书店，2000年）

40　"德相毕士麻克语人曰：三十年后，日本其兴，中国其弱乎！日人之游欧洲者，讨论学业，讲求官制，归而行之。中人之游欧洲者，询某厂船炮之利，某厂价值之廉，购而用之。强弱之原，其在此乎！呜呼！今虽不幸而言中。""论变法不知本原之害"，录自《时务报》第三册（1896年8月29日）、第三十九册（1897年9月15日），《梁启超全集》（第一集），第29页。

41　小克虏伯（Friedrich Alfred Krupp，1854—1902），此时为德国克虏伯家族企业所有人。

42　HA Krupp, WA 4/805，李洁：《李鸿章与克虏伯——以1896年在克虏伯庄园的访问为例》，李雪涛主编：《寻找》（第一辑），大象出版社，2017年。

43　1906年，上海李公祠落成，克虏伯公司将通过信义洋行经理（英）满德（H. Mandl）将李鸿章铜像赠给李鸿章之子李经迈，1906年2月21日举行揭幕礼，这座铜像1950年代后去向不明。

44　1874年，清政府因日本控制琉球展开过一次著名的海防大讨论，沿海督抚中8人论及克虏伯炮，特别是李鸿章，他分析评价了一番西方兵器后特别推荐克虏伯。此外，湘军中左棠部也较早地引进了克虏伯大炮，并在收复新疆的战斗中发挥了作用。

45　"1848年法国国王被推翻，德意志发生了革命，而普鲁士的势力迅速崛起成了德意志的领导力量，克虏伯也随之繁荣起来。统一的德国要进行基础设施的建设，基建所必需的铁轨和无缝钢管则由克虏伯提供。在克虏伯公司的鼎盛时期，每天要生产两万米铁路钢轨，即20公里的铁轨。其中很大一部分铁轨销往美国，美国在南北战争结束以后也在扩建自己的铁路网。"（德）戴安娜·玛利亚·弗里茨著，吕巧平译：《钢铁双雄：克虏伯和拜茨》，华夏出版社，2000年，第10页。

46　一位法国驻柏林官员1886年注意到《北德意志日报》如此写道："负责建造中国船只、铁桥、电报和铁路的国家，在许多年以内多少可以避免工业和社会的危机。毫无疑义，这样一个前景是值得注意的。"见《十九世纪的德国与中国》，第325页。

47　（德）阿尔弗雷德·克虏伯（Alfred Krupp，1812—1887），1875年，他在一

第六章　1896年

封祝贺信里称刚被授予文华殿大学士的李鸿章为"中国的俾斯麦"。

48　李鸿章与俾斯麦的比较，见（美）费正清著，刘尊棋译：《伟大的中国革命：1800—1985》，第103—104页。

49　当客人即将离去时，俾斯麦意味深长地说了一句："对中国来说，希腊有一个谚语：一切在流动，一切又都碰撞在一起。"临走前李鸿章在纪念簿上写满了一整页的汉字表达："三十年前，我怀着钦慕之心听说了这位本世纪最伟大的人物。这次出使欧洲期间，能够在弗里德里希斯鲁庄园见到俾斯麦首相，并愉悦地在这本书上写下我的名字，这给了我无以言喻的巨大满足。"见《柏林交易报》1896年6月27日，《海外史料看李鸿章》(上)，第178页。

50　《维特伯爵回忆录》，第65页。

51　《俄国在满洲：1892—1906》，第412页。

52　密约签署之后，1896年9月8日，维特派华俄道胜银行总办同清政府驻俄公使许景澄，在柏林签订中俄《合办东省铁路公司合同章程》，其中规定的中国权利很少。更重要的是，1896年12月4日，俄国单方面制订了《中东铁路公司章程》，共30款。根据章程，俄国掌握了中东铁路公司的行政管理权、附属地司法权和警察治安权，清政府对此并未加以反对。

53　《中俄密约》约文全篇：第一，日本国如侵占俄国亚洲东方土地，或中国土地，或朝鲜土地，即牵碍此约，立即照约办理。如有此事，两国约明，应将所有水陆各军时所能调遣者，尽行派出，互相援助。至军火、粮食，亦尽力互相接济。第二，中俄两国既经协力御敌，非由两国公商，一国不能独自与敌议立和约。第三，当开战时，如遇紧要之事，中国所有口岸均准俄国兵船驶入。如有所需，地方官应尽力帮助。第四，俄国今为将来转运俄兵御敌并接济军火、粮食以期捷速起见，中国国家允于黑龙江、吉林边地，接造铁路，以达海参崴。惟此项让造铁路之事，不得借端侵占中国土地，亦不得有碍大清国大皇帝应有权利。其事可由中国国家交华俄银行承办。至合同条款，由中国驻俄使臣与银行就近商订。第五，俄国于第一款御敌时，可用第四款所开之铁路运兵、运粮、运军械：平常无事，俄国亦可不用。但此铁路运过路之兵粮，除转运暂停外，不得借他故停留。第六，此约应由第四款约批准举行之日算起照办，以十五年为限。届期六个月以前，两国再行商办。见吉迪整理："李鸿章《中俄密约》交涉未刊密电稿"，庄建平主编：《近代史资料文库》(第三卷)，上海书店出版社，2009年，第400页。另可参阅锺叔河主编，蔡尔康等著：《李鸿章历聘欧美记·出使九国日记·考察政治日记》，岳麓书社，1986年，第17—18页。不过据1896年出版的《北华捷报》披露，实际条款更为复杂，其中包括中国租界胶州湾15年给俄国等，但这种说法并无确切文本作为依据。

54　窦宗仪编著：《李鸿章年(日)谱》，国家图书馆出版社，2011年，第353页。

55 参见（俄）谢尔盖·尤利耶维奇·维特著，李晶、杨怀玉、张丽、叶柏川、王福曾译，李玉贞审校：《维特档案》"李鸿章访俄"一节，社会科学文献出版社，2017年。当李鸿章走上观礼台时问起："是否准备把这一不幸事件的全部详情禀告皇上？"在得到肯定后他摇着头对维特说："你们这些当大臣的没有经验。我任直隶总督时，我们那里发生鼠疫，死了好几万人，可我在给皇帝的奏章中一直都说我们这里太平无事。"（同上）

56 《帝国的回忆——〈纽约时报〉晚清观察记》，第309页。

57 《华盛顿邮报》报道说："他几乎没怎么碰面前的佳肴，而且滴酒未沾，当主人注意到这一点后，就让人将杂碎和筷子放在他的桌前。这时，他便尽兴地吃起来了。""但据《纽约晨报》更为细致的报道来看，李鸿章在这场纽约之行中从来没有吃过杂碎，而许多报社及新闻社却一遍又一遍地声称他确实吃过。"（美）科伊著，严华容译：《来份杂碎：中餐在美国的文化史》，北京时代华文书局，2016年，第180页。

58 《李鸿章接受美国记者采访录》，1896年9月3日，《帝国的回忆——〈纽约时报〉晚清观察记》，第337页、第340页。

59 见 The Philadelphia Inquirer（《费城调查者报》或译《费城询问报》）1896年9月7日。李秀清：《中法西绎:〈中国丛报〉与十九世纪西方人的中国法律观》附录二：美国报纸有关"蒲安臣使团""李鸿章使团"之报道选译，上海三联书店，2015年，第216页。

60 从晚清到二战期间，中国民族主义者宣传海外华人被重新动员并纳入了中国，但有学者认为，域外的中国民族主义并不强调这种包容，而是建立在将之分离为一个次民族团体，特别是当团体被冠以"华侨"或旅居者的名称之后，中国政治家强调华侨的优良品格只是由此可以拉近华侨与中国的关系。而事实却是，对移民的偏见始终存在，中国人仍将华侨视为粗野、落后的，甚至是已经失去了"华人性"的。详见王纯强：《约莫是华人："华侨"与海外华人的边缘化》，《华人研究国际学报》2017年第9卷第1期。

61 李鸿章一行1896年3月28日离开上海，同年10月3日回到天津，访问9个国家，历时190天。

62 福泽谕吉回忆录称："在法国首都巴黎期间，曾想给谁寄封信，偶向一位来客打听发信的手续，客人即从钱包中取出一张四方形的印刷纸片对我说，把这张邮票贴在信上，就能马上寄到对方手中。我问他那是托'飞脚屋'办理吗？对方说不是，巴黎没有日本那样的'飞脚屋'，街上到处有信箱，所以只须把信投入信箱中，信自然就会按照信封上的地址送到那里。这件事更加不可思议。"《福泽谕吉自传》，第292页。

63 《李鸿章历聘欧美记·出使九国日记·考察政治日记》，第120—121页。

64 "他指着大楼不停地向卢杰将军询问着什么。"《李鸿章纽约访问记》，1896

年8月29日,《帝国的回忆——〈纽约时报〉晚清观察记》,第317页。
65 《赫致金第651号》(1896年3月27日),《中国海关密档——赫德、金登干函电汇编1874—1907》第九卷(电报),第21页。
66 "1877年5月16日九江关税务司葛显礼呈赫德文第36号",中国近代经济史资料丛刊编辑委员会编:《中国海关与邮政》,中华书局,1983年,第3页。葛显礼在《创设通商各口岸官信局节略》称:"中国过去已经仿行了西方的许多新政,例如造船厂和兵工厂等等,现在继续仿照西法设立象邮政局这样的机构,也已经是时候了。开办邮政是对于人民的好事,也是国家收入的一个来源。"(同上)
67 卢汉超:《中国第一客卿:鹭宾·赫德传》,第160页。
68 驿站传递关涉协助转运、承应来往官宦,牵涉官员们的切身利益。比如裕禄认为,裁驿置邮所省无几,于公事大有妨碍。谭钟麟干脆称邮政为"广东所不必办者,应毋庸议"。地方督抚对邮政的意见,见张海荣:《甲午战后改革大讨论考述》,《历史研究》2010年第4期。
69 大清邮政没有加入万国邮政公会(今译万国邮政联盟),但遵守其惯例和章程。赫德不积极推动此事的原因,除了邮政还不完备,很重要的一个考虑是入会后邮政需与海关系统分割。1914年3月1日,中国加入万国邮政联盟,1951年4月中华人民共和国被剥夺在万国邮联的权利,1972年4月13日恢复。

第七章

1897 年

就在南洋公学开学前一个月,安徽巡抚邓华熙向北京奏请各省在省会另设新式学堂,获得批准//梁启超等人到长沙后把新政推向一个新高潮,此时第一批学生已经到位,时务学堂的选拔异常激烈,参加乡试的考生传出招生消息后,大约4000人报考了第一场考试//《马关条约》之后中国知识精英焦虑不安,翻译《天演论》可以说是这种焦虑的产物之一//"远东历史新的一章已经开始了",莫理循写道。11月底,他到达烟台后英国领事告诉他,德国人已占领胶州湾

第七章　1897年

一

中国似乎从巨大的战败阴影里重新站了起来,尤其对商业来说。一份1896年的海关报告说,上海"贸易增加,制造业活跃非凡。战后推动复苏的各种力量,开始显示出肯定的效果。到处呈现出一派繁荣景象"。[1]

1897年一开始,新气象仍在继续。2月11日,一家名叫商务印书馆的印刷工厂在江西路租来的三间房屋里开张,谁也没想到,最初只有一台手摇印刷机的这家小机构,[2]日后会成为一块金字招牌,竟影响到中国的一般国民教育。[3]

夏瑞芳从基督教长老会清心堂毕业后曾经给几家英文报馆排字,[4]包括他在内的几位商务创始人均有美华书院背景。他们获得的第一桶金是翻印英文读本,以满足越来越多的英语学习者,这些人之前使用的是英国人为印度学生编的一套教科书,它没有中文注释,读起来很不方便。夏瑞芳请教会翻译家谢洪赍[5]加上译注,把新书的中文名定为《华英进阶》(*English and Chinese Primer*),结果第一册印出来后2000册很快卖光[6],几个人随后正式从美华书馆辞职。夏和另一位主要创始人鲍咸昌皆为基督徒,体贴工人、聚精会神的敬业精神极大帮助了他们,[7]技术工艺则是新公司崛起的另一个原因。[8]不过商务印书馆从一家印务公司转变为文化重镇,要等到张元济从南洋公学辞职加盟之后。[9]

南洋公学也诞生于1897年，它拥有两幢当时罕见的教学、住宿大楼。这得益于盛宣怀的能量，后者时任轮船招商局、电报局董事长，他要求两个机构每年分别拨款5万两银子和5万美元。这很快吸引了大量学生，因为一经录取他们的膳宿、学费将全部免除。根据盛宣怀的设计，这所学校的学生有机会被选调出国学习，回国后再到总理衙门和各地任职。1896年10月，他在开办南洋公学的一个奏请里称，当今日本的杰出人物，均为过去各藩选拔"就学外国"的结果。[10]

南洋公学原打算叫南洋大学，以便和天津的"北洋大学堂"遥相呼应，后者同样与盛宣怀有关。不过"北洋"虽称大学，开办后仍旨在培养洋务工程技术人员。[11]盛宣怀调任上海后决定另起炉灶，他请美国人福开森担任"监院"，后者建议使用"学院"而非"大学"。[12]南洋公学真正的校长总理何嗣焜，[13]盛宣怀的常州同乡。何考察北洋大学后认为该校主要服务于商人子女，上海的新校应该提高门槛，它的理想应当是让传统知识精英子女懂现代学科，并能用中文记录自己的思想，这样"现代学科将很容易变成更为广泛的文化的真正组成部分"。[14]

1897年春天，南洋公学举行第一次考试，录取了30名20岁到30岁的"师范生"，其中有几个举人，其余几乎全是秀才。他们将用一半时间学习，一半时间去教未来更年轻的学生，这些人构成了4月8日开学的班底。南洋公学也因此被人视为中国第一所现代师范学校，而且它很可能是最早接近西方大学面貌的本土学校。"在汉语教学中，我们废弃了八股文，而要求学生每周写作文。我们为师范生开设了历史、诗歌和作文等专门课程。就我所知，这个学院是开创本国语言和文学的现代教学体系的第一所院校。"[15]

由于入学竞争异常激烈，不少高级官员、富商家庭子女预考失败被拒之门外。南洋公学一次只取几十人的招考,应试者常多达数百甚至千人。尽管它面向全国,录取者仍集中于上海、苏州一带,这本是传统科考优胜者最集中的区域之一,此时很多人被新潮流吸引了过来。后来在这所学校第一批选送日本留学的名单里,人们可以发现雷奋、杨廷栋这些名字,他们回国不久便崭露头角,变成立宪运动的年轻领袖。

1895—1897 年,包括盛宣怀在内的不少人,深刻意识到更新观念和知识对改变国家的重要,而这一切必须从改变学堂和考试开始。改造传统科举很难一下子完成,一些人便选择另起炉灶。就在南洋公学开学前一个月,安徽巡抚邓华熙向北京奏请各省在省会另设新式学堂,获得批准。[16] 几个月后,久居上海的传教士李佳白在《万国公报》呼吁推广新学,同时补充改造旧学。中国人不能逃出地球自成一个世界,他对那些宣称中国与外国不一样的人警告说。[17]

1897 年 6 月底—7 月中,黄遵宪两次与翁同龢在北京讨论如何推进改革,他建议把"开学堂"作为重点,翁对此非常欣赏。黄遵宪刚被任命为湖南盐法道兼署理按察使,他随后奔赴湖南,那里即将成立的时务学堂不久将变成教育改革的暴风眼,不少当地士绅不安地发现,这所学堂里请来的几位教师,关注的远非学问本身。

二

时务学堂酝酿于 1896 年冬天,一开始是几位士绅筹备一家公司的产物，[18] 打算开的课程相当实用，比如天算、地舆、制造、汽化、光电。[19] 这两年湖南改革气氛很浓，陈宝箴调任湖南巡抚（1895年）后一直大力推行新政，比如在长沙铺设道路、路灯和电报。这些事在沿海城市并不新奇，但湖南素来保守，在1891—1892年长江流域爆发的著名排外运动中，湖南宁乡籍官员周汉印制了几十万份小册子流传各地，[20] 西方人称之为"湖南出版物"。

《马关条约》签署后外资工厂得以合法开进中国，这导致上海以外的国际人群快速增加，也意外扫荡了中国的工业化阻力。[21] 为了保卫本地经济，一群士绅实业家冒了出来，他们努力设立工厂，保护家乡经济利益。危机感让很多内地精英放弃了之前的保守姿态，湖南士绅积极响应陈宝箴带来的新变化，一些人为此回到故乡，比如翰林院庶吉士熊希龄，上一年他投书张之洞呼吁变法，随后被任命为两湖营务处总办。整个1897年，熊希龄忙着为时务学堂筹款，不仅从两江总督刘坤一那里争取到每年7000两盐厘收入，[22] 还得到了黄遵宪的公款支持。到11月29日，备受关注的学堂终于正式开学。熊被任命为时务学堂总理（校长），他和蒋德钧、谭嗣同等9人组成董事会。[23] 候选道蒋德钧是学堂最早的倡议者，正是他首先提议邀请上海《时务报》翻译李维格、主笔梁启超分任西文、中文总教习。

梁启超因为与报馆总经理汪康年发生摩擦，这一年身心疲惫，正打算去杭州西湖读书休养。《时务报》创刊后好评如潮，但康有为师徒不久便意识到它无法充当"党报"，转而去澳门筹划出版另一张新报纸——《知新报》。实力雄厚的澳门商人何廷光愿意为此提供资金，团队则全部来自康门。《知新报》出版于《时务报》创刊半年之后，从这时起梁启超第一次显示出疏离上海之意。汪康年觉察到康有为师

第七章　1897年

徒的心思，但暂时选择妥协，不过报馆一些人反对用《时务报》推广澳门新报纸，[24] 梁启超最后只担任了《知新报》撰稿人而非主笔，1897年3月他回到上海，与汪的矛盾开始浮现。[25] 此事虽经调停暂时平息，万木草堂弟子与其他人却日渐隔阂，新加入报馆的章太炎因此被殴，逃回杭州，《时务报》内部冲突开始被外界描述为浙、粤地域之争。

熊希龄等人先后给汪康年去信，督促梁启超入湘，上海方面被迫同意。[26] 梁启超不久奔赴长沙，憧憬来一场中国版明治维新。黄遵宪、谭嗣同等人齐聚湖南令他兴奋。在梁看来，变法的根本就是人才和开办学校。[27] 去湖南前康有为师门讨论了几种教学办法，梁主张激进，康有为对此虽有迟疑，但没有反对。[28] 11月14日，梁启超、李维格抵达长沙，一起来的还有三位担任教习的康门弟子：韩文举、叶觉迈、欧榘甲。他们受到各界欢迎，至少表面上如此。《时务报》创始人之一黄遵宪自不必说，陈宝箴和张之洞对《时务报》主笔也一直青睐有加，上一年底张以异乎寻常的高规格邀请梁启超访问武汉，尽管没过多久，后者大胆的文章便激怒了湖广总督。

湖南省内最欢迎上海来客的是浏阳人谭嗣同和唐才常。谭名列《时务报》董事，陈宝箴新政后辞掉官职（南京候补知府）回乡。他算得上康有为的私淑弟子，对后者理论的认同最初来自梁启超的转述。甲午战争中湘军在牛庄的溃败惊醒了不少湖南人。湘军崛起于对抗太平军，曾国藩、左宗棠等人挽救清廷于既倒，让谭嗣同这样的后来者深感不安，甚至一度"耻恶湘军"。与主张忠孝的曾国藩相比，新一代湖南知识精英赋予了自身更多反叛者角色。[29] 谭嗣同和就读于两湖书院的唐才常眼界开阔，不安于现状，1895年联手创建"算学社"，[30] 得到了湖南学政江标支持，但将一所书院改为算学馆的决定遭到不少人反对，湖南的新旧之争从此拉开序幕。陈宝箴到任后支持浏阳的变化，下令印刷1000本《兴算学议》发给湖南各书院，以此为新政制造气氛。

梁启超等人到长沙后把新政推向一个新高潮，此时第一批学生已经到位。时务学堂的选拔异常激烈，参加乡试的考生传出招生消息后，大约4000人报考了第一场考试（9月24日），最后只有40名学生通过严格的复试，其中最引人注目的是蔡锷，他年纪最小，却名列招考第三，这批人很快成为省内讨论的热点，他们则很快被课堂里的内容惊愕。

借助《公羊》《孟子》宣传民权是教员们的主要方法之一，唐才常、谭嗣同对此相当赞成，此前他们在王夫之的著作里寻找本土的"民权"脉络，在很多方面可以说有过之而无不及。不过青年学生们开始却并不都认同这种诠释，几位教习的批语逐渐改造了他们的观念。"开学几个月后，同学们的思想不知不觉就起了剧烈的变化，他们像得了一种新信仰，不独自己受用，而且努力向外宣传。"[31] 学生作业和教师批语的互动，很快变成一种有效的启蒙方式，它大胆质疑、批判时局，带着明显的反叛色彩。

梁启超用批语一再提醒学生，要从世界的、文明的眼光观察中国政治制度的一些痼疾，比如最高统治者应该废掉被西方嘲笑的跪拜之礼。他还流露出明显的排满之意，不仅把《扬州十日记》里的屠杀者称为"民贼"，甚至还直称："惜君统太长，无人敢言耳。"[32] 实际上，梁的故乡新会更容易唤醒这种情绪，那里因灭亡南宋的崖山之战闻名，清初这座小城再次目睹悲剧一幕，汉族将军李定国1654年指挥新会战役失败，"南明复兴的希望从此化作泡影"。[33]

其他教习同样激烈，韩文举抨击君臣之义，称这只是甘为奴隶，他告诉学生们，世界上的政治制度以美国最佳。[34] 这些发生在时务学堂里的讨论，随着年假学生返乡扩散出去，很快传播于各地士人圈。

1897年底，学堂之外另一个呼吁改革的新舞台——南学会呼之欲出，谭嗣同想借此先扩大士绅权利，再扩张民权，梁启超有类似构想。[35] 不过看过章程的会长皮锡瑞担心，绅权被过分突出了，可能留下隐患。[36] 陈宝箴很快批准了南学会，但他在1898年2月成立大会上并没有提"民权"这些词，而是强调自治救国。大约300多名湖南精英参加了第一次集会。它隐约带有地方议会色彩。直到此时，湖南士绅尽管立场不同，仍保持了表面上的团结。

三

湖南的学堂和报纸比如《湘学报》常有大胆之论。[37] 但这一年让张之洞警惕的却是《时务报》上的一些文章，比如严复写的《辟韩》，它最早发表于《直报》上（1895年），那时影响不大，《时务报》1897年4月转载后却放大了威力。

《辟韩》批评唐代学者韩愈写的《原道》，对儒家经典君臣伦理发出质疑，紧接着讨论起君民关系，然后大胆做出如下判断：君主独治下的中国人形同奴隶，以此和西方人竞争无所不败。[38] 这篇文章本为反思甲午战败而作，用词相当激烈，比如"秦以来之君，正所谓大盗窃国者耳"。[39] 为此，湖北人屠仁守迅速撰文驳斥，[40] 被认为传递了张之洞的愤怒。

与此同时，严复翻译的《天演论》也浮出水面。《天演论》大约完成于1896年10月，此时尚未出版，1897年春天严复提前把它发给梁启超，后者读后兴奋异常。[41] 在刊发《辟韩》的那一期报纸上，梁启超也讨论起进化论，并在脚注中把译者介绍给读者。[42] 梁对《天演论》无疑做了改述，却也给出了到当时为止最清晰明了的陈述："人类既是猩猩的后裔又是从它们进化而来的。"[43] 人们还注意到，就在一个多月前，《时务报》在中文竖排封面下方加上了一个充满进化论气质的横排英文名字："The Chinese Progress"。[44]

《时务报》的成功鼓舞了远在天津的严复。不知是被越来越糟的时局刺痛，还是为报刊魔力所吸引，1897年10月他亲自上阵，出版了一张新报纸——《国闻报》。此前，天津出版的《直报》已相当引人注目，它得益于报纸的西方背景。天津继上海之后成为另一个舆论中心并非偶然，这里和世界上所有重要的港口城市相似，需要用新闻纸传播轮船班次、时间和票价信息。为此，天津海关税务司德璀琳、怡和洋行总理笳臣10年前就创办了《中国时报》(1886年)，它一度被称为远东最好的报纸。

《国闻报》也是几个人合作的产物，[45] 新事业开局不错，一年之内严复写了42篇社论中的28篇，与《时务报》南北呼应，声名鹊起。报纸学习《泰晤士报》，创刊一个月后出版了旬刊《国闻汇编》，它只办了六期，却掀起了《天演论》席卷中国的浪潮。[46] 这本书的第一个高潮出现在1898年，价格不菲的《天演论》第一次正式出版便畅销各地，因为它不仅看起来揭示了中国危机的根源，更指出希望所在。何为"天演"？严复将之归纳为"天择"和"物竞"，并强调力量来自当下，而非传统圣人。[47]

实际上，在康德宣称把人类视为由恶向善稳步前进的理性物种之前，西方人对竞争和进步并不敏感，直到基督教救世和未来天堂理念笼罩欧洲大陆，新的进步观念才开始普及。在中国，点燃生存竞争情绪的正是严复。《马关条约》之后中国知识精英焦虑不安，翻译《天演论》可以说是这种焦虑的产物之一。严复并不想把自己看作一个中介，而是"尝试通过翻译和评述，构建中国的智性政治"。[48] 他选择这本书的前半部"进化论"，却放弃了后面的"伦理学"，[49] 因此当时没几个人知道这本书的原名叫《进化论与伦理学》。[50] 不仅如此，严复还以意译的方式演绎，使用按语借题发挥，原著里对社会达尔文主义的批判，于是变成了中文版里的赞许。[51]

化约与重新诠释的达尔文主义，如一把高悬之剑忽然从天而降，浑身散发着警醒世人的冷酷光芒：要么以此为武器，杀入你死我活的万国竞技场，要么成为别人案板上的鱼肉。从那时起，几代中国人正是怀着这种情绪一次次打开《天演论》的扉页，并牢牢记住了"适者生存"这句话。此前已有不少文献提及达尔文，[52] 但缺少足够的生存斗争氛围，这种危机恰好在1895年后如此明显地展开。中日战争惨败让"适者生存"的紧张感陡然扩散为一种社会情绪，开始它集中于精英阶层，很快向大众蔓延。日本由东方小国摇身变为一个亚洲强国，被认定为是一种进化的结果。尽管进化论意义上的"竞争"到底是什么，日本人搞懂的时间也不长。[53]

1897年最后两个月，德国人突然发难，侵入山东，中国人再次领教了弱肉强食的残酷。严复感受到了巨大危机，他连续发文抨击德、俄等国和《泰晤士报》，因为后者没有谴责德国违反国际法，而严复一直是这张报纸的仰慕者。

四

德国人一直想拿到一块租界作为海军基地,最初的理由是建一个储煤站,过去两年他们一直为此努力,多次为北京拒绝。1897年11月1日,两名德国"圣言会"教士在山东巨野磨盘张庄访问时意外被杀。[54] 一直找不到借口的德皇为这个"好消息"兴奋不已:"毫无疑问,我们现在站在一个增强我们整个威信势力及商业发展的转折点。"11月7日,他兴奋地告诉外交大臣:"成千成万的华人将发抖,当他们感觉德帝国的铁拳沉重地压在他们颈上。"[55]

11月14日,德国海军陆战队突然从胶州湾登陆,中国守军一开始还以为这些夹克反穿的外国人是来做生意的,结果600多名入侵者轻松登陆。北京担心扩大事态,没有下令抵抗。犹豫之中,胶州、即墨两城在12月初相继被占。

德军行动迅速,实则蓄谋已久。德国驻华公使海靖在此之前一个月乘坐巡洋舰"海因里希太子"号访问胶州时,曾悄悄派潜水员下水考察,对这个港口十分满意。攫取胶州湾的构想可以追溯到1895年3月马关谈判之前,那时德国外交大臣马沙尔开始考虑帮助中国能获得什么回报。当年晚一些时候,目标已大体划定为胶州湾。1896年下半年,德国对华态度日益强横,罕见地两次拒绝黄遵宪出任驻德公使。[56] "德国在马关谈判时为清朝提供了可敬的帮助,至今都未得到回报。"李鸿章访问时《柏林日报》迫不及待地发出呼吁,"德国也必须考虑,能否要求清朝开放其境内的一个加煤港来确保德国在东亚的利益。德国为清朝做得已经足够多了!"[57]

清廷试图让俄国人出面平息胶州湾危机,毕竟《中俄密约》笔墨未干。甲午战争后俄国舰队在胶州湾过冬的事实,让不少人相信中方打算把它租给俄国15年。[58]然而德国人的行动已获得俄国默许,尽管后者起初并不乐意。威廉二世7月访俄后称:"沙皇尼古拉二世说他对天津—北京沿线以南的土地没有兴趣,他只对鸭绿江、旅顺港附近的土地感兴趣。这充分说明他不会在山东给我们设置障碍。"[59]实际上沙皇因为对此毫无准备,只给了一个模糊答复。11月初,俄国外交部作出反对侵占胶州湾的姿态,宣称必要时将派军舰前往,然而他们的计划却是以帮助中国为名乘机占领大连湾。

维特反对这么干,他在11月14日沙皇主持的一个会议上提醒说:"我们已经和中国缔结了一项秘密的防守同盟,因此负有防止日本侵略中国领土的义务。在这种情形下,夺取中国的港口就是极端的背信弃义和不守信用。"[60]陆军、海军大臣对此却不加理会。几天后,沙皇决定占领旅顺和大连湾,理由是如果不这样英国人就会去占领。

"远东历史新的一章已经开始了。"莫理循写道。11月底,他到达烟台后英国领事告诉他,德国人已占领胶州湾。这位《泰晤士报》著名记者刚从旅顺归来,11月22日他从那里发出一篇报道说,俄国人正想把铁路往南延伸,以便越来越多的满洲地区和俄国领土连接。几个月前莫理循前往西伯利亚,看到了修筑铁路的一处1200名犯人的住宿地。当他穿越边境从海拉尔、兴安岭森林抵达齐齐哈尔,发现到处都是像占领者一样趾高气扬的俄国兵,他遇到的每个俄国工程师都认为铁路终点将会是亚瑟港(旅顺口)。[61]

12月15日,俄军驶入旅顺,德国仍拒绝从山东退兵。3天后,威廉二世在汉堡对海军发表演说,暗示不惜为此和任何人开战。上一年他刚为德意志帝国建立25周年发表庆祝讲话,宣称"德国已成为世界帝国",新的世界强权政策得到了本国舆论和学术界支持。[62]德国此时正处于一个转折点,主持外交的伯恩哈德·冯·比洛以一种更坚定的立场推行"世界策略",这也是为了让议会里暴躁的右翼选民支持政府,这些人希望看到本国的经济实力转化为全球影响力。德国政府的行动因此"带上了咄咄逼人的腔调和颇为怪异的表演成分"。[63]毫无疑问,攫取中国地盘有助于这个国家变为世界强权中的一极,占领胶州湾"标志着德国开始对外实施一种军事攻势,而这一攻势从根本上说是德意志帝国发动第一次世界大战的前奏"。[64]

直到12月26日,李鸿章仍相信俄国人的承诺,他告诉翁同龢,俄军将从旅顺撤军。不过当翁第7次到德国使馆协商时,德国人仍把俄国占据旅顺不走作为挡箭牌。恼火的李鸿章几天后再次质询俄国大使何时撤兵,对方却把皮球抛了回来,以德国人占据胶州湾反唇相讥。

"如果欧洲各国把德国的行为确认为国际权利,那么岂不是为在任何其他地方采取类似行动提供了先例?譬如说,法国就不能把突然入侵英国海岸说成是合法的行动吗?这是野蛮的行为和危险的先例。"赫德对此异常愤怒,谴责德国破坏了文明人的外交规则,"杀害传教士的不是暴民而是黑夜的盗贼。中国方面迅即派办案人员和道台前去调查并已逮捕了数人,而德国人却既未预先通知也不谈判就占领了胶州湾。这一行径把三十年来外交往来产生的一切有益作用破坏殆尽，应该受到全世界的谴责。"[65]

作为据有远东重要利益的传统强国，英国对德国的行动保持沉默，他们最初的复杂心情或许如《泰晤士报》一篇社论说的那样，"我们自己也采取过类似的强制方式，我们不准备去争论任何其他欧洲国家无论如何是否有权去做我们在香港做过的事情"。[66] 人们注意到，19世纪最后几年，德、法两国出现了组织完备的扩张主义团体，不断推动夺取新殖民地。相形之下，英国外交则显得谨慎而被动。1897年，时值维多利亚女王登基60周年，她是第一位同时被冠以"印度女皇"的英国国王。为庆祝这一盛事，来自印度、澳大利亚、南非、加拿大、香港等地的士兵参加了6月22日的伦敦庆典。[67] 大英帝国为这一年的庆典新建了一批钟楼，格林尼治天文台对世界"时间"的控制可视为英国地位的一个标志。[68] 不过维多利亚时代到这一年明显收敛了光芒，[69] 最近一次大萧条使欧洲经济重心转移，"英国早年赢得的优势现在反使它成了意气消沉的孤家寡人"。[70]

德、俄两国1897年在中国的强势行动，几乎标志着英国东亚优势地位的沦丧。"我们的海军消失在远洋，沙丘和海岬炮火已沉没。瞧我们昨日全部的辉煌像亚述、腓尼基一样陨落！"吉卜林这一年在诗中哀叹道，大英帝国的没落让这个诗人后半生郁郁寡欢。[71]

到12月，英国和整个欧洲大陆的报纸，几乎每天都在讨论中国即将被瓜分的传闻。"古老的中国文化，已为西方文化所毁灭，新的中国将自此灰烬中重建。"12月17日，一位德国记者从胶州发回的报道中写道："中国现政府之死亡，乃时间问题。"[72]

注释

1. 《上海近代社会经济发展概况（1882—1931）——〈海关十年报告〉译编》，第46页。
2. 1901年改为股份有限公司，1902年迁至上海北福建路（今福建北路319—331号）。1903年张元济加盟编译所后，商务从纯印刷转为出版为主。1907年在宝山路购地80余亩营建新的总厂。1903年，商务印书馆与日本金港堂书局展开为期10年的合资经营，但用人、行政等归华人主持。1910年，商务资金参与橡皮股票亏损很大。部分人员1912年退出另创中华书局。1913年，商务董事会决定吸收新股，于1914年签订了清退日股协议。1932年商务印书馆编译所、印刷总厂、东方图书馆等毁于日军战火。
3. 蔡元培称"印刷之业，始影响于普通之教育，其创始之者实为商务印书馆"。《夏瑞芳传》，《蔡元培文录》，商务印书馆，2019年，第262页。
4. 夏瑞芳（1871—1914），江苏青浦人（今属上海），曾任《字林西报》排字工人、《捷报》（China Gazette）工头。1897年与鲍咸恩等集资创办商务印书馆。后参与过《外交报》《东方杂志》《教育杂志》等。1913年反对"二次革命"，1914年在上海被刺杀。据《夏瑞芳、鲍咸恩创办"商务"略记》称，《捷报》经理兼编辑为英国人，"他性情粗暴，视中国工人为奴隶，动辄辱骂。瑞芳、咸恩两人不甘屈服，毅然脱离《捷报》，自谋出路"。郑逸梅：《前尘旧梦》，北方文艺出版社，2009年，第3页。
5. 谢洪赉（1873—1916），基督教著述家，浙江绍兴人。1895年毕业于美国基督教新教监理会苏州博习书院（东吴大学前身），同年到上海中西书院图书馆工作，次年升任教授。
6. "初版先印二千册，由夏瑞芳君亲向各学校推销，甫二旬，即全部售罄。"王云五：《王云五文集》（第5卷）《商务印书馆与新教育年谱》，江西教育出版社，2008年，第1页。
7. 杜亚泉回忆鲍咸昌时称："先生笃信基督教，以诚实待人，于工人生计，体贴备至，工人在厂中以过失停职，至失业者，先生辄以私资周济之，且为之另谋职业焉。"杜亚泉：《记鲍咸昌先生》，《1897—1987：商务印书馆九十年——我和商务印书馆》，商务印书馆，1987年，第10页。
8. 商务印书馆在印刷、雕刻、图绘常获大奖。1913年，商务印书馆的一份回顾提到："本馆印刷、雕刻、图绘各物，曾经陈列中外赛会。戊申，松江物立会，由两江总督颁给一等金牌，江苏巡抚颁给一等奖凭；己酉，南洋劝业会,得列一等,由审查长奏奖;辛亥,意大利都朗赛会,本馆字模类得奖金牌,排印类得奖最优等,刻版类得奖最优等。"汪耀华:《商务印书馆史料选编1897—1950》,上海书店,2017年,第5页。

9 张元济1898年被革职后南下路过上海,被盛宣怀聘为南洋公学汉文总教习。在此,他得以向西文总教习福开森学习英文。1903年,张元济加盟商务,主持编译,重金购入严复、夏曾佑等人著作,商务印书馆在文化精英阶层声名鹊起。

10 "日本明治初元,鹿岛马关战屡失利,诸藩皆择遣藩士翘楚,厚其资装,就学外国,今当路诸人率出于此,拟请略取其意,在京师及上海两处各设一达成馆,取成材之士专学英法语言文字,专课法律、公法、政治、通商之学,期以三年,均有门径,已通大要,请命出使大臣奏调随员悉取于两馆,俟至外洋,俾就学于名师,就试于大学,历练三年。归国之后,内而总署章京,外而各口道使署参赞。"盛宣怀:《奏请筹设南洋公学》(1896年10月31日),陈元晖主编,汤志钧、陈祖恩、汤仁泽编:《中国近代教育史资料汇编——戊戌时期教育》,上海教育出版社,2007年,第267页。

11 原名"天津北洋西学学堂",创办于1895年10月,由盛宣怀联手直隶总督王文韶推动成立,1896年改称"北洋大学堂"。该校课程设置早期明显趋向于工程技术,学堂历任督办由津海关道兼任,初期开设的四个学门为工程、矿冶、机器、律例。

12 (美)福开森(John Calvin Ferguson, 1866—1945),生于加拿大,其父为教会牧师,后全家移居美国。1888年他奉派至南京,创办汇文书院(Nanking University),任首任监督。南洋公学成立后受聘为首任监院(President),报酬为每月薪酬350两。1902年福开森离校,后担任盛宣怀、端方顾问、国民政府行政院顾问(1936—1938)。《交通大学校史》撰写组编:《交通大学校史资料选编》(第一卷)(1896—1927),西安交通大学出版社,1986年,第3页。

13 何嗣焜(1843—1901),江苏武进人。早年曾任职于江苏巡抚、两广总督署负责文案,1897年春任南洋公学总理,主持制订《南洋公学章程》,为实际上的第一任校长,1901年3月逝于任上。

14 "这所学院应当培养文人的子女懂现代学科,而学生接着也就能够用规范的中国文学语言把他们的思想记录下来。"福开森:《南洋公学早期历史》,《中国近代教育史资料汇编——戊戌时期教育》,第274页。

15 《南洋公学早期历史》,《中国近代教育史资料汇编——戊戌时期教育》,第276页。

16 1897年3月,安徽巡抚邓华熙提交《筹议添设学堂请拨常年经费折》。此前不少官员的建议曾涉及教育改革,如1895年顺天府府尹胡燏棻《变法自强折》，1896年刑部左侍郎李端棻《请推广学校折》。如果算上学科改革建议则可以追溯到1870年代，如1870年闽浙总督英桂等奏开算学科、1875年直隶总督李鸿章建议科考加试自然、算义，1884年国子监司业潘衍桐奏请开"艺学科"（包括制造、算学）等。

17 "竭华人之智力，岂能逃出地球之外，而自成一世界哉？"李佳白：《中国宜广新学以辅旧学说》，《万国公报》第一〇二册，1897年7月。

18 王先谦、张祖同、蒋德钧与熊希龄4人倡议建宝善成公司，随后又有"创添设时务学堂之议"。

19 "上年十二月间（本书注：1896年农历十二月），湘省士绅禀请于省城设立时务学堂一所，博选秀颖子弟，延师购书，教以天算、地舆、格致、制造、汽化、光电诸学。"熊希龄：《为恳拨各盐行已收未缴之余厘以充时务学堂经费呈两江总督刘坤一文》（一八九七年五月）。周秋光编：《熊希龄集》（上），湖南出版社，1996年，第51页。

20 详见本书第一章。

21 这使得接下来二三十年出现了所谓中国工业革命的现象。《马关条约》之后的8年，中国铺设了4000公里铁路，三分之二是外国人干的，甲午前夕这个数字仅为300多公里。（美）易劳逸著，苑杰译：《家族、土地与祖先：近世中国四百年社会经济的常与变》，重庆出版社，2019年，第309页。

22 这笔钱为湖南的盐厘加价银，厘金是一种商业销售税，起源于清廷镇压太平军，逐渐品种繁多，包括盐、鸦片、烟草、糖等。甲午之后财政紧张出现盐斤加价，每斤盐加收2文至4文不等，湖南征收盐厘的督销局属两江总督管辖，因此需两江总督批准，后者同意将一半加价银收入给时务学堂。

23 时务学堂董事会成员包括：熊希龄、王先谦、蒋德钧、李维翰、谭嗣同、黄自元、张祖同、陈海鹏、邹代钧。

24 梁启超请假回粤省亲并于1896年11月来信希望帮助促成《广时务报》（后改名《知新报》），汪康年把《广时务报公启》刊发在《时务报》第十五册上，注明该报将由梁启超"遥领"，而且按梁的要求称新报较言《时务报》所不敢言，这导致了其他人的不满。比如参与创办的吴德潇、吴樵父子。吴樵认为《广时务报》"断不宜与《时务报》相连，惟其能言《时务报》所不能言，尤不可如此"。《吴樵致汪康年函》，《汪康年师友书札》（一），第523页。

25 在写给黄遵宪的信中，梁批评汪对一些问题处理不当，这是《时务报》康门弟子向他投诉的结果。原本担心汪康年权力过大的黄遵宪乘机致函提出设立报馆董事会，建议汪改任总董辞去报馆总理，由吴樵或龙泽厚（1860—1945，康有为弟子，曾为万木草堂学长）担任总理。汪对此相当恼怒，内部矛盾自此逐步公开化。不过黄遵宪此举并非梁启超所愿，他认为黄把事态复杂化了。梁虽然不满意报社的一些举措，但从没想过迫使汪康年辞去总理职务，他在给康有为的一封信里抱怨黄遵宪"卤莽不通人情"，认为总理职务仍非汪康年不可。《梁启超致康有为函》，《梁启超年谱长编》，第95页。上述过程可参见马勇：《近代中国知识分子的悲剧——试论〈时务报〉内讧》，《安徽史学》2006年第1期。

26 与汪康年私交甚好的谭嗣同，承认湖南方面伤害了《时务报》利益。谭曾劝汪康年不如做个顺水人情，否则双方撕破脸皮，湖南方面也将豪夺而去。不过在了解报馆困境后，谭嗣同随后去一信，对汪表达同情与支持。称自己劝说《时务报》放人之举，实为熊希龄"所迫"，承认身为报董却对报馆利益考虑不周。这封信最后说，如果还有来自湖南方面"无理取闹者，愿公毅然决然不允所请"。《谭嗣同致汪康年信函》，蔡尚思、方行编：《谭嗣同全集》（下），中华书局，1981年，第511—512页。

27 "吾今为一言以蔽之曰，变法之本在育人才，人才之兴在开学校，学校之立在变科举，而一切要其大成，在变官制。"《论变法不知本原之害》（1896年8月29日、1897年9月15日），《梁启超全集》（第一集），第30—31页。1896年陆续刊发的《变法通议》，梁用不少笔墨批评科举制度。他认为同文馆、广方言馆、水师学堂、武备学堂、自强学堂之所以难以诞生杰出人才，主要原因就是这些新学校过于强调语言或技术，却很少讨论政教。"言艺之事多，言政与教之事少，其所谓艺者，又不过语言文字之浅，兵学之末，不务其大，不揣其本，即尽其道，所成已无几矣。"《论学校一（总论）》，《变法通议》1896年9月17日、27日，《梁启超全集》（第一集），第38页。

28 "一渐进法；二急进法；三以立宪为本位；四以彻底改革，洞开民智，以种族革命为本位。"梁启超极力主张第二、第四种方案。据康门弟子狄楚青（1873—1941）称："南海沉吟数日，对于宗旨亦无异词。所以同行之教员如韩树园、叶湘南、欧矩甲皆一律本此宗旨。"狄记《任公先生事略》，《梁启超年谱长篇》，第87—88页。

29 谭嗣同为此气愤地说，中国的18个省中"湖南以疾恶洋务名于地球"。谭嗣同：《浏阳兴算记》，《谭嗣同全集》，第173—174页。

30 湘省新学起步于算学社，它最初由16人组成，既像学堂也像学会，核心诉求在于承认、尊崇西方人的实学。"我中国不欲保种则已，如欲保种，必尊崇西人之实学，而后能终卫吾素王之真教，黄种乃以孳孳于无尽。"唐才常：《浏阳兴算记》，《唐才常集》，岳麓书社，2011年，第262页。

31 "一是陆王派的修养论；一是借《公羊》、《孟子》发挥民权的政治论。"梁启超：《蔡松坡遗事》（《晨报》蔡松坡十年周忌纪念特刊），《梁启超年谱长编》，第84页。

32 "今日欲求变化必自天子降尊始，不先变去拜跪之礼，上下仍习虚文，所以动为外国讪笑也。""屠城、屠邑皆后世民贼之所为，读《扬州十日记》尤令人发指眦裂。故知此杀戮世界非急以公法维之,人类或几乎息矣。""议院虽创于泰西,实吾五经、诸子、传记随举一义,多有其意者,惜君统太长,无人敢言耳"。以上见《宾凤阳等上王益吾院长书》所引《时务学堂课艺》梁批,苏舆编:《翼教丛编》,上海书店出版社,2002年,第145、146、147页。

33　明史专家顾诚先生认为,李定国没有直攻广州,而是把近海的新会作为主攻方向,盼望郑成功的海上之师能在决战之前到达会合,"无奈郑成功私心自用,一味拖延,空言应付",致使功亏一篑。新会战役详细见顾诚:《南明史》,光明日报出版社,2011年,第25章。

34　韩文举以美、英国为例解释议会制度不仅能罢黜总统(美国),还可以废除君主(英国)。见《宾凤阳等上王益吾院长书》所引《时务学堂课艺》韩批,《翼教丛编》,第146页。

35　1896年后梁启超对议会的兴趣大为增加,1896年在《时务报》撰文《古议院考》,以议会解释西方富强。到湖南后他写信给湖南巡抚陈宝箴,提出以学会兴绅权,进而以绅权兴民权。

36　皮锡瑞批评《南学会章程》,"以此为议院规模,利权尽归于绅,即右帅(本书注:陈宝箴)去,他人来,亦不能更动,似此举动未免太怪。中国君主国,如绅权太重,必致官与绅争权。且恐洋人来,无知愚民与洋人争斗,难以调停,学会议院诸人必受其咎"。皮锡瑞:《师伏堂未刊日记》十二月初一日(1897年12月24日),《谭嗣同研究资料汇编》,1988年,第109页。皮锡瑞(1850—1908),湖南善化人,1883年举人,1897年参与湖南新政,1898年春任南学会会长。

37　《湘学报》由1897年4月出版的《湘学新报》(旬刊)第21期(1897年11月5日)更名而来,至1898年8月8日终刊,共四十五册。

38　严复在文章里点出西方富强的根本是统治者"与民共治",而中国却是君主独治。西洋国家是民众的公产,王侯将相为国之公仆,中国民众则被视为君王臣妾,犹如奴隶。因此拿奴隶和西方人斗,一定无所不败。《辟韩》,王栻主编:《严复集》(第一册),中华书局,1986年,第36页。

39　《辟韩》,《严复集》(第一册),第35页。

40　屠仁守(1832—1904),湖北孝感人,1874年进士,授翰林院编修补江南道监察御史,1889年因吁请慈禧太后退隐遭罢官,1901年任陕西大学堂总教习。《孝感屠梅君侍御辨〈辟韩〉书》载于《时务报》第三十册(1897年6月18日)。

41　发表《辟韩》前一个月,严复给梁启超写了一封长信,批评后者的《古议院考》(该文声称中国古代存在类似西方议会的机构)。对严复的指责梁有不同看法,但对"教不可保,也不必保"却拍案叫绝:"不意数千年闷葫芦,被此老一言揭破。"(《梁启超致严复书》,《严复集》(第五册),第1569页)

42　梁在这封信里对刚看过的《天演论》大加称赞,提到康有为等人也非常欣赏。梁启超讨论了"胎教之道"在进化论意义上的作用。《强学报·时务报》(二),第1530—1531页。这篇文章为《变法通议》系列文章之一(《论学校六》)。

43　即"由猩猴而进为人也,由野番贱族而进为文明贵种也"。美国学者浦嘉珉认为,"梁启超对严复《天演论》里的一段话进行了近乎剽窃的意味深长的改述"。(美)浦嘉珉著,钟永强译:《中国与达尔文》,江苏人民出版社,2008年,第99页。

44　严复也出现在这一期最后一页的赞助人名单上。《时务报》1897年2月22日第十八期。《强学报·时务报》(二),第1244页。

45　严复、王修植、夏曾佑、杭辛斋等人为《国闻报》发起人,馆址设在天津紫竹林租界地面。报馆请福建人李志成担任馆主,报纸自144号起取消公元纪年,改用日本明治年号,报馆转让给日本人西村博,不久停刊,复刊后于1900年再次停刊。

46　第一期为1897年12月8日,共出版六期。《天演论》首载《国闻汇编》第二期,前有《译天演论自序》,接载正文,为《天演论悬疏》,署"英赫胥黎造论,侯官严复述旨"。第四期、第五期、第六期连载。严复在《国闻汇编》译述的专著还有斯宾塞《劝学篇》载第一、第三、第四期。分析见《严复和〈国闻汇编〉》,汤志钧:《汤志钧史学论文集》,上海社会科学院出版社,2013年,第97页。

47　《天演论》序言作者、教育家吴汝纶(1840—1903)准确看出了这一点。"赫胥黎氏起而尽变故说,以为天不可独生,要贵以人持天。"《天演论》(吴序),《严复集》(第五册),第1317页。

48　(德)于尔根·奥斯特哈默著,强朝晖译:《中国革命:1925年5月30日,上海》,社会科学文献出版社,2017年,第116页。

49　实际上这个小册子所着力伸张的内容正是"伦理"。赫胥黎希望适应生存的最佳者并非最强,而是道德上最好。不是消灭、压迫他人,而是最大可能地帮助其他人生存。换句话说,作者的理想是通过"自我约束"达到一种社会和谐,从而否定了格斗生存伦理。见李礼:《求变者:回首与重访》,中华书局(香港),2020年6月,第五章。

50　(英)托·亨·赫胥黎(Thomas Henry Huxley,1825—1895年)1893年5月18日在牛津大学为罗马尼斯讲座所作的通俗演讲时散发的小册子,英文原名Evolution and ethics(《进化论与伦理学》),1893年分别在伦敦和纽约出版。1894年再版时内容大幅增加,改名为Evolution and Ethics and the other Essays(《进化论与伦理学及其他论文》),并增加了一篇作者1894年写的序言。1971年科学出版社编译、出版了中文白话译本《进化论与伦理学》。

51　严复选择了斯宾塞、赫胥黎两人思想中最符合他想要的东西，调整后成为一种自己的进化论。严复急于寻找富强之道，而非和谐之术。他认为自己找到了，如果"君"和"圣人"均宣告失灵，引入更多力量参与国家振兴或能带来新的机会。而西方强大的原因，从器物、制度直至"哲学"，最后的密钥正是人。"特前之竞也，竞宜于天；后之竞也，竞宜于人……人择而有功，必能尽物之性而后可。嗟夫！此真生聚富强之秘术。"《天演论》(导言六：人择)，《严复集》(第五册)，第1336页。

52　比如1873年（英）雷侠儿（Charles Lyell, 1797—1875，今译赖尔）的《地学浅释》(江南制造局刊本)，以及1877年、1884年和1891年出版的传教士出版物。1873年至1891年，中文世界已出现至少13种谈及进化论的著作。这方面可参阅汪子春、张秉伦：《达尔文学说在中国初期的传播与影响》，《进化论选集（纪念达尔文逝世一百周年学术讨论会论文选编）》，科学出版社，1983年。

53　鼓动本国脱离亚洲的福泽谕吉回忆说，自己在翻译钱伯斯《经济论》时遇到一个名词"competition"，觉得很难恰当表达出来，反复推敲后决定把它译成"竞争"。看到译文的幕府官员却为此感到忐忑："这里有个争字，它叫人看了总有一种不安的感觉。这指的是什么？"结果"竞争"被删掉。《福泽谕吉自传》，第160页。

54　两位传教士分别为能方济（Franz Xaver Nies, 1859—1897）、韩理（又译韩·理加略，Richard Henle, 1865—1897），两人本是来拜访薛田资神父（Georg Maria Stenz, 1869—1928），后者因多次参加民教冲突为当地人厌恶（当年6月，薛就报告过有人要杀他）。当天夜里有30余人打扑进教堂找薛田资，但这天晚上薛让出卧室，睡在守夜人小屋，结果能方济和韩理被掳走，在野外被杀。（详见相蓝欣：《义和团战争的起源：跨国研究，华东师范大学出版社，2003年，第64页）1899年，薛田资在德国发表《在华教士经历》(Erlebnisse eines Missionars in China)，描述了该案经过。

55　《威廉二世谕外交大臣布洛夫》(1897年11月7日)，《德国外交文件有关中国交涉史料选译》第一卷，第147—148页。

56　这个新设的职位原本是为了显示中国对德国的好感，但德国以黄遵宪官阶较小为由拒绝，实则是因为德国方面不满于黄遵宪在新加坡总领事任上的做事风格，特别是黄对英国殖民政府的强硬态度。

57　这家报纸还声称："清朝应在天津划出一块德界，虽然这还不足以补偿德国的付出。更令人紧张的是，我们的政客现在不能让机会从手中溜走，像这样千载难逢的好机会以后不会再有了。"《柏林日报》1896年6月16日，《海外史料看李鸿章》（上），第129页。

58　比如马士和一些日本学者认为租借胶州湾15年这一条密约实际存在，只是

第七章 1897年

被暂缓执行。(《中华帝国对外关系史（第三卷）：一八九四——一九一一被制服时期》，第112页）又如（日）田原天南：《德国占领前的胶州湾》(摘译)("日日新闻社"版1913年)，青岛市博物馆等编：《德国侵占胶州湾史料选编1897—1898》，山东人民出版社，1987年，第20页。

59 （德）威廉二世著，赵娟丽译：《德皇威廉二世回忆录》，华文出版社，2019年，第93页。

60 《维特伯爵回忆录》，第72—73页。不过"正如维特之前在某些场合说过，他此刻再次宣称，俄国在远东采取的是一种睦邻政策，这一政策与欧洲列强的虎狼政策适成对照。维特说这番话时实际上在扭曲事实，不过毫无疑问，他反对动用武力"。（美）哈凯夫，梅俊杰译：《维特伯爵：俄国现代化之父》，上海远东出版社，2013年，第73页。

61 （澳）西里尔·珀尔著，檀东鍟、窦坤译：《北京的莫理循》，福建教育出版社，2003年，第128—129页。莫理循发现，中国士兵仍扛着老式滑膛枪，"自认为这是英国人在滑铁卢打胜仗用的武器"。（同上）

62 政论界代表者如宣传帝国主义的团体"德意志殖民协会"（1887年，前身为"德意志殖民联合会"）、"泛德意志协会"（1891年）和"海军协会"（1898年）。历史学家和国民经济学家们也加入进来，一些历史学家把德国的世界强权政策看作是普鲁士一德意志政策的继续，正如过去普鲁士在同奥地利斗争中上升为德意志大国，同法国斗争中上升为欧洲大国一样，现在德国在同英国的竞争中也应上升为世界强国。《德意志史（第三卷）：从法国革命到第一次世界大战（1789—1914）》（下），第425—426页。

63 "德国政府需要向国内受挫的中产阶级展示自己是积极主动的"。（英）亚历山大·沃森著，宋昊译：《铁壁之围：一战中的德国和奥匈帝国》，九州出版社，2020年，第33—34页。

64 （德）余凯思著，孙立新译：《在"模范殖民地"胶州湾的统治与抵抗：1897—1914年中国与德国的相互作用》，山东大学出版社，2005年，第37页。

65 "赫致金第722号"（12月1日北京发），《中国海关密档——赫德、金登干函电汇编1874—1907》第九卷（电报），第155页。

66 《泰晤士报》这篇文章内容系金登干电报引用。见"金致赫第569号"，(1897年11月30日)，《中国海关密档——赫德、金登干函电汇编1874—1907》第九卷（电报），第153页。

67 绵延30多英里的173艘战舰几天后出现在海军检阅仪式上，威尔士亲王阿尔伯特·爱德华代表女王出席战舰检阅仪式。关于这次登基60周年庆的情况，参阅（英）西德尼·李著，陈尧尧译：《维多利亚女王与日不落帝国的黄金时代》，华文出版社，2020年，第682—684页。

68 大英帝国格林尼治中央天文台击败巴黎、耶路撒冷，在1884年华盛顿会议后被确定为零度经线，世界各国开始以此划分时区。法国人坚持以巴黎时间作为标准，后者比格林尼治时间快了9分零20秒。1891年，法国颁布硬性法规，将巴黎时间确定为全国统一的"法国时"。直到1911年，法国人才不情愿地加入这个时间秩序。参阅（德）于尔根·奥斯特哈默著，强朝晖、刘风译：《世界的演变：19世纪史》(Ⅰ)社会科学文献出版社，2016年，第142—143页。

69. "在1897年，即便是最乐观的民族主义或社会主义革命的预言家也想象不到，短短25年之内，民族自决的浪潮就加速了哈布斯堡王朝、霍亨索伦王朝、罗曼诺夫王朝以及大不列颠与爱尔兰联合王国的崩溃，社会民主的浪潮从西方世界少数几个先进工业化地区的城市工人阶级传播到墨西哥和中国的农民。甘地（生于1869年）和列宁（生于1870年）当时还籍籍无名。"（英）阿诺德·汤因比著，（英）D. C. 萨默维尔编，郭小凌、杜庭广、吕厚量、梁洁译：《历史研究》（下），上海人民出版社，2016年，第897页。

70. （英）艾勒克·博埃默著，盛宁、韩敏中译：《殖民与后殖民文学》，辽宁教育出版社，1998年，第37页。

71. 吉卜林：《退场赞美诗》(*Recessional*)（诗歌译本和相关分析见江弱水：《中西同步与位移》，安徽教育出版社，2003年，第33—34页）；奥威尔称："吉卜林的后半生郁郁寡欢，毫无疑问，其肇因是政治上的失望而不是文学上的虚荣。不知怎地，历史没有按照计划进行。在获得空前伟大的胜利后，英国不再像以前那样是世界上的头号强国。"《拉迪亚·吉卜林》，（英）乔治·奥威尔著，陈超译：《奥威尔书评全集》（中），上海译文出版社，2020年，第589页。

72. 来自德文报纸 Der Ostasiatische Lloyd（《德文新报》），见窦宗仪编著：《李鸿章年（日）谱》，第370—371页。该报为1886年创刊于上海的第一份德文周刊，主要面对中国和远东地区德国侨民。

第八章

1898 年

1898年,"恐怕在19世纪历史上是最值得记忆的一年",日本人高山樗牛写道,他得出这种感受的原因之一就是目睹"中国被分割"//一批远离权力中枢的改革者即将集中到皇帝身边,加入这场前途未卜的改革//废除八股的提议表面上来自御史宋伯鲁,实为康有为师徒及其联盟者推动。之后"中国经历了一场爆炸式的推崇新式教育的浪潮"//《时务报》改官报的提议很快摧毁了这张报纸的公共形象,而且迅速引发一场产权之争//真正点燃火药桶的是9月18日的一些事//"这一次她大权独揽,发誓要废止皇帝所做的一切。发动机被逆转了,火车开始沿着铁轨倒退。"//康有为搭乘日本邮船"河内"号10月25日来到神户,跟随他的包括三名弟子和一名随从,一场不知尽头的流亡生涯就此开始//光绪遭到软禁后,9月25日传出重病消息,中国皇帝的命运开始为外界高度关注

第八章　1898年

一

1898年是以史无前例的屈辱开始的。[1]

在世界史上，没有一个像中国这样领土广袤、人口众多的国家"会经遭到这样一连串的侮辱，或这样多的受人轻视的证明"，美国人马士写道，"就像中国从一八九七年十一月到一八九八年五月这六个月中所遭受到的那样"。[2] 他供职于大清海关总部，服务于此的很多西方人同情中国，但哀其不幸，怒其不争，只能眼看着清王朝屈服于一个个新的"租借"要求："德国人采取行动后，'中国是任由垂涎者予取予夺的鱼肉'的想法广为流传，这已是不争的事实。"[3]

到1898年春天，几个欧洲大国对中国的胃口进一步膨胀，他们被一拥而上的竞争互相刺激着，变得急切而野蛮。德国首先被满足，根据3月6日签订的一个条约，胶州湾被租给他们99年，其中包括青岛。3月27日，俄国也如愿以偿地获得旅顺，租期25年，中国守军当天从这里撤走。

英国不支持德国占领胶州湾，不过他们获悉后者全部意图时，转而提出自己的势力范围。他们意外获得了威海，并于5月24日进驻，这几乎是北京帮忙的结果。清廷担心日本军队拒绝从山东撤走，而且很希望借助英国抗衡俄国。或许是作为补偿，英国人6月还获得九龙半岛，扩展了香港租界范围。[4]

让中国承诺某一地区不许他国染指的先例是法国人1897年开创的。[5] 从1898年2月开始，列强陆续拿到了属于自己的"不割让声明"，以此界定如下势力范围：长江流域（英国），广西、广东西部和云南部分（法国），山东（德国）。至于俄国，事实上它已将辽东半岛化为己有，这印证了外交人士此前的判断：俄国人3年前从日本人手里夺回这块土地，只是暂时把自己想要的东西寄存于中国而已。

1898年"恐怕在十九世纪历史上是最值得记忆的一年"，日本人高山樗牛写道，他得出这种感受的原因之一就是目睹"中国被分割"。[6] 不少日本人担心，西方列强在胶州湾风波后会把目标瞄准他们。不过眼下日本也参与了对邻国的瓜分，它看上了福建，并在1898年4月获得势力范围承诺。

北京对一系列外交灾难束手无策，李鸿章不断发出呼吁，谴责德国违反国际法，但无济于事。事实证明，他将希望寄托于俄国人只是一厢情愿，甚至引狼入室。[7] 1896年访俄后李曾告诉黄遵宪，20年内可保中国平安，如今看来已然成了笑话。

保住中国不被瓜分成了不少人眼里的当务之急。1898年3月19日，康有为在帝都发起"保国会"，把变法写入章程，无疑再次戳到了时代痛点。[8] 除了康门弟子，林旭、杨锐、刘光第、宋伯鲁等人也在保国会186人名单之列，声势远超3年前的强学会。不过参与者鱼龙混杂，不少人只是为了凑热闹，一位到场者看到有人当众打瞌睡。此时北京的政治氛围总体上仍相当压抑，参加会试的湖南人杨度接到老师王闿运来信说，在首都要少议论，以免因言获罪。[9]

4月17日，康有为在粤东会馆发表第一次集会演说，痛陈最近40天来各国胁迫的20件事，把危机归因为变法不力。[10] 年初他已经

第八章　1898年

写了两次上书，语气冷峻地请皇帝下"罪己诏"、开国会以及让所有不合格的官员退休。[11]康进而给出具体行动建议：开制度局。这是日本明治维新启动时的几个主要手段之一。具体来说，他建议设立"法律局"等12个部门。上述方案相当峻急，不过巨大的瓜分危机召唤着暴风骤雨。过去几十年的新政只是种种粉饰和糊裱，眼下中国这座大厦即将坍塌，康有为警告说。[12]

康这时和不少北京官员特别是御史相当熟识，欣赏他的人包括户部侍郎张荫桓和军机大臣翁同龢。1897年11月，康到北京不久，翁便到南海会馆与之见面（12月11日）。1898年1月24日，在翁推动下，李鸿章、荣禄等人召见康有为问询变法事宜，后者在总署侃侃而谈，建议第一件事是："中国应当有一个组织适宜的司法制度，必须聘请一个外国人和我自己，以及其他的人，共同改订法律和政府各部门的组织。"[13]荣禄首先离开，参加会见的翁同龢也觉得康有为"甚狂"。[14]那时北京还沉浸在农历新年气氛中，德国人搅起的这轮危机虽然严重，但尚存解决希望。当翁同龢两天后把康的变法意见汇报给光绪时，皇帝想召见此人，被奕䜣阻止。几位主要大臣觉得，尽管眼下危机重重，却还轮不到听从一个小吏指手画脚。

德、俄两国强硬拿下租界之后，英、法诸国跟进，瓜分势头大起。不少官员转而认同变法的急迫性。康有为的上书费了一番周折终于递交到皇帝手中，此前工部、督察院均不愿代交，总理衙门愿意上交但迟迟不发。张荫桓一直支持康有为，但最后有赖翁同龢出力，后者在这轮外交危机中深受其辱，心情沉重。"胶州湾租借条约"由他和李鸿章代表中方画押（3月6日），这一天翁自觉"负罪千古"，[15]深感改变势在必行，因此不顾同僚反对，随后几天把康有为第五、第六份上书交到皇帝手中。[16]其中"第六书"深刻影响了戊戌年政局,康有为最看重的"制度局"便在其中。

二

光绪急于行动,1898年一开始就一直想做点什么。1月16日,他和一些大臣讨论时坦言急需变法,奕䜣对此默不作声,翁同龢则主张从内政抓起。[17] 2月13日,光绪要来黄遵宪的《日本国志》。日、俄之路的成功显然打动了他,4月13日皇帝把康有为的变法奏折连同《日本变政考》《俄彼得亲政记》一起转呈慈禧。[18]

接踵而至的外交耻辱让年轻的皇帝再也无法循规蹈矩下去,决心刷新政治,改变国运。

5月15日,光绪破例降阶握手欢迎到访的德国亨利亲王,推动自己早已呼吁的外交礼仪改革迈出一大步。当亲王来到玉澜堂,光绪与之握手,并指定御座右侧请来宾坐下。此后亨利引导他检阅自己带来的卫队,德国士兵双手举枪致敬,光绪皇帝则含笑点头赞许。从站立受礼、握手到检阅兵队,觐见过程中这些西方国家极为平常的礼节,"在强调'南面为君'的儒教国度中是骇人听闻"。[19]要知道,慈禧接见这位德国亲王时还想方设法不给"赐坐"。

实际上,4月5日接见俄国驻华公使巴布罗福时,光绪已有惊人之举:第一次使用汉语作为上谕致答,此举也属前所未有。更让人吃惊的是,皇帝打算在接待法国新任公使毕盛觐见时佩戴1897年法国总统赠送的勋章。奕䜣等人认为此举不符祖制，但李鸿章说皇帝自有主权。[20] 于是5月21日文华殿上出现了大清皇帝佩戴外国勋章的罕见一幕。上述行为显示，虽然光绪并不熟悉西式外交礼仪，却传递出一个明确信号：他可以自主改变一些政治规矩。

此时光绪可以单独出席"早朝"，拥有单独的朱批权、口谕权，对谕旨有相当大的处置权，但第二天必须向慈禧报告，而且报告内容并非简单事由，而是包括全部原件（包括军机处都无法看到的"留中"折件）。掌握监督权的太后不仅清楚政局变化，而且光绪到颐和园见她时仍须将重大政治决策和高级官员任免先行请示。[21]

6月11日，皇帝颁发"明定国是"诏书，推行新政，第一项措施是宣布成立京师大学堂，变法大幕就此正式拉开。[22] 考虑到北京强有力的支持者不多，光绪打算起用一些新人，6月13日他要求黄遵宪、谭嗣同等人"送部引见"。保荐他们的翰林院侍读学士徐致靖也同时推荐了康有为、梁启超。一批远离权力中枢的改革者即将集中到皇帝身边，加入这场前途未卜的改革。

然而仅过了2天，翁同龢突然遭到罢免，让中外人士大吃一惊。官方给出的理由是揽权、狂悖。这个命令究竟出自皇帝还是太后之手？人们纷纷猜测，莫衷一是。值得注意的是，翁此前已明确告诉皇帝不喜欢康有为，理由是不久前他仔细读了《孔子改制考》，觉得作者居心叵测，因此拒绝提交康有为提供的改革参考书。然而选择在翁同龢生日当天处罚老师未免羞辱太重，毕竟多年来皇帝与之关系密切，远超君臣。很多人怀疑慈禧才是这次行动的主导者，围绕她的一些皇族大臣对翁怀恨已久。3月以来，后者饱受御史们攻击，保举康有为更令他成为众矢之的。一些官员如安徽布政使于荫霖进而指责，翁同龢应对甲午主战到办理胶州湾案的一系列错误负责。5月底，病危中的恭亲王奕䜣也表达了对这位老臣的不信任。此时，帝、后两派当中很多人都不喜欢翁同龢，这位老臣的去职显示了高层权力博弈和新旧之争远比人们想得复杂。[23]

6月15日公布的一系列人事变动，除了踢出翁同龢，还有和太后关系密切的荣禄被任命为直隶总督，控制北洋军权。与此同时，京外二品以上大臣此后需陛见慈禧谢恩。这一切让人有理由相信，一种令人不安的对抗情绪已隐约在紫禁城与颐和园之间升起。实际上，慈禧对最近的新政颇有不满，但一直保持克制。更糟糕的是，5月29日恭亲王去世，让两个权力中心失去了一位重要调和者。自联手发起"辛酉政变"[24]以来，恭亲王一直是慈禧忌惮的权臣，他的退场让权力重心更多地滑向太后一端。

在宣布上述调整的第二天，光绪召见了康有为，他对这次见面相当满意，但告诉后者，自己没有罢免高级官员的权力，它握在太后手中。"如果陛下没有权力黜革这些高级官吏，那么就至少也应当招致一班精明强干的官员在自己身边。"康有为建议说。[25]之后走进西苑勤政殿的张元济也听到皇帝对守旧大臣的抱怨，觉得眼前的最高统治者有点可怜。[26]当天康被任命为总理衙门章京，新职位令人失望。[27]不过他获得了专折奏事的特殊权利，此后康有为正是主要依赖这种方式提出各种改革建议（另有一些奏折假他人之名）。

梁启超7月3日获得召见，浓重的地方口音让他和皇帝的交流并不顺畅，梁被授命办理译书局事务，这个机构和官书局一起将并入京师大学堂。梁之所以被推荐，主要因为精彩的变法文章，湖南的新政经历没能帮上多少忙。实际上，一位湖南籍御史黄均隆不久前弹劾陈宝箴时（6月13日），还顺便批判了梁启超和谭嗣同。这份奏折指责"改正朔、易服色"这样的言论公开刊发在湖南报刊上，骇人听闻。[28]

在湖南，士绅们对时务学堂的愤怒没有因为梁启超面圣而退缩，岳麓书院山长王先谦、工部主事叶德辉为首的10名学者，反而以梁出任新职务为由，向巡抚提交了一份《湘绅公呈》（7月10日），指责梁启超、谭嗣同等人鼓吹平等、平权邪说，要求将他们全部辞退。[29]

三

从1898年初开始，湖南变法人士的日子就越来越不好过，3月7日创刊的《湘报》言辞激烈，很快被反对者抓住机会。报纸第三期开始连载《开诚篇》，作者是1872年出生的湖南邵阳人樊锥，他不仅鼓吹"人人平等，权权平等"，还提议把反对新学、新政的人抓起来关到一个屋子里，让他们不见日月。[30] 樊锥回到故乡筹办南学会邵阳分会，6月初被当地士绅赶走。

《湘报》刊发的另一篇文章《醒世歌》说中国不在世界中央，也遭到士绅领袖叶德辉驳斥。[31] 叶并非一味反对西学，他和西学总教习李维格私交很好，特别反对的是康有为师徒的政治学说，他指责《孔子改制考》《新学伪经考》和《中国宜以弱为强说》一样"狂悖骇俗"。[32]《中国宜以弱为强说》发表在《湘报》第二十号，作者是易鼐，它给湖南新政带来了灭顶之灾。该文有两个观点很容易被人攻击。一是"改正朔，易服色"，二是黄、白人"合种以留种"。[33] 如此激烈之语让陈宝箴、黄遵宪也觉得难堪。[34]张之洞读后大为震怒,下令不再订阅《湘报》《湘学报》,这鼓舞了本就不满的湖南士绅,他们联合反击,陈宝箴被迫下令整顿时务学堂,南学会也停了下来,熊希龄不久被撤职,但直到8月底他仍在《湘报》呼吁强硬打击湖南旧势力。[35]

陈宝箴力主新政,想把改革界定在当地官绅能够接受的程度,他对"康学"不满,但并非守旧。[36]事实上,变法开始后陈宝箴是最积极响应的地方大员,6月14日起3个月内连上五折推动变法,向朝廷荐举杨锐、刘光第等17名维新人才,而且对激进改革派人士一直加以保护。[37]他提醒皇帝销毁《孔子改制考》,但仍称康有为是可用之才。[38]

维新派在北京的日子比湖南好不了多少。7月8日,御史文悌弹劾康有为和御史宋伯鲁、杨深秀结党。这是对宋、杨6月20日指责礼部尚书许应骙阻挠新政的回应。双方在科举改革上互相攻击,除了许应骙,协办大学士刚毅也阻挠科举改革,他告诫皇帝说,此事需请示慈禧,不过后者并没有叫停。6月23日,改革派胜出,光绪下令自下科起,乡、会试及生童岁科废除八股文,改试策论。[39]

这是到当时为止最震动世人的一项新政。废除八股的提议表面上来自御史宋伯鲁,实为康有为师徒及其联盟者推动。之后"中国经历了一场爆炸式的推崇新式教育的浪潮"。[40]1898年前5个月全国共新办新式学堂14所,变法期间一下就出现了106所。[41]不过骤然而至的科举改革得罪了庞大的士人群体,特别是紧接着6月30日要求各省立即将生童岁科试一律改为策论,[42]不需等到下届,无数读书人因此惊慌失措。一些人气得甚至想刺杀康有为。[43]

变法力度越来越大,一些高级官员们躁动不安起来。除了新政本身,他们特别不满于皇帝只听从几个新人,梁启超等人感觉到了扑面而来的敌意，想让康有为离开北京出使日本。张元济也劝康不可操之过急[44]，不如到南方办学堂造就一批人才，后者对上述建议不为所动。

年轻的皇帝能感受到权臣们的不满，对康有为的低调任命从一开始就意味着某种保护。宣布废除八股不久，他要求《孔子改制考》删去素王改制内容同样出于这种考虑。提议删除的是吏部尚书、大学士孙家鼐。[45] 罢免翁同龢后，孙是光绪身边最重要的大臣，此前他名列强学会，但不喜欢康有为的激烈主张，康门试图主导京师大学堂更令其不满。孙家鼐此时提出了一个耐人寻味的建议：印刷1000部《校邠庐抗议》下发，要求从总理衙门到京城巡捕营的首都官员加以签注，限期10天，然后从中选出赞同最多的改革条目下旨施行。

《校邠庐抗议》完成于1861年，作者冯桂芬算得上一个早期变法者，[46] 颇受《万国公报》主编林乐知影响，[47] 他的富强之术很大程度上来自太平军刺激，当年看过《校邠庐抗议》的官员不少，感兴趣的却不多。早期洋务派思想家虽然使用利害、事功这样的新标准来代替传统义理和道德说辞，却无法唤起政治改革。《校邠庐抗议》出版于作者去世后的1876年，有人认为如果将其中一些方案付诸实施，"势必会使中国地方行政的性质发生革命性的变化"。[48] 不过这一切并没有发生，派遣留美幼童行动的夭折和围绕同文馆引发的巨大反对，显示1860—1870年代保守人士仍具压倒之势，那时深刻的危机感远没进入北京高层的脑海。当1898年这本书终于被作为一种政治思路郑重对待，也并非完全为了变法。

北京官员们1898年8月集中学习《校邠庐抗议》的一幕，除了证明之前自强运动的有限性，也显示了孙家鼐这些大臣心中的改革仍沿袭着30年来"中体西用"的轨道，这也正是冯桂芬思想的精髓。[49]

不过签注此书的另一个目的，可能是想借助投票方式推进变法，因为如此一来，可以让更多人对变法负责，这无疑保护了皇帝，同时也削弱了康有为的影响力。

7月17日，孙家鼐建议被批准的同一天，宋伯鲁建奏请把《时务报》改为官方报纸。孙乘机支持派康有为赴沪督办，之前康计划让梁启超接管《时务报》，结果7月26日变成自己被变相放逐，他谋取京师大学堂总教习的梦想同时破灭，这一职位不久由工部侍郎许景澄出任。

四

《时务报》改官报的提议很快摧毁了这张报纸的公共形象，而且迅速引发一场产权之争，它撕去了改革阵营的表面团结。很多人忽然发现，所谓"新党"，实则立场各异，因此这件事被视为"新党"人心解散的某种标志。[50]

梁启超的主笔角色在出任时务学堂总教习后实际宣告结束，[51]第55期后《时务报》再无其文章。1898年2月，汪康年打算邀请郑孝胥担任总主笔，改梁为"正主笔"。双方就此互相指责，不过康有为师徒的心思此时已转向北京，若不是7月奉旨接管《时务报》，这场内讧可能不会暴露于天下。

汪康年不甘心报馆被收管，很快宣布另办《昌言报》。[52]他发布一份启事在《国闻报》上，声明《时务报》为自己创办。[53]恼怒的康有为迅速作出反应。8月16日,黄遵宪、吴德潇联名发布《国闻报》声明,强调《时务报》为他们和汪联合创办,并指责总经理经营不善,导致报馆亏空。此后梁、汪各自发文辩解。[54] 与此同时,康有为致电湖广总督张之洞、两江总督刘坤一,要求立即禁发《昌言报》。

张之洞一直被视为报馆内讧的一个重要原因,理由是他想控制言论。[55] 以赞助人身份出现的张最初对报纸相当欣赏,但不久发现它经常越线。[56]《时务报》之外已另创一份日报的汪康年,[57] 在张之洞和康有为师徒之间摇摆,相当长的时间里实际倒向激进。[58] 这位总经理不仅撰写了13篇言论,鼓吹兴民权、开议会,[59] 而且常以总理不能管主笔之事应付张之洞。[60] 比起不算愉快的湖北经历,他与梁启超似乎更加相投。[61] 不过汪并不支持康学,而是基于共同的西化改革目标。他设法维护言论尺度,如此才能扩大报纸影响力和商业上的成功。[62] 然而维持湖北和上海的平衡越来越困难,[63] 当他与康有为师徒的矛盾公开化,只得再次转而求助于张之洞。此时后者和孙家鼐这样的官员与其说支持汪,毋宁说趁机反对康有为。《时务报》的争斗最终演变为康、梁为首的少数激进维新者与张之洞以及一部分接近张的开明人士之间的争论,[64] 后者本是推动变革的另一股力量,而且直到此时,张之洞仍对梁启超相当爱护。

汪康年声称自己创办《时务报》无疑不符合事实,但提请把报纸改为官报的上奏也只提及梁启超创办,并没有说明这是几个人共办的商业报纸。事实上,挟北京权力接收报馆遭到了南北精英阶层普遍反对,尤其是当他们得知康有为建议出台"报律",打算把民间报纸纳入官方管理甚至统制全国报刊舆论。同情康、梁者如严复、张元济对此也难以认同。[65] 作为交恶双方的共同好友,严复将主笔、总经理各批判一番后伤心地说，这是维新以来最让人"伤心短气"的事情。[66]

《时务报》两年多的盛衰转变，几乎就是维新党人兴起与解体的一个注脚。创刊比《时务报》仅晚几个月且享有澳门"新闻自由"的《知新报》之所以无法超越前者，多少说明了一个事实：改革需要更多群体联合起来。《知新报》的党报面貌固然满足了康有为诉求，却也变成了阿喀琉斯之踵。《时务报》的成功源自一种合力，这张维新人群最看重报纸的同仁反目，意味着广义上的改革阵营正从内部大面积塌陷，它多少可以解释1898年变法何以如此困难，也提醒人们注意这场变革背后迥异的政治哲学和利益诉求，他们可以走到一起，也可能最终形同陌路甚至反目为仇。

很快，北京派黄遵宪去调查《时务报》纠纷，此时他已获任出使日本大臣，不受湖广总督节制。《昌言报》出版半个月后，黄给总理衙门发去一份措辞冷峻的调查报告，用不少笔墨强调自己是《时务报》的章程制定者。考虑到康有为正得到皇帝支持，张之洞只能选择退让，他致电上海让汪康年迅速交出报馆。不过几天后，北京政坛爆发了一场强烈地震，态度强硬的黄遵宪忽然自身难保，报馆移交问题此后不了了之。

五

"近来举动，毫无步骤，绝非善象。"张元济7月17日在一封信里担忧地说。[67]很多人预料到变法前景不妙，但没想到来得如此之快。协助兄长的康广仁身处漩涡之中，更加敏感，他痛苦而冷静地告诉朋友,变法规模太大,支持者太少,因此无法成功。[68] 8月11日,此前被驱逐出京的强学会骨干文廷式收到沈曾植的一封来信,后者担心变法的机会将因为康有为的鲁莽而灭裂。[69] 沈供职于总理衙门,参与过强学会和保国会,此时因丁忧正在两湖书院讲授历史。

不过直到7、8月,变法诸事在表面上一切正常,尤其对远离北京的人们来说。"中国至此时始颇有日本明治初年气象",8月上旬唐才常兴奋地给老师欧阳中鹄去信说,康、梁虽遭受攻击,但他们背靠皇上,无须担忧。[70] 唐的好友谭嗣同这时已抱病北上,8月21日奉命来京,变法力量在这个月似乎增强了,皇帝的行动力度也逐渐加大。

8月底,皇帝批评两江总督刘坤一、两广总督谭钟麟、直隶总督荣禄新政不力。

8月30日,湖北、云南、广东三省巡抚和负责部分黄河水道的东河总督被下旨裁撤,詹事府、通政司、光禄寺、鸿胪寺、太常寺、太仆寺、大理寺同时被裁。私下多有抱怨的官员们变得更加惶恐,无人知道自己的职位能否保留到明天。

进入9月,光绪再次连续出手,几个大动作让慈禧警惕起来。9月4日,爆发了礼部六堂官革职事件。此事缘于礼部主事王照一份上书被阻,王照提议皇帝出游日本,尚书许应骙、塔怀布指责他包藏祸心,理由是俄国太子和李鸿章曾在日本遇刺。结果,皇帝以闭塞言路之名把礼部两位尚书、四位侍郎全部免职。

9月5日,光绪任命了四位年轻人为军机章京,他们是江苏候补知府谭嗣同、内阁候补侍读杨锐、刑部候补主事刘光第、内阁候补中书林旭。四人均获得四品卿衔,康有为对此相当兴奋,因为任命中提到了"参与新政"四个字,他夸张地称几个人"实宰相也"。[71]

9月7日，李鸿章从总理衙门去职，俄国人立即表示抗议，日本人却乐见其成。

上述几项重要任免均为光绪自行决定，无疑刺痛了皇太后敏感的神经。当10天后皇帝向她提出"懋勤殿"一事，后者终于将一系列事件视为对自己的挑战。懋勤殿堪称另一项重大改革，它是制度局构想的后续，制度局此前遭到一些大臣抵制。[72] 康有为等人提出的议政机构方案，特点是直接对皇帝负责，原来的军机处、总理衙门等部门则变成执行机构。懋勤殿一旦成立将变成一个实际决策机构。此举意味着修改帝、后权力关系。以慈禧角度看，从9月4日"擅自"罢免礼部官员到懋勤殿，10天之内光绪相当于两次发动"政变"。[73] 9月14日，慈禧不仅否决了新计划，对此前官员的罢免也提出异议。母子二人在颐和园内发生了严重争执，光绪为变法和自己的前途深感不安。

就在这一天，直隶按察使袁世凯和日本前首相伊藤博文分别抵京，前者为皇帝召见而来，后者也将面圣。天津的报纸传说伊藤博文和几天前进京的李提摩太将担任顾问大臣，共同推进变法。维新人士确有这种设想，伊藤博文却无此意，[74] 9月11日抵达天津后他立即被过度的接待热情震惊。[75] 英、日两国在瓜分浪潮中相对温和的立场让人另眼相看，不少官员呼吁与之联合。张荫桓、王文韶9月初曾到日本驻华公使馆示好，临时代理公使林权助随后发回一则报告称，可以乘机"成为持清国诸般的改良事业的一大势力，并且也培植本邦在清国的实力"。[76]

9月16日、17日，光绪两次召见袁世凯，第一天袁被提拔为二品候补侍郎，并获得越级上奏之权。第二天，皇帝告诉他可以与直隶总督荣禄"各办其事"。一些人担心这次任命让慈禧怀疑皇帝打算结束她的权力，然而种种迹象表明，任命很可能禀报过慈禧，后者对袁

第八章　1898年

世凯印象颇佳，此事看上去更像新政过程中对人才的正常嘉奖。不过皇帝虽无武力相抗之意，却流露出"自己控制武装力量之心"。[77] 略显亲密的会见和提拔加剧了反对派的疑惧，深谙官场心理的王照认为大事不妙。

真正点燃火药桶的是9月18日的一些事。这一天，光绪的密诏由林旭交给康有为，这份焦虑的诏书最早为杨锐9月15日觐见时所得，他不知所措，因为密诏不仅提及慈禧阻止变法，还暗示皇帝可能被废。密诏让4位年轻的军机章京去想办法，如何在不惹怒太后的情况下继续变法。[78] 与张之洞关系密切的杨锐并非康党，他劝说光绪顺从慈禧，变法不宜过快。不过当康有为9月18日看到密诏时，纸上的焦虑立即被放大了，他召集梁启超等人磋商，谭嗣同、林旭跪读密诏痛哭的情绪感染了其他人，众人当场大哭，一个大胆的"围园劫后"计划随后从悲愤的情绪中产生。

武力行动胜算不大，且前景凶险，陡然而至的密诏把变法者逼得脱离既定轨道，仓促之间他们似乎也没有其他办法。众人把希望寄托于袁世凯，后者手握新军，刚获皇帝提拔，最近几年以新政热衷者示人，这一切让康有为相信袁可举勤王之兵。林旭对此表示反对，甲午之役袁世凯在朝鲜的表现让很多人觉得此人毫无担当。

当天傍晚，谭嗣同只身前往法华寺夜访袁世凯，后者对不速之客突至十分吃惊，谭要求袁杀掉荣禄，兵围颐和园，并出示杨锐抄录的一份密诏。震惊之余，袁世凯发现密诏里没有上述内容，但迫于形势并未拒绝合作，而是声称等皇上巡幸天津时再下手。[79] 因此当谭嗣同深夜离开时，行动的希望依稀尚存。2天后，康有为通过杨深秀上折，建议招募300人9月23日去颐和园挖金窖，以接济练兵军费。考虑到朝廷经常动用军人做工，此举无疑可以为派兵进京创造机会，从而促成颐和园行动。[80] 光绪是否理解这一用意尚无人可知。不过可以确定的是，袁世凯并不支持兵变，他本不赞成变法激进化。9月20日，面见光绪时袁提醒皇帝说，变法不能操之过急，国家需要张之洞这样的老成持重者主持新政。[81]

按照计划，湖南人毕永年会安排到袁世凯军中作为监督，兵围颐和园时他带人执行废后任务。[82] 拔贡出身的毕永年是谭嗣同好友，已加入哥老会，不久前刚到北京，他对行动的可行性相当怀疑，得知袁世凯的暧昧态度后决定放弃这个草率的计划。

谭嗣同访袁之后的两天里，康有为继续设法营救光绪，他对李提摩太、伊藤博文的拜访收获不大，李提摩太热情有余而权力不足，住在同一个旅馆的伊藤博文则礼貌而冷漠。日本前首相到北京后发现总理衙门很多大臣并不赞成变法，和张荫桓等人几天交谈下来，他感到变法根本无法成功。9月20日，光绪在勤政殿接见了伊藤博文，会面礼节虽高，双方关于改革的讨论却相当简单。伊藤博文不知道，这是中国皇帝作为自由人的最后一天。

当天早晨，康有为已悄然离京，从马家堡火车站登上一个包厢逃往天津塘沽。

六

9月18日下午，御史杨崇伊的一份训政奏折送抵颐和园，慈禧

第八章 1898年

当晚决定第二天还宫，此事相当急迫，以至于当她率领几百名太监、差役第二天早晨出发时，来不及通知升平署演奏太后送驾时的乐曲。皇上请日本人充当"客卿"的消息闹得满城风雨，杨的奏请特别提及此事，慈禧急于回宫，很大原因是为了监视这次见面。

按照计划，她将在光绪接见伊藤博文次日返回颐和园，然而到了9月21日，慈禧忽然宣布"训政"，下令革职、抓捕康有为和康广仁，罪名是结党营私、莠言乱政，保举康有为的御史宋伯鲁当天也遭革职。

"皇上原以为皇太后的沉默是有意纵容，因此产生了安全感。然而这种沉默顷刻间竟化作闪电般的行动，此种能力中国也只慈禧一人具备。"[83]"训政"的理由可能不止一个，有人告诉皇太后，皇帝联络各使馆打算废掉她。[84]也有人怀疑慈禧已侦知康有为方面即将行动，决定抢先下手。不过直到此时，慈禧并不知道"围园劫后"之事，否则谭嗣同等人不可能安然无事，几位年轻的军机章京此时甚至仍在继续当值。

谭嗣同走后袁世凯是否在京立即走漏消息尚无证据，不过当得知北京政局变化后，9月20日晚他在天津向荣禄告密，这极大改变了事情的性质。荣禄的密折9月23日晚些时候交到慈禧手上，她刚完成摄政礼仪。太后怒不可遏，立即扩大了处罚力度。到第二天，杨锐、刘光第、林旭、谭嗣同被革职交付刑部，张荫桓、徐致靖、杨深秀也遭抓捕。此时慈禧开始把"围园劫后"和年轻的皇帝联系起来。

"到了夜晚，公使馆门口骚闹着。我正在奇怪的一刹那梁飞快地跑了进来，那么这个问题便搁在我们身上了。我无论如何，把梁放进一个屋子里。"林权助描述9月21日的情景。当天梁启超刚来过一次，请求解救光绪和康有为，一番笔谈后林权助劝他到此避难。"救他吧！

而且让他逃到日本去吧！到了日本，我帮助他。梁这个青年对于中国是珍贵的灵魂啊！"得知事情经过后，伊藤博文称赞代理公使做了一件好事。[85] 日本官方对戊戌政变的判断清晰且迅速。"北京发生了针对近来中国改良运动的一系列的政治反攻。宣布慈禧太后将与皇帝共同听政的诏书已经发出，数名激进的改良党成员已经被捕。据报告，满洲大臣们联合起来，请慈禧太后重掌政权，并镇压了改良党。"首相大隈重信9月底作出上述判断。[86]

到使馆前梁启超去见谭嗣同，政变的消息没有让后者惊慌，他告诉好朋友，自己惟待死期。次日，仍有机会逃离的谭嗣同带着书、诗词文稿和家信到日本使馆交给梁启超，两人就此一抱而别。9月25日，梁剪掉辫子，穿上欧式服装前往天津，并在那里摆脱了聂士成军队的追踪，搭上日本军舰"大岛"号，逃离北京的王照也在这艘船上。

这一天，谭嗣同在狱中写下一封绝笔信，决心以死唤起民众。[87] 与康有为广东诸弟子不同，他身上始终弥散着一种壮烈气质，认定流血与国家革新之间存在某种因果关系，而且拒绝承认"叛逆"的罪名，认为那是君主发明的一种说法。[88] 谭嗣同之死和他的殉道者形象令戊戌变法更富正义感，而且一些人从他的政治主张中读出民族革命的味道，比如年仅14岁的四川人邹容，[89] 从此，更年轻的新生代革命者几乎无人不将谭引为先驱。

已公布的新政被迅速废除，8月底裁撤的詹事府、通政司、大理寺等衙门9月26日恢复，普通士民上书的规定被禁，这一天北京还要求各省停止把祠堂寺庙改设新学堂。[90] 10月9日，科举旧制重归旧例。[91] 10月下旬，遭罢免的礼部几位主要官员被陆续起用。"这一次她大权独揽，发誓要废止皇帝所做的一切。发动机被逆转了，火车开始沿着铁轨倒退。"[92]

9月28日，康广仁、杨深秀、杨锐、林旭、谭嗣同、刘光第被宣布处斩，当日执行。未经审判定罪就杀人的决定震惊中外，也为清朝历史前所未有，曾任职于刑部的刘光第在押赴刑场时还以为是一次提审。次日，慈禧以皇帝名义发布的上谕多少解释了她为何急不可待。这份上谕指责乱党"保中国不保大清"，但首先强调了"谋围颐和园劫制皇太后"。罪大恶极、恶贯满盈这样的字眼看得出慈禧内心的愤怒。

一批御史言官的请求推动了立即处决的决定，他们担心张荫桓"勾结"西方各国变生事故。张荫桓精明强干，与康有为交往密切，也是光绪的亲信大臣，仅变法这一年就受到了16次召见。[93]9月24日，张被捕后，英、日公使很快联合提出抗议，英国人尤其不能容忍代表中国参加女王庆典的外交官被杀。美国总统麦金莱10月初也打算出手搭救这位前驻美公使，不过这时张荫桓已被免除死刑，改为流放新疆。这次国际干预看起来成功了，却让慈禧认定维新派"勾结"外国，从而加速了谭嗣同等人之死。如不是事起仓促，原拟区别对待的杨锐和刘光第很可能逃过一劫。

戊戌六君子喋血菜市口次日，康有为抵达香港。从天津到上海，他幸运地躲过几次劫难，当9月21日康乘坐英籍"重庆"号逃离天津，荣禄派出速度最快的"飞鹰"号军舰追赶，不料途中突然抛锚。抵达烟台后轮船需技术性停泊几小时，由于当地官员把电报密码本带到青岛与德国人谈判，结果抓捕电报没翻译出来，康有为再次躲过一劫。好运在吴淞口继续，上海道蔡钧在此等候猎物，英国领事馆派出的人却抢先认出了逃亡者，最终把他转到一艘开往香港的英国邮轮上。在上海和随后的旅途中，康有为告诉英国驻沪领事班德瑞、驻华公使窦纳乐变法为何失败。"陷害光绪帝的阴谋,纯粹是旗人策划执行的。并认为这是光绪帝倾向变法的结果,因为高级旗人和西太后都顽强的反对变法。"[94]此外,康有为没忘了指责慈禧勾结俄国,他知道英国人对此一直保持警惕。

戊戌政变爆发时,英、美公使一位去了北戴河,一位去了京郊山区。李提摩太到天津与从北戴河往回赶的窦纳乐会面。"我请求他尽最大努力,拯救皇帝和被追捕的改革者的生命。"李提摩太说,"但他对维新变法派早有偏见,他的态度完全不像他的前任欧格纳爵士。他的偏见在很大程度上缘于无知。因为后来我了解到,在他从北戴河回来之前,从来没有听说过康有为。"[95]军人出身的窦纳乐确实不大了解中国,不过日本人伸出援手后,英国决定加大力度支持维新党人,而且他们不愿意看到逃犯在上海租界或英国船上被捕。

七

9月29日夜晚,康有为抵达香港。这一天,皇家海军少将、议员贝思福[96]刚好到来,他的中国之旅于从会见一位流亡者开始。"康有为的忠君、爱国及无私献身的精神,给我留下了极为深刻的印象。他的真诚无可置疑。"贝思福对康印象不错,但谈话后遗憾地得出结论,"改革派方法失当,为国效力时心情太急,由此导致了他们的失败。"英国人坦率地说:"在这个帝国行之数千年的方法、风俗、法律与制度,不可能由于来自北京的一纸诏令,而在几个月内彻底改变。"[97]

求之太急且未能团结更多人，因此招致越来越多的反对，外界对戊戌变法的观感大体如此。不过，人们很难判断维新派对光绪的过度依赖到底是原因还是结果。皇帝对康有为这批人相当倚重，在1898年发布的27项（138道改革谕旨）中，康有为一派提出的有8项。由他人最初提出、由康派主导的有3项。[98] 糟糕的是，维新党人寄予厚望的皇帝并无实权。伊藤博文在北京时告诉莫理循，他对中国的变法很失望："皇帝颁布了大量变法维新的诏书，但是这些诏书从未付诸行动。"[99] 英国老牌记者同样不看好新政："你是否认为在这个国家进行一次和平革命是可能的？或者，那位可怜的小皇帝提出的不切实际的各种措施能够见诸行动而不致引起叛乱吗？千真万确，官僚阶层是腐败的，但民众也是如此，从最低层到最高层都是腐败的。"10月12日他在一封信里说。[100]

10月17日，梁启超乘坐"大岛"号军舰到达广岛南部的一个军港，几天后前往东京，照顾他的是犬养毅的部下柏原文太郎。[101] 梁与代表大隈重信的志贺重昂月底进行了两天笔谈，期待日本帮助光绪复位。康有为避难香港后日本驻港领事向国内汇报说，康可能在赴美、英途中访问日本，在驻华公使矢野文雄的帮助下（支出350美金），康有为搭乘日本邮船"河内"号10月25日来到神户，跟随他的包括3名弟子和1名随从，一场不知尽头的流亡生涯就此开始。

"亚洲主义"潮流这几年蔓延于日本精英人群，它可以追溯到1880年代以来的各种兴亚论，[102] 三国干涉还辽之后逐渐流行，很多日本人想联合中国对抗西方并由此坐稳亚洲霸主之位。参谋本部1897年邀请中国代表团参观日军演习，[103] 并抛出了联合培养陆军士官的想法，张之洞决定选派20名湖北学生前往日本学习军事，湖北的军事学堂也计划聘请更多日本教官。[104] 1898 年 11 月 2 日，东亚会、同文会合并组成东亚同文会，贵族出身的近卫笃麿出任会长，[105] 他认为东亚将成为白种人和黄种人的战场，同文会出版的《东亚时论》第一期便刊发了梁启超的《上副岛近卫两公书》和署名更生（康有为）的《唇齿忧》，为支持维新人士，该报把谭嗣同半身像作为第二期卷首配图，图片顶部题词写着："支那大侠浏阳谭君遗像"。[106]

东京一些主流媒体鼓励政府支持中国改革者。发行量在东京位居前列的《万朝报》称，[107] 中国改革派志士的言论行动与明治维新时的志士非常相似，《日本》呼吁政府否认"训政"政府，让中国皇帝恢复权力，采用文明制度。[108]《太阳》杂志第 4 卷第 21、22 号相继用一整页刊登照片："清国改革党领袖康有为及梁启超""清国名士康有为氏"，将两人称为"改革党领袖"。[109] 不过这并非日本全部声音，另有报刊指责维新党人的激进毁坏了变法大业。梁启超为此愤愤不平，11 月 3 日他致书枢密顾问官品川弥二郎，引用后者老师吉田松阴的观点反驳上述论调。[110] 梁敬慕这位明治维新精神领袖，为自己起了一个新名字："吉田晋"。[111]

一到日本梁启超即由进步党提供住宿，但他并不希望被人"供养"，打算创办新报纸以求自立。新事业的一些创意来自流亡途中的无聊时间，比如船长赠送的《佳人之奇遇》，它成了《清议报》梁氏翻译之始。1898 年 12 月 23 日，一张新报纸在横滨创刊，[112] 这个名称看起来仍有向北京"建言"之意，让人难免联想起传统"清议"，士人们的清议虽然勇敢，却以忠君为底线。不过如果看到报纸的英文名叫"The China Discussion"，就能明白梁启超的用意并非如此。事实上《清议报》一诞生就下笔激烈，对慈禧毫不留情，因此它加速了清廷对康有为的驱逐。

八

北京外交界和西方观察家同情变法者，却并不打算干预政变或提出抗议。在他们当中，7月刚上任的美国新任公使康格还没来得及了解中国，英国公使窦纳乐此前一直拒绝学习中文以及把中国看成一个文明国家，赫德视此人的到任（1896年）为外交灾难。窦纳乐有过非洲任职背景，德国公使海靖也一样，他们到中国来显示了甲午战争后欧洲人更加傲慢的姿态，一些敏感的中国精英以此为耻。

不过上海的西方报纸却为变法者大声喝彩。"最近慈禧太后在北京所处死的六个青年，无疑地，历史将以爱国者的名义给予他们，因为他们是为国家的利益而贡献了自己的性命。""他们来到北京并不是希求高官显爵，以便搜刮人民而自肥，而是以发动和平的维新改革为唯一目的。"《字林西报》周刊谴责杀害"六君子"，该报并不认为变法可行，但给予极大敬意："他们的动机是高贵的，他们光荣因此也是不朽的。"[113] 不仅如此，上海中文舆论也程度不同地同情变法，包括和康、梁发生过冲突的《昌言报》。[114] 一位观察家包克私10月17日称："目前存在着泾渭分明的两种思想派别，亦即所谓守旧党（或保守党）和维新党（或自由党，亦即改革党），值得注意的是，在这70种出版物中，没有一家拥护前者的观点，各家报章杂志都在不同程度上鼓吹改革。"[115]

鼓吹改革的舆论热浪随着太后重回权力巅峰而冷却，中国历史上第一次民间兴办报纸的浪潮因此转入低谷，慈禧"训政"后社会气氛大为改变。9月26日，《时务官报》被裁撤，根据10月9日一个命令，报馆和主笔可能面临禁止和抓捕。[116] 这则上谕发布后，"仅上海一地，就有近十家报纸被迫停刊"。[117]

被上海媒体指责缺乏作为的西方外交官们很快发现，击退维新的反扑之火竟很快烧到自己身上。9月30日中秋节这天，一些从天津乘火车来京的外国人，马车、轿子路过天桥附近时遭到瓦砾石块袭击，其中包括2名日本学生、英国公使馆1人及女眷、1名美国传教士和一些英国海关或邮政人员，现场巡警和清兵拒绝为他们提供保护。1名公使团内眷同一天乘轿由北堂前往西堂途中也遭遇民众辱骂。[118] 10月7日，英、俄、德三国不顾清政府反对，调集28名英国士兵、30名德国士兵进京保卫使馆，一起来的还有俄国士兵，他们有66人。

这两起针对外国人的"示威"，很容易和慈禧联系起来。后者讨厌西方人干预对张荫桓等人的处罚，他们对皇帝健康的高度关心尤其令她愤懑，而太后在政变中暴露的野蛮也让外交官们日益不安。10月4日，4名接近光绪的太监被杖刑打死，这不仅违反《大清律》杖刑"杖一百"的最高处罚，死者还被抛入万人坑不准收殓。此事和直接处死"六君子"一起，撕下了罩在古老帝国"人治"外面的伪装。

光绪遭到软禁后，9月25日传出重病消息，中国皇帝的命运开始为外界高度关注。"我于前天乘'新记'号抵达上海，发现这整个地方都由于皇帝被毒死的消息而陷于混乱之中。"一位自北京前往缅甸旅行的英国军官当天从上海给莫理循发去一份电报说。[119] "光绪皇帝究竟还是否在人间？"10月6日，《字林西报》周刊质问道。[120]

总理衙门备受国际压力,终于被迫同意让法国公使馆大夫多福德(Detheve)进宫看病。"皇帝表情温和,满脸病容,脸上没有胡须,很瘦削。黑色的眼睛很深邃,看上去似乎还不到他的年龄28岁的一半"。[121] 10月18日,多福德看到了脸色苍白明显消瘦的皇帝,判断他患有慢性肾炎,但无大碍。

紧接着,另一场排外事件爆发了。10月23日,甘肃提督董福祥率领的军队在卢沟桥、北戴河铁路沿线攻击外国人。在丰台,京津铁路工程师考克斯和他的2名客人前往一座新落成的铁桥时和大约50多名围观"洋鬼子"的甘军发生冲突,结果考克斯身负重伤,几个人凭借左轮手枪逃命。前往救治的美国人满乐道,将此事看成慈禧为文明世界"准备的一颗地雷提前爆炸"。[122] 这时,保定、卢沟桥之间的铁路和电线遭毁,火车完全中断,甘军扬言要将所有外国人驱逐出中国。"董福祥的乌合之众(一万二千人)就在3英里以外扎营,要是他们能任意行动,我们将遭殃。"11月13日,赫德抱怨说,"各国公使馆要求把这帮人调走,其结果是中国人以为我们害怕董的队伍。"这时他看透了新局势:"现在慈禧太后就是政府,可怜的小皇帝也不得不缄口不语。我认为改革不会被扼杀,但是这位老夫人的所作所为会推迟改革。"[123]

慈禧的底气不仅来自甘军,直隶和天津的军队如今也整合到了荣禄麾下,后者几乎直接受命于太后。10月11日,荣禄获任练兵钦差大臣,统一节制毅军(宋庆)、甘军(董福祥)、武毅军(聂士成)以及袁世凯的新建陆军、北洋各军。军机大臣同时手握兵权,有清一代并无先例。[124] 可以说,清廷中央罕见地直接拥有了一支军队,他们正在成为排外浪潮的后盾。

各国对上述事件反应强烈,特别是对董福祥,要求他的军队11月15日前撤出直隶,否则将派兵占领北京至山海关铁路沿线,慈禧在公使馆强烈反制下被迫撤走甘军。对北京还谈不上多熟悉的美国公使康格对未来深感不安。北京、天津及其附近"有一种非同寻常的情绪,在中国人中弥漫着一种即将爆发动乱的巨大恐惧",而且这种排外情绪"因为慈禧太后的政策得到鼓励",11月3日他致函国务卿海约翰称。[125]

传教士对排外风潮的感受每一次都异常敏锐。"德国人事件在某些区给传教士们造成很大的损害。"法国传教士苗履实(Le P. Du Cray)1898年5月在天津写道,"占领胶州,除侵犯人的权利之外,不仅对中国,而且对生活在中国内地的外国侨民造成非常严重的后果。"另一位法国神父鄂铎宣(Le P. Gouverneur)6月发自河北献县的一封信里说:"三个月来,我们的中央帝国很动荡,或更确切地说,已预示着要动荡起来。"[126]

这些感觉是准确的,11月底,3名传教士在山东、贵州、湖北被杀,湖北的排外行动席卷了几个城市,宜昌的一些人把"灭洋"的字样写到了旗子上。1898年12月15日,深感不安的李提摩太在一封信里说,他清醒地认识到许多中国官员此前之所以学习西方的军事知识,"目的是打击外国人,将外国人赶出中国"。[127]

注释

1 上海海关年度报告把1898年视为最令人失望的一年。税务司列出的主要原因包括很多省份的叛乱、黄河泛滥、汉口大火、食品供应不足和当地货币

第八章 1898年

  市场的信贷紧缩等。《上海近代社会经济发展概况（1882—1931）——〈海关十年报告〉译编》，第46页。
2 《中华帝国对外关系史（第三卷）：一八九四——一九一一被制服时期》，第136页。
3 《教皇的报纸：〈真理之声〉（*La Voce della verita*）对"中国骚乱的真实原因"的评论》，《义和团运动文献资料汇编·德译文卷（上）》，第263页。
4 九龙半岛与香港毗连，九龙"尖端"即南端（由尖沙咀到油麻地）在第二次鸦片战争后割让给英国，但并不包括九龙半岛其他部分。1898年英国人进一步拓展了范围，根据《展拓香港界址专条》，英国从中国获得到九龙界限街以北，大鹏湾和后海湾一线以南，总面积为975.1平方公里的土地（包括大小岛屿200余个）租界区，统称为"新界"，租期99年。但根据专条规定，九龙城仍属中国管辖。1899年底，英国借故武力驱逐了中国官员和军队，完成对九龙半岛的全部侵占。
5 1897年3月，总理衙门为了拒绝法国从蒙自、百色到昆明的铁路要求，被迫向法声明海南岛不割让他国。
6 （日）藤村道生著，米庆余译：《日清战争》，第199页。日本评论家高山樗牛（1871—1902）1898年底写的《罪恶的一千八百九十八年》一文称，帝国主义世界体系的形成，"暴露了所谓道义和宗教都不过是兽欲的假面具"，它是在光天化日之下，"以人道和世界和平为名横行不法"。因为"东方人种（即白色人种以外的人种）的国家被远东以外的雅利安人种消灭了"。（同上）
7 维特称，自己指示俄国外交官"馈赠"中国官员获得了旅顺口："我于是给我部驻北京的办事员发了一个电报，让他去见李鸿章和另外一个大臣张荫桓，就说我劝他们与我们达成协议。我让办事员馈赠两位大臣以五十万卢布和二十五万卢布的贵重礼品。这是我在与中国人的交涉中，第一次借助于行贿的手段。"《维特伯爵回忆录》，第75页。此说尚无明确证据，不过俄军拒绝撤离，军事威胁才是最大原因。
8 章程中包括：三、为保全国家之政权、土地；四、为保人民种类之自立；五、为保圣教之不失；六、为讲内治变法之宜。《保国会章程》，《康有为全集》（第四集），第54页。
9 杨度在5月13日日记里写道："王先生寄言嘱余在京多往来少议论，以谓事无可为，徒以获罪。"北京市档案馆编，杨度：《杨度日记》（1896—1900），新华出版社，2001年，第89页。
10 康有为痛陈，四万万人已几乎沦为奴隶，种族沦亡危机四千年所未有。他指责说，甲午之后仍不"变法"，或仍是"变其甲不变其乙，变其一不变其二"，结果徒劳无功。见《京师保国会第一次集会演说》（1898年4月17日），《康有为全集》（第四集），第58页。

11 "伏愿皇上因胶警之变,下发愤之诏,先罪己以励人心,次明耻心激士气;集群材咨问以广圣听,求天下上书以通下情;明定国是,与海内更始。自兹国事付国会议行,纡尊降贵,延见臣庶,尽革旧俗,一意维新;大召天下才俊,议筹款变法之方;采择万国律例,定宪法公私之分;大校天下官吏贤否,其疲癃不才者,皆令冠带退休;分遣亲王大臣及俊才出洋,其未游历外国者,不得当官任政。"《上清帝第五书》,《康有为全集》(第四集),第 5 页。第五书写于胶州湾事件后的 1898 年 1 月。这份上书里用宪法界定公私权力边界("采择万国律例,定宪法公私之分"),显示了康对变法的理解已相当深刻。

12 康有为称,总署、使馆、同文馆、招商局、制造局、税务司、船政厂、电线铁路都算得上新政,但"根本未变,大制未新",《外衅危迫分割洊至急宜及时发愤大誓臣工开制度新政局折》(1898 年 1 月 29 日)。《康有为全集》(第四集),第 13 页。后来的《上清帝第六书》(《应诏统筹全局折》)即本于此折。

13 《中国的危机》,《字林西报》周刊,1898 年 10 月 7 日,该文转载自《德臣报》(*China Mail*)(又称《中国邮报》),康有为 10 月 6 日接受该报采访时描述变法、光绪谈话等内容。《戊戌变法》(三),第 503 页。

14 "传康有为到署高谈时局,以变法为主,立制度局新政局、练民兵、开铁路、广借洋债数大端,狂甚。"《翁同龢日记》(第六册),1898 年 1 月 24 日,第 3086 页。

15 "以山东全省利权形势拱手让之腥膻,负罪千古矣。"《翁同龢日记》(第六册),第 3099 页。此外,翁同龢此前在日记中用"最憾最辱之事"描述对德交涉心情。

16 关于康有为在戊戌年的几次上书和递交过程,可参阅(台)黄彰健:《戊戌变法史研究》(下),《第六书第七书曾经光绪改易,并论康上光绪第五书确由总署递上》一节,第 819—851 页。

17 《翁同龢日记》(第六册),第 3081—3082 页。

18 《日本变政考》是 1898 年康有为影响光绪最重要的一本书。它被两次进呈(4 月 10 日、6 月 13 日),康有为在自定年谱里说法多变,又记《日本变法记》《日本变法考》等(黄彰健:《戊戌变法史研究》,上海书店出版社,第 94—95 页),但北京故宫博物院发现的《杰士上书汇录》显示,两次均为《日本变政考》。值得注意的是,康有为在书中尽管强调学习日本,推崇西方三权分立的政治制度,但认为中国民智未开,中国的变法只能开制度局,暂时不能开国会与议院。分析详见孔祥吉:《康有为变法奏议研究》,辽宁教育出版社,1988 年,第 342—348 页。

19 茅海建:《戊戌变法期间光绪帝对外观念的调适》,《历史研究》,2002 年第

6 期。

20　《李鸿章年（日）谱》，第 378 页。
21　关于政变前光绪帝与慈禧太后的政治权力关系，见《戊戌变法史事考》，第 12—38 页。
22　"数年以来，中外臣工，讲求时务，多主变法自强。迩者诏书数下，如开特科，裁冗兵，改武科制度，立大小学堂，皆经再三审定，筹之至熟，甫议施行。"诏书称："用明白宣示，嗣后中外大小诸臣，自王公以及士庶，各宜努力向上，发愤为雄，以圣贤义理之学，植其根本，又须博采西学之切于时务者，实力讲求？以救空疏迂谬之弊。专心致志，精益求精，毋徒袭其皮毛，毋竞腾其口说，总期化无用为有用，以成通经济变之才。"并宣布首先举办京师大学堂。"上谕"（四月二十三日），《戊戌变法》（二），第 17 页。
23　对光绪还是慈禧主导了这次罢免，学者多有争议。总的来说，翁氏身上的"新"或"旧"都带有相当的政争意味。可参阅马忠文：《从朝野反响看翁同龢开缺前的政治倾向》，《南京大学学报》2013 年第 2 期。
24　1861 年，咸丰帝在承德病死，皇子载淳即位，肃顺等 8 人被任命为赞襄政务王大臣。当年 11 月，两宫太后及新皇帝由热河回京，在奕䜣支持下发动政变，将肃顺等 3 人处死，其余 5 人革职。两宫太后"垂帘"听政，改称同治，从此慈禧控制中国最高权力，奕䜣被封为议政王兼首席军机大臣。
25　《中国的危机》，《字林西报》周刊，10 月 7 日，《戊戌变法》（三），第 509 页。康有为戊戌政变后对外界和媒体回忆光绪接见等内容，一般认为存在不实或夸大其词之处。
26　张元济回忆如下：我说"皇上现在励精图治，力求改革，总希望国家能够一天比一天进步"。他听了之后，叹口气说："可是他们都不能赞成呀！"我当时听他说这句话，心里觉得这位皇帝也够可怜了。张元济：《戊戌政变的回忆》，《戊戌变法》（四），第 323—324 页。
27　梁启超甚至称这项任命"可笑之至"。《与穗卿仁者书》，《梁启超年谱长编》，第 121 页。
28　这份奏折指控说："梁启超者，曾在上海刊刻《时务报》，力倡民主议院之说者也。该抚称其品端识卓，学通中西延聘来湘，恣其横议。湘中人士尤而效之，至有倡为改正塑、易服色之言，刊报传播，骇人听闻。"《掌陕西道监察御史黄均隆折》（光绪二十四年四月二十五日），《戊戌变法档案史料》，1958 年，第 252—253 页。又黄均隆：《抚臣讲求时务有名无实请旨饬令核实办理折》，尹飞舟编：《湖南维新运动史料》，岳麓书社，2013 年，第 143 页。
29　《湘绅公呈》，《翼教丛编》，第 149—150 页。

30 "今宜上至百寮,下至群丑,俱如此类,网罗净尽,聚之一室,幽而闭之,使其不见日月,不与覆载,不与理乱,不干是非,以遂其老杨之怀,蝮蛇之性。"《开诚篇》,《湘报》第二十四号(4月2日)。(连载于第三号、第十二号、第二十四号)。《湖南维新运动史料》,第313页。

31 《醒世歌》载1898年4月6日《湘报》第二十七号。文章作者为南学会会长皮锡瑞之子皮嘉佑,说的是"中国并不在中央"等地理常识。叶德辉给皮锡瑞去信发难提出反驳,理由是中国作为黄种人,"五色黄属土,土居中央。"叶德辉:《叶吏部与南学会皮鹿门孝廉书》,《翼教丛编》,第167页。

32 "今以湘事论,勿问其他,讲学托名于开民智、伸民权,则试问今日之民,谁肯居于不智?又试问不智之民,何必更伸其权?况所讲之学为康有为之学乎?夫康有为《改制》《伪经》,其狂悖骇俗与吾邑易生同。"(易生即易鼐)。《叶德辉与南学会皮鹿门孝廉书》,《翼教丛编》,第169页。

33 "如以黄白种人互为雌雄,则生子必硬大而强健,文秀而聪颖。"文章所列中国富强四条策略为:"一曰改法以同法,二曰通教以绵教,三曰屈尊以保尊,四曰合种以留种。何谓改法?西法与中法相参也。何谓通教?西教与中教并行也。何谓屈尊?民权与君权两重也。何谓合种?黄人与白人互婚也。"《中国宜以弱为强说》,《湘报》第二十号(1898年3月29日)。

34 公度"谈易鼐事,亦以为骇俗,谓日本有渐进、顿进二党,今即顿进,亦难求速效,不若用渐进法,报文勿太激烈"。皮锡瑞:《师伏堂未刊日记》1898年4月10日,《谭嗣同研究资料汇编》,第116页。

35 熊希龄称湖南"物议纷腾,黑白混淆",并直言:"龄观日本变法,新旧相攻,至于杀人流血,岂得已哉!不如是,则世事终无震动之一日也。"《为时务学堂事上陈宝箴书》(一八九八年七月十五日)(8月31日),《湘报》第一百十二号,周秋光编:《熊希龄集》(上),湖南出版社,1996年,第78页。

36 贾小叶:《再论湖南时务学堂之争》,《湖南大学学报(社会科学版)》,2017年第6期。该文认为存在着明暗两条线索:"暗线即陈宝箴父子、邹代钧等人与康门弟子及其支持者的矛盾、冲突,明线即叶德辉、王先谦及岳麓书院斋长等人与康门弟子及其支持者之间的纷争。前者在时间上并不晚于后者,但因较后者隐蔽,故长期以来为人所忽视。时务学堂的人事变动正是在这双重线索的驱动下实现的。"

37 实际上,梁、谭关于湖南地方自立、自救等观点,陈宝箴相当认可或同情。可参阅刘梦溪:《湖南新政在戊戌之年的机遇与挫折》,《中国文化》,2018年秋季号。

38 8月5日,陈宝箴在一份奏折里称:"康有为可用之才,敢言之气,已邀圣明洞鉴。当此百度维新、力图自强之际,千人之诺诺,不如一士之谔谔。"《陈宝箴奏厘正学术造就人才折》,《戊戌变法》(二),第359页。

39 "我朝沿宋明旧制,以四书文取士。康熙年间,曾经停止八股,改试策论,未久旋复旧制,一时文运昌明,儒生稽古穷经,类能推穷本原,阐明义理,制科所得,实不乏通经致用之才。乃近来风尚日漓,文体日敝,试场献艺,大都循题敷衍,于经义罕有发明,而谫陋空疏者,每获滥竽充选。若不因时通变,何以励实学而拔真才?着自下科为始,乡会试及生童岁科各试,向用四书文者,一律改试策论,其如何分场命题考试,一切详细章程,该部即妥议具奏。""上谕"(五月初五)(6月23日),《戊戌变法》(二),第24页。

40 (美)魏定熙著,张蒙译:《权力源自地位:北京大学、知识分子与中国政治文化,1898—1929》,江苏人民出版社,2018年,第33页。

41 新式学堂,"1895—1899年,全国共兴办学堂约150所,其中1895年3所,1896年14所,1897年17所,1898年5月以前14所,戊戌变法期间达106所"。桑兵:《晚清学堂学生与社会变迁》,学林出版社,1995年,第40页。

42 生童试为明清科举功名的起点,参加童试录取后称为生员(又称为序生,俗称秀才),即获得正式科举考试资格;岁试、科试为清代各省学政举行的考试。岁试为生员甄别考试,科试为每届乡试前的选拔考试。岁试是生员必须参加的考试,科试则不一定参加。可参阅(日)宫崎市定著,马云超译:《科举史》,大象出版社,2020年,第80—83页;白寿彝主编:《中国通史第九卷——中古时代·明时期(上)》(修订本),上海人民出版社,2007年,第1029—1033页。

43 "时八股士骤失业,恨我甚,直隶士人至欲行刺。"《康有为自编年谱》(外二种),中华书局,第45页。

44 张元济:《戊戌政变的回忆》,《戊戌变法》(四),第326页。"那时守旧派反对新政的空气已甚浓厚,我就劝康有为适可而止,不可操之过急。"(同上)

45 7月17日,孙家鼐提交的一份奏疏称,如果人人存改制之心则天下大乱。康有为8月29日上奏皇帝,除了遵旨删除《孔子改制考》一些内容,还打算把书名改为《孔子变法考》,并解释了自己只是借孔子推行变法,以堵住守旧者之口。

46 可参阅朱栋荣、闫小波:《重审中国现代国家建构中的"冯桂芬方案"》,《天津社会科学》2020年第2期;熊月之:《略论冯桂芬在中国近代思想史上的地位》,《上海行政学院学报》,2004年第1期。

47 林乐知1860年抵达中国之后,两人长期交往。林帮助冯桂芬进一步打开眼界,进而勇敢地呼吁改革。

48 (美)柯文著,林同奇译:《在中国发现历史——中国中心观在美国的兴起》,中华书局,2002年,第17页。

49 翁同龢以《抗议》"最切时宜",孙家鼐说它"最为精密"。《抗议》一书的

50. "新党之议论盛行，始于时务报；新党之人心解体，亦始于时务报。"胡思敬：《政变月记》，《戊戌履霜录》（卷一），《戊戌变法》（一），第367页。

51. 梁启超入湘后一度遥领主笔，但寄回的三篇序言——《南学会序》《俄土战纪序》《经世文编序》，显然并非专为报纸撰写。

52. 《昌言报》1898年8月17日出版，开始梁鼎芬任总董，从第七期起梁鼎芬在多家报馆刊登启事脱离该刊，称已交餐霞主人（曾广铨）经理，曾氏随后也刊登启事表示脱离，将报馆托于日本安藤虎雄（为1897年创刊的《译书公会报》日文翻译）代办。该报存续10期后于1898年11月19日停刊。

53. "康年于丙申秋创办时务报，延请新会梁卓如孝廉为主笔，至今二年，现既奉旨改为官报，则'时务报'名目，自非草野所敢擅用刻印，即从七月初一日起，谨遵六月初八日据实昌（言）之论，改为'昌言报'。"《汪康年启事》，《国闻报》（1898年8月11日）。不久汪康年以按语在《昌言报》创刊号称："康年于丙申之春，倡设《时务报》。惟时南皮张制军提倡于先，中外诸大吏振掖于后，各省同志复相应和，先后延请梁卓如、麦孺博、章枚叔、徐君勉、欧云樵诸君为主笔。"《昌言报》第一期，1898年8月17日。

54. 梁启超8月11日在《知新报》第66册作《梁卓如孝廉述创办〈时务报〉源委》，8月22日在《国闻报》刊登《创办〈时务报〉源委记》，8月28日、29日在《申报》发表《创办〈时务报〉源委记》。梁指斥汪康年"私众人所捐之金为己产，私众人所出之力为己功，不顾交情，显抗圣旨"。此外黄遵宪、吴德潇撰写《创办〈时务报〉总董告白》，从1898年8月22日起连续刊登《申报》一周。汪康年8月29日则在《申报》刊发《书〈创办《时务报》源委记〉后》为自己申辩。参阅廖梅：《汪康年：从民权论到文化保守主义》，上海古籍出版社，2001年，其中第七章对《时务报》之争和几位主要人员之间的关系有深入论述。

55. "《时务报》乃捐款所开办，而湖广总督张之洞所捐最多，张以报中论说太新，频加干涉，视主笔若资本家之于雇佣；时梁启超年少气盛不能耐，翌年舍而之他，报事遂由汪康年一人主持。"戈公振：《中国报学史》，上海古籍出版社，2003年，第157—158页。

56. 1897年9月26日，《时务报》第四十册刊发《知耻学会序》，张之洞下令此册截留勿发，湘鄂两省不送或不许发行。

57 1898年5月11日,《时务日报》在沪开办,由汪康年与曾广铨等人集资。《时务报》奉旨改为官报,《时务日报》为避免名称混淆,当年7月将报名改为《中外日报》,这张报纸坚持出至1911年才告停刊,是戊戌至立宪运动时期中国南方重要的言论机构,而且曾一度引领报刊改革。参阅李礼:《转向大众:晚清报人的兴起与转变(1872—1912)》,北京师范大学出版社,2017年,第八章。

58 "汪康年原系激进分子。"黄彰健:《戊戌变法史研究》,上海书店出版社,第328页。汪的办报思路可参见许莹:《办报干政的另一种探索——汪康年报刊思想与实践研究》,中国书籍出版社,2012年。

59 包括《中国自强策》上中下三篇、《论中国参用民权之利益》、《论今日中国当以知惧知耻为本》等。1896年8月的《中国自强策》明确主张议会民权,提出了议员的具体产生方式。1896年10月的《论中国参用民权之利益》一文,被汪诒年称为"报之言民权,盖自此册始"。《汪穰卿先生传记》,第53页。

60 张之洞一直未将汪视为真正心腹,梁鼎芬曾如此表述张对汪康年的评价:"(南皮)谓穰虽不甚明白,亦有不定处,然讲经济,办事有力。""不甚明白"和"不定处"正显示张、汪达成默契的困难。见《梁鼎芬致汪康年函》,《汪康年师友书札》,第1914页。1897年底《时务报》刊登徐勤《中国除害议》,梁鼎芬直接指责汪站到了康有为阵营。与张之洞关系密切的缪荃荪曾致信诘问汪主持《时务报》"意欲何为耶?"并讽刺他不能管主笔"不能名曰总理矣"。见《缪荃荪致汪康年》,《汪康年师友书札》,第3056—3057页。

61 戊戌变法失败后两人再度接近。汪康年主办的《中外日报》针砭时弊,宣传新政。梁启超去信称《中外日报》之婞直,实可惊叹,前者《清议》论说,尚当退避三舍也"。见《梁启超致汪康年》,《汪康年师友书札》,第1870页。汪、梁总体上有着大体一致的政治主张。可见李里峰:《汪康年与政治权威的依违离合》,《福建论坛(文史哲版)》2000年第2期。

62 纵观整个《时务报》时期,梁启超和其他康门弟子共发表百篇以上言论,只有一篇由汪康年之弟汪诒年做了小的改动。廖梅:《汪康年:从民权论到文化保守主义》,第181页。

63 说到底,汪康年只是一个"借权维新"者。借权维新本是一个需要不断妥协、调整的过程,"汪却过于原则性地坚持自己的独立性,与其所借之权之间不断发生分裂"。单世联:《上下无门:汪康年的困境》,《二十一世纪》2002年8月号。

64 张鸣:《梦醒与嬗变》,北京燕山出版社,1998年,第118—119页。

65 详见马勇:《近代中国知识分子的悲剧——试论〈时务报〉内讧》,《安徽史学》2006年第1期。

66 "《时务报》各告白书后",《严复集》,第493页。原文刊发于1898年8月26日《国闻报》。严复在这篇评论里指责梁启超等人将众人集资的报纸改为官报,以天子之威驱除汪康年,同时批评汪康年应对梁启超离开后报纸内容质量下降负责。最后他的建议是:"官报固自有款,旧集之股,自属众民,官民并立,增一报馆,以幸天下,不夺旧报,以慰海内同志之心。"(同上,第495页)

67 《张元济致汪康年》,《汪康年师友书札》,第1737页。

68 康广仁(1867—1898)称康有为"规模太广,志气太锐,包揽太多,同志太孤,举行太大"。《康幼博茂才遗文致易一书》,《戊戌六君子遗稿》(影印本)(下),广西师范大学出版社,2019年,第619—620页。

69 《文廷式年表稿》(见《戊戌变法文献资料系日》,第852页)。另,1898年9月25日北京曾下令两江总督、江西巡抚将已经革职的文廷式押解来京,但谕旨到达时人已逃遁。

70 《上欧阳中鹄书》,《唐才常集》,岳麓书社,2011年,第413页。唐信里称赞光绪"合地球全局观之,变之自上者顺而易,变之自下者逆而难。今适得顺而易者,诚我四万万人无疆之幸也"。(同上,第412页)

71 《康有为自编年谱》(外二种),中华书局,第55页。

72 比如王文韶称,如不抵制,则"我等无权"。见《康有为自编年谱》(外二种),第51页。

73 《戊戌变法史事考》,第43—44页。

74 1898年6月,日本同样发生了一次政坛地震,大隈重信(1838—1922)6月30日以宪政党总裁身份组成日本第一次政党内阁,他密切关注着中国正在发生的变化。

75 到天津后伊藤博文在写给夫人的书信中称:"清国之上下,欢迎我之事,非文笔可尽书。"1898年对中国的访问,参阅(日)泷井一博著,张晓明、魏敏、周娜译:《伊藤博文》,江苏人民出版社,2021年。

76 日本外务省外交史料馆藏:《日清两国国交亲善之文件》,王文韶、张荫桓两大臣来访之报告。引自孔祥吉,(日)村田雄二郎:《罕为人知的中日结盟及其他:晚清中日关系史新探》,巴蜀书社,2004年,第69页。林权助致大隈重信的信件与报告讲了三件事:光绪皇帝要送天皇头等第一勋章,希望将黄遵宪的规格从公使升格为头等全权大使派往日本,此次所奉国书不同以往,字句格外亲密。(同上,第71页)

77 《戊戌变法史事考》,第49页。

78 光绪给杨锐的密诏各书记载不同。宣统初任都察院御史的赵炳麟《光绪大事汇鉴》所录被认为最可靠,全文如下:"近来仰窥皇太后圣意,不愿将法尽变,并不欲将此辈荒谬昏庸之大臣罢黜,而用通达英勇之人令其议政,

第八章 1898年

以为恐失人心。虽经朕屡次降旨整饬，而并时有几谏之事，但圣意坚定，终恐无济于事。即如十九日之朱谕，皇太后已以为过重，故不得不徐图之，此近来之实在为难之情形也。朕岂不知中国积弱不振，至于阽危，皆由此辈所误；但必欲朕一旦痛切降旨，将旧法尽变，而尽黜此辈昏庸之人，则朕之权力实有未足。果使如此，则朕位不保，何况其他？今朕问汝：可有何良策，俾旧法可以全变，将老谬昏庸之大臣尽行罢黜，而登进通达英勇之人，令其议政，使中国转危为安，化弱为强，而又不致有拂圣意？尔其与林旭、刘光第、谭嗣同及诸同志妥速筹商，密缮封奏，由军机大臣代递，俟朕熟思，再行办理。朕实不胜十分焦急翘盼之至，特谕。"《光绪大事汇鉴·戊戌之变》，赵炳麟：《赵柏岩集》(上)，广西人民出版社，第239—240页。

79 袁世凯在日记(1898年9月29日)中记载："因出一草稿，如名片式，内开荣某(荣禄)废立弒君，大逆不道，若不速除，上位不能保，即性命亦不能保。袁世凯初五请训，请面付朱谕一道，令其带本部兵赴津，见荣某，出朱谕宣读，立即正法。即以袁某代为直督，传谕僚属，张挂告示，布告荣某大逆罪状，即封禁电局铁路，迅速载袁某部兵入京，派一半围颐和园，一半守宫，人事可定，如不听臣策，即死在上前各等语。"袁世凯：《戊戌日记》，《戊戌变法》(一)，第550—551页。袁世凯日记(《戊戌纪略》)和梁启超的《戊戌政变记》对这次会面均有记载。袁著很长时间被认为不可信，但有学者研究认为，袁的记述比梁著更可靠。杨天石：《袁世凯〈戊戌纪略〉的真实性及其相关问题》，《近代史研究》1998年第5期。

80 《戊戌变法史研究》(下)，第592—593页。

81 《戊戌日记》，《戊戌变法》(一)，第553页。

82 毕永年1899年初写就《诡谋直纪》，描述如下。康曰："吾欲令汝往袁幕为参谋，以监督之，何如？"仆曰："仆一人在袁幕中何用？且袁如有异志，非仆一人所能制也。"康曰："或以百人交汝率之，何如？至袁统兵围颐和园时，汝则率百人奉诏往执西后而废之可也。"(毕永年：《诡谋直纪》，中国社会科学院近代史研究所近代史资料编辑部编：《近代史资料》总63号，知识产权出版社，2006年，第2页)不过毕永年对密谋的记载颇有争议。据学者房德邻分析，《诡谋直纪》将维新派兵围颐和园的密谋推前到八月初一日(9月16日)以前，这与当时的形势和康有为等人的活动不符，兵围颐和园的密谋实际出于9月18日紧急无奈之时。此外《诡谋直纪》通篇对康有为持贬斥态度，并称谭嗣同反对康有为的意见，都可能源于政变后毕与康门的矛盾。详见《维新派"围园"密谋考——兼谈〈诡谋直纪〉的史料价值》，《近代史研究》2001年第3期。

83 (美)克莱门茨著：《义和团之乱——政治及外交回顾》("The Boxer Rebellion-A

Political and Diplomatic Review"），《义和团运动文献资料汇编·英译文卷（下）》，第 184 页。
84 《康有为自编年谱》（外二种），第 58 页。
85 （日）林权助：《我的七十年》，见《梁启超年谱长篇》，第 156 页。（日）林权助（1860—1939），东京帝国大学毕业。1887 来华，任驻烟台随习领事。1898 年任驻华使馆参赞并一度代理馆务，1899 年任驻朝鲜公使。1906 至 1908 年返任驻华公使。1918 年再任驻华公使。1920 年任驻英大使，1934 年任枢密顾问官。
86 这是大隈重信 9 月 24 日发给日本驻圣彼得堡和伦敦公使电文，内容为"致林权助第 74 号电报"。由于当时林权助以驻俄公使临时代理驻华公使，故林虽在北京，但发给圣彼得堡的电报仍以林为名。以上以及日本对维新变法的外交反应详见《戊戌变法史事考》，第 484—485 页。
87 谭嗣同称，如果没有一二忠臣义士就义，"则中国之人真已死尽"；"嗣同不恨先众人而死，而恨后嗣同而死者之虚生也"。《致梁启超》，《谭嗣同全集》（下），第 519 页。
88 "叛逆者，君主创之以恫喝天下之名。不然，彼君主未有不自叛逆来者也。不为君主，即詈以叛逆；偶为君主，又谄以帝天。中国人犹自以忠义相夸示，真不知世间有羞耻事矣！"《仁学》，《谭嗣同全集》（下），第 334 页。
89 "容最仰慕谭嗣同，常悬其遗像于座侧，自为诗赞之。（略云：赫赫谭君故，湖湘士气衰，惟冀后来者，继起志勿灰。）"《中国国民党史稿》（下），第 1220 页。
90 《上谕》（八月十一日），《戊戌变法》（二），第 101 页。
91 "嗣后乡试会试及岁考科考等，悉照旧制，仍以四书文试帖经文策问等项分别考试。经济特科，易滋流弊，并著即行停罢。"（八月二十四日），《戊戌变法》（二），第 109 页。
92 （美）丁韪良：《北京之围：中国对抗世界》，《义和团运动文献资料汇编·英译文卷（下）》，第 16 页。
93 《从甲午到戊戌：康有为〈我史〉鉴注》，第 817 页。
94 《与窦纳乐的谈话》（1898 年 9 月 27 日至 29 日，《康有为全集》（第五集），第 10 页。
95 《亲历晚清四十五年：李提摩太在华回忆录》，第 248 页。
96 查尔思·贝思福（Lord Charles Beresford, 1846—1919），生于爱尔兰，1875 年进入海军，1906 年升海军上将，1911 年退休。1874—1916 年间在国会担任过数个职务。贝思福应英国商会联合会之聘，于戊戌政变结束不久来华考察商务，与中国官绅广泛接触，100 天后取道日本、美国回国。访问期间他鼓吹实行"门户开放"，共同保全中国，他的对华政策构想遭到英国政府反对，不过在日本却反响强烈。参见戴银凤：《贝思福访华述论》，《近代史研究》2003年第1期。关于这次访问，另可见吉辰：《贝思福访华中的中英日三方博弈——以"西法练兵"为中心》，载《中华文史论丛》2022年第1期。

97　贝思福此次访问有一份报告1899年后出版，对这次见面内容的翻译见茅海建：《从甲午到戊戌：康有为〈我史〉鉴注》第840页注释。贝思福称："他们在推进改革前应准备好方法。从理论上说他们所追求的一切都是合理的，也确实有利于他们的国家：但从实际考虑，他们并没有做好安排，以使他们的理论能够付诸实施。"（同上）

98　因此可以说戊戌变法这一年，"康有为一派对光绪帝的影响力最大，对改革谕旨所起的作用也最大"。茅海建：《戊戌时期康有为与光绪帝》，《近代史研究》2021年第4期。另，康有为一派系指康有为、梁启超、李端棻、徐致靖、宋伯鲁、杨深秀等人。

99　《致瓦·姬乐尔》（1898年9月20日），（澳）骆惠敏编，陈泽宪、陈霞飞、许翰、倪彭年译，陈泽宪、陈霞飞校：《清末民初政情内幕——泰晤士报驻北京记者、袁世凯政治顾问乔·厄·莫理循书信集》（上），知识出版社，1986年，第111页。

100　《致约·奥·珀·濮兰德》（1898年10月12日），《清末民初政情内幕——泰晤士报驻北京记者、袁世凯政治顾问乔·厄·莫理循书信集》（上），第119页。

101　（日）犬养毅（1855—1932），1882年参加立宪改进党。1890年当选为众议院议员。1898年大隈重信组阁时任文相。1931—1932年任日本首相，1932年遇刺身亡；柏原文太郎（1869—1936），1896年任东京专门学校（早稻田大学前身）讲师兼舍监。1898年东亚同文会成立，任干事。

102　1881年《东洋自由新闻》（明治十四年）第一号上主张，要把日本国民自由之权"扩展延及东方各国"。

103　日本向北洋大臣王文韶发出示好消息，邀请中方参观当年九州举行的日军演习，中方代表团到达长崎后受到了罕见的高规格礼遇。操纵这次军事交流的正是甲午战争幕后操盘者、日方陆军参谋次长川上操六。由于备受礼遇，王文韶回国后提请光绪授予日方9人宝星勋章。

104　统计显示，清末武昌各军事学堂52名外籍军事教习里日本人最多，达43人。见苏云峰：《中国现代化的区域研究（1860—1916：湖北省）》，中央研究院近代史研究所，1981年，第248—250页。

105　日本政府拿不定主意该给哪一个组织资助金，于是敦促两者合并。东亚会政治色彩很浓，同文会则较务实，旨在促进日清经济交流，最后由近卫调停，定下四条纲领：1.保全支那。2.扶助支那及朝鲜的改善。3.研讨支那及朝鲜的时事,准备实行。4. 唤起国论。参见(日)薄井由:《东亚同文书院大旅行研究》,上海书店出版社,2001年,第9页。近卫笃磨(1863—1904),京都旧公卿家庭出身。早年留学奥地利、德国学习政治经济学。1896年任贵族院议长、日本教育会会长。甲午战争后主张"清日同盟",义和团运动后主张保全中国。

106 (日)狭间直树著,高莹莹译:《东亚近代文明史上的梁启超》,上海人民出版社,2016年,第42—43页。《东亚时论》第一期、第二期时间分别为1898年12月10日、1898年12月25日。梁启超的信是流亡到日本后写给亚洲主义团体东邦协会会长副岛种臣伯爵和副会长近卫笃磨公爵的,详见上书。

107 《万朝报》创刊于1892年,1899年末在东京成为发行量位居第一位的报纸,因使用淡红色纸张印刷,被称为"赤新闻"。

108 分别见内藤湖南:《中国改革说的两个时期(上)》(《万朝报》明治三十一年10月27日);《政变前后的措施》,《日本》(明治三十一年10月27日),引自(日)志村寿子著,王晓秋译:《戊戌变法与日本——甲午战争后的日本舆论》,《国外中国近代史研究》第七辑,中国社会科学出版社,1895年,第297—298页。

109 《太阳》杂志对康有为等人的报道和支持,见张昭军:《戊戌政变后日本〈太阳〉杂志对康、梁的报道和评论》,《史学月刊》2019年第11期。

110 吉田松阴认为观望持重是一种最大的下策,轻快直率才能打破局面。吉田松阴(1830—1859),德川时代末期的思想家,提倡王学左派理论,呼吁尊王攘夷,1858年因"安正大狱"被捕,次年被处死。品川弥二郎(1843—1900),曾任日本驻德意志帝国公使,1899—1900年第三次任枢密顾问官。

111 《民报》第二十四号,《梁启超年谱长编》,第162—163页。

112 四条办报宗旨中有两条涉及日本或东亚:"一、维持支那之清议,激发国民之正气。二、增长支那人之学识。三、交通支那、日本两国之声气,联其情谊。四、发明东亚学术,以保存亚粹。"《横滨清议报》叙例(1898年12月23日)。《清议报》第一册,《梁启超全集》(第一集),第679页。《清议报》平均每期销售大约3000余份(早期有一些例外)。

113 《政变对维新》,《字林西报》周刊,1898年10月8日,《戊戌变法》(三),第491—492页。

114 该报一度持观望态度,政变发生后明显同情、支持光绪。在第七期上章炳麟以化名发表《书汉以来革政之狱》,第9期借《蒙古盛衰论》和《回教盛衰论》,讨论变法之道,公开同情革命者。报纸第9期、10期更是译载了《中法新汇报》所刊《中国究竟能否变法答问》和法国报纸所刊《中国必将变法论》。详见马光仁:《上海新闻史》(1850—1949),复旦大学出版社,

第八章 1898年

1996年，第181—182页。
115 《上海近代社会经济发展概况（1882—1931）——〈海关十年报告〉译编》，第95页。包克私（Ernest Box，1862—1940）这篇文章发表在《北华捷报》上。他统计称，4年前只有12种中国报纸，1898年有不少于70种中国报章杂志在中国出版和流通。仅上海一地即超过40种。"这些刊物大多由中国人自己出版，而且几乎全都以中国的启蒙和改革为其宗旨"。(同上)
116 "莠言乱政，最为生民之害，前经降旨，将官报《时务报》一律停止。近闻天津、上海、汉口各处，仍复报馆林立，肆口逞说，捏造谣言，惑世诬民，周知顾忌，亟应设法禁止。著各该督抚，饬属认真查禁。其馆中主笔之人，皆斯文败类，不顾廉耻，即饬地方官严行访拿，从重惩治，以息邪说而靖人心。"《上谕》（八月二十四日），《戊戌变法》（二），第109—110页。
117 方汉奇主编，王润泽、赵永华副主编：《中国新闻事业编年史》上，福建人民出版社，2018，第78页。
118 引自崔志海：《美国驻华公使对戊戌变法的观察》，《史林》2018年第4期。
119 《艾·温盖特来函》，《清末民初政情内幕——泰晤士报驻北京记者、袁世凯政治顾问乔·厄·莫理循书信集》（上），第113页。
120 《北京之谜》，《字林西报》周刊，1898年10月16日，《戊戌变法》（三），第87页。
121 "在诊治的整个过程中，无论皇帝是否征求皇太后的意见，她都几次插入进来，她颤动的嗓音和皇帝的音调形成鲜明的对比。"《多福德为光绪皇帝看病》[汉学家弗朗吉尼（Serge Franzini）汇集发表在法国汉学杂志《中国研究》，第十四卷，1995年]，(法)贝甘、(法)莫雷尔著，李圣云译：《紫禁城》，上海人民出版社，2007年9月，第120页—121页；又译作《多福德医生应召为光绪皇帝看病》，载(法)戴仁著，耿升译：《法国中国学的历史与现状》，上海辞书出版社，2010年，第716页。
122 (美)满乐道著，严向东译：《庚子北京被围记》，国家图书馆出版社，2020年，第1页。满乐道（Robert Coltman, 1862—1931），生于美国华盛顿，1885年受美国北长老会委派来华传教施医，做过大清海关和铁道部的医师，1896年在北京担任同文馆生理教习，1898年兼任京师大学堂外科和生理教习。他关于此事的记录详见该书第一章。
123 《赫德致金登干函》（1898年11月13日），《中国海关密档——赫德、金登干函电汇编1874—1907》第六卷，第909页。
124 1730年，雍正为协调西北用兵设立军机房，1732年称军机处，后成为定制。军机处成员称"军机大臣""军机大臣上行走"，由满、汉大学士及各部尚书、侍郎中选定。军机处是皇帝的私人工作机构，可以上报督抚所奏重大问题和下发谕旨交办，体现皇帝旨意，不得独立行使职权。

125 E. H Conger to John Hay, November 3, 1898, Dispatches From U. S Ministers to China, 1843-1906, microfilm. 引自《美国驻华公使对戊戌变法的观察》。(美) 海约翰 (John Milton Hay, 1838—1905), 1858 年布朗大学毕业后进入律师界, 曾历任林肯总统私人秘书和高级副官, 驻欧洲公使, 1897 年任驻英国大使, 1898 年任国务卿, 1899 年提出对华"门户开放"政策。
126 分别见"苗履实神父的书信"(天津, 1898 年 5 月 16 日)、"鄂铎宣神父的信"(献县, 1898 年 6 月 15 日),《义和团运动文献资料汇编·法译文卷》, 第 243—244 页。
127 (英) 苏慧廉:《李提摩太在中国》, 第 227 页。

第九章

1899 年

大隈重信内阁（1898年6月30日—1898年11月8日）下野后，新内阁外务大臣青木周藏选择务实路线，不愿支持清廷政治犯//1899年9月6日至11月17日，美国正式提出在中国实行"门户开放"，照会被分别送交英、德、俄、法、意、日各国//"一个秘密社团已在山东兴起，它存在的唯一理由是仇视洋人和基督教。因为某种神秘的原因，这个组织用拳民为名"//新任巡抚发出一份全省通告，称传教士和教会为中外条约许可，中国不能失约//保皇会做的第一件大事是为光绪祈福。8月4日这一天，康有为乘船在维多利亚以北的文岛附近为皇帝祝"圣寿"

一

1898年末，一个由朝鲜知识精英组成的独立协会（the Independence Club）被解散，[1] 多名成员遭拘捕。这件事初看起来与中国的"百日维新"颇为相似，不过当事人的结局却大不一样。独立协会主要创始人徐载弼此后流亡美国，另一位成员李承晚入狱6年，其间受洗为基督徒。[2] 50年后，他成为大韩民国第一任总统。

"政治流亡"成为19世纪世界一大景观，这受益于通信技术与一个国际社会的形成。流亡政治之所以被视为一种"现代"产物，很大程度是因为流亡者能够利用各国现代化进程中的自由差，扩大自身势力以及借此赢得外国人和捐募者支持。[3] 对善于利用大众媒介的知识人来说，做到这一点并不困难。在此前100年里，伦敦、巴黎、苏黎世、日内瓦和布鲁塞尔逐渐成为流亡运动最活跃的城市。到19世纪末，东京也加入进来。如果说此前它接收开化党人避难被视为染指朝鲜内政，中国维新党人的加入则让这里慢慢变为亚洲流亡者的聚集之地。

然而康有为师徒1899年在日本却过得并不愉快，清廷的压力正在产生效果。张之洞现在是追逐康有为的主角，湖广总督对变法心情复杂，弟子杨锐在菜市口问斩，多少让他感到不安。政变发生后张之洞变得越来越谨慎。康有为师徒到日本后，他多次通过日本驻沪总领事小田切万寿之助要求驱逐。刺激他的是康到香港后散发的各种消息，1898年10月4日康有为接受香港《中国邮报》采访，几天后被上海媒体转载。10月19日，《新闻报》发出了康有为香港来信和两道"密诏"，称光绪对慈禧非常不满，"皇上命我到外洋去为他设法求援，因此我打算立即动身到英国去"。[4] 此言很可能殃及幽禁中的皇帝，张之洞大为震怒，他主动出击，将梁鼎芬撰写的《康有为事实》送到东瀛公开刊发，不过小田切万寿之助报告说，张之洞并不要求引渡康有为，只是希望将其送出日本。1898年12月，这位日本领事告诉张之洞："北京政府连通常的审问都没有进行，便将谭嗣同等人杀害，实为不妥。总督对此怅然无语。"在场的前驻日公使汪凤藻之弟汪凤瀛告诉日本人说："对于谭嗣同等人未经刑部审问而惨遭杀害之事，总督经常表示遗憾。"[5]

张之洞是日方最重视的中国政治家之一，对正寻求合作的日本陆军尤其如此。大隈重信内阁（1898年6月30日—1898年11月8日）下野后，新内阁外务大臣青木周藏选择务实路线，不愿支持清廷政治犯。此外，伊藤博文访华归来后批评维新党人激进也影响了不少人。1899年初，东亚同文会调整了立场，对康有为诋毁慈禧颇有微词。1月19日，近卫笃麿明确告诉梁启超，康有为最好离开日本，远去欧美，否则将妨碍日中邦交。

几天后，康有为收到了大约7000日元赞助金，此时他已经在东京待了3个月，换了3个住处。在弟子帮助下，康有为花了大约10天完成《我史》，记录自己不算长的40年人生，打算以此辞别追随者。梁启超等人虽然不满，却没有太多选择，而且到了1899年3月，他也面临《清议报》关停的压力，张之洞电请日方禁止这张报纸，就在这个月初，他奉旨裁撤了南学会，同情康有为的会长皮锡瑞被交地方官员严加看管。

对流亡的维新党人来说，或许只有领袖离开才能保住流亡事业。如今他们势力单薄，逃离北京后王照与康有为交恶，毕永年等人也直接倒向革命派。

4月3日，康有为离开日本前往加拿大，梁启超没有同行。同情流亡者的日本精英相信，让梁留在日本接触新思想大有好处。事实确实如此，自从踏上岛国土地，新知识如排山倒海般涌来，让梁启超兴奋异常，他发愤读书、写作，为新的事业积蓄能量。《清议报》成为各种"主义"输入中国内地的重要桥头堡。[6]

日本主政者很快得到了回报，他们一直寻求在福建的特殊地位，如今终于如愿以偿。4月28日，中日正式签订《福州口日本专用租界条约》，福州不仅租给日本30年（期满可继租），后者还获得了租界内的行政、警务权力。至此，在过去两年"瓜分"浪潮中冷眼旁观的日本人，终于也分得一份。

1899年秋天，东亚同文会会长近卫笃麿完成欧美之旅，在归国途中前往中国，访问武汉时他对两湖书院学生动辄称"逆贼康有为、梁启超"有点反感，但和刘坤一、张之洞等人在"兴亚"大业上却一拍即合。尽管中、日各怀心思，一种亚洲门罗主义如今已公开浮出水面，两国外交进入了所谓"黄金十年"或一个"亲日时代"。[7]

二

上一年瓜分热潮的余温似乎仍在发酵，上海法租界、公共租界这一年纷纷扩张地盘,公共租界从 1500 英亩(约 607 公顷)大增至 5584 英亩(约 2260 公顷)。或许是受到各国行动刺激,很少和中国发生冲突的意大利 5 月 15 日忽然采取强硬行动,要求租借浙江三门湾为海军基地,并为此把军舰开往吴淞口。

3 个月前这个要求曾提交给总理衙门,没有得到回应,意大利公使马迪讷因此下台。不过罗马不打算放弃,随后派出 2 艘巡洋舰和新任驻华公使萨尔瓦葛一起赴任,当他们气势汹汹地抵达上海,却发现中国毫无示弱之意。两江、闽浙总督所辖的南方五省正在积极备战,军队由刘坤一负责统一指挥。北京的底气来自长期以来的一个判断:意大利国力并不强,尽管后者一再强调自己为欧洲六强之一,并把主力巡洋舰命名为"马可·波罗"号,那位著名意大利旅行家的探险之旅和对中国的夸张描述,曾激发起欧洲人对东方的无限憧憬。

意大利的外交恫吓绝非真正军事行动,这也是英、法、德默许其行动的前提。俄、日两国对此却并不支持,特别是日本,他们认为三门湾和福建几乎连在一起。很多在华西方人也反对意大利人的鲁莽之举。"意大利的行动是完全不合理的——他们甚至来不及等到一个传教士的被杀,便提出海军根据地的要求。"[8] 4 月 3 日,《北华捷报》直接批评说,这次外交风波简直莫名其妙。到 5 月底,意大利宣布放弃之前的诉求,转而要求在中国沿海获得一个加煤站,仍遭拒绝。不久,他们只能尴尬地结束这场外交闹剧。

"我重新对中国抱有希望,看来好像满族鼓起了勇气,可怜虫终于翻了身。那是她的最后机会:在这个时机,投降就意味着中国的毁灭。"[9] 英籍税务司贺璧理 3 月 11 日写道。1867 年进入大清海关的贺璧理是一位中国通,曾先后任职于粤海关、津海关、江汉关,此时为大清海关二号人物，是接替赫德最有力的竞争者之一。他和美国国务卿海约翰、远东事务顾问柔克义关系密切，两人之间的讨论成为"门户开放"的底稿。这项政策日后以美国外交战略著称，但它起源于英国，后者在华利益巨大，最不愿意中国被瓜分。只不过大英帝国这几年实力萎缩，只能和美国人一起行动，其中贺璧理起到了关键作用。

英国在过去一年里多次提及"门户开放"，并展开议会辩论，[10] 那时它主要是一种经济战略，即中国市场应当在贸易竞争上对各国公平开放。面对英国 1898 年 3 月提出的这项外交建议，正打算和西班牙开战的美国人无暇参与。这场战争因古巴而起，结果打得异常迅速。美国海军 5 月在马尼拉附近击败西班牙舰队后态度大变，两国当年夏天在伦敦达成了一种同盟关系，尽管双方避免使用"结盟"的字眼。美西战争让美国意外占领了菲律宾，也意味着这个新兴强国的主权第一次扩展到北美洲大陆以外。很快，纽约成立了英美委员会这样的组织，合作的舆论变成双方国内的主流声音。"如果我们在菲律宾宣布'门户开放'，我们可以依靠英国的支持，一如她在中国要求'门户开放'，可以依靠我们的支持"，1898 年 11 月 11 日，《纽约时报》分析说。[11]

1899 年 4 月，当俄国威胁说，要对华北铁路上运输的非俄国货物区别对待时，外交官的警告和美国出口商的恐慌传递给了华盛顿当局。商人们组成了一个压力集团，出席 1899 年工业委员会的农业主们把亚洲市场作为解决问题的根本出路，他们的商业梦想很大，比如想把中国人的衬衣后幅增加 1 英寸。[12] 白宫感受到了压力，而且国务卿海约翰一直信奉市场主义，[13] 很警惕少数国家对中国事务特别是铁路的垄断。因此 1899 年 9 月 6 日—11 月 17 日，美国正式提出在中国实行"门户开放"，照会被分别送交英、德、俄、法、意、日各国，[14]

其中几个主张明显看得出贺璧理供职的大清海关利益。[15]

此前美国已承认各国势力范围，因此新照会只能算狭义上的"门户开放"。但上述呼吁隐含了一种限制，即各国不能无限扩张。[16] 英国一周后对美国作出积极反应，其他国家的回复立场各异，沙皇尼古拉二世相当恼火，没得到中国租界的意大利却特别欢迎。出于维持外交均衡的共同考虑，各国不久陆续默认了美国人的主张，暗示只要其他国家同意即不反对。半年之后，海约翰宣布"门户开放"外交获得成功，个人威望直线提升。于是，"一个注定要在美国思想界盛行至少半个世纪的神话"被创造出来。无论这项外交战略是否缺乏实际成效，美国公众坚持认为，"这次'门户开放'照会事件中，为争取美国原则在国际社会中的胜利，人们作了一次巨大的努力——一次为实现美国人的观念所作的努力"。[17]

人们有理由认为"门户开放"体现了美国利益，但它确实有助于中国维持主权。而且今后，"每个对东方事务感兴趣的国家都表现出要维护中国完整和'门户开放'的原则"。[18] 1899年4月8日，律师出身的驻美公使伍廷芳在美国政治社会学院发表了题为《中国和西方的关系》的演讲，[19] 声称拥有3.5亿—4亿人口的中国是世界最大市场，而"她的港口是开放的"，[20] 以此敦促"文明国家"尊重中国权利。9月，伍廷芳拜会了海约翰，并在这一年晚些时候和墨西哥在华盛顿签订了《中墨和好通商行船条约》。美国实施《排华法案》后，对中国人的排斥也蔓延到南美洲，这个保障华人特别是华工权利的条约体现了罕见的平等性，算得上清廷恢复外交主权的不俗成绩，[21] 这得益于一些杰出外交官的崛起，他们不少人接受过海外高等教育，熟悉外语和国际法，拥有开阔的全球眼光。

世界似乎正迎来一个更好的新世纪，至少1899年的海牙和平会议给人这种印象。包括中国在内，29个国家代表7月29日在此签署了《和平解决国际争端公约》,[22] 各国承认仲裁是解决国际争端最有效、最公正的方式，并为此组织一个常设仲裁法庭。不过仲裁的范围相当有限，而且那些感到主权"直接属于上帝"的国家并不认同这种仲裁，除了一些小事。这次会议就裁军来说是失败的，对缓解战争的残酷却相当重要，它扩展了1864年《日内瓦公约》和1874年布鲁塞尔会议拟定的《关于战时法和战争惯例的宣言》，更大范围地确认了对医务人员、伤员和间谍、战俘的人道主义精神，尽管这一切仍主要依赖交战国的克制。[23]

然而海牙和平会议阻止不了新的战乱，会议结束仅两三个月，残酷的布尔战争在南非爆发了，这场战争令英国损失惨重，冲击波甚至远达中国。[24] 在东方，一场更大的危机已经到来，中国民间的怒火这一年被彻底点燃，它首先烧向传教士。1899年10月，"拳民"的英文名称"Boxer"在报纸上第一次出现了。

三

1899年3月，法国主教樊国梁和总理衙门议定的《地方官接待教士事宜条款》获准颁行，传教士的"官员"身份由此被法理化了。为阻止教士们向北京上诉"教案"，总理衙门1896年初曾颁发了一个文件，给传教士相应的品位，但它只是封赏性的，主要出于接待上的考虑。然而现在不一样了，它变成了一个法律条款。根据3月15日达成的条款，中国地方官员与基督教组织交往中，主教与督抚"平行"，副主教、教士分别与司道、府县对应。[25]

这项特权的对象明确规定是天主教，后者热衷于权力和等级，一些主教此后愈发自视为巡抚，帽顶上戴着显示地位的珠子，不仅配备骑马侍从、步行随员和开路伞，出发、到达时还经常要放一发礼炮。这些行为引起一些西方人特别是英美新教传教士的不安，他们一直反对天主教干涉中国政治，预感这必将酿成恶果。何况1899年他们正目睹新一轮排外活动的蔓延：6月，南昌爆发了反教会暴动，宣布把洋人全部赶出城；9月，武昌东南的兴国，一些人喊出"杀洋鬼子"口号。

不过山东才是中外焦点所在，德国人占领胶州湾后加紧修筑铁路、开发矿产，天主教教堂和堂口随之大增。[26]活跃于鲁西南、鲁西北一带的传教士越来越多，他们很多从镇江沿运河乘船而来，先集中于济宁戴庄学习中国话，然后到山东各地传教。有资料显示，义和团兴起时山东天主教教徒达47221人，新教教徒达14776人。[27]当地不同人群、宗族之间的矛盾让各种冲突更加复杂。比如中国教徒不愿交钱请人唱戏这种事，足够让一个村子形成对立。

1899年春天，朱红灯被迎接到山东茌平县。看到的人说，他坐着轿车，穿着红褂子、红裤子、戴着红头巾。长清、茌平一带很多人公开聚到"拳会场"练拳，朱红灯被看作这一带的神拳首领。他卖过花生、包子，练过几年拳术，最早活跃在长清县，依靠免费治病慢慢有了人气。村民们听说此人和天主教对着干，一份官方报告说他"仇教为名"，[28]这可能是朱红灯崛起的真正原因。德国军队入侵几乎和鲁西北神拳活跃起来同步,巨大的危机感弥漫于整个山东,几乎全体社会都起来反对洋人。[29]

水患是练拳的另一个原因。鲁西北是山东最纯粹的农业区,粮食产量却因灾害频繁几乎是全省最低。19世纪中期,黄河从苏北改道山东入海,这里的日子雪上加霜。黄河最新一次决口发生在1898年8月,山东超过30个县沦为灾区,洪水形成的大湖穿过茌平县,"来水"之后拳场在这里和山东很多地方兴起。

除了朱红灯领导的鲁西北神拳会,山东还活跃着另外两个秘密社会:鲁西南的大刀会和直鲁边境的梅花拳。后者以武术著称而较少神秘主义,对抗洋人却更积极,1898年就打出了"顺清灭洋"的旗号。1899年5月,梅花拳首领赵三多将组织改名为"义和拳",并加入了神助咒语理念。几个月后,朱红灯也把大刀会、神拳混合的组织改名"义和拳"。

"一个秘密社团已在山东兴起,它的存在的惟一理由是仇视洋人和基督教。因为某种神秘的原因,这个组织用拳民为名。"《北华捷报》10月9日写道。从山东发回的这则报道说,把清廷与洋人对立起来的策略此时已广泛运用。[30]这是"拳民"(Boxer)的名称第一次在英文报纸出现,开始只有几个传教士通讯员使用它,然后被西方人广泛接受,因为他们找不到一个更合适的词来描述这群人。某种程度上,拳民很符合中世纪以来西方人的一种想象,即东方存在一个敌基督世界。[31]不过一开始很多人觉得它危险性不大,只是一种为了炫耀的拳术。"表演是优美、吸引人的。"一位看过表演的传教士描述说。不过到1900年它完全变了样。不仅增加了守护神和念咒语,拳击歇息时选出来的"大师兄",经常会"在操练者和观众面前夸夸其谈,同时发出仇外排外的恶毒语言,逐渐使这些年轻人充满对基督徒的极度仇恨"。[32]

大刀会、神拳、义和拳、白莲教之间的复杂关系,[33]很多参加者自己也搞不清,或者认为它们就是一回事。[34]历史上,一次爆发于山东、波及该省的王伦起义(1774年)和林清八卦教起义(1813年),里面都有叫作"义和拳"的组织,[35]因此也有人认定义和团起源于八卦教。[36]新拳民和历史彻底区别开的是他们针对外国人和"义和团"这个名号,它出现在1899年7月爆发的平原教案之后。因为不满当地知县对教、民冲突的处理,朱红灯被邀请过来率领拳民与官军打了几战,其间朱红灯举行"拜师拳会",提出"无义难成群,不团不成拳"和"保清灭洋"口号。[37]10月,在平原与恩县交界的森罗殿爆发了激烈战斗,三路清军被汇集而来的几千名拳民击败,"义和团"一词随后首次出现,它可以被理解为各地拳民的抱团,也有人认为这个叫法来自新任巡抚毓贤的"指示"。

四

"毓贤是主要的罪犯",英国公使窦纳乐认为其他人只是听其指挥。[38]尽管没有直接证据,越来越多的传教士和外交官把山东的混乱归责于他。毓贤是1899年3月出任山东巡抚的,此人曾任曹州知府、山东按察使,以残酷著称,被称为"屠户"。这次任命起初是为了镇压义和拳,不过毓贤坚持"剿""抚"并用,一边派兵绞杀,一边有了改拳勇为民团的想法。德国人在山东的一系列行动让他愤愤不平,

第九章 1899年

3月，180名德国士兵登陆日照，[39]不仅占领县衙，焚烧了大约300间民宅，撤走时还把5名士绅带回青岛作人质。此事影响很坏，北京相当恼火，命令袁世凯率领新建陆军以操演为名南下。5月7日，这支军队前往德州备战，不过清廷最终选择妥协。毓贤得到的指示是：不能对洋人孟浪，也不能处处忍让。北京模棱两可的态度让他不久转变了态度。

到了10月，一些美国传教士指责新任巡抚消极对待义和团，而且处罚了一些积极镇压的军官。美国人是德国"圣言会"之外在山东的另一大基督教势力，他们1886年在恩县庞庄建了一座可以容纳几百人的教堂，它可能是中国乡村最大的一所。明恩溥久居这里，以熟悉乡村生活著称，他认为基督教将改变中国，带来真正的爱国主义精神，在此之前它只是"民族情感偏向的盲目冲动状态"。[40]在庞庄，明恩溥看到一个年轻拳民为证明刀枪不入甘受炮击，尸首顿时被炸成两段。让他吃惊的是，这丝毫没有影响义和团的士气，他们给出了新解释：这个小伙子没有完全被神灵附身。明恩溥一边给上海的英文报纸描述他眼里的义和团，一边忙着四处呼吁对山东采取行动。

《北方即将燃起大火》，《字林西报》12月4日发表了一篇成稿于庞庄的社论，不仅向外界描述了拳民的前世今生，还发出预言说：洋人在中国可能面临无地容身。不过美国公理会对义和团看法不一，一些人认为不久它就会烟消云散，住在庞庄的传教士们却不这么看，他们接二连三地给公使馆发去紧急电报，要求外交庇护。[41]

美国外交官不断向总理衙门发去照会，要求迅速平定山东局面。为此忙个不停的美国公使康格12月5日直接要求撤换毓贤，出于对美国"门户开放"政策的回报，换人的要求第二天就有了结果，新任巡抚是西方人青睐的袁世凯。这个任命也是荣禄与刚毅较量的一次小胜，它大大擢升了袁的地位，此事对下一年的影响非同一般。[42] 12月26日，署理山东巡抚袁世凯走马上任。2天前，为了洗刷偏袒义和团的指控，毓贤下令杀死被俘的朱红灯，后者和其他几位领袖一个月前因一场内讧被俘。

在不少西方人看来，熟悉外交事务的袁世凯精明能干，济南城里的很多老百姓却骂他是"洋鬼巡抚"。上任一周后，新任巡抚发出一份全省通告，称传教士和教会为中外条约许可，中国不能失约，并再次重申了保护的责任。[43] 不过他立即面临一次危机，1899年最后一天，英国传教士卜克斯在肥城的一个村里被人打死了，这是巨野教案后第一个遇难的传教士。尽管并不清楚有无拳民参与此事，袁世凯仍决心用枪炮对付这些人。义和团相信刀枪不入，而且可以通过烧香、画符、吃香灰等办法请来各路神仙，比如关公和玉皇大帝，但根本抵挡不了子弹。

袁世凯发现了直隶吴桥县令劳乃宣写的一个小册子：《义和拳教门源流考》，作者把义和团称为邪教。[44] 他对此大为赞赏，决心对"邪教"施以铁腕。他的办法是控制首领，2个多月内共抓捕"首犯"30余人，义和团因此难以发动新的大规模行动。[45] 袁并未大开杀戒，因为最高层的指示是不可求急激起巨祸。此时，北京城里的一些权贵对义和团有了一些实用主义理解，对毓贤的态度颇耐人寻味。1900年1月16日，慈禧接见这位前任巡抚时赐给他"福"字，引起美国公使抗议。"他的人所共知的态度直接鼓舞了叛乱"，庞庄教士们几天后起草了一份抗议书声讨，指责义和团打上了官府烙印，他们要求在《京报》发布写有毓贤"永不叙用"的谕旨。[46] 然而2个月后，毓贤却复出就任山西巡抚,将巨大的不幸带到那里。

毓贤得到了端王载漪的支持,1900年1月,端王的儿子溥儁被册封为"大阿哥",有望继承皇位,然而此事备受舆论冷落。端王认为这是外国公使从中作梗。很多洋人确实不喜欢这位王爷,觉得此人无知而充满愤恨,脑子里"依旧满怀四十年前的所有旧有观念"。[47] 毓贤丢官来到北京后,对自己的遭遇愤愤不平,四处吹嘘义和团如何神勇。端王和一些讨厌洋人的王公大臣觉得,利用这些民间勇士对付洋人可能是个好办法。

15岁的"大阿哥"一宣布便吓坏了无数官绅,因为这意味着光绪可能被废。保护皇帝的舆论在1899年此起彼伏,高潮是康有为在加拿大组织的"保皇会",他呼吁支持幽禁中的光绪。这个组织规定,凡同志聚会要诵唱《救圣主歌》,歌词第一段写道:"我皇上之仁圣兮,舍身变法以救民。维百日之新政兮,冠千古而聋万国人。"[48]

五

"清国流亡政治家康有为在前往伦敦途中到达此地,并向他的同胞们讲述他为何要推翻现政府及目前清国国内的危机。康有为不懂英语,这是他首次在国外旅行。他声称此次访问伦敦的目的是想使世界知道自己国家的不幸。"[49] 1899年4月10日,《纽约时报》一则来自温哥华的报道写道。康有为踏上美洲的第一站是维多利亚,一座与温哥华隔海相望的加拿大岛上小城。这里的华侨1896年欢迎过由此回国的李鸿章，1897年7月，有人见到了在此短暂逗留的孙中山。

4月7日康和保镖、翻译抵达时，当地海关的一位华人、番禺人李梦九接待了他们，并以"外交使团"名义免除了来者的人头税。康有为未能按计划从这里进入美国西雅图，因为他无法提供清政府发放的证明。康到来的消息经电话传播出去，很多人第二天到中华会馆围观，他生平第一次面对普通民众发表演说。[50] 随后几天，康有为参观了不列颠哥伦比亚省议会大楼等官方机构，政界要人对他相当友善。4月12日，他在当地英文报纸上发布了一个中国宪政改革方案，核心是建立一个代议制政府。[51]

当地华侨早年多为修筑太平洋铁路而来，比住在美国加州的同胞境遇稍好，但也不时面临排挤。[52] 4月13日，康有为前往温哥华，次日在市政礼堂发表演说，大约1300人出席。一天后他再次发表大规模演讲，呼吁国人传播"维新"。[53] 几天后，康前往华人众多的新威斯敏斯特市，600多名华人聆听了他的政治演说。几次活动听众的热情极大鼓舞了流亡者，康有为慢慢发现，变法特别是皇帝被囚禁瀛台的故事更能获得共鸣，当地人知道上一年发生的政变，并为此伤心，他们很多来自广东省。

加拿大官方的友好态度无疑也鼓舞了42岁的康有为。5月11日，加拿大总督在渥太华总督府为他特别举办了一场700人规模的舞会。康有为一行穿着传统中式服装出席，为表达欢迎，客人们聚集在舞厅两侧，为中国来宾留下一条中心通道，据说这是"首次由加拿大总督和夫人主持的国家舞会"。[54]

在前往英国（5月20日）之前，康有为提出成立一个跨国公司的想法。当他7月4日无功而返时，发现很多事已经落实。新组织原本叫"保商会",但康有为最终接受建议将其改为"保皇会",全称"保救大清光绪皇帝会"(The Chinese Empire Reform Association)。7月20日,保皇会在维多利亚正式成立,华侨领袖李福基出任总理。温哥华、维多利亚两地华人纷纷加入。保皇会做的第一件大事是为光绪祈福。8月4日,康有为乘船在维多利亚以北文岛附近,设席为被囚皇帝祝"圣寿",对着紫禁城的方向行礼。这一天,维多利亚和温哥华、新威斯敏斯特、西雅图、波特兰侨民共同致电总理衙门向光绪祝寿,这是最早设立保皇会的五座城市。

9月之后,康有为寓居文岛,在此完成了《保皇会序例》,后将其扩充为《保救大清皇帝公司序例》。[55]根据这个章程,捐助美洲银万圆者将被破格授予世爵、子孙袭封;捐助5000圆以上者享有开矿优待权利,普通入会者的门槛则很低,只需交纳"入会费"一圆。[56]如果说这份政治纲领中的经济许诺前景并不乐观,它保护黄种人尊严的呼吁无疑击中了海外华人,各地侨领纷纷给予支持。很快,东南亚、英国、美国保皇会相继成立,澳门成了保皇会总部,那里出版的《知新报》是康有为师徒最锐利的喉舌,它和横滨的《清议报》一直连续追踪报道康有为的美洲行程。

梁启超密切关注着大洋对岸的变化,保皇会成立前他兴奋地算了一笔账:广东人在海外多达500余万人,如果每人收2圆,有一半人入会即得500万圆。"以此办事,何事不成?"[57]不过梁更关心海外民众的觉醒,而非保皇论调。实际上《清议报》并不热衷于刊登这方面的文章,并为此招致师门不满。日语越来越好的梁启超阅读视野倍增,笔下言论和1898年相比改变很大。他不仅与章太炎、汪康年这些《时务报》旧友重归于好,和孙中山也变得相当密切。

日本进步党一直想缓和康有为师徒与孙中山之间的矛盾，进步党领袖犬养毅曾去横滨亲自协调双方，保皇、革命势力在那里先后成立了大同学校、华侨学校，彼此界限分明。康有为流亡东京后拒绝见孙中山，不和革命者搅到一起是他的既定选择，逃离北京后他在上海和英国领事班德瑞谈话时已撇清了和孙的关系。不过康有为同意梁启超参加犬养毅安排的两派聚谈，这次见面据称为梁启超主动发起，他和孙中山、陈少白相谈甚欢，最后梁、陈两人更是谈话"直到天亮"。[58] 几天后陈少白回访康有为时，王照忽然站出来抗议，这位前礼部官员自称因了解变法内情被康看管起来，不久他逃到犬养毅家揭发"衣带诏"是假的，这让康有为异常恼火，认定此事系陈少白从中作梗，因此更加痛恨革命派。

兴中会另两位领袖谢缵泰、杨衢云也一直试图推动两派联合。[59] 1899年6月，杨衢云通过冯镜如找到梁启超，两人在横滨会谈。梁启超觉得为时尚早，建议双方各自行动以待时机，这让杨衢云十分失望。不过比起康有为，梁的暧昧保存了合作的可能性。后者此时相当苦恼，他对革命的兴趣确实与日俱增。1899年夏秋之际，他在一封信里告诉孙中山，自己会努力改善两个集团之间的关系。[60] 这时一批革命者正筹划双方合党，打算以孙中山为会长，梁为副会长。

这一年梁启超对西方民权、自由观念理解得更深刻了，中村正直等人的作品给了他很大启发。"自由"变成了他文章里经常使用的词汇。《饮冰室自由书》系列文章1899年8月起在《清议报》刊发，[61] 梁对暴力的看法正在改变，他转而认同伊藤博文、大隈重信、井上馨等人在明治初期鼓吹的"破坏主义"。在10月的一篇文章里，梁启超呼吁"破坏主义"不能停，认为近代各国的兴起莫不经过一个"破坏时代"。[62]上述观念催生了实际行动,1899年七八月间,梁启超和韩文举等12人在镰仓江之岛金龟楼结义,这次行动与革命党可能展开的合作有关,[63]"江岛之盟"成了梁启超在保皇会中的一个私人小团体。[64]日本的变化令康有为不安,特别是当他收到徐勤的电报之后,后者担心梁启超中了革命派圈套。1899年10月11日,康有为以母病为由从加拿大返回香港,日本迫于清廷压力,当月下旬拒绝他登岸入境。[65]

10月27日,《清议报》馆着了一场大火,[66]梁启超在师父连续敦促下,12月20日从横滨乘"香港丸"号前往北美,在年末最后一天登陆檀香山。他计划在这里待一个月再前往旧金山。梁启超奉命发展北美保皇会,却怀揣孙中山的介绍信,支持兴中会的华侨对他相当欢迎,不久他加入了当地的三合会,很快可以调动这个组织。这一切让驻美公使伍廷芳相当紧张,伍廷芳是梁的新会同乡,1896年第一次出使美国时曾热情邀请梁启超同行。此时,眼看美洲变成保皇党的海外基地,伍廷芳只得出面动员中华会馆侨领,以安全为由取消了梁启超的旧金山之旅,梁为此异常愤怒,他警告伍廷芳和李鸿章说,"大阿哥"一旦成为傀儡,皇上和国家都将不保。[67]

梁启超写下这番话时,时间已经跨入农历庚子年,一场营救皇上的勤王活动即将在南方发起,中国北方则陷入了一场史无前例的外交灾难。

注释

1. 独立协会的三个主要目标包括：呼吁朝鲜应该采取独立和中立的外交政策、发动民权运动、鼓吹自强运动等。徐国琦著，尤卫群译：《亚洲与一战：一部共有的历史》第五章"朝鲜人：从三一运动到巴黎和会"，四川人民出版社，2020年。

2. 徐载弼（1866—1951），1883年入日本东京陆军学校，回国后参与策划甲申政变，后逃亡日本、美国；1896年返朝主持出版韩英双语报纸《独立新闻》，鼓吹把日、美作为朝鲜未来学习的目标，组成独立协会，失败后再度逃亡美国；1947年曾任过渡政府的最高政务官。李承晚（1875—1965），1894年入美国教会培材学堂，后留校任教员，1896年加入独立协会，1898年被判死刑（翌年减为终身监禁）；1904年获释后去美国，获普林斯顿大学哲学博士学位；1910年归国，1919年被推为"韩国临时政府"（上海）总统，1921年被迫辞职流亡美国；1948年任"大韩民国"首届总统。

3. （德）于尔根·奥斯特哈默著，强朝晖、刘风译：《世界的演变：19世纪史》（I），第271页。

4. "答《中国邮报》记者问"（1898年10月4日），《字林西报》周刊10月7日转载时标题为"中国的危机"。《康有为全集》（第五集），第26页。

5. "上海总领事代理小田切万寿之助致外务次官都筑馨六：关于湖广总督张之洞的近状及其对戊戌政变意见的报告"，明治三十一年十二月二十一日，彭妮妮译，引自《罕为人知的中日结盟及其他：晚清中日关系史新探》，第117页。汪凤瀛（1854—1925），1891年出使日本，1897年任张之洞府总文案，1898—1899年任自强学堂提调兼任湖北农务学堂提调。

6. 该报所设的栏目最初有《本馆论说》《支那近事》《寄书》《外国近事》及《外议》《支那哲学》《政治小说》《诗文辞随录》等，后有所增改，但基本保持《名家著述》《外论汇译》《纪事》《群报频华》等内容，直接转译了不少外文书刊的文章和消息。陈力卫：《近代各种"主义"的传播与〈清议报〉》，孙江、陈力卫主编：《亚洲概念史研究》第2卷，商务印书馆，2018年。

7. 美国汉学家任达认为时间为1898—1907年，日本学者实藤惠秀把1896—1905年称为中国"纯粹的亲日时代"。参见（美）任达著，李仲贤译：《新政革命与日本：中国，1898—1912》，江苏人民出版社，1998年；（日）实藤惠秀，谭汝谦、林启彦译：《中国人留学日本史》，生活·读书·新知三联书店，1983年。

8　《中华帝国对外关系史（第三卷）：一八九四——一九一一被制服时期》，第181页。

9　《艾·爱·贺璧理来函》，1899年3月11日，《清末民初政情内幕——泰晤士报驻北京记者、袁世凯政治顾问乔·厄·莫理循书信集》（上），第141页。

10　1898年5月13日，英国殖民大臣约瑟夫·张伯伦（Joseph Chamberlain，1836—1914）在伯明翰发表演说，声称"我们在华的利益是这样重大，我们在贸易中所占的比例是这样大，而那种贸易的发展可能性又是那么巨大，以至于我感到任何政府和国家从来没有遇到比这个更重大的问题需要决定"，鼓吹"我们决心执行'门户开放'政策"。1898年8月10日，后来当选首相的巴尔福在下院宣称："在唯一正确和合法的意义上的'门户开放'……即市场对英国厂商的'门户开放'。""那就是说，和任何其他国家在相同的税率下输入货物的权利，和任何其他国家享有相同的使用铁路的权利。"反对党领袖哈尔考特在同一次辩论中说："我们所要的是《天津条约》对我们所保证的东西——世界上所有国家享有同等的便利和同等的权利。这就是我们所了解的'门户开放'政策。"以上见严四光：《美国"门户开放"政策辨析》，中国社会科学院美国研究所：《美国研究》第1卷，1987年第3期，第133页。此外，张伯伦当年11月在曼彻斯特保守党俱乐部的一次宴会上发表演讲时，以很大篇幅谈论"门户开放"，其中更多偏重经济方面。

11　引自王曾才：《英国对华外交与门户开放政策》，（台）中国学术著作奖助委员会，1967年。英国和美国在"门户开放"政策中的关联和互动，可参阅该著。

12　这方面的研究和文献，见（美）杨曼琳：《追求帝国》，（美）欧内斯特梅、小詹姆斯·汤姆逊编，齐文颖等译：《美中关系史论》，中国社会科学出版社，1991年，第113页。（杨曼琳又译作马丽玲·杨，她在1968年出版的博士论文中，分析了1895—1901年美国人主张对华扩展市场及其对美国外交政策的影响。）

13　海约翰"坚定地相信，市场力量能够创造出一个幸福社会，它掌握在类似他本人的优秀贵族群体手中。无论是对新工会还是对试图控制市场的毫无责任感的富人，他都深恶痛绝，因而他将中国视为最终的试验场"。（英）W. 拉夫伯尔：《创造新日本：1853年以来的美日关系史》，第86—87页。

14　"关于对华贸易'门户开放'政策的通牒"（A Declaration for an Open-Door Policy with Respect to Trade with China），美国于1899年9月6日—11月21日分别向各国发出。到1900年4月，日、英、德、俄、法、意等国在附加各种前提条件后接受了这一方案。

15　（美）S. F. 比米斯著，叶笃义译：《美国外交史》（第3分册），商务印书馆，

1997年，第8页。照会内容如下：第一，承认所有国家不得以任何方式干涉任何条约口岸或在任何租借地之内或可能设在中国的任何所谓"利益范围"之内的任何既得利益；第二，中国现行的条约关税应适用于上述"利益范围"内（"自由港"除外）所有口岸的到达或起运的一切货物而不管其所属之国籍。应缴的税款由中国政府征收；第三，（每个国家）对来到这种"范围"内任何口岸的其他国家船只，征收不超过对本国船只的入港税，对在其"范围"内修建，控制或营运的铁路线上运输的其他国家的公民或臣民的货物征收不超过对本国人在相同距离上运输的货物的铁路运费。（同上）

16 陶汇曾：《对华门户开放主义》，商务印书馆，1926年，第12页。

17 （美）凯南著，葵阳等译：《美国外交》，世界知识出版社，1989年，第30页。

18 （美）汤姆斯·F.密勒著，郭彤、林珺丽莎译：《亚洲的决裂》，北京航空航天大学出版社，2019年，第309页。"正如门罗主义产生全球性的影响的前提是各国相信美国会采取行动支持它，海约翰主义产生影响的前提是各国确定美国将在东方积极实施该项政策。"（同上）

19 伍廷芳（1842—1922），广东新会人，13岁进入香港圣保罗书院学习，1874年留学英国伦敦林肯律师学院，毕业后被香港政府聘为法官兼立法局议员。1882年起入李鸿章幕府，1896年出任驻美国、西班牙和秘鲁大使。1902年应召回国任修订法律大臣、会办商务大臣、外务部右侍郎和刑部右侍郎等职。辛亥革命爆发后被南方独立各省推为临时外交代表和议和全权代表，中华民国临时政府成立后任司法总长。

20 演讲参阅张云樵：《伍廷芳与清末政治改革》，联经出版事业公司，1986年，第328—329页。

21 1881—1882年，中国和南美国家巴西达成的《中国—巴西和好通商航海条约》，是另一个平等条约。

22 协议在1907年第二次海牙和平会议上扩充为海牙陆战法规。现在人们所称的《海牙公约》，一般是指1899年、1907年2次海牙和平会议所通过的13个公约和一些声明文件的总称。

23 "海牙法庭只能为那些抱有充分的良好愿望和自我克制精神的国家提供一个可使用的机构；而且，除非依靠交战各国的人道主义和开明的利己主义，否则，海牙公约所规定的各项限制，也不可能具有约束力。"（英）欣斯利编，中国社会科学院世界历史研究所组译：《新编剑桥世界近代史第11卷：物质进步与世界范围的问题：1870—1898年》，中国社会科学出版社，1999年，第320页。

24 布尔人为早期殖民南部非洲的荷兰人后裔，他们与稍晚登陆的英国人展开长期争斗，双方于1899年10月—1902年5月爆发大规模战争，布尔人最终战败，承认英国国王为合法主权者，英国为此付出了惨重代价。"正在形成的排满革命者，像章炳麟、孙中山、刘师培以及以上讨论中提及的其他人，在布尔人的斗争中得到了一个教训，并在布尔人的斗争中看到（虽然是误认）一个在当代世界舞台上要求获得自己的本质和为种族—民族自治而战斗的民族出现和被确认了。"（美）卡尔·瑞贝卡著，高瑾等译：《世界大舞台：十九、二十世纪之交中国的民族主义》，生活·读书·新知三联书店，2008年，第204页。

25　《地方官接待教士事宜条款》，商务印书馆编译所：《国际条约大全》（下编）卷十，1914年，第2页。

26　堂口是天主教的基层组织，也是天主教徒进行宗教活动场所。每一个堂口都有一个公所，就是专为集合教友而建的一座屋子，小堂旁边就是神父的住屋。顾卫民：《基督教与近代中国社会》，上海人民出版社，1996年，第143页。

27　有不同统计，这是周锡瑞分析了中外史料后得出的数据。（美）周锡瑞著，张俊义、王栋译：《义和团运动的起源》，江苏人民出版社，1998年，第86页及注释。

28　"卑府等查该匪朱红灯等，乡里无赖，桀骜性成，借仇教为名，聚众横行，驯致拒捕抗官，杀人放火。"《济南府禀》（1899年12月3日），中国社会科学院近代研究所近代史资料编辑室编：《山东义和团案卷》（上），齐鲁书社，1980年，第7页。

29　（日）佐藤公彦著，宋军、彭曦、何慈毅译：《义和团的起源及其运动》，中国社会科学出版社，2007年，第451页。

30　《义和团战争的起源：跨国研究》，第110页。

31　中世纪基督教世界一些人认为，"东方世界"是可怕的歌革和玛各（Gog and Magog）或反基督者本身的住处。"根据以欧洲为中心的统一的宇宙论，地狱和天堂、反基督者和恶魔都是中世纪世界秩序中的部分的甚至是必要的元素。"（美）托马斯·R.梅特卡夫著，李东云译：《新编剑桥印度史：英国统治者的意识形态》，云南人民出版社，2015年，第8页。

32　"两个年轻人脱去碍事的衣服，拉开他们的距离，互相打量一番，接着，突如其来迅猛击掌，一人狂暴地冲向另一人，但是他们刚一靠近，即回转身，闪避开，画个四分之一圈，随即，一人再次扑向另一人，仍然退缩，踢脚到头顶高度，大声吼叫着转身，手背打脚，所有这些动作再次无可挑剔，甚至没有一只眼睛受伤青肿。"《"中国的圣徒传"——一个小基督徒村的围困和殉难》，《义和团运动文献资料汇编·法译文卷》，第286页。

33　把义和团和白莲教联系起来的观点，主要受直隶吴桥县令劳乃宣1899年写的小册子影响，一些学者对此给予否认。此后义和团在北京的一些行为也说明他们想撇清与白莲教的关系，比如头上贴着写有"义和团神位"的一片红布,以此阻挡白莲教"妖术"危害。可参阅(荷)田海著,刘平、王蕊译:《中国历史上的白莲教》,商务印书馆,2017年,第276—279页。

34 一些年幼参加者的相关回忆,见路遥主编:《山东大学义和团调查资料汇编》(下),山东大学出版社,2009年,第840页。

35 《义和团运动的起源》,第47页。

36 一份日军参谋本部文件称:"义和团缘自八卦教中的离卦教,更以八卦分团,最早的是坎字团,为乾隆间河南商丘县人郜生文所创,在教者自称南方离宫头殿真人郜老爷门下,服装颜色尚红。乾字团系近年所创立,服装尚黄色。据说其先祖为忧世先师,担忧洋教害华人,见江西龙虎山张真人求教剿灭西教、救助华人之术,真人于是授以某山的地仙援助之金丹秘法,服此丹能够出入水火,并传以拳法能攻坚破敌,仙师归后集中同门习授之。"《明治三十三年清国事变战史》(卷一),《义和团运动文献资料汇编·日译文卷》日本参谋本部文件,第51页。

37 山东省平原县县志编纂委员会编:《平原县志》,齐鲁书社,1993年,第12页。

38 《窦纳乐爵士致萨里贝利勋爵函》,见《中华帝国对外关系史(第三卷):一八九四——一九一一被制服时期》,第191页。

39 德国的理由是传教士薛田资被围攻以及3名德国铁路工程人员在山东日照县被追打。

40 (美)明恩溥著,午晴、唐军译:《中国乡村生活》,时事出版社,1998年,第344页。明恩溥称:"在过去几年的政治危机期间,许许多多的中国人非常不关心他们国家的命运。这方面,士人、农夫、商人和苦力之间几乎没有什么差别。每个人主要关心的是,在任何即将来临的灾难中如何使自己活得好一些。"

41 《义和团的起源及其运动》,第473页。

42 分析见马忠文:《戊戌政变后至庚子事变前袁世凯的政治境遇》,《广东社会科学》2017年第5期。

43 "自示之后,尔等须知传习西教为国家约许,并有保护之贵。"《劝谕民教告示》光绪二十五年十二月初二日(1900年1月2日)。骆宝善、刘路生主编:《袁世凯全集》第5卷,河南大学出版社,2013年,第16页。

44 《义和拳教门源流考》1899年刊本,收入《拳案杂存》。作者劳乃宣(1843—1921),浙江桐乡人,1871年进士,自1879年起任直隶(今河北)临榆等县知县,1899年任直隶吴桥县知县,他搜集清代禁止白莲教活动的文件编成此书,认为义和拳为白莲教的一个支派,实系邪教。

45 林华国:《历史的真相——义和团运动的史实及其再认识》,天津古籍出版社,2002年,第84页。

46 (美)明恩溥:《动乱中的中国》,《义和团运动文献资料汇编·英译文卷

（上）》，第 77 页。
47　北京天主教北京地区总主教樊国梁主教1900年5月在一封信里评价说："端王回来了，仍然怀抱着对欧洲人、对条约、对1860年以来发生的一切的长期愤恨，同时对欧洲事务、对所取得的进步和所给予的各种特许权又毫无所知。事实上，他依旧满怀四十年前的所有旧有观念。"弗拉里牧师编：《在北京的中心：樊国梁主教围困日记》（1900年5—8月），《义和团运动文献资料汇编·英译文卷（上）》，第 402 页。
48　《保救大清皇帝公司序例》（1899 年 10 月），《康有为全集》（第五集），第 154 页。
49　《清国流亡政治家康有为宣示报国理念》，《帝国的回忆——〈纽约时报〉晚清观察记》，第 357—358 页。
50　《游域多利、温哥华二埠记》（1899 年 4 月 16 日），《康有为全集》（第五集），第 118 页。
51　即建立"代议制政府；国有银行、矿业和铁路系统；小学和更高程度的免费教育体制，包括技工学校和政府的陆军及海军学院"。（"Kang Yu Wei Here", *Daily Province*, April 13, 1899, p.4.）这套改革方案显示了他在维多利亚所见的西方政治、经济、教育、军事等方面制度对其的直接影响。陈忠平：《维多利亚、温哥华与海内外华人的改良和革命（1899—1911）》，《社会科学战线》，2017 年 11 期。
52　比如根据《1885 年华人移民法案》，华人移民需要交纳 50 加元的"人头税"才可定居加拿大，这一数字到 1900 年涨为 100 加元。
53　"Assassin After Kang", *The Daily Colonist*, Victoria BC, April 15, 1899. 见张启祯、（加）张启礽编：《康有为在海外·美洲辑：补南海康先生年谱（1898—1913）》，商务印书馆，2018 年，第 9 页。
54　《康有为在海外·美洲辑：补南海康先生年谱（1898—1913）》，第 14 页。
55　关于"文岛"的考证和康有为在此生活的情况，见陈忠平：《康有为文岛之谜及其海外改良运动的兴衰》，《读书》2018 年 3 期。
56　《保救大清皇帝公司序例》（1899 年 10 月），《康有为全集》（第五集），第 153 页。另根据保皇会规定，美洲银一圆等于中国银二圆。
57　《与蕙仙书》（光绪二十五年二月二日），《梁启超年谱长编》，第 178 页。
58　这次见面的过程，见陈少白：《兴中会革命史要》，《辛亥革命》（1），第 57 页。
59　1898 年 12 月，谢缵泰致函康、梁，重申两党合作愿望，谢缵泰 1896 年在港见过康有为，那时后者并不反对有限合作。
60　"要之我辈既已订交，他日共天下事必无分歧之理，弟日夜无时不焦念此事，兄但假以时日，弟必有调停之善法也。"《致孙中山书》（1900 年 1 月 11 日），《梁启超全集》（第十九集），第 396—397 页。

61 梁启超所著《饮冰室自由书》系列文章自 1899 年 8 月 26 日至 1910 年 5 月 19 日。文章发表于《清议报》《新民丛报》和《国风报》，共 61 篇。所取的自由随意的杂文形式，得益于德富苏峰的"国民丛书"。而部分文章，梁启超也并不避讳其中有抄袭的成分。参见夏晓虹：《文章与性情：阅读梁启超》，人民东方出版传媒，2019 年，第 256 页。

62 "历观近世各国之兴，未有不先以破坏时代者，此一定之阶级，无可逃避者也。有所顾恋，有所爱惜，终不能成。"《破坏主义》（1899 年 10 月 15 日），《梁启超全集》（第二集），第 71 页。

63 分别为梁启超、韩文举、李敬通、欧榘甲、梁启田、罗伯雅、张智若、梁子刚、陈侣笙、麦仲华、谭柏生、黄为之。"江岛人士"多数人政治情绪比较激烈，不过梁启超此时虽然倾向革命，却不大可能率众要求康有为隐退。分析见桑兵：《孙中山的活动与思想》，中山大学出版社，2001，第 25—28 页。

64 这 12 人和上书要求康有为退隐的 13 人并不一致。13 人与江岛结义的 12 人相对照，上书人之中唐才常、林述唐、罗孝高 3 人没有参与江岛之盟。这 13 人在保皇会中被视为康门叛徒，称为"十三太保"。此事据冯自由《革命逸史》。详细分析见张朋园：《梁启超与清季革命》，上海三联书店，2013 年，第 93—94 页。

65 神奈川知事 1899 年 10 月 24 日写给内务大臣之报告称：康有为所乘船只今日上午 7 时入港，即执行命令，阻止其登岸。直到午前 11 时 30 分，康有为声称其母亲有病，而打算回香港，希望在日本待二三天，打听该病情的相关事项；如不同意，他表示希望由他所乘之船设法登陆，本官因无权许可而拒绝之。《清国亡命政客渡来之件》，见《日本外交文书》，第 32 卷，第 550 页。引自《罕为人知的中日结盟及其他：晚清中日关系史新探》，第 106 页。

66 《清议报》存续期内（1898 年 12 月 23 日—1901 年 12 月 31 日），共出版 100 册，其中遭遇两次火灾，一次为第 31 期（1899 年 10 月 25 日）之后（32 期推迟至当年 12 月 13 日出版），另外一次为百期之后，这一次烧毁报馆导致停刊，梁启超继而于 1902 年 2 月 8 日创办出版《新民丛报》。

67 梁启超以回复中华会馆为名，公开谴责伍廷芳和李鸿章，并指出如今所谓"上谕"并非出自皇上之口。《复金山中华会馆书》1900 年 3 月 21 日，《梁启超全集》（第二集），第 232 页。

第十章

1900 年

经元善大胆领衔发出一份上海"通电",呼吁光绪亲政。共有 1231 位绅商在通电上署名 // 6 月 13 日,大批拳民从崇文门进入内城。从这一天起,北京、天津大规模骚乱开始了 // 收到总理衙门的照会后,外交官们炸开了锅 // 援军迟迟未到,8 月初却传来了一个惊人的坏消息,它显示慈禧消灭洋人的决心非但没有变弱,反而更强了 // 英国记者乔治·林奇绕城转了一周,发现俄军占领区最野蛮,"看起来一切都随着这个北方游牧部落的到来而毁灭瘫痪了" // 这批传教士留下了一份"忻州日记",记录 1900 年的逃亡经历 // 混乱之中,杨衢云和孙中山、谢缵泰一起去信鼓动李鸿章独立 // 自立军起义号称"勤王",诉求却相当复杂。它可以追溯到戊戌政变前湖南成立的自立会

第十章　1900年

一

庚子年春节的喜庆气氛有些不足，不少人觉得这一年有个闰月（八月）很不吉利，有人得到消息，大清国可能很快要换上新年号："保庆"，它和农历新年前几天冒出来的"大阿哥"有关。这让官员们忧心忡忡，表面上，立"大阿哥"只是为没有子嗣的皇帝指定一位继承人，但他被宣布为同治帝之子，这意味着光绪很可能被废，而且慈禧还有机会再度垂帘听政。

这件事酝酿已久。一年前，莫理循在一封私人信件里称，"光绪皇帝已被谋杀或将被谋杀，选定的继承人是端王年方10岁的孙子"，[1]尽管他把端王长子误写成孙子，却也捕捉到了几分最高机密。可惜1899年9月之后莫理循回国度假，错过了"大阿哥"这条大新闻。1900年1月26日，他供职的《泰晤士报》刊载一份电讯称，一天前的御前会议指定端郡王9岁的儿子继承帝位。[2]这一天赫德也得到消息说："将在一周之内宣诏，由他登基即帝位，皇帝（光绪）将被送往沈阳老家。他到那里之后，还不知如何发落：幽禁和处死？或是成为满族人的首领？"[3]

不过中国驻外公使们收到总理衙门指令，要求对外称"大阿哥"并非建储，以应对各国可能提出的抗议。这次政治变动同样招致南方督抚不满。实际上，要不是刘坤一强烈反对，废除光绪的计划很可能早已实施，反对者还包括张之洞和李鸿章，尽管他们的态度没有刘坤一那么激烈。几位南方大员的态度影响了直隶总督荣禄,后者虽是戊戌政变受益者,却不赞成废帝。他最后提出了一个折中方案:不建储而改称"大阿哥"。慈禧接受了提议,她正为海外保皇党苦恼,一度打算在春节前执行废立计划。为应对几位反对者,刘坤一和李鸿章的职位1899年底发生变动,前者被下令进京陛见(两江总督由鹿传霖暂署理),后者则调离北京,于1900年1月18日到任两广总督。

然而一位上海的"小人物"却突然出手,让北京措手不及。此人名叫经元善,正式身份为上海电报局总办委员候补知府。他并非激进人士,而是一位改良主义者,曾在故乡上虞设立"劝善看报会"这样的民间机构。[4] 当"大阿哥"的消息1月24日传到上海,负责电报业务的经元善大吃一惊,25日夜里他试图通过正在北京的盛宣怀抗议,未能获准。[5] 第二天,经元善大胆领衔发出一份上海通电,呼吁光绪亲政。共有1231位绅商在通电上署名,规模蔚为壮观,其中包括叶瀚、章炳麟、唐才常、蔡元培、黄炎培,联署者大多来自改良阵营,废帝的信号把他们逼到反对者之中。

这份通电宣称,"大阿哥"电谕导致人心哄动,此举"名为立嗣,实则废立",为此上海绅商奋不顾身,打算和皇上共存亡。[6] 抗议行动得益于电报这一现代技术,但经元善的勇敢和人脉起了更大作用,他17岁闯荡上海,不仅慢慢获得商业成功,也进入李鸿章的洋务网络,创办民间"协赈公所"后更是地位大增。上海通电迅速影响全国,寓沪各省商民785人通电、湖南旅沪绅商256人联名通电继之而起,各省各界通电、公告纷至沓来,[7] 迅速形成了一次民间联合"抗议"浪潮。这是中国异常罕见的一次现代政治抗争,它表达不满,却并非"叛逆",因此让习惯一言九鼎的统治者更加难堪。

慈禧恼羞成怒，2月8日下令盛宣怀1个月内将经元善抓捕归案，措辞严厉的谕旨暗示盛走漏消息放走同僚。一天前，经元善乘法国轮船抵达澳门，他在故乡的一切财产被浙江巡抚受命查抄。[8]因葡萄牙主教和盛宣怀暗中庇护，经元善得以在澳门逃过一劫。两广总督李鸿章消极怠工也是原因之一，稍后，李还以避免激化矛盾为由，没有执行北京要求的铲平康有为、梁启超广东祖坟的命令。

北京的愤怒很大程度上源于痛恨"外国势力"，列强出兵干预的说法被经元善写入通电，也是李鸿章反对建储的一个重要理由。实际上，各国对"大阿哥"与其说不满，不如说不关心，其实他们一开始搞不清楚此举意义何在，一些西方观察家甚至以为，这或许对归政光绪有利。驻华公使们的冷淡态度让端王感到愤怒，如果看一看支持"大阿哥"的都有谁，就不难理解西方人的态度：名单里包括庄王载勋、辅国公载澜、承恩公崇绮以及大学士徐桐、军机大臣刚毅、礼部尚书启秀，他们多以排外著称。刚毅是满洲镶蓝旗人，却常常骂别人汉奸。"大阿哥"的师傅徐桐已经80岁，一看到同僚戴西洋眼镜便怒火中烧。和外国人几乎没有交往的崇绮不幸住在使馆街，他强烈反对在那里铺柏油路。

落选皇位继承人的一些王公贵族，特别是负责中央日常事务的庆亲王，对端王等人相当不满，他与外国公使私交颇好，但拒绝为"大阿哥"调和中外，实际上庚子年义和团之所以能大行其道，与北京王爷们之间的政治斗争不无关系。某种程度上，各国公使不明就里地配合了清宫内部的权力厮杀。[9]

上海通电之后，各地集体抗议奏折多达46份，保皇党人也加大舆论反击，废立计划因此冷却下来。不久，紫禁城传出庚子年开设恩科的消息，它成为光绪30岁庆典的一部分，年轻的皇帝暂时从危机中脱身。端王对洋人的不满却与日俱增，并得到刚毅等人支持。在这些人鼓噪下，毓贤不久被慈禧委以重任，出任山西巡抚。与此同时，主张"剿办"的荣禄却在这个春天不幸病倒了，而此时义和团的怒火已经烧到了帝都周围。

1899年冬天的旱情刺激了山东、直隶拳民运动扩张，中国人一般视水灾为自然灾害，旱灾却更需要神灵帮助，特别笃信求雨，因此防旱比防涝的宗教色彩浓得多。老百姓认为旱灾乃阴阳风水失调造成，它更容易归罪于洋人，比如山东的洋教堂和铁路无疑破坏了风水。[10] 义和团队伍庚子年正月进入天津后迅速壮大，相当程度上要归因于旱情的持续。[11] 灭洋人、毁教堂有利于下雨的口号、乩语越来越多，四处蔓延。[12] 与此同时，本土教民拒绝为求雨举行的演戏活动出资，让很多人把怒火转向本土教徒。

此时，北京对义和团的一些口号越来越有兴趣，比如"上欺中华君臣，下压中华黎民"。喜欢看戏的慈禧对怪力乱神那一套一直津津有味，比如她很看重端王统领的皇家禁卫军"虎神营"，它看起来很适合对付洋人，因为"虎""神"与"羊"（洋）"鬼"两字相对，而且虎能食羊，神可制鬼。[13] 意大利租借浙江湾的失败，也意外鼓舞了北京决策层反制洋人的信心。[14]

二

1900年1月11日的一条上谕让外国人大吃一惊，它把义和团和民间团练混为一谈，称如果这些人安分守法，可以听其自便。[15] 在此之前，清廷刚发布一道旨意，要严办传教士卜克斯遇害案。这是否可以理解为官方转而支持拳民？德国公使冯·克林德派一名下属去总理衙门质问，结果只得到一些官样回答，比如西方人不会因此受到伤害。上一年夏天接替海靖的克林德被意大利公使称为野蛮的日耳曼人，他为人刻薄，喜欢独自行动，在北京外交圈很不受欢迎。

1月27日，英法德美四国公使发出一份联合抗议照会，让总理衙门相当震动，因为这种公使同盟他们还是第一次遇到。之后2个月，北京城里中外双方的疑心越来越重，不过没有进一步交恶。2月19日和3月8日，慈禧分别接见了各国公使和夫人，他们当中的一些人最近才第一次听说义和团，尽管拳民眼下在直隶省四处出击，没人想到它的高潮会是北京。

直隶闹义和团并非最近的事，实际上，1898年河北冠县梨园屯教案是义和拳兴起的一个源头，到1899年下半年，拳民组织四处开花。"我们直隶省在一两周时间内就被义和拳所侵入。他们从山东来到这里，他们传播很快，如同火药桶爆炸一样。"1899年夏天，神甫裴省三在一封信里写道。[16] 在山东，袁世凯有效阻止了义和团聚集，很多人不得不北上，这些人叫作"老团"，他们到了直隶后和当地人汇聚，行为举止越来越强硬。"村里的人都要入团，富人也被迫加入。"涿县一位村民回忆说，"符合加入义和团条件的人如果不加入义和团，就会被当作奸细看管起来。过路的人要有义和团发给的路条，否则就会被当作二毛子。"[17]

天津租界在1900年进一步扩大，一些中国人被要求搬走，这让排外怒火更旺了。北京要求直隶总督裕禄控制局面，但各国公使并不放心，3月上旬他们几次要求发布剿灭义和团的上谕，遭到总理衙门拒绝。最高层的暧昧让美国公使康格很不安，他电请海军来华，法、德、意、英随后加入这一行动。英国人卜克斯遇害后，公使们开始步调一致，被激怒的英国公使窦纳乐是公使团的实际领导者，[18] 此前他对德、美等国的抗议并不积极。很快，几支列强舰队齐聚渤海湾，4月初各国发出威胁说，如果中国政府2个月内无法消灭义和团，他们的军队将出面代为镇压。这次行动发挥了作用，直隶枣强县令不久被撤了职，此前，当地义和团首领可以随意进出他的府衙。

不过慈禧并不打算妥协，她想让洋人和义和团相互牵制。毓贤出任山西巡抚不久，北京城4月下旬出现了一些拳民，他们可以带着刀自由进入。上海的英文媒体立即警觉起来，他们在直隶、济南和庞庄都驻有敏锐的记者或通讯作者，很不看好北方形势。1900年5月，《每日新闻报》发表的一篇社论称，暴动的季节已经来临，各方需要做好应对准备。这家报纸统计了1842年以来中国的34起大规模暴动，发现有一半发生在5、6两个月。[19]

5月初，北京春季赛马会如期举行，伴随它的一连串舞会、野餐也依然欢乐。除了主教樊国梁，多数北京城里的西方人对政局保持乐观。保定不久传来义和团大开杀戒的消息，有人知道此事，不过认为那只是针对中国人的。"看起来中国政府极力推动屠杀中国教民，以此间接地将外国传教士赶走。不过他们还不敢对欧洲人动手，因为担心后者会报复。"法国人伯希和5月16日在日记写道。[20]

"我认为京城很安全，因为有纪律严明的军队巡逻。"京师大学堂总教习丁韪良给亲戚写信说，"北京是中国最安全的地方。"[21] 英美使馆人员和他们的家属这段时间很放松，照样前往京郊西山公寓休假。待在北京的福公司（Peking Syndicate）首席工程师詹姆森注意到，[22] 人们很少相信传教士们"狼来了"的呼吁，因为这种事几乎年年有。当他拜会英、美国公使和赫德时，发现"他们一致认为任何来自义和团成员或中国人的麻烦都一定会是局部性的而且会局限于山东省北部和直隶省南部"。[23] 事实上，直到6月之前，赫德对英国身陷南非战争的焦虑超过了义和团。[24] 5月21日，窦纳乐仍轻松地致信外交大臣："我相信，只要下几天大雨，消灭了激起乡村不安的长久的旱象将比中国政府或外国政府的任何措施都更迅速地恢复平静。"尽管信里他附上的北京义和团揭帖公开号召杀尽洋鬼子。[25] 莫理循也是乐观派，而且这几月他对俄国人的关注超过拳民，不过老牌记者敏感地发现，最近"所有刀剑的价格都涨了一倍。为了满足顾客的需要，店铺一天开到晚"。[26]

维多利亚女王81岁生日这天（5月24日），英国使馆照例举行庆典，大约50位来宾在赫德的私人乐队演奏中频频举杯，然后到网球场上翩翩起舞。总税务司对城里的异常有所察觉，但仍在观望，毕竟大难临头这种说法他听了快50年了。"历史上的'之前'与'之后'之间的界线是分得很清楚的，但是，我们的预言家们却说不清准确的分界线在哪里，我们不得不继续像以往一样地生活下去。"5月27日他无奈地说。[27]

然而就在这一天，大事发生了。位于丰台长辛店的卢汉铁路总部当天遭到袭击，琉璃河车站被毁，28日，拳民抢劫了丰台车站并点火焚烧。从这一天晚上起，火车不能通行，而这是北京通往沿海的必经之路。义和团痛恨这条铁路，很多人正是顺着铁轨一路破坏来到北京的。莫理循没有错过这次机会，他得到报信后带上两个人前往。"我们快到丰台时,看见黑烟滚滚而起。满山遍野都是人,朝车站涌去。机车的库房正在燃烧……四处蜂拥而来的村民正在抢劫。一个中国佬用剑威胁我们,发誓要割断我们的喉咙。"[28]瑞士人查莫特[29]带着5个人和美国太太乘马去救援,这位北京饭店经营者当晚把陷入包围的一批外国人带回城,据称有13名男性、9名女性,还有7个孩子。

北京的西方人第一次感到危险来到身边,英文《文汇报》(*The Shanghai Mercury*)把5月27日作为义和团运动的"真正开始"。[30]现在轮到公使们后悔了,11名公使一周前曾和樊国梁辩论过,最后认定主教杞人忧天,拒绝了他紧急调兵进京的呼吁。丰台的骚乱让西方人如梦初醒,第一次感到北京并非安全之地,外交豁免权对义和团毫无意义,总理衙门之前发出的几次保护声明可能形同空文。5月28日晚,公使团开会决心调兵,5月31日清晨,总理衙门被迫同意外国军队进京保护使馆,但强调每个国家不得超过30名军人。各国对此不加理会,当晚7点左右,一支300多人的首批6国部队从天津登上火车。[31]这支队伍几乎没有重武器,而且弹药不足,不过由于夜间到达,外界并不清楚来了多少人,后来这种神秘感发挥了很大作用。

到6月初,北京城里的义和团越来越多,而且变得有恃无恐。此时,京津之间的铁路已遭毁坏。丰台之后,义和团扫荡了距离首都更近的黄村。令公使团不安的是,董福祥军队被调入城内,甘军以排外著称,因此看起来并非为了保卫使馆。窦纳乐发现,5月29日、30日的上谕虽然谴责了趁机捣乱者,"但对义和团却表现出十分宽大的精神"。6月6日的一则上谕更没有平息骚乱的意思。"自上述诏令发出后,北京城便时时刻刻处在新的事变爆发的状态中"。[32]6月10日,端王被任命管理总理衙门,这加剧了外国人的惊恐。窦纳乐当天电请英国驻华舰队司令官西摩尔立即进军北京,此时各国已授权驻华公使和驻华舰队司令官全权处理义和团骚乱,大约2000名海军集结在天津附近的海面上。

6月10日上午9点半,联军分三批乘火车自天津北上,西摩尔率领大约500名军人首先出发。士兵们信心十足,不少人打算晚上到北京吃晚饭。使馆区的人闻讯十分兴奋,第二天一些人前往火车站准备迎接援军,日本公使馆书记员杉山彬便是其中之一。日本是联军里唯一的亚洲国家。当天下午,身着燕尾服的杉山彬刚到永定门就被人从车里拖出来砍死,袭击他的是一名甘军士兵。然而此事除了东京没产生多大震动。"看来非得要欧洲人被杀掉才能引发世界性的抗议。"年轻的英国外交官翟兰思在日记里写道。[33] 他是著名外交官汉学家、《华英字典》编纂者翟理思之子,上一年刚成为一名翻译。几天后翟兰思用相机拍下了北京前门烧起的浓浓大火。

义和团不是第一次在北京焚烧房屋,老德记大药房点起的这场大火却造成了空前灾难,几乎把帝都商业中心夷为瓦砾。6月16日药房着火后,义和团命令四邻"焚香叩首,不可惊乱",不许扑救,结果大火烧了1800余家铺户,7000余间大小房屋,导致商业全面停顿,菜肉糖果全部罢市。[34] 随后几天,地安门外和西单也遭到不同程度焚烧,代销洋货的商铺被抢劫一空。北京居民特别是生意人,愁眉苦脸地看着各地拳民源源不断地涌入城来。

西什库教堂、宣武门大教堂在前门火灾几天前已陷入火海。6月11日,樊国梁从教堂顶上看到欧洲人的西山避暑寓所着了火,那几天义和团把象征着洋人势力的"跑马厅"点着了。6月13日,大批拳民从崇文门进入内城。从这一天起,北京、天津大规模骚乱开始了,使馆区里的人们终于明白动乱已无法避免，清廷如果没有暗中支持便是失去了控制能力。

"城西通宵达旦都能听到可怕的叫喊声，被杀者的狂吼声，枪劫和屠杀。"莫理循这一天在日记里写道。[35]

三

6月16日，慈禧召开了一次御前会议，太常卿袁昶指责义和团为乱民，太后却觉得"人心"可用。天心、民意是中国古典政治的合法性来源，它虚无缥缈，却难以反驳。当天的上谕第一次明确要求选一些年轻力壮的拳民成军，尽管承认让他们去打仗并无把握。这次会议没有结论，慈禧虽有战意，也面临巨大反对，两江、湖广、直隶总督前一天均奏请清廷赶紧剿灭义和团。

刑部尚书赵舒翘参加了这次御前会议，此前他和刚毅奉命去了涿州，以宣旨解散为名考察义和团。赵舒翘没有那么狂热，不太相信拳民神力，但不愿得罪刚毅，正是后者上一年推荐他为军机大臣，考察的结果因此被部分隐瞒了。刚毅此时还没回来，他递交的考察报告暗示义和团声势浩大，"诛不胜诛"，并指责镇压行动"孟浪"。[36]负责总理衙门的端王坚信拳民法力极大，宣称亲自试验过他们有神灵保护，"可以杀尽洋人，不畏枪炮"。据说他曾带一个头目到颐和园召集全体太监，检查他们额上是否有一个十字（信教），然后把其中两人杀了，其他人则换上了拳民的红马甲、红包巾和黄裤子。[37]

此时，北京还不知道天津即将开战。因为铁路被毁，西摩尔率领的队伍6月10日之后一度失去联系，他们不时遭遇阻击，根本无法到达北京。[38] 6月16日，联军要求中国次日凌晨2点交出大沽口炮台，但这份通牒到截止时间三四个小时前才通知中方，直隶总督裕禄在接到法国总领事杜士兰转交的照会后予以拒绝。战争在这种情况下一触即发。

进攻大沽口的行动由俄罗斯人主导，[39]美国海军上将拒绝参加这次行动，理由是中美两国并未处于战争状态。不过6月17日凌晨，美舰"莫诺开西"号首先被炮弹击中，清军选择了主动进攻，在距最后通牒大约还有70分钟时开火。[40]联军随即发起进攻，大沽口炮台在抵抗了大约6个小时后失守，40年来第三次被西方人占据。8位各国将领几天后发表一份联合声明（6月20日），称只对义和团和阻止联军北上营救的人动武，[41]但这次冲突足以让清廷主战派找到开战理由。

在6月17日召开的第二次御前会议上，当慈禧听说列强要求她把权力交还给皇帝，变得怒不可遏。次日第三次御前会议上她态度强横，怒斥联元、王文韶等反战大臣。6月19日，联军索要大沽口的消息在第四次御前会议召开时终于传来，不过与会者不知炮台已经失守。慈禧决意宣战，总理衙门随后以大沽口事件为由照会各国，要求公使及眷属24小时内撤离北京，次日（20日）下午4点之后中国政府将不再保护他们的安全。

公使们并不知道天津发生了什么，失去电报联系让使馆区沦为孤岛。收到总理衙门照会后，外交官们炸开了锅，争论从一个使馆吵到另一个使馆，谁都不敢判断撤走、留下哪一个更危险，尤其是带着如此庞大的人群。他们要求接见，却没得到回复，克林德声称要直接去总理衙门，带上一本书和一支雪茄等官员上班。几天前当街抓了2名拳民的德国公使信心十足，他不顾其他人警告，次日上午真的坐着两顶轿子去了，只有2名德国士兵骑马跟随。他们行至东单牌楼附近遭遇一群神机营士兵，当清军要求停下并瞄准轿子时克林德拔枪开火，随后颈部中枪身亡，[42]翻译柯达士大腿受伤幸免一死，拼命逃到不太远的美以美会。

几乎与此同时，慈禧在皇帝缺席的情况下，6月20日单独召开了一次王公大臣会议，荣禄的劝阻于事无补。大沽口炮台失陷的消息加强了开战决心，直隶总督的奏折不仅推卸了自己的责任，而且向慈禧建议扩大战争，[43]招抚义和团并肩作战。[44]考虑到京津一带兵力严重不足，北京除了下令各省派军驰援，看来只能借助拳民对付联军。[45]

就在公使们进退两难之际，如期而至的进攻彻底打消了他们撤离的念头。距离其他使馆较远的奥匈帝国使馆首先遭到攻击。不无讽刺的是，代办公使讷色恩以同情中国著称，在讨厌北京生活的外交圈，只有他视中国为"第二故乡"。"中国人恪守了24小时的承诺，4点钟准时开始进攻了。"讷色恩夫人写道。[46]当晚，使馆区枪声大作，外交官们认为针对所有外国人的战斗开始了。

事实确实如此，甘军和义和团当天向西什库教堂（北堂）、东交民巷同时发起进攻。在一片混乱和惊愕中，号召"一决雌雄"的上谕于次日（6月21日）颁发，当天慈禧同时下旨，公开嘉奖"义和团人民"。[47]

6月22日晚，躲在英国使馆避难的人们看到大火把崭新的奥匈帝国公使馆付之一炬。英国使馆面积最大，且易于防守，避难总人数很快激增到3000人以上，其中多数为传教士和中国信徒，不少人是按约定暗号逃到这里的。[48]英、美传教士挤在小礼拜堂和一个房间里，罗马天主教教团住在一个露天亭子里，莫理循和军官们则被安置在一间大厅里。受人尊重的赫德和海关员工分到了一间亭子，大清海关总税务司近来成了使馆区一景，人们看到他站在房顶上站岗放哨，头戴着像一朵大蘑菇的太阳帽，"用绳子把长长的毛瑟枪挂在脖子上，手里拿着温切斯特连发步枪，腰上缠着布尔式的弹夹腰带"。[49]

6月23日，拳民和甘军点燃了翰林院大树，打算把火烧到毗邻的英国使馆，结果风向改变，遭殃的却是这座文化重镇，《永乐大典》《四库全书》等珍品随之焚毁。英国公使窦纳乐下令救火，抢出几百册图书（后送给总理衙门）。抢救者震惊于眼前的情景，不明白仇恨外国为何要毁灭本国文化圣地。[50]此后，这片废墟变成双方对垒的最前线，非常靠近时中国人用煤油进攻，西方人用硫酸还击。混战中，双方均不同程度地使用了一些厚重图书加固阵地。

几个衙门和王府在开战后也被点燃了，不少官军加入烧掠，普通北京居民苦不堪言，一些官员同样在混乱中死于非命。义和团四处指认和洋人亲近的"二毛子"，稍有嫌疑者可能全家被杀。[51]莫理循救出百名以上中国基督徒，将他们安排住到肃王府，这里先后收容了大约2000人，靠碎麦熬粥度日。[52]肃王府此后也变成双方的主战场之一，义和团想爬梯子越墙进攻，被站岗的日本兵击退。

从6月中旬开始，莫理循的日记失去了之前的条理，变得越来越乱，支离破碎的信息信手写在书角处、页边和空白处。[53]这种混乱几乎和使馆外的情况差不多，义和团、清军的进攻毫无节奏，唯一的规律就是断断续续，时大时小。

四

6月25日，枪炮声突然哑火，一块牌子被立到英国使馆北面的桥上，上面写着："钦奉懿旨，力护公使馆，严禁开火。"西方人不知道它到底代表了慈禧还是荣禄的意思，不过美、俄使馆区的战斗几天后又打响了。根据一份记录，使馆遭受攻击的时间为6月20—25日、6月28日—7月18日、7月28日—8月2日、8月4—14日。[54] 战、和两股力量的博弈导致打打停停，西方人最终把这一切解释为让他们放松警惕的计谋。

7月17日，清廷再次发出停火信息，第二天战斗停了下来。美国公使康格在中国驻美公使伍廷芳帮助下，这天终于有机会向国内发回一则电报："我们被围困在英国使馆，经常受到中国军队枪炮的轰击已有一月之久；只有迅速援救才可以防止总屠杀。"[55] 备受惊吓的外交官们拒绝了庆亲王7月19日让他们撤到天津的建议，认定这又是一个圈套，目的是路上消灭西方人。"我们需要的是自由。"面对总理衙门送来的礼品和银票，法国公使毕盛在日记里气愤地说，"清政府的首要和基本任务不是送什么东西，而是让我们得到本应享有的权利，即便是最原始的部落也会给予的权利。"[56]

这次和平并非欺诈，而是反战派扭转时局的一次努力。几天前，李鸿章、张之洞联合致电北京不赞成开战的荣禄、王文韶，要求保护各国公使。他们和刘坤一、袁世凯、端方等多位大员一起要求慈禧下旨缉拿凶手，对外交官等遇难者加以抚慰。此时李鸿章已调任直隶总督兼北洋大臣，他被催着北上，但犹豫不前。

第十章　1900年

北方的局面这时异常糟糕，7月14日联军攻占天津，义和团神话在那里被枪炮戳破，唯一赢得联军尊重的是直隶提督聂士成，他指挥武卫前军战死于天津南门外。在东北，俄国人乘机大举增兵。义和团的消息传到莫斯科那天，陆军大臣库罗帕特金十分兴奋："我很高兴看到这样的事件。这将给我们一个占据满洲的借口……"[57]盛京将军反对义和团，当地两位官员7月10日却奉旨出任督办奉天义和团练大臣，[58]他们破坏了一些中东铁路，却保护不了这片龙兴之地。7月15日，俄国人在两国边境地区海兰泡、江东六十四屯肆意屠杀，几千名中国平民遇害，多数人是渡江时被哥萨克军人赶到黑龙江里淹死的，俄国人将那里称之为阿穆尔河。[59]"我亲眼看到了令人恐怖的场景。广阔如镜面般的阿穆尔河（黑龙江）面上漂浮着无数的人的尸体。他们密密麻麻地挤满了宽阔的河流表面。"一位目击者，民粹派政治犯杰伊奇记录道。[60]

7月17日，北京再次短暂停火时，总理衙门给赫德送来了一份消暑礼品：蔬菜一挑、西瓜十个、冰块两方、白面百斤。水果蔬菜是使馆区的稀缺品，几个大胆的中国小商贩曾冒险进入防线卖东西，结果回去时丢了命。总理衙门把眼下的混乱解释为各国水师挑衅所致，[61]赫德搞不清这次停火是欺骗还是反战派又占了上风。不过有一点他看得很清楚，进攻既并未动用全部军队，也不尽力。"每当我们担心他们即将大功告成时，进攻就停止了。而且包围我们的军队如果真下决心全力进攻，我们坚持不了一个星期，甚至连一天也坚持不了。"[62]他认定一定有人插手干预了命令发布后的执行过程。公使们认为这应当感谢北洋大臣荣禄，他不敢违抗太后命令，但对使馆区只作了虚张声势的攻击，经常给外交官来信的庆亲王也参与了阻止。上述判断大体不差，荣禄和庆亲王一直主张"剿拳""和洋"，[63] 这种立场让进攻走了形，"让军队像猫玩耗子一样对待我们"，深谙中国政治的赫德甚至看懂了这种"游戏"是如何运转的："那持续不断的很猛烈的枪炮声似乎是在告诉朝廷对我们的进攻是多么凶狠，而我们的抵抗又是多么顽强。正是这种奇怪的半真半假的进攻，使我们不仅获得了活下来的机会，也给了救援部队赶来解救的时间。"[64]

然而援军迟迟未到，8月初却传来了一个惊人的坏消息，它显示慈禧消灭洋人的决心非但没有变弱，反而更强了。8月2日，围困中的外国人得到一份7月28日《京报》，上面刊登的一条上谕令人震惊：总理衙门大臣许景澄、袁昶当天被下令处死。许曾经担任欧洲多国公使，1898年出任京师大学堂总教习，是丁韪良的顶头上司，后者眼下每天正忙着在使馆门口检查通行证。加上许景澄，此时丁韪良已有两位"同事"死于非命。英文教习秀耀春消失于克林德遇害那一天。6月20日下午围攻开始前他帮助教民入住肃王府，结果归途遭遇几名清兵，他试图交涉，双手高举着被士兵拥走，49岁的秀耀春此后再没回来。[65]

许景澄、袁昶以反对拳民著称，开战前袁昶一直想揭穿刀枪不入的谎话，把义和团进京后的行为描述为"罪大恶极"。[66] 7月12日，两人上奏要求保护使馆，并提醒说，数万拳民围攻400多人防守的使馆区20多天未能攻破，可见妖言惑众。不过他们被杀的理由表面上并非因为义和团，而是身为吏部左侍郎、太常寺卿却"莠言乱政"。[67] 据称，两人在7月23日一份上奏中要求处罚迷信邪术的几位大臣，包括毓贤、刚毅、董福祥。[68] 西方人认为他们遇害的原因还包括给曝尸街头的克林德收尸装殓，以及传说中修改慈禧旨意，把"杀"字改为"保"字。[69]

杀害重臣既显示了慈禧的固执,也暴露了恐惧。7月中旬,太后已感到失败难以避免,萌生外逃之念,因此更加无法容忍亲西方人士。7月4日,她下令将戊戌政变中"里通外国"的张荫桓正法(8月20日死于流放地新疆戍所)。7月22日,因山东拳乱解职的主战派李秉衡到京,几天后被授予军事实权,北上途中李杀了不少中国教徒,他的到来让进攻重新取代了和谈。就在许景澄、袁昶遇害当天,董福祥率领清军、拳民发起了新一轮攻击。

攻占天津后各国成立了一个"天津临时政府",[70] 8月4日,一支大约18000人的七国联军北上进攻北京,其中日军多达8000名,其次为俄军4800名、英军3000名、美军2100名,此外还有几百名法军和几十人的意、奥军队。德国士兵要晚一些时候抵达北京,[71] 但各国承认德军司令瓦德西将军为联军首领。克林德遇害的消息7月初才传到欧洲,一支7000人的德军立即被动员起来,气急败坏的威廉二世7月27日在不来梅港栈桥搭建的观礼台上,向远征军发表了著名的"匈奴演说",称对华人绝不要手软,几天后德国出现了"不要宽恕他们"这样的标语。[72] 这时多数欧洲人相信,北京使馆区的西方人已被杀光,《泰晤士报》为此悲痛地为驻京记者莫理循发了一份讣闻(7月16日)。

8月1日,慈禧对战局仍抱有幻想。然而清军忠勇和拳民法术护身的神话很快破灭。10天后,各路清军面对逼近京郊的联军一再溃退,李秉衡在张家湾愤而自杀。8月12日,通州沦陷。几天前,直隶总督裕禄在一场战败后举家自杀。

五

8月10日晚上，使馆区收到一份日军来信，称救援军队将于8月13日或14日抵达。绝望中的人们十分兴奋。然而到了8月13日晚，他们首先看到的却是董福祥军队更猛烈的进攻，直到凌晨2点，东南方向传来欧洲人熟悉的机关枪和重炮声，人们才相信援军真的到了。

8月14日，急于抢功的俄军率先攻击东便门，他们和攻击朝阳门、东直门的日军遇到了相对激烈的抵抗，伤亡均超过100人。英军发现了广渠门旁一个几乎无人看守的水门，从排水口钻了进来，几乎没遇到什么抵抗。8月14日下午3点，使馆区周围的义和团红头巾不见了，取而代之的是英军第一锡克步兵团的猩红色包头巾，所有人都兴奋地跑到草坪上欢呼，很多人和士兵拥抱，包括一些乐得发疯的女士。满身泥土的士兵们吃惊地发现，被围困者的生活环境竟如此舒适："使馆区里的景象大大出乎我们意料。每个人都精神十足并且所有人（特别是女士们）都盛装打扮来迎接我们。如果不是中国方面连续不断又震耳欲聋的炮击（没人去注意，因为他们都习惯了），我们也许会认为自己处于一场隆重的花园聚会当中！"[73]

除了死于战斗的卫兵，使馆区避难者伤亡很小，食品供应尽管困难，却没有饿死人。经营北京饭店的查莫特每天提供几百个面包，一些被围困的人养有矮种马和骡子，它们被交给一个小组负责每天杀1—2头，其中包括不久前参加春季赛马会的矮种马。有一个医生每天负责检查并颁发屠宰合格证书，每个外国人能分到半磅肉，[74]中国人能喝到用牲口骨头、头和内脏熬的汤。本土教徒承担了挖战壕的大量工作。"大家公认，没有这些无家可归的难民们的帮助，防御是不可能的。"[75]

8月16日，联军进入内城，各城楼插上洋旗，甘军纷纷出城逃走。[76] 当天援军赶到和外界失去联系的北堂，发现那里伤亡惨重，活下来的人饿得奄奄一息。超过80公顷的北堂共有3420人，其中只有71个欧洲人（42名军人）。这是一片易守难攻的建筑群，义和团往往在前几排中弹后便一哄而散，但6月20日他们拉来了大炮，加上挖地道和埋地雷，杀伤力大增。8月12日，教堂孤儿院旁一次巨大的爆炸埋葬了80多人，包括51名摇篮里的婴儿。[77] 在过去的63天里，埋在北堂花园里的中国遇难者超过400人，有120个儿童和很多妇女在饥饿中死去。无论在这里还是北京其他被困地方，小孩的死亡率都很高，他们随时可能因麻疹、猩红热和闹肚子致死。

北堂解围后很快堆满了珍宝财物。逃过一劫后，主教允许教民们到混乱的北京城里拿一些粮食、衣服维持生计或作为补偿，但行动很快超出界限，沦为一场抢劫。北京居民在饱受义和团和清军烧杀后现在面临新的灾难，联军和城里不少外国人加入抢劫大军，一些人早上拉着大车出门，晚上装满战利品回来。一些公使如毕盛对此很气愤，但他们只是少数人。9月6日，英国记者乔治·林奇绕城转了一周，发现俄军占领区最野蛮，"看起来一切都随着这个北方游牧部落的到来而毁灭瘫痪了"。[78] 法国占领区也相当混乱，美、英两国情况稍好，日军地盘最有生活保障，因此人口激增。林奇从上海一路随军进京，对联军的很多暴行强烈批评。[79] 辛博森，一位供职于海关的年轻人也有类似不满，他把经历写成《来自北京的不体面来信》，因此声名鹊起，后来辞职成了一名记者。[80]

8月28日，一场史无前例的阅兵在紫禁城举行。当天清晨7点，各国军队、公使集合于大清门，俄军指挥官利涅维奇中将检阅俄军，继而经过各国军列。日、俄两国分别派出800人参加检阅，英军300人、美军350人，此外还有法、德一个中队和奥、意一个小队。[81] 礼炮声中，各国军队按顺序进入天安门，经端门、午门到达太和殿。8名中国官员作为向导如约在午门迎接，联军最后在军乐队演奏中陆续离开神武门，结束了这场耀武扬威之旅。他们当中多数人从未见过如此宏大的建筑，一些军官可能从《马可·波罗游记》里领略过13世纪元大都（北京）的风采。不少人觉得失望，困惑于中国皇帝、皇后竟能忍受房子之间如此狭促。根据事前规定，只有少数高级军官有资格参观宫殿内部，然而少数中下级军官混入其中，并顺手牵羊拿走了一些贵重物品。日军一份报告称，福岛少将命令一位参谋进行监视，"参谋数回制止携宝离开的外国人，追回宝物交与清国官员"。[82]

由于日占区公认秩序最好，[83] 数千户人家门上张贴出"大日本国顺民"。没来得及逃走的中国人纷纷逃到那里。有段时间，大街上可以看到拿着旗子的中国人，旗子上只写着"顺民"字样，上半部分空着，留着填任意一个联军国家的名字。"街上的十个人中，可能有八个人拿着不同国家的旗子。"明恩溥感叹说，此番情形在人类历史上可能独一无二。[84] "现在这里没有一个中国政府管理中国人和外国人，恢复法律和秩序，王位是空着的。在这里有代表的各个国家都只管自己。"1900年晚些时候，美国公使夫人康格在一份家信里写道，"战争意味着什么，我现在理解了，那就是自私、破坏、残忍……"[85]

联军首领瓦德西10月17日赶到北京，怒气冲冲地在皇宫设立司令部。天津北上以来他目睹一片片废墟，"亲眼见过的中国人迄未超出 50 人",他向德皇报告说,各种暴行"非但不能阻止,且为数当不在少数"。[86] 他尤其震惊于俄国人在此过程中的粗野。

俄国正在成为这场动乱最大的受益者,当天津、北京落入联军之手,俄国人正忙着分兵几路南下席卷满洲,10 月 2 日沈阳陷落,清王朝"龙兴之地"的几座主要城市几乎全遭攻占。"从战事一开始,军部的欲望就不仅限于惩罚义和团而是想吞并满洲,这是一个公开的秘密。"一个名叫希尔什曼的俄国铁路工程师写道。12 月,一个叫列宁的俄国人在《火星报》创刊号上指责沙皇耗费数亿卢布,派遣几万名士兵到中国打仗,而胜利只是屠杀手无寸铁的中国人。这份在莱比锡出版的报纸,名称来自十二月党人的一句诗。[87] 它代表的这股新势力未来将彻底摧毁罗曼诺夫王朝。

六

慈禧及时躲过了自己点燃的战火,8 月 15 日从德胜门匆忙撤离。太后狼狈不堪,来不及带换洗衣服,第一次把发型打扮成汉人样式。她没忘记带上光绪,免得洋人顺便"解放"并把权力交回皇帝。皇家逃难团原打算去热河,慌不择路走了西北方向,逃难队伍当晚在离京城 70 里的地方,"遥望京内火光冲天,人人心惊胆战,一夜无眠"。[88]

随行人员这两天在庄稼地里到处找吃的,不少人露宿户外。到了河北怀来情况才开始好转,知县吴永找来一件"呢夹袄"进献给慈禧换上,[89] 前来护驾的陕西巡抚岑春煊此后被派出去先行安排,各地吃住接待才提前有了预备。

8月28日，联军阅兵紫禁城那天，慈禧逃到山西阳高，一路上缺衣少食的太后一边下令绞杀义和团，一边命令荣禄等人加强防御，防止联军从保定进军山西。尽管这支"西狩"队伍最终目标是西安，但72天的艰苦路程有54天待在山西境内。

9月8日，慈禧一行抵达山西北部城市忻州，在当地贡院度过了一个凄惨的中秋节。这是外逃后住得最好的地方，不过如果太后知道1个月前杀害洋人的地点就在几百米外，可能会难以入眠。8月9日，关在忻州监狱里的传教士接到太原来人传话，巡抚毓贤要把他们护送到海边去，这些人信以为真，当他们出发走到忻州东门内、外门之间，等在那里的一群拳民把他们从车里拖了下来，扒光上衣后乱刀砍死，鲜血染红了内门的白墙，尸体被抛在附近河岸上。

这批传教士留下一份"忻州日记"，记录了1900年的逃亡经历。日记中止于当年7月21日，后来它被包好交给一个村民，那时还躲在山洞的传教士感到凶多吉少。7月12日晚，几个村民带来了太原的悲惨消息：那里的传教士们被领到衙门附近，在巡抚面前一一杀死。"没有人在屠刀面前畏惧，他们平静地走向刽子手，甚至没有一声争辩，只有几个幼童看见他们的父母倒在血泊中时吓得哭起来了，但没有一个孩子幸免于难。"[90]太原府的传教士遇难46人，包括浸礼会、天主教、内地会以及外地押来的一些人，当中包括20名妇女和11名儿童（婴儿）。

山西本来是传教士觉得最有安全感的省份之一，"山西的百姓一直以驯良著称，在他们中间进行新教传教工作达20多年，从来没有发生过任何形式的严重骚乱"。[91]1878年，晋省遭遇大旱，英国人和美国人为赈灾基金捐助了大约10万英镑，69名外国人到山西赈灾，其中包括很多传教士，他们当中的一些人留了下来，不少人死于这场运动。整个庚子年山西共有191名传教士遇难，义和团杀害最多的是中国教民及其家属，在晋中和晋南，大约2000名基督徒被杀，北部靠近内蒙古的地区死亡人数更多。[92]

英国浸礼会忻州、太原传教站是李提摩太设立的，1900年春，正在美国出席"环球基督教会议"和"布道差会会议"的李提摩太预感不妙，在会上发出预言说，针对中国基督教的灾难即将到来，但他没想到屠杀会如此可怕。这很大程度上是山西巡抚制造的悲剧。4月下旬上任后，毓贤把榆次县义和团请进巡抚衙门，之后拳民在他鼓动下变得异常活跃。当7月1日遣散传教士回国的命令从北京传来，[93]毓贤第二天直接发布驱逐命令，警告说，传教士如果被义和团杀害属于"咎由自取"。[94]由于保定拳民切断了晋省与沿海诸省的联系，李提摩太从上海发给山西传教士的警告也遭毓贤扣押，山西随后成了无法无天的排外之地，直到巡抚衙门沦为血腥的刑场。一名太原见证人写信给上海的亲戚，以下陈述刊发在《北华捷报》上（1900年10月17日）："当第一批传教士被送到太原府后，毓贤下令把他们直接带进他的衙门。他们被领到后院的一个射箭场里，然后就站在那儿，相互之间有几英尺的距离。接着，杀气腾腾的巡抚脱下外面的官服，摘下脖子上的朝珠，跨上一匹为他准备好的马，从一位亲兵手中拿过一把长刀，驱马慢慢跑到场地的另一端。他掉转马头，面向受害人，站立在十五丈（大约二百英尺）开外。然后他开始策马向受害人冲过来，边冲边挥动手中的长刀，一下子就砍下了四五个人头"。[95]

像毓贤这样疯狂的地方大员几乎没有第二个。即使在山西，也有对西方人友好的官员，比如最南端的芮城（瑞典传教团为主），道台6月27日告诉传教士赶紧离开，26人因此逃到了沿海安全地区。[96]与山西隔河相望的陕西省，巡抚端方把十几名传教士集中到省城一处堡垒保护起来。他对基督教的态度相当开明，一位传教士评价说，巡抚和他身边的学者群反对暴力仇恨。[97]端方和英国伦敦布道会驻西安传教士敦崇礼关系甚佳，他偷偷披露慈禧的命令，让西方人逃走。这位巡抚是"无畏、勇敢和高尚的人，他冒着生命危险拯救了我们"，敦崇礼感激地说。[98]当他回国时路过北京，阻止了外国士兵损害端方家宅。

陕西的传教士被护送出境，前往汉口。那里不仅回国便捷，也更加安全。湖广总督张之洞和几位南方督抚一直反对开战，事态恶化后拒绝执行北京的命令，转而和西方各国达成一份和平约定，中国南部也由此保持了几个月的"独立"姿态，人们称之为"东南互保"。

七

张之洞、刘坤一是"东南互保"官方发起人，不过承担起中外沟通的是盛宣怀，轮船招商局总办郑观应也在其中扮演了重要角色。[99]如果没有他们的积极斡旋，局面要糟糕很多。盛宣怀对仇外行动一直很反感，此时他除了负责电报局，还身兼卢汉铁路大臣。电线杆、铁路一直为义和团深恶痛绝，修路的西方人一再遭受攻击。北京宣战几天前，盛宣怀致电荣禄提醒说，明哲保身可能导致大祸临头。[100]他给另一位中堂王文韶的电函则直接警告说，中国根本无法和几个大国抗衡。[101] 荣禄、王文韶皆为温和派，但身处北京不敢抗旨，只能私下支持南方督抚。盛宣怀接下来的行动相当直接，下令封锁北京来的电报信息，把6月21日的宣战诏书控制在督抚级别的少数几个人手里。

"东南互保"的外部动力来自英国。李提摩太从美国返华途中，曾在日本神户发电给上海英国总领事，建议英国要求南方督抚而非中央政府保护在华英国人，此后英国人试图单独把军舰开到长江，准备保护自身利益。盛宣怀打算和上海领事团达成协议，而非一个国家，他得到了美国驻沪总领事的支持。

与此同时，东南士绅领袖也形成了一个有力的游说集团。大沽口陷落后，张謇、汤寿潜等人顿感不妙，纷纷出动，上海报界也大造舆论，刊文呼吁地方自保，诸如《南方不宜受北方指授》《使南方平安中国幸存》等。

"我相信外国人在南京比在别处还安全，虽然有排外的揭帖，但一贴上就被扯下来，换上意义相反的告示。总督出街示把义和团哄做无法的暴徒，并悬赏缉拿。兵勇经常在街上巡逻。"[102] 金陵税务司韩森6月19日向赫德汇报说，他这几天刚见过刘坤一，后者激动地表达了维护长江一带和平的决心。尽管江海关税务司安格联注意到，每当出现与慈禧太后立场不同的谈话，刘坤一就会变得非常紧张。[103] 那几天，江汉关税务司何文德和英国驻汉口领事去见了张之洞，后者说，"他和两江总督同心协力，决意维持秩序，保护洋人"。[104]

1900年6月26日下午，盛宣怀和上海道余联沅代表张之洞、刘坤一邀请各国驻沪领事在上海会审公廨开会，议订"东南保护约款"九条，[105] 并于一周后签署（7月3日）。条约核心内容是各国不在上海登陆进兵长江流域，两江总督、湖广总督负责维持辖区秩序，保护西方人的安全与商业利益。[106] 该协议涉及江苏、江西、安徽、湖南、湖北几个省，尽管它并非正式条约，换文加照会的方式却依然具备国际法效力。"我们认为北京的情况事实上已成为无政府状态，因此权力和责任实际上已为各省的地方政权所有了。只要它没有公开与暴动勾结，而运用它的权力保护外国人的生命财产，既然他们没有公然和叛乱相勾结，而且还利用他们的权力来保护外国生命财产，我们即把它当作中国人民的代表者，我们设法和它们保持和平友好的关系。"[107] 美国国务卿海约翰 7 月 3 日向各国提交一份照会说，这是美国第二次发出"门户开放"要求，这一次明确把"维护中国的领土与行政的实体"写了进去，[108] 列强对此没有加以反对。

很多北方避难者这时来到上海，本地市民特别是宁波人则回乡避难，不过他们很快发现这只是一场虚惊。[109] 和太平天国、甲午战争一样，上海凭借最直接的西方利益再次躲过战火。实际上，公共租界人口由 1895 年的 29 万多增加到了 1900 年的 44 万多，华界人口增长幅度更大。[110]

两江、湖广总督辖区之外的其他一些省也加了进来，浙江、山东对互保加以承认，闽浙总督许应骙仿效条款与英、美等六国订立了《福建互保协定》。四川、陕西总督没有正式参加，却对此给予支持。中外谅解来得非常及时，因为南方局势正在恶化，而且浙江、湖南、江西等省的巡抚曾一度支持义和团。在传教重镇温州，一位传教士 7 月 7 日在日记里不安地写道："今天道台的船带来了北方的坏消息。我也听到了端亲王关于屠杀外国人和基督徒的法令早在 6 月 20 日已到达温州，这正是镇台很想付诸行动的法令。"[111] 外侨从温州撤离不到 10 天，7 月下旬，11 名英、美传教士（包括家属）在衢州府被杀。

它成为1900年南方轰动一时的教案。[112]

坐镇广东的李鸿章是支持"东南互保"的另一大势力。协议签署前李得到刘坤一的通报并表示赞同。实际上，正是他首先将北京的宣战称为"乱命"，鼓舞了刘坤一和张之洞。混乱之中，杨衢云和孙中山、谢缵泰一起去信鼓动李鸿章独立，英国政府也支持"两广独立"，香港总督甚至为此与李当面接触过。人们普遍认为，一旦南方成立临时政府，这位在国际上最知名的中国政治家最有资格担任领袖。李鸿章为此犹豫过，但他"独立"的前提是中央政权彻底崩溃。

尽管狼狈不堪，慈禧现在依然能发号施令，李鸿章被要求北上和外国人讲和，他最终选择继续效忠清廷，尽管7月21日到上海后一度观望不前。因为直到这时，慈禧的头脑看起来仍是混乱的，8月11日，她下令处死反对宣战的兵部尚书徐用仪，两位亲西方官员内阁学士联元、户部尚书立山（已革职）同时被杀。

到了8月20日，固执的皇太后终于接受失败，不得不用皇帝的名义发布一份罪己诏。她不仅把过失推卸给光绪，而且指责大小官员要为失败承担责任。这份上谕承认了张之洞、刘坤一等人"东南互保"的合法性，要求各地官员保护中国教民。[113]

八

8月21日，皇室流亡之旅抵达宣化府。次日，张之洞在武汉处决了自立军领袖唐才常。此前在安徽率先发难的另一股起义军孤军奋战，几天后宣告失败。

自立军起义号称"勤王"，诉求却相当复杂。它可以追溯到戊戌政变前湖南成立的自立会，那时康梁师徒和谭嗣同借用自立一词，"保中国不保大清"。计划中，如果湖南自立成功，谭嗣同将成为新政府的总统，康有为担任国家元首。[114]这个计划后来演变成了自立会。1899年，唐才常在上海与汪康年等人成立正气会，随后改名自立会，它通过开设"富有山堂"联络长江各省哥老会，一度多达十几万人。唐才常位居自立会副龙头大爷，梁启超名列总堂大爷，他建议会党使用的票据一律改用富有票，去掉"灭洋"之类的排外字句，此举在义和团爆发后有利于南方的稳定。[115]

加拿大保皇会为勤王行动提供了最早的支持，有消息说，一支"华侨军"1900年3月打算前往中国志愿参战。[116]不过唐才常在接受康有为领导的同时，希望起义能得到革命派支持。戊戌政变后唐流亡日本，在悼念友人的一腔悲愤中与孙中山相会。在他看来，反对慈禧的一切力量都可以团结。孙中山正筹划惠州起义，对计划中的南北夹击相当积极。孙的支持者宫崎寅藏为此奔赴新加坡，[117]打算当面说服正在那里的康有为，但后者拒绝见面，并指控日本人为刺客，两种政治力量最终未能形成合力。

按照康有为的计划，唐才常并非主力军，他不支持后者在长江、珠江同时起兵（保皇、兴中两会联合发起），另行制定了一套两广起兵、袭湘攻鄂，然后从长江直捣京师的部署。康有为对唐才常把注意力转向长江中下游不以为然，并不热心。[118]保皇会给唐才常的资源始终相当有限，30万圆的行动资金只给了他4万，由于海外经费久催不至，唐才常面临无米下锅，起义因此一再延期，[119]直至事泄失败。

处于康有为、孙中山之间的还有一批立场暧昧人士。他们不满于现状，清廷皇室溃逃后跃跃欲试。7月26日，这股力量的代表人物汇聚于上海愚园南新厅召开"中国国会"（Chinese National Association），容闳被选为会长，他用英文起草了一份《中国国会宣言》，拒绝承认慈禧领导的中央政府，呼吁成立一个光绪为首的新政府。容闳3月底曾赴新加坡和康有为谋划起事，之后又到香港与谢缵泰、杨衢云密谈建立一个由基督徒领导的"政治联盟"起义。"中国国会"召开时，他已从一个改良者转向反清。[120] 不过几十位"国会"出席者立场不同，各怀理想，很难分辨谁是革命者，谁是效忠于皇帝的改良者。激进人士为此相当不满，章太炎气愤地剪掉辫子以示抗议。事实上，唐才常和江浙士绅派在国会成立前已多有分歧，双方很难有效合作，这最终导致国会瓦解。[121] 自立军虽以国会武装自居，行动却几乎从没有经过国会决策。

8月22日，孙中山乘坐"神户"号前往上海，希望促成各派联手。然而这一天，唐才常因为起义事泄被俘，慷慨牺牲。孙不得不迅速返回日本。一批年轻的知识精英和唐才常同时遇害，[122] 其中不乏湖北武备学堂、两湖书院学生，一些人被押往学堂门外行刑，以示威吓。如果说1898年张之洞还无法与康、梁彻底划清界限，1900年他无疑做到了。湖广总督视上海国会为"叛乱"，[123] 镇压自立军更让他与一度联手的体制外精英彻底疏远。

9月，梁启超、容闳到香港分别会见港督卜力（Sir H. A. Blake），后者已接到伦敦指示，不再支持广东起事。到11月，康有为实际已经放弃了他坚持的两广勤王计划，这个费时近2年，牵动海外多地华侨捐款的构想，因保皇党的狭隘就此破产，康有为从此不再热衷于军事行动。

一批知识人如章太炎目睹自立军失败，对张之洞、李鸿章这样的地方大员不再抱"独立"幻想。[124] 拳民制造的混乱让很多人对清廷中央彻底失望，自立军之败则宣告了维新主义的全面失败，此后章太炎认为革命不得不行。事实上，"中国国会"第二次集会时他已变成坚定的排满主义者，力主不许满、蒙人参加，[125] 不过这个提议没有获得支持。不久章把目光转向孙中山，给后者写了一封信介绍自己的"排满"理论，孙对此非常欣赏，将它加按语后刊发在《中国旬报》上，这是陈少白刚在香港创办的一张革命报纸。[126] 1900年下半年之后，章太炎逐渐成为一位革命理论家，他对儒家经典中有利于革命的部分大加发挥，影响越来越大。

1900年的变乱也改变了一些普通人，比如安徽人陈独秀。这个3年前还在江南贡院参加乡试的年轻人，这一年在东北目睹了俄国人闯入引发的慌乱。"我越思越想，悲从中来。我们中国何以不如外国，要被外国欺负，此中必有缘故。"[127] 当年他回到故乡安庆，不久给苏州出版的《励学译编》代理销售，这是苏州人包天笑模仿《译书汇编》出版的一本杂志，后者1900年12月6日创办于日本，是留学生出版的第一份正式刊物，很多人从这里第一次读到了卢梭和孟德斯鸠。一年后，陈独秀也前往日本，进入东京专门学校，从此思想改弦更张。

义和团引发的这场灾难刺激了中国的民族主义，对革命者和改良者来说都是如此。不过革命阵营开始把满族统治者视为现代民族国家的一种障碍，因此将其排除出去，从而演变出一种汉民族主义，[128] 孙中山和他领导的革命人士成功地把革命与民族主义结合起来，[129] 光复中华的复仇情绪开始成为革命的一部分,尽管"清代的大部分汉人中一辈子也没见过一个满人"。[130]

注释

1 《致约·奥·珀·濮兰德》,1898年10月12日,《清末民初政情内幕——泰晤士报驻北京记者、袁世凯政治顾问乔·厄·莫理循书信集》(上),第120页。
2 报纸称将改年号为"宝庆","宝庆"应为"保庆"之误。该报纸同一天还报道说,当路透社的代表将光绪帝退位的消息传递给中国公使时,公使说:"我绝对没有关于这个问题的情报,因此不能表示这样或那样的意见。我没有收到政府任何指示。对于新皇帝,我一无所知。"《中国海关密档——赫德、金登干函电汇编 1874—1907》第七卷,第14—15页。
3 《赫德致金登干》(1900年1月26日),《中国海关密档——赫德、金登干函电汇编 1874—1907》第七卷,第12页。
4 上虞县志编纂委员会编:《上虞县志》,浙江人民出版社,1990年,第791页。
5 过程参见赵凤昌:《经元善通电收回立大阿哥成命经过》,《近代史资料文库》(第一卷),第304页。
6 《上总署转奏电禀》(1900年1月26日)。经元善著,虞和平编:《经元善集》,华中师范大学出版社,1988年,第309页。
7 《经元善集》,第38页。
8 具体逃亡经过见《经元善之身世与思想及其上书保皇招祸经过》,王尔敏:《近代经世小儒》,广西师范大学出版社,2008年。原文载台北"中央研究院"近代史研究所近代中国(第十五辑),2005年。
9 马勇:《由内政而外交——重评义和团战争的一个视角》,《社会科学论坛》,2013年第6期。
10 相关分析参阅《义和团战争的起源:跨国研究》,第103页。
11 "光绪二十六年正月,山东义和拳其术流入天津,初犹不敢滋事,唯习拳者日众。二月,无雨,谣言益多。痛诋洋人,仇杀教民之语日有所闻。习者益众,三月,仍不雨,瘟气流行。拳匪趁势造言云,扫平洋人,自然得雨。四月,仍无雨,各处拳匪渐有立坛者。"《天津政俗沿革记》,中国社会科学院近代史研究所《近代史资料》编译室主编:《义和团史料》(下),知识产权出版社,2013年,第965页。

12 诸如"灭洋人，甘雨速降""不平不能下大雨。"等旱灾与义和团的社会心理分析，可参阅止庵：《神奇的现实》，山东画报出版社，2005年，第1—3页。
13 郭廷以：《近代中国史纲》，格致出版社，2015年，第225页。
14 一些学者认为，反击意大利的成功说服了中国政府改变对西方殖民大国的战略，并最终支持义和团对外国人和基督教的反抗。见 Coco, Orazio. "Italian diplomacy in China: the forgotten affair of Sān Mén Xiàn (1898–1899)." *Journal of Modern Italian Studies*, 24 (2019): 328-349.
15 "近来各省盗风日炽，教案叠出，言者多指为会匪，请严拿惩办。因念会亦有别。彼不逞之徒，结党联盟，恃众滋事，固属法所难宥。若安分良民，或习技艺以自卫身家，或联村众以保闾里，是乃守望相助之义。地方官遇案不加分别，误听谣言，概目为会匪，株连滥杀，以致良莠不分，民心惶惑，是直添薪止沸，为渊驱鱼。"《上谕》光绪二十五年十二月十一日（1900年1月11日），国家档案局明清档案馆编：《义和团档案史料》（上），中华书局，1959年，第56页。
16 这位神父分析说："为什么这样呢？这就是由于德国人侵占了胶州湾。他们对我们也不会友好。你知道，在中国人的心中燃烧着多么炽热的烈火。"《义和团的起源及其运动》，第509页。
17 《山东大学义和团调查资料汇编》（下），第1285页。
18 在中国时间最久的西班牙公使卡洛干公爵（Bernardo de Cologan，又译葛络干），1895—1902年在位，此时已67岁，他被认为只是名义上的团长。
19 统计显示：只有4起发生在1月至次年2月间，3月甚至从未有过。详见《动乱中的中国：十九世纪末二十世纪初的晚清时局》第六章。
20 （法）伯希和著，萧菁译：《伯希和北京日记》，广西师范大学出版社，2017年，第15页。"确认有70名中国基督教徒在保定府附近村庄的教堂被屠杀。又听到新的关于屠杀的消息：长辛店附近有个村庄的全体居民（60人）被开膛杀害。"（同上）
21 （美）丁韪良：《北京之围：中国对抗世界》，《义和团运动文献资料汇编·英译文卷（下）》，第21页。
22 查尔斯·戴维斯·詹姆森（1855—1927），美国人，曾任艾奥瓦州大学的工程学教授，1895年来华为中国政府工作。1898年1月，他与英商福公司签订了为期2年的合同，成为福公司在华首席工程师。福公司于1896年在伦敦设董事会，随后在北京设办公处，逐渐获得山西、河南两省开采煤和铁矿的权利。
23 《美国矿业工程师查尔斯·戴维斯·詹姆森的叙述》，（美）弗雷德里克·沙夫、（英）彼德·哈林顿编著，顾明译：《1900年：西方人的叙述——义和团运动亲历者的书信、日记和照片》，天津人民出版社，2010年，第7—8页。

第十章　1900年

24　有意思的是，不少英国人惊奇地发现，如果字母"x"去掉，义和团（Boxers）就变成南非布尔战争中的对手布尔人（Boer）。

25　《窦纳乐致英国外交大臣信》（1900年5月21日），《义和团史料》（下），第543页。揭帖称："凡义和拳一经练通，逢三三或九九，或逢九九及三三，便是妖魔遭劫之时，天意命汝等先拆电线，次毁铁路，最后杀尽洋鬼子。今天不下雨，乃因洋鬼子捣乱所致。"（第544页）

26　见莫理循日记（未出版），1900年5月21日，引自《北京的莫理循》，第160页。

27　《赫德致金登干》（1900年5月27日），《中国海关密档——赫德、金登干函电汇编1874—1907》第七卷，第58页。

28　莫理循对5月28日事件的报道，见《北京的莫理循》，第161页。

29　查莫特（Chamot Auguste, 1867—1910），又译"沙孟"。查莫特夫妇在1900年异常活跃，成为不少西方人眼里的英雄，很多中国人则视他们为一对嗜杀的夫妇。

30　该报在1900年出版的报纸内容汇编：《义和拳起事：中国义和拳之乱的历史》（*The Boxer Rising: A History of the Boxer Trouble in China*）一书前言称："义和拳运动的具体发生时间也许无法确定，但对于一般大众来说，我报5月27日所报道的当日卢汉铁路车站被纵火焚毁事件，应算作起事真正开始的标志。此次起事的目的是把外国人赶出中国。"见《义和团运动文献资料汇编·英译文卷（下）》，第65页。另，《文汇报》1879年4月17日创刊于上海。英国人克拉克（J. D. Clark）等任主编。每晚出版，为当时上海主要晚报之一，后并入美国人主办的《大美晚报》。

31　首批军队数量中外说法不一。窦纳乐在1900年6月10日致索尔兹伯理的信中说总计为337人，其中英国特遣部队由75名士兵和3名军官组成。直隶总督裕禄在当天致总理衙门的电报中根据铁路局查点"洋兵上车"数目为英国兵72名，军官3名；美国军官7名，士兵56名；意大利军官3名，士兵39名；日本军官2名，士兵24名；法国军官3名，士兵72名；俄国军官4名，士兵71名。总计各国军官22名，士兵334名。马勇编著：《中国近代通史（第4卷）：从戊戌维新到义和团1985—1900》，江苏人民出版社，2009年，第426页。

32　《窦纳乐致英国外交大臣信》（1900年6月10日），中国社会科学院出版社，《义和团史料》（下），1982年，第550页。"在五月二十九日和三十日的上谕中，虽在谴责假义和团运动而捣乱的坏分子，但对义和团却表现出十分宽大的精神，而在六月六日颁发的上谕，这种精神表现得更加明显。"（549页）

33　《北京使馆被围记》，第72页。翟兰思（Lancelot Giles, 1878—1934），英

国人，生于厦门。1899 年进入英国驻华外交圈，民国后历任长沙等地领事，1928—1934 年任驻天津总领事，死于天津。1970 年他在义和团运动时的日记编辑出版，即《北京使馆被围日记》(The Siege of the Peking Legations: A Diary)。

34 《近代史资料》编译室主编：《庚子记事》，知识产权出版社，2013 年，第 6—7 页。

35 莫理循日记（未出版），引自《北京的莫理循》，第 165 页。

36 《协办大学士刚毅等折》光绪二十六年五月十八日（6 月 14 日），《义和团档案史料》（上），第 137—138 页。

37 《清宫两年记》，德龄、容龄：《晚清宫廷见闻录丛书——在太后身边的日子》，紫禁城出版社，2011 年，第 201—202 页。

38 这支军队受阻于杨村、廊坊，6 月 26 日在增援俄军的帮助下退回天津紫竹林租界。据联军统计，行动共阵亡 62 人，其中英国 27，德国 12，俄国 10。《海军中将西摩爵士致海军部电》(1900 年 6 月 29 日发自烟台)，胡滨译，丁名楠、余绳武校；《英国蓝皮书有关义和团运动资料选译》，中华书局，1980 年，第 58 页伤亡表格。

39 俄军从旅顺增派的援兵成为进攻天津（尤其水路）和保护天津租界的主要力量；俄国不仅代表联军向大沽口炮台递交了最后通牒，俄国海军上校多勃罗沃利斯基被推举为攻打大沽口炮台的水路总指挥官。6 月 16 日晚上，在俄国炮舰上召开了由他主持的军事会议。进攻大沽口炮台，俄军伤亡最大。

40 此役谁先开火记载说法不一，参与记记述多载中方先开炮。"16 日下午，各国炮舰长在俄舰鲍布鲁上会合，炮舰司令官应各国的请求，决定凌晨 3 点开始攻击，其攻击以炮舰的射击使炮台停火。炮火停火，陆战队马上突击西北炮台。但是，17 日零点 50 分，突然从炮台用电灯照各国炮舰，继而开始激烈炮火，企图在陆战队攻击前将炮舰击沉。"《义和团运动文献资料汇编·日译文卷》，《日本参谋本部档》，山东大学出版社，2012 年，第 87 页。另，英国公使在李鸿章北上时收到李的一封信。该信说："为了使华北危机得到解决，他奉召前往北京。他希望知道，尽管发生了大沽炮台未奉北京政府命令对各国军队开火这件事，各国是否认为他们自己与中国政府进行战争"。《英国蓝皮书有关义和团运动资料选译》，第 50 页。

41 6 月 20 日联军各国舰队司令发表一个文告，"各国仅对义和拳及那些反对派遣部队前往北京救援他们本国同胞的人进行战斗。保持和平的责任须由中国官员承担；如果中国不破坏和平或不从事战争行为，他们无须害怕遭到我们这方面的任何袭击。"《英国蓝皮书有关义和团运动资料选译》，第 54—55 页。

42 各国士兵当天赶到事发地后没有发现尸体和清军，直到联军占领北京才找回尸体。枪击克林德的人据信是满族人恩海（清军神机营霆字队枪八队章京）。他后来被抓获，经德国人审判后处死（1900年12月31日）。诡异的是，克林德被杀几天前伦敦几家报纸就报道了他死亡的"新闻"。中国驻德公使吕海寰6月16日还曾为此致电询问直隶总督裕禄。

43　这份奏折严重误导了北京的判断和此后的政策选择。详见马勇：《所谓"宣战诏书"：缘起、逻辑与诉求》，《安徽大学学报（哲学社会科学版）》2018年第5期。

44　裕禄说，西方军队进攻天津后已无法分兵弹压拳民，只能招抚。"天津义和团民，近已聚集不下三万人，日以焚教堂、杀洋人为事。值此外患猝来，断难再分兵力剿办拳民，势不得不从权招抚。"《直隶总督协办裕禄条折》光绪二十六年五月二十四日（6月20日），《义和团档案史料》（上），第158页。

45　分析见林华国：《历史的真相：义和团运动的史实及其再认识》，天津古籍出版社，2002年，第106页。

46　《1900：奥地利公使讷色恩夫人眼中的北京》，（德）艾林波、巴兰德著，王维江、吕澍译：《德语文献中晚清的北京》，2012年，福建教育出版社，第350页。讷色恩（Arthur von Rosthorn，1862—1945），曾任职中国海关，1871年起任奥匈帝国驻日公使兼驻华公使，1895年奥匈帝国决定在华设立公使馆，他被推荐但因非法学出身未获外交部批准，被任命为公使馆秘书。因为尚未就职的公使突然去世，讷色恩遂以临时代办身份成为公使馆实际领导人。讷色恩夫人曾撰写回忆录讲述1900年使馆被围前后这段经历。

47　"宣战诏书"强调京畿和直隶、山东等省义兵"不下数十万人"。这份诏书和嘉奖义和团的另一份谕旨均见《上谕》，光绪二十六年五月二十五日（6月21日），《义和团档案史料》（上），第161—162页。

48　一位中国教民回忆说："一到交民巷，我们就向洋兵摆手，洋兵就不开枪，这是洋兵和教徒约定的暗号。若是外人去了，洋兵就开枪打死，或把他捉住。"刘容镜口述，吴瑞英笔录：《庚子见闻录》，《近代史资料文库》（第六卷），第322页。

49　《1900：奥地利公使讷色恩夫人眼中的北京》，《德语文献中晚清的北京》，第347页。赫德的上述行动主要发生在6月20日大规模袭击开始之前。

50　6月26日，一位美国传教士看到火烧后的翰林院："它的图书馆珍藏着无价的图书，这是些中国人都要或是很可能要自豪的图书，是从远古开始他们的帝国的记录。那种甚至连如此珍贵之物都要破坏的狂热似乎是不可能的。那些书被扔出堆在一起，其中一些最珍贵的书籍奉英国公使之命被集中起来并被带到这里来。挖了一个巨大的坑，余下的书籍和文件被匆匆倾倒在里面并被我们的人覆盖上以防止火上加油。"《美国传教士冯丽·E.安德鲁斯的日记》，《1900年：西方人的叙述——义和团运动亲历者的书信、日记和照片》，第 193 页。安德鲁斯（Mary E. Andrews，1840—1936），又译安美瑞，1868 年 3 月作为美国公理会传教士和教师前往中国。

51 "十六日，京中各坛团民借端生事，搅扰不堪。凡凤昔略有微嫌，即误指为'二毛子'，或一人，或全家，必搜寻砍毙。甚至三五岁幼童亦不留一线之延，惨不忍闻，因而屈死者不可胜记，被害之家无处伸冤。""十九日，前门内由棋盘街东廊起，东交民巷、东城根、御河桥、皇城根、东单牌楼、王府井一带，官民住宅铺户货产，俱被武卫各军枪击火焚……"仲芳氏：《庚子记事》，《近代史资料专刊：庚子记事》，第 15、16 页。本书注：记载时间为阴历六月十九日（7 月 15 日）。另，有论者认为现在关于京畿义和团总论性质的作品如仲芳氏《庚子记事》、恽毓鼎《恽毓鼎庚子日记》、李希圣《庚子国变记》等大体沿袭了山东和直隶官府论调，因此过多渲染了义和拳攻城、杀官、犯上之类。见吴宝晓：《京畿义和团运动研究》，学习出版社，2016 年，第 390—391 页。

52 肃亲王善耆同意接收中国教徒，王爷一家此时已搬到紫禁城。善耆（1866—1922），镶白旗人。1899 年袭肃亲王王爵，为王公贵族中开明人士。1907 年获任民政部侍郎，1909 年兼筹办海军事务。1911 年 5 月任皇族内阁民政大臣。1912 年清帝退位后曾参与重组宗社党，从事复辟活动。

53 《北京的莫理循》，第 165 页。

54 （英）赫德著，叶凤美译：《这些从秦国来：中国问题论集》，天津古籍出版社，2005 年，第 23 页。

55 七月十六日，康格致海约翰函，见《中华帝国对外关系史（第三卷）：一八九四——一九一一被制服时期》，第 270 页。

56 （法）毕盛：《在战斗中》，（法）绿蒂著，刘和平、安蔚、姚国伟译：《北京的陷落》，山东友谊出版社，2005 年，第 21 页。绿蒂作为法国海军军官来到中国，目睹了八国联军侵占北京和对义和团的镇压。本书写于 1902 年，其中选录了法国公使毕盛（Stephen Jean Marie Pichon，1857—1933）1900 年部分日记。

57 当维特询问一旦占领了满洲作何用途时？他得到的回答是："我们将把满洲变成第二个布哈拉（1865 年后受俄国控制的一个中亚汗国）。"《维特伯爵回忆录》，第 78 页。

58 时任盛京刑部侍郎溥颋、户部侍郎清锐。

59 10 年之后，俄国《欧洲公报》根据法庭官方档案称，一个官方文件写道："将渡江见证人的证词综合起来，使人相信这并不是渡江而是把中国人灭绝和淹死。"在调查过程中，一个新兵作证说，他奉令"淹死中国人"。见（美）伦森著，陈芳芝译：《俄中战争：义和团运动时期沙俄侵占中国东北战争》，商务印书馆，1982 年，第 65—66 页。

第十章 1900年

60　他还写道:"数日内连续强制溺死之事,是遵照那个前不久还向中国人保证他们绝对安全的格里布斯基将军的命令去做的。一部分人试图为这个终究无法被原谅的命令辩解,他们列举出一些例外原因,诸如军队全部出城了,城中有数量庞大的敌对居民,俄罗斯人被恐慌控制了等等,想通过这些将此事正当化,或者说留下酌情原谅的余地。但是,这种辩解几乎经不起推敲,因为中国人没有武器,没有反抗能力,不具有任何危险性。"引自(日)和田春树著,易爱华、张剑译:《日俄战争:起源和开战》(上),第 377 页。

61　"各国水师占夺大沽口炮台首先开衅,各国洋兵又与兵勇施放枪炮互相攻击,土匪亦乘机焚抢。"1900 年 7 月 21 日(光绪二十六年六月二十五日)"总署总办致赫德函",中国近代经济史资料丛刊编辑委员会编:《中国海关与义和团运动》,中华书局,1983 年,第 23 页。

62　(英)赫德:《这些从秦国来:中国问题论集》,第 25 页。

63　参见戴海斌:《也说义和团运动中的奕劻》,《近代史研究》2013 年第 1 期。也有学者认为奕劻的行动和信件都是向慈禧请示并经其允诺的。

64　《这些从秦国来:中国问题论集》,第 25 页。

65　"我们没有找到他的尸体。"伯希和 6 月 21 日日记,《伯希和北京日记》,第 44 页。

66　"乃自本月十六、七日,该匪胆敢潜入京师,盗兵挟毂之下,焚毁教堂,攻击各使馆,纵横恣肆,放火杀人,震惊宫阙,实为罪大恶极,万不可赦。"《太常寺卿袁昶奏局势危迫亟图补救以弭巨患折》(6 月 18 日),《清季外交史料》(6),湖南师范大学出版社,2015,第 2746 页。这份奏折原拟与许景澄合奏,见《局势危迫亟图补救折》,朱家英整理:《许景澄集》第 1 册,浙江古籍出版社,2015 年,第 61 页。

67　《上谕》称二人"任意妄奏,莠言乱政,且语多离间","屡次被人奏参,声名恶劣,平日办理洋务,各存私心,每遇召见时,任意妄奏,莠言乱政,且语多离间,有不忍言者。实属大不敬。若不严行惩办,何以整肃群僚"。《上谕》,光绪二十六年七月三日(7 月 28 日)。《义和团档案史料》(上),第 392 页。

68　许景澄、袁昶两次联合奏折,分别见六月十六日(7 月 12 日)《请速谋保护使馆维持大局疏》、六月二十七日(7 月 23 日)递《严劾大臣崇信邪术请旨惩办疏》,参阅翦伯赞等编:《义和团》(4),上海人民出版社,1957 年,第 166—168 页。不过两人的三份奏疏(另一份为五月二十二日即 6 月 18 日所递《请亟图补救之法以弭巨患疏》)一直有争议,孔祥吉先生认为,翻阅军机处的录副奏折与朱批奏折,均未能见到奏折原件与录副。军机《随手登记档》《早事档》《议事档》诸档册中亦未见疏递呈记载。此外,袁氏专门向张之洞的密札、密电也未提及联名上疏,说明三疏可能未曾呈递。

孔祥吉：《清人日记研究》，广东人民出版社，2008年，第175页。

69　这样的说法见于《景善日记》，但本书被不少人认为系伪造，尽管内容部分真实。

70　即"天津都统衙门"，这个机构从1900年7月成立到1902年8月撤销，开始由俄军上校担任行政首脑，后改为俄、英、日、德国各派一名军官组成委员会。

71　自天津出发急行军的德国260名水兵在8月18日、21日抵达北京，海军步兵第一大队于22日抵达，此后还有德国海军步兵第二大队、一个炮兵中队。

72　《威廉二世的"匈奴演说"——对1900年7月27日皇帝在不来梅港演说的考证及阐释性评注》，《义和团运动文献资料汇编·德译文卷（上）》，第214—215页。亲耳听到7月27日演说的人们关注到皇帝特意强调的一段话："如果你们碰到敌人，就杀了他们，不要宽恕他们，不要留活口。如果有谁落在你们手里，就好好地收拾他们。一千多年前，匈奴人在他们的王阿提拉的率领下，在历史上留下了不可磨灭的名声。"不过在官方版本和很多报纸版本里，要像匈奴人那样战斗的文字被删了。当时，德国社会民主党和自由党报纸谴责这次送别演说，直到第一次世界大战期间，英、法、美国宣传部门曾重提此事，并将德国皇帝描绘成为匈奴王阿提拉。（第214—222页）

73　《攻占北京》，内容为供职于渣甸洋行（又称怡和洋行）的鲍瑟科普船长一个报告（那时他在英国远征军司令手下服务）。《义和团运动文献资料汇编·英译文卷（下）》，第157页。这种感觉也出现在其他人记录里。"我们仿佛闯入了一场露天花园聚会。女士们站满了草坪，她们看起来很凉爽，既整洁又光鲜——这不像别的，就像个兴致高涨的露天聚会。"罗杰·凯斯爵士：《海陆历险记》，见（英）茉莉亚·博伊德著，向丽娟译：《消逝在东交民巷的那些日子》，商务印书馆，2016年，第3—4页。

74　（美）满乐道著，严向东译：《庚子北京被围记》，第99页。使馆区解围时马和骡子已吃了80头，只剩下三四头。

75　《北京之围：中国对抗世界》，《义和团运动文献资料汇编·英译文卷（下）》，第25页。防御还得到了妇女们的有力支持，"她们不停地辛勤操作着缝纫机——这种机器当时发挥的作用并不比机枪小"，这样缝制了几千个沙袋。（同上）

76　《京师日记录要》，七月二十二日（8月16日）日记。见宋廷模等著，郭道平整理：《庚子事变史料四种（外一种）》，凤凰出版社，2018年，第16页。宋廷模，光绪十九年（1893年）举人，庚子年时为内阁中书。《京师日记录要》起自光绪二十六年（1900年）五月十四日，讫于该年十月廿九日。

77　弗拉里牧师编：《在北京的中心：樊国梁主教围困日记》（1900年5—8月），

《义和团运动文献资料汇编·英译文卷（上）》，第420页。

78 （英）乔治·林奇著，（美）王铮、李国庆译：《文明的交锋：一个洋鬼子的八国联军侵华实录》，国家图书馆出版社，2011年，第92页。

79 "有些题材我不能触及，那些也许说明了我们的西方文明只不过是块野蛮的遮羞布而已，想必也无法在英格兰出版。战争的真实内幕从来没有被披露过，这次也不例外。"《文明的交锋：一个洋鬼子的八国联军侵华实录》，第98页。

80 （英）普特南·威尔著，张启耀译：《庚子使馆被围记》（电子工业出版社，2012年）对联军杀人、抢劫有较多描写。普特南·威尔即辛博森（又译辛普生，Bertram Lenox Simpson，1877—1930），宁波中国海关税务司辛盛之的次子，这本书英文名为《来自北京的不体面来信》(Indiscreet Letters from Peking)，辛亥革命后他担任伦敦《每日电讯报》驻北京记者，以"普特南·威尔"为笔名。

81 《义和团运动文献资料汇编·日译文卷》，"日本参谋本部文件"，山东大学出版社，2012年，第346页。

82 《义和团运动文献资料汇编·日译文卷》，"日本参谋本部文件"，第348页。

83 不过日本《万朝报》从1901年12月1日开始到1902年1月19日连载了一篇名为《北清分捕之怪闻》的调查报告，揭露了参加八国联军的日本军人在中国的强奸、抢劫、盗墓和贪污行为，并具体点出了包括第五师团师团长山口素臣中将和第九旅团旅团长真锅斌少将在内的不少高级军官姓名，引起巨大反响，日本军部查抄了山口素臣、真锅斌以下第五师团不少军官的家，陆军中将真锅斌最终被免职。王樊一婧：《义和团战争的国际舆论研究：1900—1901》，复旦大学出版社，2015年，第177页。

84 （美）明恩溥：《动乱中的中国》，《义和团运动文献资料汇编·英译文卷（上）》，第214页。

85 "美国驻华公使康克夫人家书摘译——义和团事件前后的北京见闻（二）"，中国人民政治协商会议北京市东城区委员会文史资料委员会编：《北京市东城区文史资料选编》第3辑，1992年。本文所引家信为1900年11月16日给侄子，第190页。

86 "从大沽经天津至北京的笔直路线上，保守估计亦有50万人无家可归，流离失所于附近之地……直至该处为止，我自天津以后，亲眼见过的中国人迄未超出50人。"（德）瓦德西著，秦俊峰译：《瓦德西庚子回忆录》，福建教育出版社，2013年，第49页。另，瓦德西在10月22日报告称："中国经此毁灭性的破坏和洗劫，蒙受的损失将永远不能查出，但其总数必定极为重大。最为可惜的是，此次战争的罪魁祸首遭受的损伤反倒最小。遗憾的是，因抢劫时所发生的强奸妇女、各类暴行、肆意杀人以及无故纵火等

事件，非但不能阻止，且为数当不在少数，从此方面看，无疑也加重了中国民众的痛苦。"（第 56 页）

87　俄国诗人普希金（1799—1837）1827 年创作了《致西伯利亚的囚徒》（后发表于《北极星》），向流放的十二月党人致敬。后者由诗人奥陀耶夫斯基（1802—1839）以《充满预感的激昂琴声》作答，其中有"试看星星之火，燃成熊熊之焰"一句。《火星报》（Iskra，又译《火花》），列宁创办与主编的俄国第一份马克思主义报纸，1900 年 12 月 24 日在莱比锡创刊，1905 年第 112 期后停刊。

88　岳超：《庚子随行简记》，《近代史资料文库》（第六卷），第 444 页。（岳超原姓叶赫那拉，联军攻入北京后他随行外逃，所记皆亲身经历。）该文记载逃难次日情形："二十二日天将亮即起行，原打算仍到热河去躲避，可是去热河的道路是往东北，如今慌不择路往西北，至午间已到南口，略作休息，两宫想进点饮食。岂料因为溃退之散兵游勇到处抢掠，致商民百姓预先已逃在山中躲藏。此时御前侍卫和太监等人，赴各铺住户搜索，只找到一点小米熬粥给两宫充饥，其余随扈之人员在庄稼地里寻些瓜菜以果腹。"（同上）

89　吴永口述，刘治襄笔记：《庚子西狩丛谈》，岳麓书社，1985 年，第 54 页。

90　义和团运动兴起后很快波及山西传教士和信众。英国浸礼会忻州传道站传教士 1900 年在逃亡过程中写下日记和信件，记录所见所闻。伦敦圣教书会（The Religious Tract Society）在 1904 年编成 The China Martyrs of 1900 一书。本文即选自该书（Robert C. Forsyth 编著，中文为张海燕翻译）。另，张海燕谈《忻州日记》的文章，可参见沈颖：《寻找沉默百年的逃亡日记》，《南方人物周刊》，2011 年 5 月 16 日总第 253 期。

91　（英）E. H. 爱德华兹著，李喜所等译：《义和团运动时期的山西传教士》，南开大学出版社，1986 年，第 20 页。

92　（英）沈艾娣著，郭伟全译：《传教士的诅咒：一个华北村庄的全球史》，香港中文大学出版社，2020 年，第 100 页。1907 年，经历义和团之乱的意大利传教士安怀珍收集了 1953 名殉道者的详细资料，这还不包括那些已宣布弃教但还是被杀的，也不含晋北地区（大同、绥远）遇难者，统计的总数比起中国官员在同地区统计的 1686 名基督徒死亡人数出入不大。中央研究院近代史研究所：《教务教案档》，1974 年，第 7 辑，同上书，第 259 页注释。

93　"现在中外既已开衅，各国教士应即一律驱遣回国，免致勾留生事，仍沿途设法保护为要。"《上谕》，光绪二十六年六月初五（7 月 1 日）。《义和团档案史料》（上），第 215 页。

94　毓贤 7 月 2 日（六月初六）下令："由地方官查明境内教堂几处，洋人几名，立即按名驱遣回国，毋任逗留生事，倘不遵通饬留住不去，设被义和团杀害，咎由自取，悔莫能追。"见《山西省庚子年教难前后记事》，《义和团》

第十章 1900年

(1)，第495页。对于中国教民"至从教民人，皆系朝廷赤子，但能悔悟，诚心出教，即予自新，决不究其既往；倘仍听信洋人，勾结聚众滋事，即属甘心异类，应即立正典刑，断难宽贷。为祸为福，尔教民其自择之，勿谓言之不预也"。（同上，第496页）上述命令不仅忽略了北京旨意里提到的设法保护，而且对本土教民也没有采取宽容态度。

95 （英）司米德：《中国内幕：中国危机的故事》(*China From Within Or The Story of The Chinese Crisis*)，《义和团运动文献资料汇编·英译文卷（上）》，第343页。司米德（Stanley P. Smith，1861—1931），毕业于剑桥大学三一学院，他在内地会创始人（英）戴德生（James Hudson Taylor，1832—1905）激励下，于1885年来华从事传教的活动。与司米德一同来华的7个人多毕业于剑桥大学或与之有关系，因此被誉为"剑桥七杰"，司米德来华之初在山西传教。

96 《义和团运动时期的山西传教士》，第41页。

97 "他是一个哲学家兼学生，很快在周围会聚起一个当地学者顾问群。从这些学者那里他似乎接受了陕西地方颇为流行的斯多葛学派（stoicism）的某些东西。当地的斯多葛主义认为，暴力的仇恨，即使是对不足挂齿的洋人，也是野蛮下流的。" Francis H. Nichols, Tuan Fang. Confucian, Everybody's Magazine, April, 1903，引自张海林：《端方与清末新政》，南京大学出版社，2007年，第22页。

98 敦崇礼11月15日抵达伦敦后刊发的这篇报道里，郭补充说，留在陕西仅有的外国人包括20名传教士，其中大多数是意大利人，还有12名修女，他们"集中在西安府附近的一座堡垒里，那里有机关枪防御"。《纽约时报》有关1900年传教士在陕报道二则"，（美）弗朗西斯·亨利·尼科尔斯著，史红帅译：《穿越神秘的陕西》，三秦出版社，2009年，第131页。敦崇礼（Moir B. Duncan，1861—1906），英国浸礼会1888年派遣来华，先后传教于山西、陕西，后任山西大学堂西学斋首任总教习。

99 参阅戴海斌：《再论"东南互保"时期的郑观应》，《华东师范大学学报（哲学社会科学版）》2014年第3期。又见《"互保""换旗"与"公共政府"——再论"东南互保"时期的郑观应》，戴海斌：《晚清人物丛考 二编》，生活·读书·新知三联书店，2018年，第483页。

100 "中堂位兼将相，处此危急存亡之秋，若尤存明哲保身之意，隐忍不言，或言之不切，恐不旋踵而奇祸临矣。此宣怀踌躇多日而终不敢已于言者也。"《盛宣怀致荣禄函》，光绪二十六年五月二十日（1900年6月16日），陈旭麓、顾廷龙、汪熙主编，季平子、傅德华、吴民贵、陈宗海编：《盛宣怀档案资料（第二卷）：义和团运动》，上海人民出版社，2016年，第61页。

101 "匪不难平，难在朝廷转移成见；匪不足患，患在各国并力起衅。试问中国饷力且不能与一国斗，而况与数大国斗乎？"《盛宣怀致王文韶函》，光绪二十六年五月二十日（1900年6月16日），《盛宣怀档案资料（第二卷）：义和团运动》，第59—60页。

102 中国海关总署研究室编译：《中国海关与义和团》，中华书局，1964年，第75页。

103 （英）方德万著，姚永超、蔡维屏译：《潮来潮去：海关与中国现代性的全球起源》，山西人民出版社，2017年，第190页。

104 中国海关总署研究室编译：《中国海关与义和团》，第81页。

105 次日盛宣怀给张之洞发去章程内容。"盛京堂来电"，光绪二十六年六月初一（1900年6月27日），《张之洞全集》（十），第76页。

106 正式名称"保护南省商教章程"或"保护上海、长江内地通共章程"并附有"保护上海城厢内外章程"（十款）。见《东南保护约款》《保护上海城厢内外章程》，《中外旧约章汇编》（第一册）（1900年7月），第968—970页。

107 《美国国务卿海致美国驻柏林、巴黎、伦敦、罗马、圣彼得堡、维也纳、布鲁塞尔、马得里、东京、海牙和里斯本的外交代表的指示》，谢德风、孙秉肇、郭圣铭、皮名举选译：《世界史资料丛刊初集：1765—1917年的美国》，商务印书馆，1962年，第91页。

108 原文"preserve Chinese territorial and administrative entity"（维持中国的领土与行政的实体），并没有明确指出维护中国领土完整，但同时期美政府档案中能发现许多关于"主权"与"领土完整"的表述。柔克义与海约翰制定并推行"门户开放"政策，初衷和愿望始终包括维持中国的领土与主权完整，"只是在致列强的公开照会中，为避免与自身未来的行动相抵牾，美国政府在文字上做了一个转换"。刘芳：《第二次门户开放照会的前前后后——基于中美档案的比照研究》，《北京档案》2023年第1期。

109 时任江海关税务司安格联（F. A. Aglen，1869—1932）在1900年的《上海贸易报告》中描绘说："在半个月左右的时间里，有大批宁波人离开上海。那些看到过日复一日驶往宁波和沿河港口的拥挤不堪的轮船的人，无不对此存有难以磨灭的印象。据估计，约有8万人离开上海，其中很多人在虚惊一场之后就回来了。"《上海近代社会经济发展概况（1882—1931）——〈海关十年报告〉译编》，第39页。

110 熊月之、袁燮铭：《上海通史（第3卷）：晚清政治》，上海人民出版社，1999年，第238—239页。

111 （英）谢道培（W. R. Stobie）日记（1900年7月11日），见沈迦：《寻找·苏慧廉》，新星出版社，2013年，第149页。谢道培1897年来到温州，在苏慧廉担任校长的艺文中学堂教英文并参与管理。

112 衢州教案并非普通中外冲突，而是发生在当地的会党起义之中。最后清政

第十章　1900年

府在英国压力下严厉查办：道台、都司分别被充军、处斩，浙江巡抚刘树棠革职永不叙用，处死中国民众14人，赔款白银5万两，割地10亩用以修建被毁教堂等。

113　上谕称"知人不明皆朕一人之罪"，同时指责官员"然祸乱之萌，匪伊朝夕，果使大小臣工有公忠体国之忱，无泄沓偷安之习，何至一旦败坏若此。尔中外文武大小臣工天良俱在，试念平日之受恩遇者何若，其自许忠义者安在"。又"前据刘坤一、张之洞等奏，沿海、沿江各口商务照常如约保护，今仍应照议施行，以昭大信。其各省教民良莠不齐，苟无聚众作乱情形，即属朝廷赤子，地方官仍宜一体抚绥，毋得歧视"。《上谕》，光绪二十六年七月二十六日（8月20日）。《义和团档案史料》（上），第488—489页。

114　参阅《戊戌变法史研究》（上），第29页、第45页。

115　见狄楚青：《任公先生事略》，见《梁启超年谱长编》，第245—246页。

116　保皇会总理李福基为这一军事行动担任起在北美筹款的主要任务。以往论著称后来"华侨军"未能派出，温哥华一份英文报纸1900年3月却报道了110名来自北美的华侨（包括当地30名华人）响应康有为号召志愿返国参战。关于加拿大华侨和保皇会"勤王"活动，参见陈忠平：《保皇会在加拿大的创立、发展及跨国活动（1899—1905）——基于北美新见史料的考证》，《近代史研究》2015年第2期。

117　宫崎寅藏（1871—1922），本名宫崎虎藏，早年接受"支那革命主义"思想，1892年来华了解民情，熟悉语言，1897年得日本外务省秘密经费，与平山周再度来华考察，结识康有为、梁启超。8月与孙中山见面并成为知交。他加入兴中会，对反清革命出力甚多。

118　分析详见桑兵：《庚子勤王与晚清政局》，北京大学出版社，2004年，第64—73页。

119　唐才常三弟唐才质回忆说："斯时武汉长江各路军队待款发动，各派代表驻汉、沪二处坐催者日有数起。而海内外接应，不以时至。"《自立会庚子革命记》，杜迈之、刘泱泱、李龙如编：《自立会史料》，岳麓书社，2009年，第59页。

120　推翻清廷、筹建临时政府和实行君主立宪是1900年之后容闳政治行动的总目标。后来他构建了一个"红龙—中国"计划（Project Red Dragon-China，又被称为"红龙密谋"（Red Dragon Conspiracy），旨在推动中美革命者联手武装推翻清政府，建立民主共和政府。核心成员包括孙中山、容闳及其二子、美国人荷马·李以及美国银行家布思和艾伦等人。该计划还一度将康有为和保皇会、袁世凯、唐绍仪、J. P. 摩根及其财团、致公堂和国内的革命党、新军以及帮会牵扯入内。以上参见恽文捷著译：《"红龙—中国"：清末北美革命史料研究》，《容闳——从参与维新到走向革命》一章，社会科学文献出版社，2021年。

121　汉口自立军文件最早使用国会名义，始于庚子年七月初八日（1900年8月2日），内容为以"总会理事员"名义发布篆刻关防，任命国会自立各军统带。尽管唐才常和汪康年为首的江浙派在国会存在矛盾，但双方立场甚至手段并无根本差异。自立军失败后余部在搜捕下纷纷逃往上海转赴港澳和海外，汪康年冒险暗中大力相助。详见《庚子勤王与晚清政局》，第115—125页。

122　"二十八日夜二更乃押至大朝街溜阳湖畔加害，一时延颈就戮者共十一人……张之洞乃大兴党狱，湖北杀人殆无虚日，特派护军营二百人驻汉口铁政局形迹稍可疑者皆不免，约死百余人。"《革命逸史》（下），第1031页。

123　为此张之洞发表《劝戒上海国会及出洋学生文》，肄业于武昌自强学堂的沈翔云（1888—1913）被公推执笔撰文回击，指责湖广总督："公之所以致误者，有一总原，有二分因，自余诸义，千差百错，靡不由此而来。何谓总原？在于不知国家为何物，不知国家与朝廷之区别。"《复张之洞书》，张枬、王忍之编：《辛亥革命前十前间时论选集》第1卷，生活・读书・新知三联书店，1960年，第770页。

124　《訄书》于1899年冬付梓，收录了1897年以来章太炎已发和未发表论文约50篇，这本著作日后的几次修改是章氏思想变迁的重要线索之一。其中《客帝论》（发表于1899年5月的《清议报》第十五册）有明显的汉族正统民族主义倾向，不过他不赞成"逐满之论"，认为满洲之主如果可以退居为齐桓公、晋文公那样的霸主，发奋图强，即可成所谓"客帝"，可尊其为"震旦之共主"。见《客帝二十九》，朱维铮编校：《訄书》初刻本，中西书局，2012年，第58页。《客帝论》这个论调与康有为、梁启超等人有较大"交集"，特别在对待光绪帝上，可视为对康有为"纪孔保皇"主张的一种正面回应。《訄书》提出的"分镇"，则是对满族皇帝退为"客帝"的补充。这种假设建立在汉族地方大员的"觉醒"之上，章太炎曾对此寄予厚望，并为此在庚子年上书两广总督李鸿章，建议广东独立。

125　章太炎在1900年7月29日中国国会第二次集会上提出《请严拒满蒙人入国会状》。（《请严拒满蒙人入国会状》，据《中国旬报》第19期，1900年8月9日，马勇编：《章太炎书信集》，河北人民出版社，2003年，第56—57页）

126　1900年1月25日，《中国日报》《中国旬报》同时在香港创办，并称《中国报》。《中国旬报》为十日刊。内容以日报为基础分类汇编，主要刊载长篇论说和译稿。

127　这是陈独秀日后在《说国家》一文中的回忆，该文载《安徽俗话报》第五期（1904年6月14日），署名三爱。"到了庚子年，又有什么英国、俄国、法国、德国、意国、美国、奥国、日本八国的联合军，把中国打败了。此时我才晓得，世界上的人，原来是分做一国一国的，此疆彼界，各不相下。

我们中国，也是世界万国中之一国，我也是中国之一人。一国的盛衰荣辱，全国的人都是一样消受，我一个人如何能逃脱得出呢。我想到这里，不觉一身冷汗，十分惭愧。"（同上）

128 自 1409 年莱比锡大学召开的关于波希米亚的辩论会提出"民族主义"以来，这个概念莫衷一是，定义多达 200 多种。民族主义自身概念的柔韧性，使其很容易作为一种底色与各种新意识形态结合、吸纳。晚清的"民族主义"面貌不一，五花八门。作为反抗资源的民族主义，章太炎堪称典型代表，他所鼓吹的民族主义实质上是一种汉民族主义。1913 年，他在一篇文章中承认："今日为五族共和时代，民族观念，似在所轻。然自武昌倡义以前，所谓中国者，惟纯粹之汉族耳。"《稽勋意见书》，汤志钧编：《章太炎政论选集》（下），中华书局，第 640 页。

129 民族主义并不与民主、革命天然发生联系，早期民族主义甚至一度依托君主专制发展。近代以降两者日益结合，尤其"在殖民地或半殖民地的国家中，民主革命也离不开民族革命，在这里，民族革命乃是民主革命的必然前提"。见余英时：《民主革命论》，《余英时文集》（第六卷），广西师范大学出版社，2006 年，第 284 页。余英时认为，太平天国和康梁的维新运动因此很难成功，孙中山的革命派则成功结合了两点。

130 杨国强：《山雨欲来——辛亥革命前的中国》，上海书店出版社，2010 年，第 68 页。该著认为，满汉之间的直接接触一般只发生在官场。

第十一章

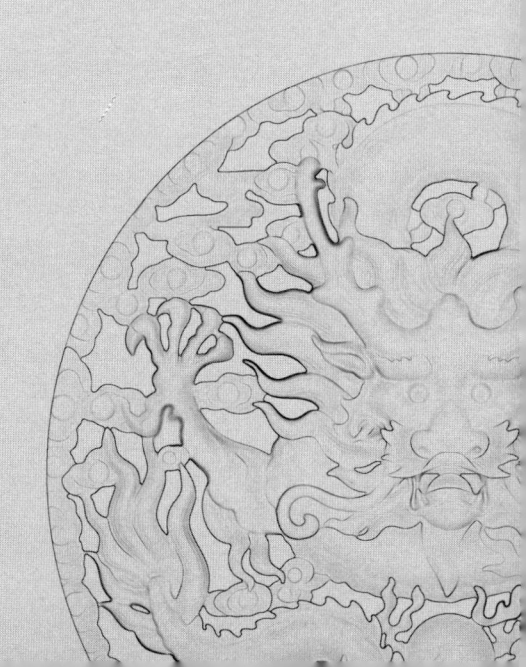

尾声

为了显示对流亡中央政府的不满，联军几支小股远征军从北京开拔分赴周边地区 // 这笔赔款（《辛丑条约》）实际执行到1938年，中国最后实际支付了576032750两 // 李鸿章死于《辛丑条约》缔结不久或许具有某种象征意味，这场外交悲剧显示，几十年来中外接触并没有让清廷真正接受新的外部世界 // 由于刘坤一的谨慎，会奏内容里没有涉及张之洞想加入的"议院"，实际上没有涉及政治制度变革

第十一章 尾声

一

"孙逸仙乐意地谈及他最近组织的革命活动。他取下地图,指出作战地点和起义者的进军路线。说明他们失败的原因,仅是由于缺乏弹药,他们指望从一个日本承包商那里取得弹药,但那人欺骗了他们。"孙中山在横滨寓所里如此描述惠州起义。这是1901年春天,中国正遭遇史无前例的国际耻辱,孙却觉得义和团搅起的变化让革命机会更大了,这种情绪感染了对面坐着的记者。"我很少碰见过比孙逸仙更有趣的人物了。"林奇写道,"以联邦或共和政体来代替帝政统治,这是孙逸仙的愿望。而且,正如他所说的,当外国人劫掠了京城,亵渎了神明,皇权的威信扫地以尽,位于北京中心的神圣不可侵犯的皇宫遭到入侵者铁蹄的蹂躏的时候,变革的时机就在成熟了。"[1]

义和团还意外地给很多人带来了一种"全球意识",革命者开始更多地把自己想象成现代世界的参与者。不过眼下他们处境很困难,兴中会另一位领袖杨衢云刚被枪杀于香港一间教室内(1月10日)。[2]杨和孙中山是1900年惠州起义的共同策划者,行动的第一个目标是惠州和福建,然后从那里接收日本人发自台湾的补给。结果军火未能如约而至,清廷却提前获得消息,起义实际指挥者郑士良只得在10月6日提前发难,他是孙中山学医时的同学。起义军的主力是惠州的客家人和三合会成员,他们比清军勇敢,多次击败后者,但糟糕的军火和后勤供应让这些人无法持续作战,很快陷入困境,至月底被迫解散。郑士良和一些起义领导撤到香港,几个月后死于非命。

惠州起义失败几天后,两广总督德寿差点被炸死。刺杀他的是兴中会成员史坚如,他把地道挖到距离总督卧室15丈远的地方,安放了200磅炸药,可惜炸药威力不足,最后只炸毁了抚署围墙和附近几间民房。史坚如还想回去再炸一次,结果行踪暴露被捕,11月9日被杀。22岁的史坚如看似文弱,[3] 却开创了一个暗杀时代,年轻的刺客此后相当流行,且受人景仰。

20世纪第一次革命暴动就这样失败了,孙中山却发现,和前几年相比,反政府行动得到了更多人同情。联军开入北京后国家还在,清政府在很多人眼里却形同破产。

庚子年的混乱让清廷几乎崩溃,年迈的李鸿章再次成了求和的救命稻草,签署《马关条约》后李一直背负骂名,并因此被挤出权力中心。不过他十分清楚,重新担任直隶总督兼北洋大臣只是接到了一个更烫手的山芋,中国的谈判对手如今从日本变成了至少8个国家,其结果注定是一份无比难堪的"卖国"合约。

敌对的氛围在李鸿章1900年7月21日抵达上海时已相当明显,上岸时他享受的欢迎和前几次到这里时差别太大,"前来迎接他的,仅是本国官员而已,而他所检阅的唯一仪仗队,起初是一小队法国巡捕,接着是一小队英国巡捕"。[4] 那时北京仍处于战斗之中,领事们不敢给这位老牌政治家更多礼遇。"我国是君主制,任何人都不能对慈禧太后提出异议。然而,和其他国家的君主一样,她也要考虑臣子的意见。有些时候,这些人给出了错误的建议,她便会被误导。"9月12日李鸿章接受美联社访问时辩解说。[5] 这时清廷谈判核心成员经过一系列任命已全部浮出水面：奕劻、李鸿章、荣禄为全权大臣，刘坤一、张之洞担任议约"会办"。9月14日，李鸿章在西安一再督促下离沪北上。次日，天津《时报》发表了一篇丁韪良的文章，建议"流放慈禧太后，消除她执政时期造成的灾难"。[6]

"我已请庆亲王回来，现在正等李鸿章到京。"赫德自觉责任重大，9月17日他颁发一种特别"护照"，帮助恢复北京商业，持照者将获得联军保护。[7]围攻使馆行动中庆亲王态度暧昧，多次传递和平信号，不在西方人惩罚名单之列。不过这位王爷还没意识到"中国将不得不接受的将是怎样一种惩罚"。[8]英、日两国担心俄国抢先得到庆亲王操纵局面，9月3日各派出一个骑兵中队到清河和德胜门，把凌晨2点抵达的亲王及其家属护送回府。王爷第一次看到惩罚名单时吓坏了，他得知，"不见端王、庄亲王、辅国公载澜和刚毅、徐桐等官员的人头，不开始谈判"。[9]俄国公使辩称，这事多少是中国人自己造成的，因为有人向公使们提出了处死端王的建议。

9月25日，慈禧下令赐祭克林德、抚恤杉山彬，撤去庄亲王、怡亲王、端郡王等人一切差使，交宗人府议处，刚毅、赵书翘同时交部议处，山西巡抚毓贤则被宣布开缺。10月11日，从广州出发之后走走停停近3个月的李鸿章终于抵达首都，4天后他和奕劻一起提出谈判方案：中国承认围攻使馆严重违反国际公法，保证此后不再发生，并为此赔偿损失，修订或新订商约，希望和谈开始后各国立刻停战。

上述建议实际是对此前一个法国—俄国方案的回应，后者公布于10月5日，六条中最让清廷不安的是第一条：惩办外国使节指定的所有罪犯。很快它成为停战和谈的先决条件。10月27日，各国公使联合向流亡政府发去通牒，明确要求将载漪、董福祥、刚毅、毓贤、李秉衡、赵舒翘等人处死，[10] 他们并不知道李秉衡 8 月 11 日已经自杀、刚毅 10 月 18 日病死。尽管慈禧早有心理准备，处罚要求还是超出她的预期。各国的坚持和中国方面的犹豫不决，让双方直到 1900 年底也未能坐到谈判桌边。

此时华北局面大乱，10 月 13 日法军侵入保定，几天后英、德、意也向直隶省会扑了过去。几位主要国家驻华公使，法国人毕盛有病在身，俄国人格尔思不在北京，英国人窦纳乐正忙着调任日本，新任德国公使尚没到任。联军的行动越来越难以控制，11 月 5 日，护理直隶总督廷雍被联军法庭处死，理由是纵容义和团，尽管 8 月底他曾解救困住献县的天主教徒。保定是宣战旨意最先抵达的城市，十几名外国人（包括妇女、儿童）6 月底至 7 月初被斩首或烧死。布政使廷雍很不走运，他只代理了 53 天直隶总督，却成为被联军直接处死的最高中国官员。直隶按察使沈家本因为证据不足免死，侥幸逃过一劫，不久他成为一名新政改革者，任务是仿效西方改造大清法律。

面对联军咄咄逼人之势，慈禧 11 月 13 日不得不做出调整：几位王公贵族的处罚被加重了，[11] 赵舒翘革职留任，毓贤发往边疆充当苦差永不释回。各国对此并不满意，特别是得知甘军首领董福祥因护驾有功被暂缓处理，他们把此人和端王、刚毅、赵舒翘视为主要"四凶"。李鸿章很快上奏说，如不惩罚毓贤、董福祥，和谈将无法开始。刘坤一、袁世凯等人也致电荣禄要求迅速处罚董福祥，暗示西安方面不要再对此心存侥幸。

在德、英、日、俄四国公使要求下，李鸿章、奕劻被授予全权敕书，但他们仍摆脱不了左右为难的命运。几天后太后通知李鸿章一条原则：皇族"懿亲不加刑"。为了显示对流亡中央政府的不满，联军

第十一章 尾声

几支小股远征军从北京开拔分赴周边地区。

12月31日，枪杀克林德的恩海被执行死刑，地点就选在公使遇刺之处。"距行刑地点不及50步之遥的街头上有很多家店铺，仍旧照常营业不歇，也丝毫不影响那里的食客继续进食。此外，一旁还有一个说书人继续滔滔不绝地演述荒诞不经的故事，竟然吸引了众多的听众，其影响远甚于执行死刑。"联军司令瓦德西在日记里有点吃惊地写道。[12]

二

1900年12月12日—1901年4月底，各国派遣到华北各地的远征军超过46支，其中德国人唱主角（35支），他们没有赶上使馆解围，急于找目标打几战，这让谈判变得异常困难。

1901年1月10日，中外各方签署了一份议和条款草约，不过阻碍正式签署的东西还有很多，首当其冲的仍是久拖未决的老难题：如何处罚保守派王公大臣。对李鸿章来说，巨额赔款比处罚大臣棘手，对慈禧来说可能正相反。

2月21日，一份新的处罚命令终于从西安传来：

赐庄亲王载勋、英年、赵舒翘自尽。

毓贤和启秀（礼部尚书）、徐承煜（刑部左侍郎）正法，后二人需联军交回后执行。

刚毅、徐桐和李秉衡分别被处于斩立决和斩监候，此时三人已死，实际处罚变为革职并取消官方恤典。

端郡王载漪、辅国公载澜处以斩监候，加恩发往新疆，永远监禁。

此举对慈禧来说实属无奈，几天前她还坚持把英年、赵舒翘定为斩监候，启秀、徐承煜"从严惩办"。不过西方人很熟悉中国的官场手段，比如死刑犯可以凭借缓期得以保全，撤职的官员日后可以调任甚至升迁。他们坚持拟定的处决力度，英国外交官直接告诉李鸿章，再这样下去慈禧太后可能被追究责任。2月15日，联军司令瓦德西不顾美国反对，下令月底发起新的大规模行动，他承认此举属于恫吓，但确实有效。慈禧得知危及自身安危后，立即加大了处罚力度。

在之后的几天里，庄亲王2月21日自尽于蒲州，毓贤22日在兰州正法。赵舒翘、英年25日自杀于西安，启秀和徐承煜26日"正法"于北京菜市口。不过西方人讨厌的董福祥并没有被处死，慈禧竭力保护这位"忠臣"，因为他正率军护驾，处罚很可能激起兵变。在最终处罚名单下达之前，2月13日董福祥已经被革职。

和谈的最大障碍已经扫除，现在的问题是如何满足各国不同要求，特别是俄国。1901年2月之后它试图单独签署一份条约，秘密攫取满洲利益。李鸿章被俄国人的软硬兼施压得喘不过气来，各国的强烈抗议终使中国躲过一灾。俄国人在接下来的《辛丑条约》草约里狮子大张口，要求得到份额最多的赔款，总计超过1.3亿两，占总数29%。德国人的胃口同样很大，威廉二世在德军司令出发时告诉他，要拿到尽可能多的赔款造军舰，瓦德西觉得中国总赔款应该达到20亿马克，[13]即超过6.54亿两白银。

到底让清廷赔多少钱成了一个专业金融问题，它必须满足各国要求，同时不能让北京财政破产。为此，美、日、德、法四国组成了

第十一章　尾声

一个"财源调查委员会",赫德、贺璧理这些专家获邀提供口头或书面意见。赫德最初估计为5000万英镑,美国人则认为4000万英镑更合理(约2.67亿两海关银)[14]。不过美方提出的削减建议几乎无人响应,德国尤其特别反对。美国人一度坚持把赔款数额诉诸海牙国际法庭,但未能实现。[15] 赔款最后定为6750万英镑,即4.5亿两(海关银)。这个数目被写进条约,美国把本国的公、私赔款总额限定为2500万美元(约3300万两),排在它前面的分别为俄、德、法、英、日。[16]

俄国人希望中国向国际金融资本借债一次还清,遭到英国反对,后者得到美、德两国支持。这笔赔款最后约定从1902年起每年摊还,清偿时间预计持续到1940年底。大清海关收入被指定为主要财源承担者,盐税和各通商口岸的常关税是另一个重要保证。因为各种原因,后来这笔赔款实际执行到1938年,中国最后实际支付了576032750两。[17]

1901年9月7日,11国全权大使和李鸿章、奕劻在北京签字,[18] 这笔本息超过9.8亿两的巨大债务便落到中国几乎每一个人头上。清廷只能将其转化为对各国的借款,自此北京政府很大程度上变成了一个经济赔偿机关。不过慈禧对《辛丑条约》没有割地和对自己施加惩罚相当满意,赔款因此对她来说完全可以接受,"量中华之物力,结与国之欢心",[19] 1901年2月一份以光绪名义发布的上谕写道。

赔款只是十二款《辛丑各国条约》中的第六款,让人难堪的还包括以下几条:停止中国部分地区文武科举考试5年作为惩罚(第二款);[20] 允许各国常留兵队保卫使馆、拆除大沽口炮台和"有碍京师至海通道"的各炮台,以及各国将在北京通过入海口(包括山海关)在内的12个据点驻军留守(第七至九款)。[21] 只有第五款"禁运军火两年"

算得上让步，此前在草案里军火禁运并无时限，张之洞等人强烈要求修改。

对德、日两位遇难外交官的"赔礼"，被写入第一、第三款。户部侍郎那桐作为专使大臣前往日本，醇亲王载沣作为头等专使大臣前往德国，此行有一个更体面的说法："代表大清国大皇帝及国家惋惜之意"。位于北京崇文门大街的克林德碑（牌坊）在签约几个月前已经开工，它不仅记下了这一段动荡岁月，此后还将不断迁徙和更名，见证新的历史。

"谢罪"行动在条约签署时已经兑现，不过德国之旅差点因为一场"礼仪之争"流产。当载沣抵达瑞士准备入境德国时，中方突然得知专使需行鞠躬礼，随从人员行跪拜礼。这无疑让人想起100多年前被乾隆要求下跪的英国人[22]，和马戛尔尼一样，载沣同样拒绝下跪，德国则在合约签署前最终放弃了这一要求。9月4日，德皇接见了载沣并接受道歉，巨大的远东利益让德国人随后迅速改变态度，转而对亲王隆重接待，并授予他头等红鹰勋章。为了不让载沣被其他国家拉拢，德国阻止他前往欧美其他国家，后者很快以身体为由归国。

载沣此行举止得体，颇受好评，他自称看到了很多中国没有的新东西。[23] 亲王"态度谦恭可亲，使人看来才气横溢"，一位朋友告诉莫理循说。[24] 这位英国记者凭借使馆之围的勇敢表现，知名度正在欧洲大为提升。[25] 不过他得罪了很多人，包括联军司令。因为他撰文抨击德军恶行，包括在天津临时政府任职的军官冯·法根海因少校带领一支德国分遣队袭击沧州，杀了好些人，里面有救过几名英国传教士的中国人。

1901年4月23日、29日，莫理循还两次在《泰晤士报》披露俄国向清廷提出的各种满洲独占权利，致使后者对中国的野心大白于世界。

三

李鸿章的身体明显垮了，从 1901 年初开始，北京的西方人便注意到李日益消瘦。这位年迈的大臣抱病与各国周旋了近一年，身处中外压力之间，苦不堪言。签署《辛丑条约》几天后，他终于获得 10 天假期养病。

这时他的对手已从《辛丑条约》变成了凶狠的俄国人，联军退出北京后俄军仍盘踞东北。他们逼着李鸿章另签条约，否则拒绝撤离。流亡中的慈禧既害怕得罪俄国人，又一再指示李此事关系重大，勿留后患。刘坤一和张之洞则一如既往地反对中俄缔约，在他们看来，李鸿章亲俄且出卖国家利益。

10 月 6 日，李鸿章把俄国提出的东三省草约电告最高层：俄军 2 年内从盛京撤兵，吉林、黑龙江的撤兵则视第三年情况而定。李鸿章很想签署协定，此时两宫已从西安启程返回行至潼关。不过俄国附加的经济要求让他无法接受。对方的如意算盘是在满洲建筑铁路、开采矿产以及把工商业优先权让与总部设在圣彼得堡的道胜银行。当上述要求遭中方拒绝后，俄方以占据 20 年相威胁，直到李去世那一天仍未收手。[26] 俄国人逼死李中堂的说法虽然略显夸张，但李鸿章确实从俄使馆回来后开始吐血，为此他的 2 个儿子 11 月 5 日致电盛宣怀，希望可以帮父亲讨下休假。[27]

然而一切为时已晚，2天后，79岁的李鸿章与世长辞。

正在途中的流亡政府立即赐给这位老臣隆重的哀荣：谥文忠，追赠太傅，晋封一等侯爵，入祀贤良祠，派恭亲王溥伟带员祭奠，李鸿章由此成为唯一在首都建立祠堂的汉臣。光绪、慈禧发布的上谕表彰了他以淮军起家的一生，称其"匡济艰难，辑和中外，老成谋国"。[28] 虽然不少人认为李鸿章这样的旧人物早应让位给后来者，北京的很多外交官也因其亲俄素有不满，但没人怀疑清廷失去了一位务实、理性的杰出政治家。抛开他缔造的那些备受争议的洋务公司不论，在过去几十年里李氏殚精竭虑，帮助国家在惊涛骇浪中躲过一个个暗礁，并为此背负骂名。"他不像大多数中国政治家那样，生活在一个幻想的世界里而他却体察事实，并且对于中西现实关系具有充分的实践知识。"几天后，《北华捷报》一篇社论评价说。[29]

"尽一分心酬圣主，收方寸效作贤臣。"李鸿章发给盛宣怀的一份遗书写道。[30] 尽管熟悉文明世界规则，而且亲赴欧美，翰林李鸿章身上的保守之道却比先进观念更多。他无疑比一般清廷官员更具现代常识，但和游学欧洲、制定宪法的伊藤博文相比，多少显得画虎效颦，尽管这不能归咎于个人。"李鸿章不识国民之原理，不通世界之大势，不知政治之本原。"[31] 这种说法略显苛刻，却不无道理。就在李去世之前，人们仍能从一份关于外国使臣觐见礼节的奏折看到这种新旧矛盾。他承认中西体制不同，但对洋人提出乘坐黄色轿子感到惊骇，并为这个难题四处奔波，终于在公使们的不耐烦中找到一个折中办法：绿轿加个黄布外罩。[32]

李鸿章如何看待中国的西化改革？1896年，访问欧洲时他指示

第十一章 尾声

罗丰禄在伦敦"中国会"宴会上代为致辞,称华人效仿西方"如寒极而春至",必须逐渐加温。[33] 这或许能代表他内心的真实想法。李经常在中外两个世界和稀泥,不过始终希望平缓地推进中国改革而非倒退。然而甲午之后稳健改良人士被新一代变法者甩在后面,他们视李为保守者,而且他的个人、家族利益卷入政治,贪污贿赂的指责几乎到他死那一天都没有停止。

李鸿章死于《辛丑条约》缔结不久或许具有某种象征意味,这场外交悲剧显示,几十年来中外接触并没有让清廷真正接受新的外部世界。中国政治家在外交上一直奉行一种务实的投机主义,它表面上充满弹性,实则对西方世界相当厌恶,他们躲躲闪闪,为了"以夷制夷"付出一次次代价,如果说 1900 年的混乱有什么不同,可能只是代价更大而已。

这一切或许即将成为过去,改革"觐见礼节"和改设"外务部"被作为要求写进《辛丑条约》,而且外务部将位列六部之首,[34] 以此替换总理衙门。外国人不满意这个老机构,它同时备受保守派厌恶,因为传统帝国权威在这里面对西方人毫无用处。李鸿章、张之洞等人欢迎将总理衙门改为外交部的提议,此举意味着外交知识体系的西方化和现代化。此后几年,更懂西方的广方言馆、同文馆知识精英在外交部大显身手,比如毕业于上海广方言馆的胡惟德和陆徵祥,胡 1902年出任驻俄大使,陆不久后也成为风云外交官。这一切在 10 年后达到高潮,1912 年,哥伦比亚大学国际法博士顾维钧刚一毕业便受邀回国担任总统府、总理府秘书,3 年后,27 岁的顾惊人地出任驻美大使。

北京之围解除后,一批新的西方外交官走进使馆区,收拾残垣断壁。他们包括德国、日本、俄国新任驻华大使,使馆区不久进行了大面积扩张，并置于外国军队保护之下，它成为北京城里的国中之国。[35]"这紫禁城。虽然曾经是人间最后的陌生而又奇妙的逃避地之一，虽然曾经是古旧的、对于我们几乎类似神话的人生剧场之一，可是它的威权是就此失坠无遗了，它的神秘也是给就此戳得洞穿。"一位法国海军军官写道。[36]

传教士和中国基督徒走在北京大街上第一次变得如此光明正大，甚至带着几分骄傲。然而，遭受重创的天主教在1900年骚乱之后修改了咄咄逼人的政策，以此换来与中国官民的缓和。整个基督教世界也逐步适应了中国"政主教辅"传统，进一步约束在华传教士、教徒。清末最后10年，教案不再是清廷政治议程中的重要问题。[37]

四

使馆区解除危机后，赫德写文章上了瘾。《北京使馆——一次全国性的暴动和国际插曲》写于1900年8月，英国《双周评论》11月号发表后读者反应热烈，加印了7次。它说的并非围困经历，而是解释这场运动是如何爆发和失控的。几家重要刊物之后纷纷向他约稿，这个中国问题专家此时又成了一位文笔深刻的专栏作家，而且传播他的皆为欧美精英期刊，比如《双周评论》《北美评论》《世界主义者》和《德意志评论》。总税务司先生乐此不疲，甚至觉得还不够。1901年4月，《双周评论》把他几篇主要文章结集出版，名为《这些从秦国来：中国问题论集》，[38]它成为赫德生前唯一公开出版的一本书，首

第十一章 尾声　　341

版 2000 册不久即告售罄。

"60 年来的条约关系竟然导致了这样一个义和团运动，这样的结果又该作何解释？"这是该书最后一篇文章《义和团，1900》的核心问题。[39] 赫德将中国外交的特点总结为：本国司法权力被削减了，沿岸贸易的国家保护性垄断权被取消了，本地教民得到了外国人保护，而这些在中国人看来是对他们的冒犯。[40] 他相信以条约关系为耻辱的中国人指望有朝一日会强大起来。那种"中国是中国人的，把外国人赶出去！"的民间情绪在 50 年、100 年之后很可能重演，[41] 书里另一篇文章如此预测说。这种感受联军司令瓦德西也有，他同样看好中国民众和这个民族的未来，不过前提是"将来产生一个睿智而又有魄力的统治者"。[42]

赫德对义和团抱有某种同情，不少西方人对此相当不满。他的第一篇文章刊发后，《泰晤士报》出现了批评之声。[43] 不过这种反思并非赫德独有。"中国人会憎恨'条约'这个名词，有什么可以感到吃惊的呢？"明恩溥写道，他在同样出版于 1901 年的《动乱中的中国》一书中承认，如果从中国人的立场来看，大多数问题都直接来自它不想得到又无法逃避的条约。[44] 赫德、明恩溥们觉得，如果把中国带入一个强制缔造的国际家庭不算坏，也需要加以重新审视一些问题，比如是否过快以及治外法权伤害了这个民族强烈的自尊心。

李鸿章去世前，赫德把 1901 年 3—5 月写的一系列文章作为"变法"建议通过李转交皇帝。[45] 这是对清廷 1 月 29 日上谕的响应。此时，西安流亡政府一再释放"变法"信号，慈禧清楚这是返京的必要姿态，义和团之乱确实让她相当后悔，但更重要的是如何保住最高权力。至于"变法"该如何展开，皇太后知之不多。因此当她以光绪名义发布变法上谕后，又通过非正式渠道放出风声说，改革不能偏重西法。

这份发自太原的上谕承认洋务运动没有学到西方政制精髓，另一方面也没忘了批判康有为，以免人们把两次"变法"混为一谈。官方将戊戌年新政称为"乱法"，而非变法，[46]以此切断历史。军机大臣、大学士、六部九卿、出使各国大臣、各省督抚被要求2个月内提交改革建议，"变法"正是这些人督促的产物。上述几股力量中，地方督抚是最重要的压力集团，庚子谈判给了他们呼吁改革的绝佳时机。李鸿章、张之洞、刘坤一、袁世凯等人一直为此努力，连四川总督奎俊这样的满族大员也希望张之洞能出面呼吁变法。不过首先站出来的人却是袁世凯，他上书慈禧，将赔款作为新政理由，称如果一切如故，中国会变得越来越贫弱，根本无法应对巨额债务。

1901年1月，张之洞、刘坤一等人联合上奏，督促最高层尽快拿出整顿内政的办法，以此加快合约签署。盛宣怀参与了上述策划，军机大臣荣禄、户部尚书鹿传霖则暗中支持，新政的上谕因此很快出台，文稿出自荣禄幕僚、张之洞门生樊增祥之手。[47]这份"变法"诏书是对内部不满做出的正式回应，慈禧无疑感受到了地方大员联手的压力，督抚们很快得知，慈禧希望他们各自提出改革意见而非"联衔合奏"。4月21日，一个改革领导机构"督办政务处"宣布成立，[48]刘坤一、张之洞名列其中，两人不久再次携手，将原本各省督抚的联合上书改为两人会奏，以二人的地位和资历，它已经足够沉重。

7月12—20日，联合上书由两位总督联衔从南京发出，史称"江鄂（楚）会奏三疏"。[49]它首先关注教育，其次为整顿中法，最后才说到采用西法。[50]拟定的11条仿效西方建议，不仅多数已经启动（邮政、译书等），而且特意在最后声明：这些建议和康有为的"邪说谬论"

截然不同。[51] 由于刘坤一的谨慎，会奏内容里没有涉及张之洞想加入的"议院"，实际上没有涉及政治制度变革，因此不少人觉得这份改革蓝图按部就班，新意不多。可能正因为如此，它也更容易为慈禧接受，她迅速将方案下放各省征求意见。在各地督抚的回复中，两广总督陶模最值得关注，只有他提出了设议院的主张，但陶的奏折被中央扣下。[52] 直到此时，慈禧仍无法接受议会这类西方制度，她想要的是自上而下的稳妥改革，而且不打算让渡多少皇家权力。

新政就这样拉开了序幕，它仿佛旧调重弹，又像新瓶倒入旧酒，奄奄一息的帝国能因此重新焕发活力吗？很多人将信将疑，这种情绪一直弥漫在20世纪的第一个10年里。

注释

1 据《展望》第67卷第12期（纽约1901年3月23日英文版）《两个西化的东方人》（"Two Westernized Orientals"）译出（陈斯骏译，金应熙、黄彦校），又可见：林奇谈话的报道（一九〇一年春），《孙中山全集》（第一卷）第209页、212页。

2 孙中山从横滨发去哀悼并为此募捐1000多银元。《致谢谢缵泰函》（一九〇一年二月十三日），《孙中山全集》（第一卷），第205—206页。

3 史坚如被描述为"貌如女子，而性严正"。邹鲁：《中国国民党史稿》（中），第647页。

4 《上海近代社会经济发展概况（1882—1931）——〈海关十年报告〉译编》，第89页。

5 美联社记者的问题是："海外人士对于这次事件很好奇，希望太后对在义和团围攻使馆区期间颁布的那些前后矛盾的懿旨做出解释。"《海外史料看李鸿章》（下），第481页。

6 丁韪良的建议写于使馆区被围早期（6月18日），他的四条建议中前两条直接针对慈禧：一，流放慈禧太后，消除她执政时期造成的灾难。恢复皇帝的适当权威，当然这需要列强一致同意；二，取消慈禧发动政变之后的所有政令，包括对她的同党的任命，新政府同意的除外。丁韪良：《中国重建问题》，《义和团运动文献资料汇编·英译文卷（下）》，第44页。

7　"凡尔愿做买卖，即到商务局报明何项生理，并将住址、字号、姓名声叙明白，以便本总税司照给护照。凡有护照，无论出入各城门、各市镇，畅行无阻，俾行商坐贾作速盘运开市。"《赫德告示》，《近代史资源文库》（第六卷），第458页。同一天联军发布公告称："凡愿做买卖，可由赫总税务司发给护照，无论出入各城门、各市镇，畅行无阻。如有洋兵、华民留难骚扰情弊，准其到营指控，本提督定必按律究办。"《八国联军告示》，第457—458页。赫德此举是他和庆亲王商量的结果。

8　《赫德致金登干函》（1900年9月8日），《中国海关密档——赫德、金登干函电汇编1874—1907》第七卷，第86页。

9　把本应作为谈判的最后一个条件先提出来，"这是一个错误"。《赫德致金登干函》（1900年9月8日），《中国海关密档——赫德、金登干函电汇编1874—1907》第七卷，第86页。

10　其中包括载漪、载勋、溥静、载滢、载澜、董福祥、刚毅、毓贤、李秉衡、赵舒翘、英年。

11　这次惩处措施包括：载漪、载勋交宗人府圈禁，稍后发往盛京；载澜、英年降调职位；刚毅已死免议。

12　瓦德西日记（1901年1月1日），《瓦德西庚子回忆录》，第107页。

13　"北京的外交界倾向认为（赔款）数额至多不得超过15亿马克。但我认为让中国政府吐出20亿马克当不成问题。"《瓦德西庚子回忆录》，第107—108页。

14　海关银又称关平银，海关使用的记账银两。《南京条约》签订后，中国缺乏统一货币，各通商口岸银两分量与纯度不一致，而且国外也有不同货币，因此根据当时商业惯例，规定以纯银583.3英厘（或公制37.7994克）作为一海关两。纳税时各地以当地通用银折算，如海关两100两在上海等于规元111.4两，在天津等于行化银105两，在汉口等于洋例108.75两。1930年1月废除海关两，2月1日起改用"海关金单位"。熊月之等编著：《大辞海·中国近现代史卷》，上海辞书出版社，2013年，第269页。

15　美国减少赔款的建议和赔款总数的各国博弈、确定，参阅王树槐著：《庚子赔款》，台湾"中央研究院"近代史研究所，1974年，第10—17页。

16　具体偿还的数量（两）分别为俄国：130371120、德国：90070515、法国：70878240、英国：50620545、日本：34793100。此外意大利：26617055、比利时：8484345、奥匈：4003920、荷兰：782100、西班牙：135315、葡萄牙92250、瑞典：62820、其他：149670。

17　这笔赔款分39年还清，年息4厘，参见《辛丑各国条约》（1901年9月7

第十一章　尾声　345

日)第六款,《中外旧约章汇编》(一),第1005—1006页。根据协约,赔款本利超过9.8亿两,加上中国各省地方赔款2000多万两,总数将超过10亿两。不过执行过程中由于美国退款、第一次世界大战、十月革命等原因,并未按原规划39年支付上述全部款项。庚子赔款实际陆续执行时间为1902—1938年;另,中国历年支付的实际数字,除德奥俄停付之外,共计668661220海关两,其中因外币汇兑价涨所多付之数约为92628470两,减去此兑换差额,中国共付576032750两,约占总数的58.11%。王树槐著:《庚子赔款》,第559页。

18　除了英、美、德、日、俄、法、意、奥还包括西、比、荷,这三国中不仅西班牙公使担任外交团的首领,议和开始后美、德、比、荷四国公使也首先被推选为调查委员,负责确定"赔偿标准",因此西、比、荷三国最后也作为受害国之一参加条约缔结。

19　"昨据奕劻等电呈各国和议十二条大纲,业已照允。仍电饬该全权大臣将详细节目,悉心酌核,量中华之物力,结与国之欢心。"又"今兹议约,不侵我主权,不割我土地,念列邦之见谅,疾愚暴之无知,事后追思,惭愤交集"。《义和团档案史料》(上),光绪二十六年十二月二十六日(1901年2月14日),第945—946页。不过这份上谕同时称:"著奕劻、李鸿章于细订约章时,婉商力辩,持以理感以情。各大国信义为重,当视我力之所能及,以期其议之必可行。"(第946页)

20　包括:山西省之太原府、忻州、太谷县、大同府、汾州府、孝义县、曲沃县、大宁县、河津县、岳阳县、朔平府、文水县、寿阳县、平阳府、长子县、高平县、泽州府、隰州、蒲县、绛州、归化城、绥远城;河南省之南阳府、光州;浙江省之衢州府;直隶省之北京、顺天府、保定府、永清县、天津府、顺德府、望都县、获鹿县、新安县、通州、武邑县、景州、滦平县;东三省之盛京、甲子厂、连山、徐庆街、北林子、呼兰城;陕西省之宁羌州;湖南省之衡州府。上述地区名单被列为《辛丑各国条约》"附件八"。《中外旧约章汇编》(一),第1012页。

21　即黄村、廊坊、杨村、天津、军粮城、塘沽、芦台、唐山、滦州、昌黎、秦皇岛、山海关。以上均引自《辛丑各国和约》第九款,《中外旧约章汇编》,第1006—1007页。

22　1793年9月14日,乾隆帝在热河接见了英使马戛尔尼勋爵,后者只行单膝下跪之礼。这次接见的情景和清廷为使团礼仪所做的调整,见(美)何伟亚著,邓常春译:《怀柔远人:马戛尔尼使华的中英礼仪冲突》,社会科学文献出版社,2002年,第七章,第169—172页。不过有学者认为,关于马戛尔尼使团事件的流行看法很可能是制造出来的,它是批判清王朝的新历史的一部分。马戛尔尼使团访华事件"非常完整的记录",事实上只是档案馆里600多份有关文件中的一小部分。见（英）沈艾娣著，张丽译：《〈乾隆皇帝谕英王乔治三世敕书〉与有关传统中国对外关系之观点在20世纪早期的形成》，刘新成、刘文明主编：《全球史评论》第二十辑，中国社会科学出版社，2021年。

23. "游水族院、博物院、蜡人院。复至水会局观，一切救火器灵巧适用，有中华所未有者。"载沣：《醇亲王使德日记》，《近代史资料文库》第三卷，第372页。

24. "伊迪丝·布雷克来函"，1901年8月1日，《清末民初政情内幕——泰晤士报驻北京记者、袁世凯政治顾问乔·厄·莫理循书信集》（上），第208页。

25. 有人出价5000英镑让莫理循出版个人专著，他动了心，却最终没动手，理由是这可能不利于其供职的《泰晤士报》。这张报纸因他的北京报道更加受到尊重。1901年5月3日，《泰晤士报》刊载莫理循发来的电讯，称赔款将达65000000英镑，4个月后它被证明和正式协议相差很少。

26. 郭廷以：《近代中国史纲》，第239页。本书注：关于俄国人乘李鸿章病危逼迫其签约并造成他死亡的消息，俄国方面认为消息是从莫理循传出的，但后者并不承认。

27. "慈圣眷昇方隆，似虑都中无人，故不肯轻给假期。若局外有言，非静养不能复元者，当必蒙俞允也。"《李经述、李经迈致盛宣怀电》光绪二十七年九月二十五日（1901年11月5日），《盛宣怀档案资料（第二卷）：义和团运动》，第662页。

28. 上谕称："大学士一等肃毅伯直隶总督李鸿章，器识渊深，才猷宏远，由翰林倡率淮军，戡平发捻诸匪，厥功甚伟。朝廷特沛殊恩，晋封伯爵，翊赞纶扉。复命总督直隶，兼充北洋大臣，匡济艰难，辑和中外，老成谋国，具有深衷。去年京师之变，特派该大学士为全权大臣，与各国使臣妥立和约，悉合机宜。""附：九月二十七日上谕"，《李鸿章全集》（28），第455页。

29. 《北华捷报》1901年11月13日，《中华帝国对外关系史（第三卷）：一八九四——一九一一被制服时期》，第385页。

30. 《李鸿章致盛宣怀遗书》光绪二十七年九月下旬（1901年11月上旬），《盛宣怀档案资料（第二卷）：义和团运动》，第656页。

31. 《中国四十年来大事记》（一名《李鸿章》）（1901年12月26日），《梁启超全集》（第二集），第391页。关于李和张之洞、伊藤博文的比较，见第452—454页。

32. "轿加黄幨，各使遵允，惟降舆请改在乾清门外等语。臣等复又备文商酌，改为至景运门外换坐椅轿，至乾清门外阶前降舆，略示通融，以期就范。""商定使臣觐见礼节折"光绪二十七年六月十一日（1901年7月16日），《李鸿章全集》（16），第313—314页。

第十一章 尾声

33 "擎琉璃冷盏以探汤,有不猝然碎裂乎?是故华人之效西法,如寒极而春至,必须迁延忍耐,逐渐加温。"《李鸿章历聘欧美记·出使九国日记·考察政治日记》,第 101 页。

34 第十二款:"降旨将总理各国事务衙门,按照诸国酌定,改为外务部,班列六部之前。此上谕内已简派外务部各王大臣矣(附件十八)。且变通诸国钦差大臣觐见礼节,均已商定,由中国全权大臣屡次照会在案,此照会在后附之节略内述明"。《辛丑各国和约》(附件十八),《中外旧约章汇编》(一),第 1023 页。"觐见礼节"见附件十九,第 1023—1024 页。

35 根据 1901 年 10 月的一份规定,各国划定北京使馆界址四至为:东至崇文门,西至正阳门。北至东单牌楼,南至城墙。

36 (法)毕耶尔·洛谛著,允若译:《撕裂北京的那一年》,九州出版社,2009 年,第 228 页。毕耶尔·洛谛,本名朱利安·韦奥(Julien Viaud,1850—1923),长期供职于法国海军,后成为著名作家。

37 陶飞亚、李强:《晚清国基督教治理中的官教关系》,《中国社会科学》2016 年第 3 期。

38 这本书初版由刊发于 1900 年 11 月—1901 年 3 月间的五篇文章组成,1903 年再版时增加了一篇。

39 《这些从秦国来:中国问题论集》,第 97 页。《义和团,1900》写于 1900 年 12 月,1901 年 3 月刊于《世界主义者》(Cosmopolitan)。

40 《义和团,1900》,《这些从秦国来:中国问题论集》,第 106 页。

41 《北京使馆——一次全国性的暴动和国际插曲》,《这些从秦国来:中国问题论集》,第 33—38 页。

42 "中国民众不应被视作软弱无力或道德丧失的人。恰恰相反,在他们的身上实际蕴藏着无限蓬勃的生机,而且他们所具有的诸如清心寡欲、勤劳敬业、灵敏聪慧和易于治理的优点令人难以置信。在我看来,中国的底层民众在生理上的健康程度要远优于我们国家绝大多数工业区的民众。倘若中国将来产生一个睿智而又有魄力的统治者,能够充分借鉴当今世界各国愿意向中国输出的先进文化,我相信中国的未来定然辉煌灿烂。"1901 年 2 月 3 日瓦德西写给威廉皇帝的奏章,《瓦德西庚子回忆录》,第 122 页。

43 《泰晤士报》1900 年 11 月 13 日刊载署名弗里曼·米尔福德的读者来信,批评赫德说,"赫德爵士的这篇长文,对于在保定府和太原府发生义和团时对妇女的暴行、折磨然后杀害的野蛮行为,没有任何表示愤怒和恐怖之词",对 2 个官吏被处决却认为"他们的悲惨命运使我们感到震惊和沮丧"。见《中国海关密档——赫德、金登干函电汇编 1874—1907》第七卷,第 121 页。

44 (美)明恩溥:《动乱中的中国》,《义和团运动文献资料汇编·英译文卷(上)》,第 16 页。

45　核心内容仍是中国外交，赫德认为这并不困难，只须讲信誉就好，清廷如果觉得条约有不妥之处可以商议更改，但没改之前必须严格遵守，这也是赫德几十年来不变的一贯论调。

46　"近之学西法者，语言文字、制造器械而已，此西艺之皮毛，而非西政之本源也。"又 "康逆之祸，殆更甚于红拳。迄今海外逋逃，尚以富有、贵为等票诱人谋逆。更藉保皇保种之妖言，为离间宫廷之计。殊不知康逆之谈新法，乃乱法也，非变法也"。《上谕》，光绪二十六年十二月初十日（1901年1月29日），《义和团档案史料》（上），第915页。

47　详见李细珠：《张之洞与清末新政研究》，上海书店出版社，2003年，第82—83页。

48　督办政务处由奕劻、李鸿章、荣禄、昆冈、王文韶以及鹿传霖组成督办班底，刘坤一、张之洞也在这名单里，他们奉命 "遥为参预"。

49　"江楚会奏三疏" 分别为：《变通政治人才为先遵旨筹议折》《遵旨筹议变法谨以整顿中法十二条折》《遵旨筹议变法谨以采用西法十一条折》。

50　整顿中法十二条为：崇节俭，破常格，停捐纳，课官重禄，去书吏，去差役，恤刑狱，改选法，筹八旗生计，裁屯卫，裁绿营，简文法；采用西法包括：广派游历，练外国操，广军实，修农政，劝工艺，定矿律、路律、商律、交涉刑律，用银元，行印花税，推行邮政，官收洋药，多译东西各国书。

51　"至若康有为之邪说谬论，但以传康教为宗旨，乱纪纲为谋议，其实与西政、西学之精要，全未通晓，兹所拟各条皆与之判然不同。"《遵旨筹议变法谨以采用西法十一条折》，《张之洞全集》（四），第36页。

52　陶模称："议院之制，中国诚未易举行然议院行政之权仍在政府，交相为用，两不相侵。而政府得由议员以周知民间之好恶，最为除壅蔽良法。或谓中国民智未开，骤难创立。窃考泰西选举议院，本有限制。民智未开，限可从严；民智渐开，限亦渐宽，自无众论纷淆之弊。谕旨所谓取外国之长补中国之短者，议院亦其一端也。"《陶勤肃公奏议》卷十一，第28页。以上各地督抚在1901年新政启动前后的态度和行动，参见贾小叶：《晚清大变局中督抚的历史角色》，上海书店出版社，2008年，第221—227页。陶模（1835—1902），同治七年（1868年）中进士，授翰林院庶吉士，1900年出任两广总督兼广东巡抚。

图书在版编目（CIP）数据

失败：1891—1900：清王朝的变革、战争与排外 / 李礼著. -- 上海：上海译文出版社，2024.11.
ISBN 978 - 7 - 5327 - 9725 - 7

Ⅰ. K252.09

中国国家版本馆 CIP 数据核字第 2024B6D559 号

失败：1891—1900 清王朝的变革、战争与排外
李礼 著
选题策划 / 火·與·風　　责任编辑 / 李欣祯　　装帧设计 / 众己·设计
上海译文出版社有限公司出版、发行
网址：www.yiwen.com.cn
201101　上海市闵行区号景路 159 弄 B 座
山东临沂新华印刷物流集团有限责任公司印刷

开本 890×1240　1/32　印张 11.625　插页 4　字数 244,000
2024 年 11 月第 1 版　2024 年 11 月第 1 次印刷
印数：0,001—8,000 册

ISBN 978 - 7 - 5327 - 9725 - 7
定价：78.00 元

本书中文简体字专有出版权归本社独家所有，非经本社同意不得转载、摘编或复制
如有质量问题，请与承印厂质量科联系。T：0539 - 2925659